सम्पादक

डॉ. सत्यप्रकाश मिश्र

बालकृष्ण भट्ट के श्रेष्ठ निबन्ध

लोकभारती पेपरबैक्स

लोकभारती पेपरबैक्स में
पहला पेपरबैक संस्करण : 2011

लोकभारती पेपरबैक्स : उत्कृष्ट साहित्य के लोकप्रिय संस्करण

लोकभारती प्रकाशन
पहली मंजिल, दरबारी बिल्डिंग, महात्मा गांधी मार्ग
इलाहाबाद-211 001

वेबसाइट : www.lokbhartiprakashan.com
ईमेल : info@lokbhartiprakashan.com

शाखाएँ : 1-बी, नेताजी सुभाष मार्ग, दरियागंज नई दिल्ली-110 002
अशोक राजपथ, साइंस कॉलेज के सामने पटना-800 006 (बिहार)

इण्डियन प्रेस प्रा.लिमिटेड
इलाहाबाद-211002
द्वारा मुद्रित

मूल्य : 125.00

BALKRISHNA BHATT KE SHRESTHA NIBANDH
by Satya Prakash Mishra

ISBN : 978-81-8031-584-8

बालकृष्ण भट्ट के श्रेष्ठ निबन्ध

प्रो. सत्यप्रकाश मिश्र

जन्म : 25 जून, 1945 को जिला सुल्तानपुर, (उ.प्र.) के एक कस्बा दोस्तपुर में।

समाजवादी एवं प्रगतिशील आलोचक। प्रारंभिक शिक्षा दोस्तपुर से ही। बी.ए., एम.ए. और डी. फिल. इलाहाबाद विश्वविद्यालय, इलाहाबाद से। इलाहाबाद डिग्री कॉलेज, इलाहाबाद से अध्यापन की शुरुआत। सन् 1979 में इलाहाबाद विश्वविद्यालय में आ गये। यहीं हिन्दी विभाग में आचार्य एवं अध्यक्ष के पद पर कार्य करते हुए 27 मार्च, 2007 को निधन। टोक्यो विश्वविद्यालय, जापान में विजिटिंग प्रोफेसर रहे, मन नहीं रमा बीच में ही छोड़कर चले आये। लेपजिंग विश्वविद्यालय, जर्मनी एवं कैथोलिक विश्वविद्यालय, बेल्जियम में विजिटिंग प्रोफेसर के रूप में बुलाये गये परंतु नहीं गये।

प्रकाशित रचनाएं : यह पथबंधु का अध्ययन, रीति काव्य : प्रकृति एवं स्वरूप, कवि शिक्षा की परंपरा, आलोचक और समीक्षाएं, मध्यकालीन काव्य आंदोलन-2, काव्यभाषा पर तीन निबंध—सहलेखन। **संपादन :** प्रसाद ग्रंथावली, गोदान का महत्त्व, प्रेमचंद की कहानियां, कहानीकार ज्ञानरंजन, बालकृष्ण भट्ट : प्रतिनिधि संकलन, भारतेंदु के श्रेष्ठ निबंध, बालकृष्ण भट्ट के श्रेष्ठ निबंध, प्रेमचंद के श्रेष्ठ निबंध, सृजन-परिवेश, महावीर प्रसाद द्विवेदी और हिन्दी पत्रकारिता, रचना और आलोचना, सुमित्रानंदन पंत : व्यक्ति और काव्य, अज्ञेय और तारसप्तक, अव्यय, आलोचना और बौद्धिकता, सूचना प्रौद्योगिकी और सृजनशीलता।

पत्रिकाओं का संपादन : माध्यम का पुनर्जीवन एवं संपादन, वर्तमान साहित्य-आलोचना विशेषांक का संपादन, भारतीय उच्च अध्ययन संस्थान, शिमला की पत्रिका चेतना का संपादन।

विशेष : मानद निदेशक, इलाहाबाद संग्रहालय, इलाहाबाद, मानद पुस्तकालयाध्यक्ष, इलाहाबाद विश्वविद्यालय, इलाहाबाद, साहित्यमंत्री, हिन्दी साहित्य सम्मेलन, प्रयाग, अध्यक्ष, व्यास सम्मान चयन समिति, संयोजक, सरस्वती सम्मान, के.के. बिड़ला फाउंडेशन, नई दिल्ली, सदस्य, मंगलाप्रसाद पुरस्कार समिति, उ.प्र. हिन्दी संस्थान।
सम्मान : उ.प्र. हिन्दी संस्थान के **साहित्य भूषण सम्मान**—2006 से सम्मानित।

आवरण : लोकभारती स्टूडियो

अनुक्रम

प्रस्तावना

बालकृष्ण भट्ट का जन्म ३ जून सन् १८४३ ई० और देहावसान २० अगस्त, १९१४ ई० को हुआ था। १८५७ ई० के स्वतंत्रता संग्राम में वे १४ वर्ष के थे। उन्होंने लाशों से पटी सड़कें, नीम के पेड़ से लटकती लाशें और शहर के जलते मकानों को देखा-सुना था। यह वह समय था जब बकौल व्रजमोहन व्यास श्रीमद्भागवत की कथा सुनने-सुनाने से लोग डरते थे। महा घोर काल उपस्थित था। चारों ओर हाहाकार मचा हुआ था, उर्दू का बोलबाला था। हिन्दी को कोई पूछता तक नही था। कट्टरता, परिवर्तन विमुखता, बालविवाह, सहभोजन का विरोध, नये विचारों की निन्दा, लकीर का फकीरपन, धर्म का शोषण, राजनैतिक सजगता का विरोध, धर्मान्धता, जातपांत और छुआछूत का जोर था। आत्मगौरव और कौमियत का अभाव था। उत्तर पश्चिमी प्रांत महाराष्ट्र और बंगाल की तुलना में राष्ट्रीय सजगता, शिक्षा और सामाजिक जागरण की दृष्टि से पिछड़ा हुआ था। मध्यवर्ग का उदय तो हो चुका था, परंतु उसके विकास की गति बहुत धीमी थी। 'हरिश्चन्द्र मैगजीन' के १५ अक्टूबर, १८७३ ई० के अंक में The present state of the Middle Class Men of the N. W. Provinces शीर्षक से प्रकाशित लेख में लिखा है कि "The middle class of the North-Western Provinces has undergone a change as regards its occupations, but not in Social Manners and Customs which are the only objects in these days of civilizations to be surmounted over. The people of the north-western provinces are conservative and are quite against the innovations of anything whether of social, moral or intellectual reform and hence the progress is slow. Bengal is ahead and is actually progressing being divested of conservatism. We should not however urge our north-west middle class to speedy progress which may bring reaction, but shall patiently and gradually aid them to march cautiously and deliberately towards the attainment of that position in which the class men of a civilized nation are now-a-days placed."

हिन्दी के मेघाच्छन आकाश में भारतेन्दु का उदय हो चुका था। महादुर्भिक्ष, प्लेग, महामारी की आवृत्ति थी। देश का धन अनेक स्रोतों से विदेश की ओर बह रहा था। देश की विकासमान देशी शिक्षा और कुटीर उद्योग धंधों की व्यवस्था को जानबूझ कर बदला जा रहा था। एक ओर तरक्की का विरोध था तो दूसरी ओर तरक्की के नाम पर संस्कृति के मानवीय मूल्यों को नष्ट करके लाभकेन्द्रित प्रति संस्कृति स्थापित की जा रही थी। राम, कृष्ण, मुहम्मद साहब और नानक आदि के जीवन चरित्रों के बजाय क्लाइव और हेस्टिंग्स आदि की जीवनियाँ पढ़ायी जाने लगी थीं। सभा, समाज, इन्स्टीट्यूट और क्लबों के साथ ही साथ विभिन्न जातियों के जातिगत संगठन भी बन रहे थे। भट्टजी इन सबके प्रति न केवल चौकन्ने

थे, बल्कि देश के राजनैतिक और सामाजिक परिवर्तन के लिए वाणी और कर्म से प्रतिश्रुत थे। संध्या समय उनकी बैठक में तख्त पर जो समालोचना होती थी उसमें प्रायः क्रांतिकारी से लेकर देश के गद्दार तक मौजूद रहते थे। उनके बारे में तीन ऐसे व्यक्तियों के उद्धरण देना चाहता हूँ, जो उन्हें न केवल जानते थे बल्कि उस युग के साक्षी भागीदार और भट्टजी के शिष्य थे। इन उद्धरणों से उनके समग्र व्यक्तित्व का पता तो चलता ही है उनके समय के बारे में भी संकेत मिलता है।

"भट्टजी एक परम भागवत धर्मनिष्ठ वैष्णव थे एक सदाचारी ब्राह्मण के लिए प्रतिपादित नित्य कर्मों का वे नियम से पालन करते थे। पर वे उनके गुलाम नही थे। जो भी नियम उनकी बुद्धि की कसौटी पर खरा नहीं उतरता था उसको वे खरी खोटी सुनाकर परित्याग कर देते थे। जिस धर्म में जो भी अच्छी बात समझ में आती थी उसकी वे मुक्तकंठ से प्रशंसा करते थे और जिसे वे बुरा समझते थे उसे बिना किसी संकोच के बुरी तरह फटकारते थे। उनके धर्म की कसौटी एक थी। यदि कोई धर्म किसी जाति, समाज, एवं देश के उत्थान में बाधक है, जो मनुष्य को मानवता से हटाता है वह उन्हें अग्राह्य था और जो देश के अग्रसर होने के साथ-साथ कदम बढ़ाता है, जो उसे पीछे की ओर नहीं खींचता था, जो उसे कर्मक्षेत्र में निरुत्साहित और अकर्मण्य नहीं बनाता था वहीं धर्म उन्हें ग्राह्य था।"

(बालकृष्ण भट्ट व्रजमोहन व्यास, पृ० ११९)

हिन्दी प्रदीप का उद्देश्य--

श्री हरि पद रज कृपा देश निज दशा सुधारन
हिन्दू गन मन गुहा महा तम तोम निवारन
दीप देश नव नेह नेह भरि भरि तहँ बारन
प्रचलित उर्दू मुख कवलित हिन्दी उद्धारन
दीन प्रजा दुःख हरन नागरी बरन प्रचारन
पर पद गत आरत भारत की आपद तारन
काव्यकला कौशल्य शिल्प विद्यादि उबारन
उत् तम उत्तम विषय देश भाषा सञ्चारन
देश काल नियमानुसार मारग मग धारन
शत विध निज उद्देश्य शेष लौं पूरन कारन

(श्रीधर पाठक ग्रंथावली, खण्ड २ पृ० ६२५)

"स्व० बालकृष्ण भट्ट देश की आजादी के सच्चे शैदाई, उस आजादी के लिए बेचैन, अपने समय के गरम दल के सच्चे पोषक और समर्थक, उस समय के क्रान्तिकारी युवकों से अपने बेटों की तरह प्यार करने वाले और इन सब गुणों के साथ-साथ साम्प्रदायिक एकता के सच्चे समर्थकों में से थे। मैंने उन्हें इन सब बातों में अपना गुरु माना और आज तक मानता हूँ।"

(पं० सुन्दरलाल, भूमिका 'हिन्दी की दशा और पत्रकारिता बालकृष्ण भट्ट)

भट्टजी ने अपने बेटे बेटियों को देश की आजादी के लिए लिखने, अभिनय करने, भाषण देने और क्रांतिकारियों की मदद करने से कभी रोका ही नही बल्कि उत्साहित किया। आजीवन वे प्रभुसत्ता से संघर्ष करते रहे। भारतेन्दु युग में ही नहीं बाद के युगों में ऐसा कोई लेखक, सम्पादक नहीं मिलेगा जिसने घोर अभाव और कष्ट में रहकर 'हिन्दी प्रदीप' जैसा क्रान्तिकारी समाचार पत्र निकाला हो। जिसे अपने प्रदीप रक्षा की अपना आँचल जला कर

करनी पड़ी हो। लगभग ४३ वर्षों तक वे आत्मगौरव, आत्म निर्भरता, आत्मबल, आत्मत्याग, चरित्र, ईमानदारी, साहस, औदार्य, सत्यनिष्ठा, कौमियत, जातीयता, परिवर्तनप्रियता, मुल्क की तरक्की, आबादी नियंत्रण, वैज्ञानिक साधनों के प्रयोग, जड़ता धार्मिक कट्टरता के त्याग, समाज परिवर्तन की कामना, स्त्री शिक्षा, विधवा विवाह, स्वदेशी, खेती के लिए नये साधनों के प्रयोग, कृषि शिक्षा, राजनैतिक चेतना के विकास, हिन्दी भाषा में नये-नये शब्दों और विषयों के प्रयोग, साहित्य में स्पिरिट आफ टाइम की पहचान, देश प्रेम, स्वराज्य, स्वाधीनता आदि विषयों पर हिन्दी प्रदीप, मर्यादा, सुदर्शन, कविवचन सुधा आदि पत्र-पत्रिकाओं में लिखते रहे। कभी-कभी लिखे हुए लेख भिन्न शीर्षकों से प्रदीप में छापे गये हैं। उनके लिखे उपन्यासों, नाटकों, प्रहसनों, निबन्धों, कहानियों, अनुवादों, नृपति चरितावलियों, संस्कृत कवियों और ग्रन्थकारों पर टिप्पणियों और कविताओं की सूची बहुत लम्बी है। (दे० पं० बालकृष्ण भट्ट व्यक्तित्व कृतित्व—डॉ० मधुकर भट्ट)। इनमें से बहुत ही कम प्रकाशित है। वे अपने समय के बेजोड़ लेखक थे। वे जिस तेवर और दृष्टि के साथ लिखते थे वैसा उस समय में कोई लेखक नहीं था। भारतेन्दु से वे किसी मायने में कम नही थे। राजभक्ति और भय उनमें नहीं था। अपने विचारों के लिए उन्होंने कभी समझौता नहीं किया। एक भी उदाहरण नहीं मिलेगा कि जिसने अपना सर्वस्व ४३ वर्षों तक हिन्दी प्रदीप द्वारा मूरखतादि को दूर करने तथा हिन्दी और भारत को स्वत्व और गरिमा प्रदान करने में लगा दिया हो। उन्होंने धर्म और अर्थ के नाम पर शताब्दियों से होने वाली लूट का उद्घाटन ही नहीं किया बल्कि इसको ही काहिली और कायरता का कारण माना। वे शायद पहले व्यक्ति हैं जिन्होंने अनेक बार राजनीति शब्द का प्रयोग करते हुए राजनैतिक दृष्टि से शंकराचार्य, बुद्ध, नानक और कबीर का मूल्यांकन समकालीन प्रासांगिकता की दृष्टि से किया। कबीर बालकृष्ण भट्ट को जितने प्रिय हैं उस समय के किसी लेखक को प्रिय नहीं हैं। कोई लेखक या कवि किसी दूसरे लेखक या कवि को क्यों पसंद करता है? निश्चय ही उसके आश्चर्यचकित करने की क्षमता, हृदय संवादित और बौद्धिक खुलेपन के ही कारण। बालकृष्ण भट्ट की शैली भी कबीर की तरह ही है। तिलमिला देने वाला पद विन्यास, उद्‌बोधनात्मक शैली और आक्रोश तथा घृणा उत्पादक शब्द प्रयोग उन लेखों की विशेषताएँ हैं, जो सामाजिक परिवर्तन, और राजनैतिक स्वाधीनता से सम्बद्ध हैं। जो लेख भाषा प्रयोग, शब्दशक्ति, समालोचना और गंभीर विवेचन से सम्बद्ध है उनका पद विन्यास बिल्कुल भिन्न है। भाषा का यह सहेतुक प्रयोग और भावावेग का यह दबाव भट्‌ट जी जैसे साफगोई वाले व्यक्ति के चरित्र और साहित्य की विशेषता है। इस सम्बन्ध में नीचे लिखे हुए उद्धरण प्रमाण स्वरूप प्रस्तुत हैं।

"धन्य हमें जो भारत की पुण्यभूमि में जन्मे हैं, ऐसा कहते हम अपना भाग्य सराहते थे वहीं अब हमें शर्म आती है जब विदेशी हमसे घिनाते हुए हमें नेटिव कहते हैं। सुशिक्षित हो यही जी चाहता है कि कैसे हिन्दू समाज से निकल भागें और विलायत का रास्ता पकड़ें। डासन के घर के बने बूट के मुकाबले दिल्ली की बनी जूतियाँ पाँव में भद्दी मालूम पड़ती है। लुधियाना और मुरादाबाद के बने मोटे कपड़े हमारे नवयुवकों के कोमल अंगों में गड़ते हैं। अस्तु गाई गीत को अब कहाँ तक गावैं इसमें संदेह नहीं कि भारत का भूतकाल बड़ा चमकीला था पर यह सब तो वही बात हुई कि हमारे बाप ने घी खाया था न विश्वास हो तो हमारा हाथ सूँघ लो। अवनति के इस धुँधले जमाने में पड़े-पड़े टटोलते हुए आप के इस बढ़ावा देने से अब कुछ काम चलेगा? बीती ताहि विसारि दे आगे की सुधि ले।" (पृ० २)

"अनेक प्राचीन कुसंस्कारों में हमारे समाज के बीच नाक कट जाने का भय भी ऐसी बड़ी बुराई है कि इससे न जाने कितने घराने धूल में मिल गये। जब तक हम अपनी दशा न देख इसी तरह नाक बढ़ाते रहेंगे, तब तक कभी किसी लायक न होंगे। हम अपने से कम सुखी लोगों को देख उनकी दशा से अपनी दशा में तारतम्य देखते रहें तो दुख कभी पास न फटकै और चित्त सदा के लिए शान्ति देवी का पवित्र मन्दिर बन जाय।" (पृ० २६)

"हमारे यहाँ के ग्रन्थकार और धर्मशास्त्र गढ़ने वालों की कुंठित बुद्धि में न जाने क्यों यही समाया हुआ था कि स्त्रियाँ केवल दोष की खान हैं गुण इनमें कुछ है ही नहीं। इसी से चुन-चुन उन्हें जहाँ तक ढूँढ़े मिला केवल दोष ही दोष इनके लिख गए और जहाँ तक इनके हक में बुराई और अत्याचार करते बना अपने भरसक न चूके। कानून में इनका सब तरह का हक मार दिया। धर्म सम्बन्ध में इन्हें प्रधान न रखा, दरजे में इन्हें और महा जघन्य शूद्रों को एक ही माना और किसकी कहैं मनु जिसके समान चोखा और हर एक समय में बरतने के पक्षपात विहीन शास्त्र-प्रणेताओं में किसी दूसरे का धर्मशास्त्र ऐसा नहीं उन्होंने शूद्र और स्त्रियों की सब तरह रेढ़ मारी है।" (पृ० ३४)

"समाज के बन्धन से छुटकारा, स्वच्छन्दाचार, बेरोकटोक स्वच्छन्द आहार विहार कई एक बातें नई तालीम के सूत्र हैं। आर्य समाज ब्रह्म समाज आदि भिन्न-भिन्न समाजों में ये कपटी घुसा करते हैं और उन-उन समाजों के बड़े पक्षपाती हैं सो इसलिए ये समाज उनके आत्मसुखरत होने के लिए ढाल का काम दे रही हैं।" (पृ० ४४)

"ब्राह्मण जो निर्लोभ हो कठिन से कठिन तपस्या, और उत्कृष्ट विद्या के द्वारा प्रजा के कल्याण का सामर्थ्य प्राप्त करे। अब वे ही ब्राह्मण निपट स्वार्थ लम्पट हो आत्म त्याग की गन्ध भी अपने में नहीं रखते और जैसा कदर्य और स्वार्थान्ध ये हो गये वैसा चार वर्णों में दूसरे नहीं। आत्मत्याग की वासना से दूसरे का उपकार सोचना कैसा? यही चाहते हैं कि प्रजा को मूर्ख किये रहें जिसमें इनके नेत्र न खुलने पायें नहीं तो हमारे दम्भ की सब कलई खुल जायेगी।" (पृ० ४५)

"हिन्दू धर्म और रीति-नीति अब इस समय घिन के लायक हो रही है सो इसलिए कि इसका नयापन बिल्कुल खो गया है।" (पृ० ४८)

"हमें सनातन धर्म पर भी बड़ी हंसी आती है और कुढ़न होती है कि इस सनातन का कुछ ओर-छोर भी है; दुनिया की जितनी बुराई और बेहूदगी है सब इस सनातन धर्म में भरी है। हमें तो कुछ ऐसा मालूम होता है कि दम्भ और मक्कारी की बुनियाद जब तक सनातन धर्म में कायम रहेगा और एक भी इसके मानने वाले बचे रहेंगे तब तक हिन्दूस्तान की तरक्की न होगी।" (पृ० ४९)

"हमारी तरक्की की आशा तभी होगी जब पुरातन और सनातन की ओर से तबीयत हट नूतन की कदर हमारे चित में स्थान पायेगी और अपनी हर एक बात में नये परिवर्तन का प्रचार कर सभ्य देश और सुसभ्य जाति के समूह में गिनती के हम अपने को काबिल बनायेंगे और अपने नवभ्युत्थान से चिरकाल से जो सभ्यता और उन्नति के शिखर पर चढ़े हुए हैं उन्हें शरमायेंगे।" (पृ० ४९)

भट्टजी नये विचारों और साधनों को देश की तरक्की के लिए आवश्यक मानते थे। वे इसके लिए विधि निषेध पद्धति से लगभग द्वन्द्वात्मक तरीके का विवेचन करते थे। वे अंग्रेजी सरकार के बहुस्तरीय और चालाकी युक्त शोषण के प्रति न केवल सजग थे बल्कि उसकी

मुक्ति का राजनैतिक विकल्प भी जानते थे। वे उस युग में थे जब लेखक, पत्रकार, विचारक और परचे लिखने वाले काम एक ही व्यक्ति के होते थे। विशुद्ध लेखन का चलन नहीं हुआ था। विशेषकर गद्य में। गद्य परिवर्तन और नवीनता का माध्यम ही नहीं था वह स्वयं एक परिवर्तन था। भट्टजी हर घटना और स्थिति का कारण अपने धर्म, आचरण, संस्कार और प्रभुसत्ता में पुरानेपन में खोजते थे और इन दोनों ही तर्कों से मानव मात्र के सुख और अन्याय के निवारण का प्रयत्न करते थे। अकाल का कारण वे अंग्रेज सरकार की नीतियों को भी मानते थे और खेती के पुराने तरीकों को भी।

"अकाल की पीड़ा से हम सबों को बचाने को अब गवर्नमेंट का क्या कर्त्तव्य है। पहली बात गल्ले की रफ्तनी बंद कर दी जाय और आगे से गेहूँ यहाँ का विलायत न जाया करे। जब तक दुर्भिक्ष है तब तक गल्ले की चुंगी छोड़ दी जाये, मालगुजारी माफ कर दी जाय या घटा दी जाय। जब यह निश्चय है कि खेती ही यहाँ का प्रधान व्यवसाय है और उसी पर न जानिए कितने करोड़ आदमियों का जीवन है तब उसकी तरक्की का उपाय सोचना तो गवर्नमेंट का पहला काम है। यहाँ की धरती है कि प्रतिवर्ष कई करोड़ का धन उगल देती है जिसे अंगरेज़ी हिकमत भी जरब-न पहुँचा सकी। हिकमत ने यहाँ की दस्तकारी इत्यादि को बेकदर कर खाक में मिला दिया पर खेती में किसी तरह का खतरा न पैदा कर सकी। जैसा सरकार हिकमत को और-और बातों में लड़ाये हुए है वैसा ही यूरोप और अमेरिका की तरह हिन्दुस्तान में भी कृषि विद्या का स्कूल क्यों न खोला जाय। ब्रह्मा के परदादा के समय में भी जो तरीका हल चलाने का रहा वही अब भी जारी है। उसमें जरा भी अदल-बदल न की गयी।"

(पृ० ५४)

भट्टजी की आकांक्षा थी कि अमेरिका आदि की तरह नये औजार, खाद तथा आबपाशी की व्यवस्था हो तो हमारे खेतिहरों को बहुत फायदा हो। गरीबी और भुखमरी को दूर करने के इस दीर्घकालीन उपाय के अलावा वे आबादी पर नियंत्रण के पक्षधर थे। बहुत ही कर्कश आवाज में लिखते हैं कि—

"यहाँ पुत्र नरक से उद्धार का द्वार हो श्वान समूह को इतना बढ़ा दिया कि पेट पालना भी दुर्घट हो गया। हमारे पढ़ने वाले चाहे जो समझे हमें चाहे जैसी हिकारत की नजर से ख्याल करैं हम कहेंगे यही कि देश को इस वर्तमान दशा में हम लोगों की सृष्टि का बढ़ाना जीते जी नारकीय यातनाओं का स्वाद चखना है।"

(पृ० ९४)

उस युग की दृष्टि से यह विवेचन न केवल नया है बल्कि महत्त्वपूर्ण भी है कि धार्मिक प्रचारकों और दार्शनिकों की शिक्षा का राजनैतिक विषयों और मुल्की मामलों में क्या फल हुआ। भट्टजी पहले व्यक्ति हैं, जिन्होंने इस प्रकार के मूल्यांकन की शुरुआत की। उन्होंने शंकराचार्य, महात्मा बुद्ध, शैव और वैष्णवों के विवाद, ज्ञान और भक्ति, गुरु नानक और कबीर की शिक्षाओं का गम्भीर विश्लेषण करके जो निष्कर्ष प्रस्तुत किये वे चमत्कृत करने वाले हैं। कुछ उद्धरण पर्याप्त होंगे।

"अब देखना चाहिए कि राजनैतिक विषयों में और मुल्की मामलों में इन दोनों के उपदेश और शिक्षा का क्या फल हुआ। शंकर ने बौद्धों को यहाँ से निकाल शासन की स्थिर शैली में बड़ी खलबली मचा दी और बहुत चाहा कि भारत फिर वैसा ही हो जाय जैसा वैदिक, ऋषियों के समय में था किन्तु भारत सो न होकर आधा तीतर आधा बटेर हो गया।"

(पृ० १३७)

"गुरुनानक से बुद्धिमान ने इन सब बातों को सोच-विचार कबीर के सिद्धांतों का विशेष आदर किया। किसी एक खास मजहब या धर्म में जकड़े रहना राजनैतिक तरक्की का बड़ा बाधक है। जब तक किसी खास धर्म की पाबन्दी हममें लगी रहेगी तब तक मनुष्य जाति में साधारण प्रेम, जातिवात्सल्य, मुल्की तरक्की के उद्योग में सबों के साथ सहमति कभी हो ही नहीं सकती।" (पृ० १३७)

भट्टजी की प्रमुख चिन्ता भारतेन्दु की तरह 'स्वत्व निज भारत लहे' या देशवत्सलता ही नही थी बल्कि मुल्की तरक्की और देशत्वाभिमान भी था। उनकी चिन्ता थी कि देश की अस्मिता की रक्षा कैसे की जाय। देशत्व रक्षा का उपाय क्या है। एक ओर वे नयी तालीम के पक्षधर थे क्योंकि यह अन्धधार्मिकता काहिली और भेदभाव को दूर करती थी दूसरी ओर इसके चरित्र के विरोधी थे क्योंकि यह गुलामी को औचित्य परक बनाती थी। वे आर्यों के बाहर से आने के सिद्धान्त को स्वदेशभिमान को समाप्त करने की युक्ति मानते थे। इस पैनी दृष्टि के अनेक प्रमाण इस पुस्तक में हैं। एक उद्धरण उनकी राजनैतिक सजगता और बौद्धिक चिन्तन के प्रमाण के रूप में काफी होगा।

"इन दिनों की वर्तमान शिक्षा का फल यह होता है कि देशत्व का अभाव दिन-दिन बढ़ता जा रहा है और क्यों ऐसा न हो जब बालकों को बाल्य अवस्था से ही उनके मन में बैठाया जाता है कि आर्य लोग वास्तव में यहाँ के असली पुराने बाशिन्दे न थे वरन कहीं बाहर से आये यहाँ बस गये थे। स्वदेशाभिमान को नष्ट कर देने की कैसी अच्छी युक्ति है पर यह युक्ति सर्वथा निर्मूल और भ्रान्त है।"

भट्टजी की प्रखर राष्ट्रीयता और सरकार की राजनीति का संकेत जिस सधे हुए व्यंग के माध्यम से किया गया है वह अत्यन्त दुलर्भ है। इस प्रकार के व्यंग का प्रयोग हरिशंकर परसाई ने बाद में अनेक रूपों में किया है। 'हाकिम और हिकमत' लेख का यह लम्बा उद्धरण व्यंगात्मक शैली, मर्म का उद्घाटन करने वाली बौद्धिक क्षमता, प्रखर राष्ट्रीयता और निर्भीकता को प्रमाणित करता है। इससे पता चलता है व्यापक क्षेत्र के संकेतों के प्रयोग की उनकी सामर्थ्य का भी।

"जैसा प्रकृति के अधिष्ठान बिना सांख्य दर्शन वालों का पुरुष जड़, निश्चेष्ट और बेकाम है वैसे ही सर्वशक्तिमान है हाकिम! तुम अपनी हिकमत-अमली के अधिष्ठान बिना सामर्थ्य शून्य हो।...तुम विचारपति हो, कचहरियों में ऊँचे आसन पर सुशोभित हो। हंस के समान इंसाफ करने में दूध का दूध पानी का पानी कर देने में समर्थ होकर भी जो अपने प्रकृति के गुण हिकमत के परवश हो अपनी जातिवालों का तथा शासन-प्रणाली में अपने देश का विशेष पक्षपात करते हो सो केवल कवि की इस उक्ति की सार्थकता के लिए "भवन्ति साम्येऽपि निविष्ट चेतसां, वपुर्विशेषेस्वति गौरवा: क्रिया:"...आज राजराजेश्वरी के महापार्षद हो, खाँ बहादुर राय बहादुर आदि उपाधि आप की सेवा परिचर्चा का सद्य: फल और आप की हिकमत अमली का परिणाम है। हे सकल सामन्त चक्रवर्तिन! अनेक दोषदूषित भी आप की कारगुजारी को क्या ताकत कोई दूष सके आपके प्रबन्ध को बुरा कहना गवर्नमेंट का विरोधी हो जाना है। हे सर्वव्यापिन! आप का महा विराट वैभव पायोनियर हजार मुख से हमें चाहे जो कह डाले, हमारे दोषों को सहस्त्र नेत्र से निरखा करे कोई हिर्ष की बात नहीं, क्योंकि वे सभ्य समाज के अग्रणी और सभ्यता के प्रचारक परमाचार्य हैं किन्तु हम लोगों के मुख से यदि कुछ निकल जाय, चाहे वास्तव में वह सत्य भी हो 'सेडीशन' और प्रजा के मन में विद्रोह उभाड़ने

वाला है। हे महाभाग! तुम प्रत्यक्ष देवता हो.....देवगण अजर होने के कारण बाल्य यौवन और प्रौढ़ इन्हीं तीन में सदा रहते हैं अर्थात बुढ़ापा उन पर कभी व्यापता ही नहीं वैसे ही तुम भी कभी बूढ़े नही होते क्योंकि ५५ साल के सरकारी नौकरी से बरतरफ कर देने वाला कानून बहुधा तुम्हारे लिए नहीं देखते यद्यपि आप हम लोगों के समान जो मनुष्य कोटि में है अल्पज्ञ मूढ़ मन्दमति होकर सरकारी नौकरी का काम नहीं आरम्भ कर देते किन्तु लियाकत और सब तरह की योग्यता के पुतलेबन कर बिलायत से आते-जाते हो तो भी बीच-बीच में अपने अधिकृत कामों में ऐसी अनभिज्ञता और बाल्यभाव जो प्रकट कर उठते हो कि ५ वर्ष का बालक भी ऐसा न करेगा सो यह सब आप की क्रीडा और लीला विलास है जिस लीला विलास की पुण्य कथा और पवित्र चरित्र का सब हाल हम लोग समाचार पत्रों में पढ़ अपने भाग्य सराहते हैं और अपने को धन्य और कृतकृत्य मानते हैं, जिसके द्वारा पुण्य श्लोक संकीर्तन समान हमारे जन्म-जन्म के पाप ओघ सब विलाय जाते हैं।.....नितान्त अबोध हम आपकी निसर्ग-दुर्बोध हिकमत-अमली क्या समझ सकते यह आप ही की कृपा है जो आपके द्वारा वितरित शिक्षा नेत्रोन्मीलन पाकर कुछ-कुछ अब आप की पालसी के ढंग को समझने लगे हैं।''

(हिन्दी प्रदीप, १८९२ अ.म.जू.)

साहित्यकारों में भारतेन्दु और नेताओं में तिलक के वे प्रशंसक और समर्थक थे। भारतेन्दु की मृत्यु पर 'हिन्दी प्रदीप' में भट्टजी ने एक क्रोड पत्रिका छापी थी। शिव प्रसाद सितारे हिन्द को हिन्दी द्रोही और अंग्रेजों का दलाल मानते थे। हिन्दी प्रदीप में इस आशय की सख्त टिप्पणी है। परन्तु भारतेन्दु से स्वभाव और चरित्र में वे बहुत भिन्न थे। भारतेन्दु में राजभक्ति और देशभक्ति दोनो का आश्चर्यजनक संतुलन था। बालकृष्ण भट्ट की दृष्टि में यह संतुलन संभव ही नही है। उनके अनुसार—

''राजभक्ति और प्रजा का हित दोनों का साथ कैसे निभ सकता है? जैसे हँसना और गाल का फुलाना, बहुरी चबाना और शहनाई का बजाना एक संग नही हो सकता ऐसे ही यह भी असंभव और दुर्घट है.....राजभक्ति का फल पहले देखने में बड़ा मीठा है पर परिणाम में महामन्दकारी और रूखा है। इसे बहुत खाते-खाते मनुष्य क्षीण वीर्य, क्षीण स्वत्व, और क्षीण तेज हो जाता है, रग-रग और रोम-रोम में दास्य भाव अलार्क और कुत्ते के विष समान ऐसा असर कर जाता है जिसके दूर करने की जितनी तदवीर हो कुछ कारगर नहीं होती।.....प्रजा के हित का फल यद्यपि कड़वा फीका और अरोचक है पर अन्त को बड़ा उत्तेजक, वीर्यवर्धक और पौष्टिक है। इस फल के खाने वाले देशोपकारी, सर्वजन हितैषी और उदार प्रवृत्ति के होते हैं।''

(हिन्दी प्रदीप, दिसम्बर १८८२ ई०)

भूमण्डलीकरण के इस युग में जब दुनिया एक बाजार में तब्दील होती जा रही है फैशन परस्ती और विदेशियों को अपने से श्रेष्ठ मानने के कारण विदेशी वस्तुओं के प्रति मोह बढ़ता जा रहा है। वे लोग भी स्वदेशी का राग अलापने लगे हैं जो दुनिया को बाजार में बदलने की विचारधारा के जनक हैं। तब स्वदेशी आन्दोलन के समर्थन में विदेशी वस्तुओं के बहिष्कार पर लिखे लेख और टिप्पणियाँ काफी अर्थवान प्रतीत होने लगी हैं। भट्टजी ने विदेशी वस्तुओं के बहिष्कार को सफल बनाने के लिए कारगर तरीका सुझाया है कि देशी चीजों का बर्तना धर्म का अंग मान लिया जाय और सीधी-सादी स्त्रियों को सुझा दिया जाय कि विलाइत के कपड़े पहनेंगी तो नरक में जायेंगी और जितना ही देश में बने कपड़े पहनेगी उतना ही स्वर्ग में जाना सुलभ होगा। भट्टजी के अनुसार तैमूर, नादिरशाह और महमूद गजनवी की लूट से यह सतत

लूट ज्यादा खतरनाक और नुकसानदेह है।

१८७७ ई० में 'समाचार पत्र की आवश्यकता' पर विचार करते हुए भट्टजी ने लिखा कि "मेरा मुख्य उद्देश्य देश की भलाई है। इसलिए मैं (हिन्दी प्रदीप) प्रगट हुआ हूँ। मैं चाहता हूँ कि समय-समय पर आपके सम्मुख प्रगट होकर देशवासियों की वर्तमान सोचनीय हीन-दीन दशा से आपको अवगत कराकर उसे सर्व साधारण के हित के लिए प्रेरित करूँ।" भट्टजी ने यह कार्य खतरा उठाकर निरंतर किया। परंतु इसके साथ ही साथ दूसरा महत्त्वपूर्ण कार्य उन्होंने नागरी लिपि के प्रयोग और हिन्दी भाषा की प्रतिष्ठा का किया। भाषाओं के स्वाभाविक परिवर्तन को स्वीकार करते हुए भाषा की नमन शक्ति बढ़ाने पर बल देते हुए भट्टजी एक कुशल भाषा वैज्ञानिक की तरह लिखते हैं—

"अपनी निज की भाषा के कामकाजी शब्दों के मर जाने का मृतक प्राय हो जाने से बचाना अच्छे लेखकों का काम है। बाहरी भाषाओं के शब्दों को अपना सा कर डालना जिससे भाषा दिन प्रतिदिन अमीर होती जाय यह भी एक बड़ा काम है और सबसे बड़ा काम है अपनी भाषा के विषयों को दूना चौगुना करते जाना अर्थात जो-जो विषय भाषा में पहले कम थे उनको जिलो देना और जो विषय कभी थे ही नहीं उनको बाहर से लाय भरती करना इस सबका असर यह होगा कि भाषा की नमन शक्ति बहुत बढ़ जायेगी। अर्थात् जिस तरह के विषय पहले हमसे बाहर समझे जाते थे वे जल्द उसकी पहुँच के भीतर आ जायेंगे।"

भाषा को समृद्ध करने का यह तरीका देश की समृद्धि का भी तरीका है। हिन्दी की जातीय भाषा जिसे आज राष्ट्रभाषा कहा जाता है घोषित करने का तार्किक प्रयत्न भट्टजी ने किया। हरिश्चन्द्र मैगजीन में काशीनाथ खत्री ने मालवीयजी से काफी पहले न्यायालयों में नागरी अक्षरों के प्रयोग के बारे में १५ फरवरी, १८७४ के अंक में हिन्दीभाषा को सरकारी काम काज से बहिष्कृत करने की साजिश पर एक सख्त लेख "The Substitution of Devanagri characters in place of Persian in Law-Courts लिखा था। भट्टजी ने हिन्दी प्रदीप में इस आशय के कई लेख लिखे। (दे० 'हिन्दी की दशा और पत्रकारिता' सम्पादक धनंजय)। बाद में यह आन्दोलन १९०० ई० में सफल ही हो गया। भट्टजी ने 'हिन्दी प्रदीप' में १८८६ ई० में ललकारते हुए लिखा—

"यदि देश का कुछ भी अभिमान हमको है तो ऐसा उपाय हमें शीघ्र करना चाहिए जिससे हमारी एक जातीय भाषा हो जाय। यहाँ पर इतना हमें अवश्य कहना चाहिए था। यद्यपि जातीय भाषा हम लोगों की कोई नहीं परंतु जातीय अक्षर हैं और जो कोई हमारी जातीय भाषा कभी होवेगी इसके अक्षर भी वे ही होने चाहिए जिनमें कि इस समय जातीयता है—वे अक्षर देवनागरी हैं—और भारतवर्ष की वर्तमान भाषाओं में एक भाषा भी ऐसी है जो इन उक्त अक्षरों में लिखी जाती है और वह भाषा ईश्वर की कृपा से हिन्दी हैं और फिर यह भी है कि यही हिन्दी थोड़ी बहुत भारतवर्ष के सब भागों में समझी जाती है और अधिक भागों में बोली जाती है। इससे हमारी समझ में यही आता है कि यदि भारतवर्ष की कभी कोई जातीय भाषा तो यह हमारी प्यारी सर्वगुण आगरी नागरी ही होगी और यथार्थ में इसी को ऐसा बनने का अधिकार है।"

१९वीं शताब्दी में 'हिन्दी भाषा और नागरी अक्षरों के शिक्षा और न्यायालय में प्रयोग को लेकर भट्टजी ने लगभग आन्दोलन ही चला रखा था। परन्तु साहित्य, सभ्यता, कविता,

चित्रकला, मन और बुद्धि, आलोचना आदि विषयों पर उन्होंने जितने विचारात्मक लेख लिखे किसी ने नहीं लिखा। साहित्य और सभ्यता के सम्बन्धों पर वे लिखते हैं—

"साहित्य सभ्यता का प्रधान अंग है। यह कभी संभव नहीं कि कोई देश सभ्यता में बढ़ जाय और साहित्य उस देश की भाषा से हटा रहे जब तक हमारी भाषा के साहित्य की उन्नति न होगी तब तक इस सभ्यता को भी बिजली के चमक के समान क्षणिक मानना चाहिए, चाहे हमारे नव शिक्षित नाक फुलाय सभ्यता-सभ्यता पुकार कितना ही गाल बजाया करें पर पूर्ण सभ्यता बिना देशभाषा की उन्नति के सर्वथा असंभव है।"

(हिन्दी प्रदीप १८८७ जिल्द १० सं ८)

"उत्तम काव्य तथा चित्र को समझने के लिए एक ही तरह की सूक्ष्म और तीखी समझ चाहिए। कवि और चित्रकार की कल्पना शक्ति भी बिल्कुल एक सी है। अब रहा उपादान कारण या सामान अर्थात् कवि के लिए वागविभव और चितेरे के लिए रंग का चटकीला पन इत्यादि सो जिसके पास जैसा होगा वैसा ही वह काव्य तथा चित्र बना सकेगा। क्योंकि कवि तथा चितेरे के लिए बाह्य वस्तु जैसे वन, नदी, पर्वत आदि के वर्णन की अपेक्षा मानसिक भावों का प्रकाश कविता तथा चित्र के द्वारा अधिक कठिन है। जिसे चित्रकार (shades) रंग की जरा सी झाईं में प्रकट कर दिखाता है उसी का प्रकट करना कवि के लिए इतना दुरुह है कि बेहद दिमाग पच्ची करने पर दो चार सत्कवियों ही के काव्य में यह खूबी पायी जाती है। फिर भी उतनी सफाई काव्य में न आएगी। चित्र में अन्तर्लीन मनोगत भाव सत्य में दरसाया जा सकता है। मनोगत भावों का प्रकाश कालिदास और शेक्सपियर इन्हीं दो के काव्यों में विशेष पाया जाता है।"

(पृ० १०१)

भट्टजी ने 'कल्पना', 'प्रतिभा' शब्दों की आकर्षण शक्ति, 'माधुर्य' आदि लेखों में भी साहित्य का विश्लेषण किया है और कुछ मान निर्धारित करने का प्रयत्न किया है। कालिदास, शेक्सपियर, मिल्टन, टेनीसन, गोल्डस्मिथ, तुलसीदास, सूरदास, बिहारी, पद्माकर, गालिब आदि अनेक कवियों लेखकों के साथ ही साथ महान प्रतिभाशालियों में ईसा और मुहम्मद साहब को गिनाना वे नहीं भूलते हैं। इससे भी अधिक महत्वपूर्ण काम उन्होंने किया कि उस युग में सरस्वती के बहुत पहले ज्ञान विज्ञान के अनेक विषयों पर लिखने वाले लेखकों से प्रदीप में लिखवाया। न्यूटन, गैलीलियो, यूक्लिड आदि तो अनेक लेखों में उदहारण के तौर पर आते ही हैं। बिजली, प्रकाश, भूचाल, मनोविज्ञान, आयकर, आयव्यय, इतिहास आदि विषयों पर हिन्दी प्रदीप में अनेक लेख मिलते हैं। विकासवाद पर भी टिप्पणियाँ मिलती हैं। भट्टजी के लेखों में भी नृतत्व शास्त्र के उदाहरण मिलते हैं। हिन्दी साहित्य के इतिहास के अति प्रचारित नवजागरण के प्रवर्तकों से बहुत पहले निर्भय होकर वैचारिक ऊर्जा उत्पन्न करने और देश की तरक्की में उस ऊर्जा के उपयोग का सजग प्रयत्न भट्टजी ने किया है। उन्होंने सांस्कृतिक जागरण और लोकजागरण को राजनैतिक सजगता से कभी अलग नहीं किया, बल्कि इन्हें एक चक्रीय ही माना। इस व्यापक विचारवृत्त के अन्तर्गत ही उनके साहित्यिक प्रतिमान विकसित हुए जैसे साहित्य जन समूह के हृदय का विकास है। सच तो यह है कि यदि सैद्धांतिक और व्यवहारिक आलोचना के लेखों को संकलित किया जाय तो स्वतंत्र पुस्तक बन जायेगी। वस्तुतः हिन्दी साहित्य के इतिहास में इस प्रकार के तथ्यों को नजरअन्दाज किया गया है। हिन्दी आलोचना का इतिहास लिखने वालों ने भी ऐतिहासिक दृष्टि से मान और मूल्यों का तारतम्य नहीं बनाया विवेचन की बात तो बात ही अलग है।

भट्टजी ने १९७८ ई० में लाला श्री निवासदास कृत, 'रणधीर प्रेम मोहिनी' नाटक की समालोचना एक दृष्टि से किसी हिन्दी पुस्तक की हिन्दी में लिखी पहली समीक्षा थी। वैसे तो काशीनाथ खत्री ने राजस्थान के इतिहास की १८७३ ई० में कविवचन सुधा में अंग्रेजी में समीक्षा की थी। शमशाद सौसान नाटक, नीलदेवी, परीक्षागुरु, मुद्राराक्षस, एकान्तवासी हिन्दी कालिदास की.आलोचना आदि समीक्षाएँ भी महत्त्वपूर्ण हैं । परंतु इसमें स्पष्ट मान नहीं है। परंतु 'सच्ची समालोचना' और 'सच्ची कविता' लेखों में 'मान' निर्धारित किये गये हैं। इन मानों को पढ़कर आश्चर्यचकित रह जाना पड़ता है। समकालीनता, रचना धर्मिता, प्रचारात्मकता, साहित्यिकता आदि से सम्बद्ध मान आधुनिक दृष्टि से अभी भी प्रचलित हैं।

''ऐतिहासिक नाटक किसको कहेंगे। क्या केवल किसी पुराने समय के ऐतिहासिक पुरावृत्त की छाया लेकर नाटक लिख डालने से ही वह ऐतिहासिक हो गया। क्या किसी विख्यात राजा या रानी के आने से ही वह लेख ऐतिहासिक हो जायेगा? यदि ऐसा है तो गप्प हाँकने वाले दास्तानों और नाटक के रंग में कुछ भी भेद न रहा। किसी समय के लोगों के हृदय की क्या दशा थी उसके आभ्यंतरित भाव किस पहलू पर ढुल्के हुए थे अर्थात् उस **समय मात्र के भाव** Shirit of Time क्या थे?''...नाटक में पांडित्य नहीं वरन् मनुष्य के हृदय से आप का कितना गाढ़ा परिचय है यह दरसाना चाहिए। पर इसके विपरीत आप एकता, सच्ची प्रीति आदि विषयों पर अपने पात्रों के मुख से लेक्चर दिया चाहते हैं तो एक सलाह मेरी है इसको सुनिए। इस नाटक को काट-छांट कर आठ दस (पैम्फ लेट) छोटे-छोटे गुटके छपवा लीजिए। ''

(पृ० १४)

विवेकपूर्वक पुराने और नये का विचार ही भट्टजी का सिद्धान्त था। जहाँ पुरानापन नियम वद्धत,परिपाटी या प्रणालीबद्धता जड़ता और ठहराव का कारण का पर्याय हो जाय वहाँ उसे छोड़ना उचित समझते थे। हिन्दुओं के धर्म कर्म की तो उन्होंने इस आधार पर कठोर से कठोर आलोचना की ही नयी सभ्यता की स्वच्छंतावादी प्रकृति की भी कम निन्दा नहीं की। अनेक व्यंगात्मक निबन्ध उन्होंने इस आशय के लिखे हैं। साहित्य में वे स्वच्छंदता के समर्थक थे। अपने व्यक्तित्व के अनुसार वे कला सिद्धि प्रवृत्ति को परिपाटीबद्ध मानते थे और स्वच्छंदता के समर्थक थे एक प्रकार की रोमांटिक प्रवृत्ति भट्टजी में मिलती है। वे यह महसूस कर रहे थे कि कविता की प्रकृति में बदलाव अपेक्षित है। उन्होंने मिश्रबन्धुओं और महावीर प्रसाद द्विवेदी से बहुत पहले 'नायिका भेद' शृंगारिकता और पुराने ढर्रे के छंदों आदि को त्यागने का आग्रह किया 'कविता को हृदयगत भावों का सत' मानते हुए उन्होंने लिखा—

''हिन्दी के कवि भी उन्हीं पुराने कवियों की शैली का अनुकरण कर आज तक चले आये हैं और उस ढंग को छोड़ कोई दूसरे प्रकार की कविता हो सकती है यह बात उनके मन में धँसती ही नही हैं जिसकी उपमा हम एक छोटे से तालाब की देंगे जिसमें न कहीं से पानी का निकास है और न नया ताजा पानी उसमें आने की आशा तब इसके अतिरिक्त और क्या हो सकता है कि उसका पानी दिन-दिन सड़ता जाय और गन्दगी बढ़ती जाय क्योंकि नियमबद्ध हो जाने से गिनी-गिनी बातें उनके लिए बची रहीं उन्हीं का बार-बार पिष्टपेषण किया करें। प्राय: तो नायिका नायक का एक-एक अंग का नख सिख वर्णन उनकी सम्पूर्ण कवित्व शक्ति का ओर-छोर आ लगा है। बहुत बढ़े पर ऋतुवर्णन के जाप से वसन्त हुआ तो वह सहकार मधुकार कामदेव की सेंना को अपने-अपने ढंग पर गा जाने के अतिरिक्त एक ही विषय पर और नयी बात लावैं कहाँ से। पावस को कहने लगे तो मोर दम्दुर की टर्र टर्र वियोगिनी की

सार दशा आदि इनी-गिनी दस-पाँच बात हैं जिन पर कविता की अधिष्ठात्री देवी को सैकड़ों वर्ष से घसीट जीर्ण कलेवर कर डाला। और अनियमबद्ध कविता जो कवि के **हृदयगत भावों का स्वच्छ विकास** और पूर्ण स्वच्छंदता युक्त है उसकी उपमा हम यदि एक झरने से दें तो कुछ अनुचित न होगा जिसका निर्मल जल पहाड़ी चट्टानों पर तीखेपन के साथ बहता, सूर्य की किरणों में झिलमिलाता हुआ बेरोक-टोक चला जाता है और फिर आगे बढ़कर उसी झरने से कितनी बड़ी-बड़ी नदियाँ बन जाती हैं—जो गांभीर्य में समुद्र के साथ होड़ करती हैं।''

('सच्ची कविता' संकलित 'बालकृष्ण भट्ट प्रतिनिधि संकलन
हिन्दी प्रदीप अक्टूबर, १८८६)

भट्टजी ने 'सच्ची कविता' में बर्डसवर्थ की तरह ग्राम कविता को स्वच्छंदता के कारण, कलौंसिक उत्तम श्रेणी की कविता से भाषा कविता में जहर चूंकि कम है इसलिए अधिक महत्त्वपूर्ण और टटका माना है। उनके लिए हृद्गत भावों का स्वच्छ विकास Spontnious overflow of feelings अधिक महत्त्वपूर्ण है। इस निबंध के बाद उन्होंने श्रीधर पाठक की एक कविता 'नयी चाल की कविता' शीर्षक से प्रदीप में छापी भी। स्वच्छंदतावाद के प्रति भट्टजी का यह आग्रह समकालीन स्वतंत्र्य कामना का वाह्याभ्यंतरण भी है। एक प्रकार का कबीर भाव भट्टजी में प्रारंभ से ही पाया जाता है परंतु वे समाज के बाहर खड़े होकर उद्घाटन या फटकार नहीं करते थे—समाज के भीतर रहकर उसे उघारते थे। विद्रोह वृत्ति क्रान्तिकारी परिवर्तन की सीमा तक उनमें हैं। और यही विद्रोह वृत्ति निबंधों में व्याप्त वैयक्तिकता, नवीनता और परिवर्तन की आकांक्षा से मिलकर स्वच्छंदतावाद की शकल लेती है। भट्टजी में रोमांटिक मुद्रा नहीं है बल्कि भौतिक परिस्थितियों के बीच से सहज रूप में विकसित बौद्धिक आवेगमयता है, जो देश की स्वांतत्र्यकामना से मिलकर अधिक मूल्यवान और सघन हो जाती है। उन्होंने अनेक प्रकार के निबन्ध लिखे परंतु कोई भी निबन्ध सूचनात्मक नहीं है। उनकी भाषा लेखक के व्यक्तित्व से भावित है। निबन्धों की भाषा भट्टजी का व्यक्तित्व है। नितान्त वैयक्तिक निबन्धों 'आँसू', 'नाक', 'वायु', 'द', 'जी', 'आशा', 'सोना', 'हृदय' आदि में भी सामाजिक चिन्ता विद्यमान है। उस युग के सभी निबन्धकारों में यह सामाजिक आत्मव्यंजकता मिलती है परंतु भट्टजी के निबन्धों में वह विमर्शात्मक है। आवेगमयता तात्कालिक प्रतिक्रिया का परिणाम न होकर अनुभवों के सुचिन्तित निष्कर्षों का परिणाम लगती है। मुहावरेदानी, लौकोक्तियों का सटीक इस्तेमाल, संस्कृत, अंग्रेंजी, फारसी, हिन्दी आदि के उद्धरण, शब्दों के अंग्रेजी अनुवाद और कभी-कभी अंग्रेजी के प्रचलित शब्द आदि मिलकर भट्टजी की शैली का चरित्र निर्मित करते हैं। वे कबीर की तरह से सम्बोध्य पर सीधे चोट करते हैं। निश्चय ही सम्बोध्य व्यक्ति न होकर जाति—व्यक्तियों का स्वार्थबद्ध समूह होता है। विश्लेषणात्मक निबन्धों में भी वे आस पड़ोस की दुनिया से ही उदाहरण चुनते हैं दूर की कौड़ी नहीं लाते। परिणामस्वरूप आँखिन देखी की प्रमाणिकता उनके आचरण और भाषा के साथ मिलकर उनके लेखन की विशिष्टता का निर्माण करती है। आचरण को भाषा में नहीं छिपाया जा सकता। भाषा रचनाकार को प्रमाणिकता भी प्रदान करती है। भाषा लेखक के आचरण का आभ्यंतरित बाह्य है। व्रजमोहन व्यास, रामानन्द चट्टोपध्याय पं० सुन्दर लाल और मधुकर भट्ट द्वारा लिखे जीवन प्रसंगों को पढ़ते हुए लगता है कि ऐसा निष्कवच, निष्कलुश, देशप्रेमी विद्वान और विचारक ही इस प्रकार के निबन्ध, व्यंग और कविताएँ लिख सकता है। उन्होंने परसन, जैसे सामान्य विक्रेता की क्रांतिकारी व्यंग प्रधान कविताओं को जिस साहस के

साथ 'हिन्दी प्रदीप' में लगातार छापा वह दु:साहस की बात है। परसन को पढ़ते समय नागार्जुन और परसाई का स्मरण हो आना स्वाभाविक है। डॉ० रघुवंश ने भट्टजी के भाषा प्रयोग का विश्लेषण करते हुए व्रजमोहन व्यासजी की पुस्तक 'बालकृष्ण भट्ट के अन्त में लिखा है—

''भट्टजी भाषा की व्यंजना शक्ति के प्रति सतर्क थे। अपने युग की मुक्त प्रकृति के अनुकूल भट्टजी ने कहावतों तथा मुहावरों के व्यापक प्रयोग से अपनी शैली की वक्रता और व्यंग को निखारा है। यद्यपि उनके वाक्य कभी-कभी लम्बे होते हैं पर आचार्य शुक्ल के शब्दों में उनका पद विन्यास भी कभी-कभी बहुत चोखा और अनूठा होता है। भाषा के प्रचार-प्रसार की दृष्टि से भट्टजी ने अपने समय की परिष्कृत और विकसित शैली के स्थान पर जनता के निकट की भाषा शैली को अपनाया है। यही कारण है उनको अपने ग्रामीण प्रयोगों की भी चिन्ता नहीं है। इसी कारण उनकी भाषा अस्थिर, देशज तथा पंडिताऊ प्रयोगों से युक्त अपरिपक्व तथा अनिश्चित है। उसमें वर्तनी तथा व्याकरण की भूलों के साथ अन्य चिन्त्य प्रयोग भी मिल जायेंगे इन सब कमियों के बावजूद उनकी भाषा प्रवाहपूर्ण, विषय तथा प्रसंग के अनुकूल, मनोरंजक तथा आकर्षक है।''

ज्ञानपिपासु, स्वाधीन चेता और विवेकवान बनाने के साथ-साथ कौम के बहुमुखी विकास में अपनी भूमिका के लिए बेचैन रहना भी नवजागरण की विशेषता थी। भट्टजी इस बेचैनी को बढ़ाते ही नहीं बेचैन करने वालों की जीवन्त परम्परा विकसित करते हैं, जो अपने प्राणवान अतीत को अपने भीतर समेट कर आगे बढ़ने की शक्ति देती है। 'हिन्दी प्रदीप' में जहाँ एक ओर उन्होंने भारतेन्दु, रतनचन्द प्लीडर, अनन्त राम पांडे, माधव शुक्ल, लोचन प्रसाद पांडे, श्रीधर पाठक, राधा मोहन गोकुलजी, महावीर प्रसाद द्विवेदी, जानकी राम दुबे, पुरुषोत्तम दास टंडन, मदनमोहन मालवीयजी के लेख छापे वहीं सावित्री, स्वर्ण कुमारी आदि महिलाओं के भी लेख छापे। कुल मिलाकर लगभग ८० लेखकों की रचनाएँ हिन्दी प्रदीप में मिलती हैं। जाहिर है कि इनमें सभी कवि, कहानीकार नहीं थे परंतु तत्कालीन पढ़े लिखे मध्यवर्ग को ये रचनाकार दीक्षित और संस्कारित करते थे। स्वदेशाभिमान और राष्ट्र चिन्ता का बीजारोपण करने का कार्य करते थे। रक्तबीज की तरह साहित्यबीजत्व का यह कार्य किसी राष्ट्रीय आन्दोलन से कम महत्त्वपूर्ण नहीं था। राधा मोहन गोकुल जैसे क्रांतिकारियों ने पहले प्रदीप से ही लिखना शुरू किया। भट्टजी के मित्र तो थे ही। 'हिन्दी प्रदीप' घने अंधकार में प्रदीप का ही कार्य कर रहा था। जैसा कि उसका उद्देश्य भी था। भट्टजी के इन निब्न्धों से उस युग की धड़कन का ही पता नहीं चलता है बल्कि आगे के युगों की पदचाप भी स्पष्ट सुनायी पड़ती है। इस संकलन में कई निबंध पहली बार संकलित किए गए और कई दुष्प्राप्य हैं। इस अर्थ में कुछ पदचापें अपरिचित होंगी जो भट्टजी की बौद्धिक सजगता और विवेक सम्पन्नता को और सम्पुष्ट ही करेंगी।

सत्य प्रकाश मिश्र
हिन्दी विभाग
इलाहाबाद विश्वविद्यालय

बालकृष्ण भट्ट के श्रेष्ठ निबन्ध

भारत का त्रिकाल

हमारे यहाँ पहले के ऋषि-मुनि को भूत, भविष्य, वर्तमान तीनों काल का ज्ञान था और वे त्रिकालज्ञ कहलाते थे, बल्कि भविष्य का ज्ञान उनके तपोबल या ऋषित्व का एक अंग था। अद्‌भुत प्रतिभा वाले इतिहासवेत्ता प्राकृतिक नियमों के हेर-फेर और अदल-बदल से महीनों और वर्षों पहले किसी नई घटना को बता देते हैं और जैसा वे पहले से बता देते हैं या लिख देते हैं प्रत्यक्षर तदनुकूल होता है। बाराहमिहर ने अपनी संहिता में लिखा है कि जो हमारे लिखने के अनुसार प्रतिदिन भचक्र मिलाता रहे तो भविष्य के कथन में उसकी वाणी कभी मिथ्या न हो। वर्षा के विचार में नारद ऋषिकृत मयूर चित्रक एक ग्रन्थ है बरसात का भविष्य ज्ञान उसके द्वारा भरपूर हो जाता है। अस्तु अब भारत के सम्बन्ध में भूत, वर्तमान और भविष्य कैसा था, है और होगा यह इस समय उद्देश्य या उपादेय विषय है। तहाँ भूत भारत का कैसा था यह किसी से छिपा नहीं है धरती सोने फूल फूली थी सब ओर अमन चैन था घर-घर आनन्द बधाई बज रही थी किसी को किसी बात की कमी न थी। वर्तमान जैसा दुर्गति का है सो भी किसी से छिपा नहीं है आध्यात्मिक आधि दैविक आधिभौतिक विविध तापतापित प्रजा शासन की कड़ाई से पेट की अग्नि से झौस रही है। जहाँ मणिमुक्ता प्रवाल का कंकर-पत्थर के समान ढेर था वहाँ अब कारखानों में चिमनियों के सुलगाने को जहाँ-तहाँ पत्थर के कोइलों का ढेर पाया जाता है। कदाचित् वे ही हीरे समय के प्रभाव से बदल कर अब कोइले हो गये हैं। 'किमिस्ट' रसायन विद्या जानने वाले कहते भी हैं कि कोइला और हीरा दोनों में एक ही रासायनिक पदार्थ है। पहले छोटे-छोटे गाँवों में भी लक्ष्मी का प्रकाश था। सब लोग प्रफुल्लित अपनी गाढ़ी मेहनत की कौड़ी गाँठ बाँध सन्तुष्ट घूमते फिरते थे। एक कमाता था दस खाते थे। समस्त देश लक्ष्मी का विलास स्थान था। अब मुल्क का मुल्क उजाड़ हो कलकत्ता और बंबई बसा है। लक्ष्मी का प्रकाश केवल इन्हीं दो स्थानों में पाया जाता है। देश भर श्मशान सा सूना पड़ा है। असन्तोष यहाँ तक छाया है कि एक घर में दस हैं तो दसों गाढ़ी मेहनत से कमांय तब पेट पाल सकते हैं। पहले घर-घर ब्राह्मणों के वेद पाठ की कलरव ध्वनि स्थान-स्थान में गूँजा करती थी। अब मियाँ लोगों के बांग देने का कठोर शब्द और गिरजाघर के घण्टाओं का घोर नाद कानों की चैलियाँ झारता है। उस समय सौत्रामराथ आदि यज्ञों में सोमपान की चाल थी। अब ह्विस्की और शांपेन की भरमार है। कोई साल नहीं जाता जिसमें बड़े-बड़े शहरों में शराब की दो-चार नई दूकान न खुलती हों। ईश्वर का निराकरण करनेवाला नास्तिक भाव प्रजा में न फैले इसकी चौकसी के लिये उस समय मनु ने अपने धर्मशास्त्र में नास्तिक को बध दण्ड का नियम रखा था अब ख्याल का

आज़ाद और नेचरिया न हुआ तो उसके पूर्ण शिक्षित होने में कसर समझी जाती है। कोई समय पहले हम दुनियाँ भर को अपने यहाँ की कारीगरी से रोज़मर्रे के काम की चीज़ें कपड़े आदि मुहैया करते थे अब यहाँ तक अपाहिज, आलसी और निकम्मे हो गये कि हाथ भर तागा और एक सुई के लिये तरसते हैं। विदेशियों का मुँह ताक रहे हैं। ढाका का मलमल, कश्मीर का शाल, लखनऊ का चिकन, बनारस की कारचोबी उजहि गई। दूर-दूर के राजा और बादशाह यहाँ के सम्राट चक्रवर्ती नरेशों की चरण धूलि को अपने लिये मान और प्रतिष्ठा का द्वार समझते थे। अब दो अक्षर की कोई उपाधि पाने को या तोपों की सलामी बढ़ जाने को राजा लोग लाखों चन्दा दे डालते हैं और उच्च पदाधिरूढ़ कर्मचारियों की खुशामद करते हैं। भूतपूर्व यहाँ के योगी और संयमी अपनी दमन शक्ति और उपदेश से पृथ्वी भर के लोगों को अचंभित किये थे। यहीं बुद्ध देव हुए जिन्होंने आधे से अधिक एशिया खण्ड को बौद्ध मतावलम्बी कर डाला। मोक्ष मार्ग बतलाने में उपनिषद और गीता से बढ़ कर आज तक किसी देश के दार्शनिक और बुद्धिमान ने कोई ऐसा ग्रन्थ नहीं रचा। जहाँ के आचरण की नकल सब लोग करते थे और आचार-विचार रहन-सहन के क्रम को भू भाग के सब लोग सीखें ऐसा मनु ने अपनी स्मृति में लिख दिया है यथा—

अस्मिन्देशप्रसूतस्य सकाशादग्रजन्मनः।
स्वं स्वं चरित्रं शिक्षेरन् पृथिव्यां सर्व मानवाः॥

कहते शर्म और हँसी आती है कि अब उन्हें पादरी साहब मुक्ति का रास्ता दिखलाने और 'मोरालिटी' सिखलाने आए हैं। गंवारू कहावत है 'सत्तर दाँव बसन्ता जानैं तेहका सिखावैं नक्कू।' उस समय ब्राह्मण तीनों वर्ण के लोगों को अपने मूठी में किये थे, किसी की सामर्थि न थी कि इनसे आँख मिला सके। अब इस समय बनिया बक्काल भी ब्राह्मण बना चाहते हैं, और काछी कुनबी क्षत्री। सच है 'धोबी के घर धरम दास हैं ब्राह्मन पूत मदारी' हम आर्य हैं, धन्य हमें जो भारत की पुण्य भूमि में जन्मे हैं, ऐसा कहते हम अपना भाग्य सराहते थे वही अब हमें शर्म आती है जब विदेशी हमसे घिनाते हुए हमें नेटिव कहते हैं। सुशिक्षित हो यही जी चाहता है कि कैसे हिन्दू समाज से निकल भागैं और विलाइत की रास्ता पकड़ैं। डासन के घर के बने बूट के मुकाबिले दिल्ली की बनी जूतियाँ पाँव में भद्दी मालूम पड़ती हैं। लुधियाना और मुरादाबाद के बने मोटे कपड़े हमारे नव युवकों के कोमल अंगों में गड़ते हैं। अस्तु गाई गीत को अब कहाँ तक गावैं इसमें सन्देह नहीं भारत का भूत काल बड़ा चमकीला था पर यह सब तो वही बात हुई कि हमारे बाप ने घी खाया था न विश्वास हो तो हमारा हाथ सूँघ लो। अवनति के इस धुँधले ज़माने में पड़े-पड़े टटोलते हुए आप के इस बढ़ावा देने से अब कुछ काम चलेगा? 'बीती ताहि बिसार दे आगे को सुधि ले' आगे के लिए अब क्या होनहार है सो ईश्वर जाने पर यह अवश्य कहा जा सकता है कि सदा सब के दिन एक से नहीं रहे जो उठा है वह गिरेगा और जो गिरा है वह कभी न कभी उठैगा भी। यह किसी तरह असंभव नहीं है कि भारत अपना पहिले का

महत्व और गौरव अब न प्राप्त कर सके। और उस महत्व को भी फिर पा जाना किसी तरह दुष्कर नहीं यदि हममें Perseverance दृढ़ अध्यवसाय या दृढ़ संकल्प, आत्म गौरव Self respect, आत्म निर्भर Self help, आत्म त्याग Self Sacrifice, और स्वत्व की पहचान स्थान पाये। अच्छा कहा है—

उत्थातव्यं जागृतव्यं योक्तव्यं भूतिकर्मसु।
भविष्यतीत्येवमनः कृत्वा सततमव्यथैः॥

हमारा काम अवश्य होगा ऐसा मन में ठान उठना चाहिये, जागते रहना चाहिये, जो काम सम्पत्ति का बढ़ाने वाला हो उसमें जुट जाना चाहिये। और वे ही अपना काम भरपूर करने लायक होते हैं जो मुँह से बहुत बड़बड़ाते नहीं।

दहत्यंगिनरवाक्यस्तु तूष्णीं भाति दिवाकरः।
तूष्णीं धारयते लोकान् वसुधा सचराचरान्॥

आग चुप चाप जला देती है; सूर्य चुप चाप प्रकाश पहुँचाता है; धरती चुप चाप चराचर स्थावर जंगम समस्त संसार का बोझ अपने ऊपर लिये है। सच है जो गरजी सो बरसी क्या।

गर्जति शरदि नवर्षति वर्षति वर्षासु निःस्वनी मेघः।
नीचो वदति नकुरुते नवदति सुजनः करोत्यवश्यम्॥

शरत् काल के मेघ बरसते नहीं गरजते बहुत हैं, बरसात के मेघ बरसते हैं पर गरजते नहीं। नीच लोग कहते बहुत हैं पर करते नहीं पर सुजन करते हैं कहते नहीं। विपत्ति में पड़ा अपने पुत्र से कोई कहता है—

बहुकृत्ये निरुद्योगः जागृतव्ये प्रसुप्तकः
निर्भयस्त्वं भयस्थाने हा पुत्रक विहन्यसे॥

जब तुम्हें बहुत काम करना है तब तुम निरुद्योग बैठे हो; जागना चाहिये तब तुम सो रहे हो। जहाँ भय है वहाँ तुम निडर बैठे हो, पुत्र तुम व्यर्थ मारे जाते हो। हम हिन्दुस्तानियों के लिये यह ऊपर का पछतावा बहुत ठीक है। इस अंगरेज़ी राज्य के स्वास्थ्य और सुप्रबन्ध में जब सब तरह का सुबीता है और ज़ाहिरा में सब द्वार हमारे लिये खुले हैं तब हम निरुद्योग हाथ पर हाथ धरे बैठे हैं, हमारे चारों ओर जितने देश और जितनी कौमें सब उद्योग में लगी जागती हुई अपना-अपना काम कर रही हैं पर हम घोर निद्रा में सो रहे हैं। गूढ़ पालिसी से हमें सशंकित रहना था सो हम निःशंक हैं। अभी बहुत ही थोड़े लोग हैं जो राजकीय पालिसी के मर्म तक पहुँचे हों तब हमारी दीन दशा क्यों न हो। इस दीनता से उद्धार पाने को हमें सर्वथा निराश न होना चाहिये केवल इतना ही कि हम पुरुषार्थ विहीन हो गये हैं, हमारे पौरुषेय गुणों में मुरचा लग गया है, उसे साफ कर डालें, तब अचरज क्या कि हमारा भविष्य, गौरव और महत्व भूतपूर्व महत्व से भी अधिक चमकीला हो जाय। स्वदेश पर अनुराग भास्कर के प्रकाश का अरुणोदय अब हो चला है ईश्वर सानुकूल रहा तो देश से 'अभूतिमसमृद्धिंसर्वांनिर्णुद

मे गृहात' जो गुलामी का कष्ट झेल रहे हैं वे प्रभु बन बैठेंगे जिसे हम लम्बे-चौड़े व्याख्यानों में केवल मुँह से कहते हैं उसे करके दिखा देंगे। प्रत्येक नगरों में स्वदेशी आन्दोलन मच रहा है। स्वदेशी वस्तुओं के कारखाने खुलते जाते हैं। जापान आदि देशों में नव युवक कला कौशल सीखने को जा रहे हैं। भविष्य के लिये यह सब बहुत अच्छा है किन्तु हमारे में Nationality जातीयता या मुल्की जोश आने में फिर भी अभी बड़ी कसर है। देश में लोग नौकरी के लिये लालायित हो रहे हैं इसका एक कारण यह भी मालूम होता है कि यहाँ काम न रहने से न पास भरपूर पूँजी रहने से पढ़-लिख लोग और करैं क्या सिवा इसके कि बंगले-बंगले नौकरी की तालाश करते डोलते फिरें। पहले के लोगों ने सेवा वृत्ति को अधम ठहराया था और व्यापार को उत्तम पर इस समय व्यापार में बहुधा टूटा पड़ जाने की भय से नौकरी को लोग अधिक चाहते हैं। सबके ऊपर एक बात यह बड़ी त्रुटि की हमारे में है कि राजकीय प्रसाद को हम बहुत अधिक चाहते हैं। छोटे लोगों का तो कुछ कहना ही नहीं बड़े-बड़े लोग गवर्नमेंट की दी हुई दो अक्षर की कोई पदवी के लिये लाखों खरचने को उद्यत रहते हैं। राजा लोग रेज़ीडेन्टों की खुशामद में साहब का मुँह जोहा करते हैं पर बहुधा कृत कार्य नहीं होते। कौमीयत तथा मुल्की जोश का हमारे में कहाँ तक अभाव है यह इससे बहुत ही स्पष्ट है। व्यापार में घाटा की संभावना यह हमारी भूल है। बुद्धि परिश्रम और ईमानदारी से रोज़गार करने वाले को कभी घाटा नहीं होता है। व्यापार की कुंजी केवल ईमानदारी Honesty है जिसका अभाव हम अपने में बहुत अधिक पाते हैं। नहीं तो विलायत की अपेक्षा हमें सब बातों का सुबीता है। मज़दूरी यहाँ सस्ती है। चीजें कच्चा बाना यहीं की पैदावार है केवल आपस की हमदरदी और सबके ऊपर ईमानदारी की ज़रूरत है। यह सब एक दिन यहाँ होगा और उसी को देदीप्यमान् भारत का भविष्य कहेंगे।

■

हम डार-डार तुम पात-पात

यह गँवारू मसला है हम डार-डार तुम पात-पात। हमारी गवर्नमेंट ठीक-ठीक इस मसले के बर्ताव के अनुसार चलती है, पहले तो ईश्वर की कृपा से यह देश ही ऐसा नहीं है कि यहाँ के आलसी निरुद्यमी मनुष्य आगे बढ़ने का मन करे क्योंकि तनिक अपनी जगह से हटने का मन किया कि जाति, कुल, धर्म सब में बट्टा लगा खैर हमारे भाइयों में से जिस किसी ने इन वाहियात बातों का विचार मन से ढीला कर मुल्क की दौलत बढ़ाने या कोई दूसरी उपाय से अपनी बेहतरी करना भी चाहा तो एक ऐसा पच्चड़ लग जायगा कि वह सब तदवीर व्यर्थ और निष्फल हो जायगी। बम्बई, पूना आदि कई स्थानों के लोगों ने कपड़े आदि की कल मगाय यहाँ ही उनका काम जारी किया। चीन इत्यादि विदेशों में इनका माल खपने लगा और यहाँ भी बहुत कुछ उनकी रेवण चल निकली तो विलायत में बहुत से हौस और कारखानों के दिवाले पिट गए, इस कारण मैनचेस्टर प्रभृति के सौदागर ने चिल्लाहट मचा दी तब गवर्नमेंट ने नीति-अनीति का कुछ विचार कर उनके माल पर जो इम्पोर्ट ड्यूटी अर्थात विलायती कपड़ों पर जो चुंगी लगती है उसे बन्द करना चाहा है जिसका परिणाम यह होगा कि यहाँ वालों का करना कराना सब व्यर्थ होता देख पड़ता है क्योंकि इनका कारखाना अभी न इतना जमा है न वैसी जल्दी कलों से ये थान उतार सकते हैं जैसा विलायत वाले तो अब काहे को इनके माल का परता पड़ेगा और विलायती माल एक तो चुंगी उठ जाने से अब उन्हें रुपये का माल चौदह आने का पड़ेगा तो वे अपना माल इनमें सस्ता बेचेंगे तब देसी माल को कौन पूछेगा। दूसरे सरकार को जो चुंगी उठा देने से करोड़ों की घाटी हुई है वह भी किसी न किसी बहाने से हमीं लोगों से भरेंगे तो हम लोग मानों दोहरी घटी में रहे; इन बातों का ध्यान कर कलकत्ते का 'ब्रिटिश इण्डियन एसोसिएशन' बंगाले के प्रधान प्रधान जमींदार और रईसों की बड़ी सभा के लोग जो सदा प्रजा और गवर्नमेंट के हित में नियुक्त रहते हैं एक डेपुटेशन आवेदन पत्र ले कर इस विषय का कि यह इम्पोर्ट ड्यूटी के उठ जाने से हम सबों की बड़ी हानि है हमारी गवर्नमेंट इस प्रस्ताव में अनुमति न दे इस बात के लिए श्रीमान लार्ड लिटन के पास गए, उस वक्त लाट साहब इस आवेदन पत्र को सुनते ही बड़े कुपित हो कहने लगे कि यह उसी का फल है जो गवर्नमेंट ने भारतवर्ष के अन्यान्य प्रान्तों के समान बंगाल के जमींदारों के जमींदारी राइट नहीं छीना 'क्योंकि बम्बई आदि प्रान्तों में जमींदार स्वयं गवर्नमेंट है' जो तुम सरकार के चिरबाधित और उपकृत होने के बदले सदा गवर्नमेंट को दोषी ठहराया करते हो, हम महाराणी के प्रतिनिधि हैं और तुम लोग उसी महाराणी की अनुग्रहीत प्रजा हो कर इस आवेदन पत्र की बहुत बातें इस तरह की रखा

है जो किसी तरह सच और हमारे मन माफिक नहीं है जिसे सुन हम बहुत ही नाराज हुए हैं। तुम लोग उन सब बातों को गवर्नमेंट के ही सिर पर छोड़ते हो जिसे वह प्रकट रूप से नामंजूर करती है इस्से हौस आफ कामन्स सभा में जो इस इम्पोर्ट इयूटी के बारे में निश्चय हो गया हम ठीक वैसा ही करेंगे, वाह रे न्याय आश्चर्य की बात है कि जिनके हाथ में ऐसे भारी राज्य हिन्दुस्तान का बनना बिगड़ना रख दिया जाय वे स्वच्छन्द अपनी अनुमति कुछ प्रकाश न कर सकें और सर्वतोभावेन हौस आफ कामन्स की बुद्धि से प्रचालित हो, तथा इन्हीं हौस आफ कामन्स ने लार्ड नार्थब्रुक के समय ऐसा ही दौरा नहीं मचाया था पर उक्त श्रीमान ने उसे किसी तरह नहीं मंजूर किया अब दूसरी बात सुनिए कि रोजे को गए नमाज गले बँधी श्रीमान लार्ड लिटन ने अपनी स्पीच में यह भी कहा जो लोग दुर्भिक्ष निवारणार्थ गवर्नमेंट से संस्थापित लाइसेन्स टैक्स नहीं स्वीकार करते वे गवर्नमेंट के बड़े अपवादकारी हैं; और काबुल युद्ध भी हिन्दुस्तान के ही उपकार के लिए किया गया है इससे भारतवासी मित्रों को उचित है कि यथाशक्ति उसमें भी सहायता करें हिन्दुस्तान ऐसा महाराज जिसकी प्रजा की संख्या २० करोड़ और सालाना आमदनी ५२ करोड़ है ऐसा सम्पन्न राज्य असभ्य अफगानिस्तानियों से अपमानित हो यदि बदला न ले सका तो बड़ी निंदा और लज्जा की बात है और इस क्षुद्र राज्य के साथ युद्ध करने में जो यत्किंचित खर्च हुआ उसका थोड़ा सा बोझा भी भारतवासियों को क्लेशकारी हुआ तो इससे अधिक और क्या ग्लानि और निन्दा की बात होगी, उन लाट साहब से अब हमारी यह सविनय प्रार्थना है कि वे भारत राज्य का सब भार अपने ऊपर लेकर आए हैं तो इनको अवश्य इंग्लैण्ड और हिन्दुस्तान की अवस्था सदा ध्यान रखना चाहिए यह नहीं कि वहाँ की पार्लियामेण्ट से जो निर्धारित हो गया वही करें। इन दिनों इंग्लैण्ड के बराबर धनाढ्य देश कोई दूसरा नहीं है उसके साथ दरिद्र दुरवस्थापन्न भारत की समता करना कौड़ी और मोहर को बराबर करना है तिस पर यह निष्क्रिय हिन्दुस्तान प्रतिवर्ष इंग्लैण्ड को २० करोड़ रुपये देता है। यदि सब काम हौस आफ कामन्स के द्वारा इंग्लैण्ड में ही बैठे बैठे हो सकता तो यहाँ इतने बड़े उच्च पदाधिकारी गवर्नर जनरल का क्या प्रयोजन है। इससे हम लोग सम्पूर्ण रूप से आशा करते हैं कि गवर्नर जनरल साहब इस दरिद्र भारतवर्ष पर कृपा दृष्टि रखेंगे यद्यपि होई वही जो राम रचि राखा पर हमें भी अपने फर्ज से अदा होना चाहिए।

अप्रैल, १८७९

■

भाषाओं का परिवर्तन

यह एक सामान्य सिद्धांत है कि किसी भाषा पर प्रभुत्व होना या उससे अच्छी तरह परिचित हो जाना तभी लोग मानते हैं जब सीखने वाला उसी भाषा में सीख सके अर्थात चित्तवृत्ति उसके मनन करने के विषयों की उसी भाषा के रंग से ग्रहण करे। इसके मानने में किसको इनकार होगा कि हर एक भाषा के ढंग निराले ही हैं। दो भाषा व्याकरण की रीति पर कुछ मिलती भी हो परन्तु वे चीजें जिनको मुहाविरे कहते हैं कभी नहीं मिल सकते और यही मुहाविरे ही हर भाषा की जान है। हिन्दी और अंगरेजी ही को लीजिए इन दो भाषाओं में थोड़ा-थोड़ा कहीं-कहीं व्याकरण के नियमों का तो भेद हई है। किन्तु बड़ा भारी अन्तर मुहाविरों की निराली चाल का है। जहाँ कहीं इन मुहाविरों की कोई गलती सुनने में आती है तो वह कान से चट खटक जाती है। यह लोग कदापि न समझै कि मुहाविरे अंगरेजी ही में हैं और जब उन पर आक्षेप होता है तो 'राधा वाजार अंगरेजी' या 'बाबुओं की अंगरेजी' इत्यादि शब्द तज़आ निन्दा की राह से कहे जाते हैं। जब तक़ किसी भाषा में जान है अर्थात रोजमर्रे के काम में उसे लोग वर्तते हैं और पुष्ट रीति पर उसके स्थिति बनी रहती है तब तक नये-नये मुहाविरे नित्य गले में ही बनते ही जायेंगे।

सृष्टि के चेतन पदार्थों का जो नियम है कि वे कभी एक सा नहीं रहते वरन दिन प्रतिदिन परिवर्तन की सान पर चढ़ते ही जाते हैं। यह नियम भाषा के सम्बन्ध में पूरी रीति पर लगता है। क्योंकि कुछ ऐसा मालूम होता है कि रुधिर और अस्थि मनुष्य के शरीर से उतना निकट सम्बन्ध नहीं रखते जितना उनकी भाषा रखती है। और इसी कारण बड़े से बड़े पण्डित के आगे कोई अशुद्ध संस्कृत शब्द बोलिए तो वह इतना न खटकेगा जितना एक सामान्य से सामान्य बेमुहाविरे हिन्दी शब्द कान को चोट पहुँचावेगा। क्योंकि संस्कृत अब बोल चाल की भाषा न रह गई। विचार कर देखिए तो जो हिन्दी हम आजकल बोलते हैं वह पहले क्या थी और अब क्या है। अब फारसी उर्दू शब्द उसमें मिलते जाते हैं क्योंकि जब आपके बड़े-बड़े प्रामाणिक हिन्दी कवियों ने फारसी अरबी के शब्द ग्रहण किये तो हमारे और आपके निकाले वे सब जो हमारी भाषा के नस-नस में अन्त:प्रविष्ठ में हो रहे हैं क्योंकर निकाल सकते हैं। बल्कि विरुद्धता दिखलाना वैसा ही है जैसा किसी वेगगामिनी नदी के प्रवाह को अकेले एक हाथ से रोककर उलट देने का प्रयत्न करना है। जिस तरह ये शब्द सर्वसाधारण अपनी भाषा में प्रचलित कर लेते हैं या जिस तरह के शब्द अपने नित्य के बोल चाल से लोग निकालकर फेंक देते हैं और उस पर आप को कुछ भी अधिकार नहीं है। आप मनुष्यों की भाषा तभी बदल सकते हैं जब जुलू या हबशी की जात का कोई आदमी इन देशों में

पैदा कर सकैं या इससे भी बढ़कर कोई दूसरा प्राकृतिक अनर्थ जो सर्वथा प्रकृति विरुद्ध हो कर सकैं। क्योंकि यह कैसे संभव है कि प्रबल कालचक्र अपनी निशानी सब चीजों पर न छोड़ जाय। मुसलमानों के अत्याचार का फल जैसा हम अपनी रीति-रसम सामाजिक व्यवहार अपनी और अपने यहाँ की स्त्रियों की दशा सब में पाते हैं तब यह क्यों कर हो सकता है कि मुगलों की भाषा का असर हमारी भाषा में न हो।

सोचिये कि जिस हिन्दी को हम बोलते हैं वह कितने हजार वर्ष से घिसते-घिसते करोड़ों टक्करें खाकर और न जानिये कौन-कौन सी मुसीबतें झेलकर न मालूम किसका-किसका जमाना देख भाल आज हमारे बोल-चाल के काम में आ रही है। यदि प्रकृति को भी हिन्दी ही मान लीजिये तो देखिये कि आजकल की हिन्दी से और चाँद और पृथ्वीराज के समय की हिन्दी से और चाँद के समय की हिन्दी से और कालिदास के समय की हिन्दी से काल में कितना अन्तर है क्योंकि कालिदास भवभूति प्रभृति कवियों के समय में भी संस्कृत जैसी उनके नाटकों में पाई जाती है केवल विद्वानों ही की मण्डली में बोली जाती थी और वे लोग भी कवित्व शक्ति के प्रकाशक गझिन शास्त्रार्थ के बाद घर जाते रहे होंगे तो नौकरों या लड़के बालों या स्त्रियों से (या सृष्टिसृष्टराध्या) के जोड़ की बड़े धूम-धाम की संस्कृत न बोलते रहे होंगे। जैसा वेद की संस्कृत का व्याकरण भास वाल्मीकि तथा कालिदास आदि कवियों की संस्कृत के व्याकरण से कुछ पृथक है वैसा ही नाटक की प्राकृतों का व्याकरण चन्द आदि की प्राकृतों से विभिन्न है अर्थात जो एक समय के विद्वानों की साधु भाषा थी वही किसी पूर्व समय के बेपढ़े-लिखे लोगों की भाषा रही और उस अदल-बदल में एक बात सदा ध्यान देने लायक है कि भाषा का परिवर्तन शब्दों पर इतना निर्भर नहीं जितना उसके व्याकरण सम्बन्धी विषयों पर या मुहाविरों के अदल-बदल होने पर अर्थात नये शब्दों की भरती होने से कुछ डर की बात नहीं है बल्कि पढ़े-लिखे लोग या सर्वसाधारण उन शब्दों को अपना कर मान लें तो भाषा और भी पुष्ट हो जायगी।

फारसी में देखिये तो यही हाल है अंगरेजी में देखिये तो यही हाल है। पृथ्वी की और और भाषाओं में यही नियम पाया जाता है कि दूसरी भाषा के शब्द को बेधड़क अपना कर लेते हैं। जैसा कोई किसी लड़के को गोद ले वैसा ही वह शब्द उसी भाषा का होकर रह जाता है। एक दूसरी विचित्र बात यह भी है एक भाषा का शब्द जब दूसरी भाषा में जाता है तो बहुधा अपने शुद्ध रूप में कभी नहीं रहता और जब ऐसा अशुद्ध शब्द भी दूसरी भाषाक किसी भाषा में अच्छी तरह मिल जाता है तो फिर उसके शुद्ध करने का प्रयत्न भी व्यर्थ ही है क्योंकि बोलने वालों के मन या ज़बान पर जो एक बार चढ़ गया वह कभी नहीं निकल सकता।

भाषाओं के इतिहास में आप हिन्दी की दशा देख यह मत समझ लीजिये कि भाषा की सूरत बदलने के लिए विदेशी भाषा के साथ टक्कर खाना जरूरी बात है। ऐसा ख्याल करना भूल है कि अगर विदेशियों की भाषा के साथ यह भाषा टक्कर न खाये होती तो शुद्ध रीति पर बनी रहती। क्योंकि वेद की संस्कृत को नाटक और काव्यों की

संस्कृत में किसने उतार दिया। या संस्कृत को प्राकृतों के रूप में किसी विदेशी भाषा के साथ टक्कर खाने ने बदल दिया। और फिर भाषा की बाहरी आकृति पर विदेशियों का कुछ असर पहुँच सकता है पर उसके भीतरी नियमों को तिलभर भी खसकाना किसी के सामर्थ्य में नहीं है। हमने ऊपर कहा कि भाषा भी संसार को इतर चैतन्य सृष्टि का नियम मानती है। इस तरह जैसा पीटने से गदहा घोड़ा नहीं हो सकता। उसी तरह बाहर वालों का सम्पर्क भी कुछ बहुत हानिकारक नहीं हो सकता और फिर भाषा के सम्बन्ध में (हानि) शब्द का पूरा-पूरा तात्पर्य तय करना बड़ा कठिन है क्योंकि परिवर्तन के बीज तो भाषा में आप ही आप भरे हैं। क्यों संस्कृत से प्राकृत हुई और प्राकृतों से वर्तमान हिन्दी। हम लोगों का केवल इतना ही कर्तव्य है कि देखते जाँय कि क्या-क्या अदल-बदल हुआ है। अभेद्य दुर्ग सदृश पाणिनि के व्याकरण के आगे हिन्दी का व्याकरण छोटी सी फूस की झोपड़ी है। ये तो प्रकट है कि अब हमें उतने बड़े व्याकरण की आवश्यकता न रह गई। एक वह समय था कि अनेक जंजालों से भरे हुए पाणिनि कात्यायन पतंजलि के सूत्र वार्तिक भाष्य में एक मात्रा का भी हेर फेर हो जाने पर एक बड़ी भारी इमारत को ढहाकर फिर से खड़ी करना था और इसी का परिणाम यह हुआ कि हमारे यहाँ का व्याकरण ऐसा झंझट से भरा हुआ शास्त्र हो गया जैसा पृथ्वी के किसी कोने में न हुआ होगा। सच पूछिये तो दो गाड़ी के बोझ की पुस्तकें शेखर मंजूषा कैयट बड़े-बड़े जगड़ जाल जो रच गये उनमें और है क्या। सिवा इसके कि कीचड़ में पाँव फिर धोओ एक बड़े यत्न और प्रयास से। एक बने बनाये सुन्दर और मनोहर महल को तोड़-फोड़ छिन्न-भिन्न कर पीछे पछताय फिर उसी को बनाया है। इन्ही विफल चेष्टाओं में व्याकरण इतना बड़ा शास्त्र हो गया जिसमें नवीन और प्राचीनों का झगड़ा पढ़ते-पढ़ते उमर की उमर बीत जाती है कोरे के कोरे मूर्ख रह जाते हैं। ऐसी सरल भाषा हिन्दी में इस सब खटपट का अब कुछ काम ही न रह गया पर क्यों ऐसा हुआ यह तो आदमी तभी तैकर रखेगा जब और भी सैकड़ों हजारों (क्यों) का उत्तर दे सकेगा जैसा क्यों मनुष्य संसार में पैदा होता है? क्यों फिर यहाँ से चला जाता है? इत्यादि, इत्यादि। अब यह प्रश्न उसके सम्बन्ध में और उठता है कि यदि भाषा की धारा ऐसे अपरिवर्तनीय इतने जोर-शोर के साथ बह रही कि उसमें चूँ भी नहीं कर सकते तो किसी समय के अच्छे-अच्छे लेखकों का क्या दबाव या अन्तर उस पर होता है। इस प्रश्न का उत्तर सहज में मिल सकता है। पुरानी हिन्दी को ही लीजिये पुराने ठेठ हिन्दी शब्दों को कोई अच्छी तरह सोच-विचार कर लिखने वाला फिर से निज कर समाज में प्रचलित कर सकता है। अपनी निज की भाषा के कामकाजी शब्दों को मर जाने का मृतक प्राय हो जाने से बचाना अच्छे लेखकों का काम है। बाहरी भाषाओं के शब्दों को अपना-सा कर डालना जिससे भाषा दिन-प्रतिदिन अमीर होती जाय यह भी एक बड़ा काम है और सबसे बड़ा काम है अपने भाषा के विषयों को दूना-चौगुना करते जाना अर्थात जो-जो विषय भाषा में पहले कम थे उनको जिलो देना और जो विषय कभी थे ही नहीं उनको बाहर से लाय भरती करना। इस सबका असर यह होगा कि

भाषा की नमन शक्ति बहुत बढ़ जायगी अर्थात जिस तरह के विषय पहले उससे बाहर समझे जाते थे वे जल्द उसकी पहुँच के भीतर आ जायेंगे। हमारे देखते ही देखते अंगरेजी मेमों ने हिन्दुस्तानी गहनों का पहिनना आरंभ कर दिया जैसा सोने की चूड़ियाँ जड़ाऊ कंठे आदि। इसी तरह यदि हम अपनी मातृभाषा को अंगरेजी भाषा के आभूषण से आभूषित करें तो क्या क्षति है। ऐसे प्रश्नों की मीमांसा में अभी अनेक पूर्व पक्ष और उत्तर पक्ष रह गये हैं उनका विचार हम दूसरे अंक में करैंगे। आगे के अंक में ग्रामीण शब्दों के गुण प्रकट किये जायेंगे।

जून, १८८५ ई०

ग्रामीण भाषा

हम समझते हैं कि सर्वसाधारण का कुछ ऐसा मत है कि हिन्दी के बारे में जो कोई कुछ लिखा चाहे उनका यह मुख्य कर्तव्य है कि उस पुराने खुर्राट झगड़े को जो हिन्दी, हिन्दुस्तानी या बी उर्दू के बीच उठ रहा है। स्पष्ट होता है कि हिन्दी और उर्दू का कोरा लक्षण दे कोई कृतकार्य और सत्य संकल्प न हो सका इसलिए भाषाओं का भेद दर्शन लक्षण लिखना छोड़ हम उनके बोलने वाले कौन और किस रंग के लोग हैं इस पर ध्यान देते हैं।

आप जो भाषा बोलेंगे वह किसी न किसी साँचे में ढली होगी। तो यह कैसी हो और किस साँचे में ढलै इसका तै करना अत्यंत आवश्यक है। लोग कहैंगे इसका ढलना अधिकतर कुल और जाति से सम्बन्ध रखता है अर्थात एक ब्राह्मण का लड़का कभी संभव नहीं कि नित्य के बोल चाल में 'खाकसार को क्या हुक्म होता है' इत्यादि के ढंग की फारसी मिली हुई उर्दू बोलै। यह भी संभव नहीं कि कोई मुसलमान चाहे वह संस्कृत का बड़ा विद्वान क्यों न हो काशी के पंडितों के ढंग की भाषा बोलै। पर थोड़ा ही सोचने से यह बात खुल जायगी कि कुल, जाति या मजहब का बहुत कम असर भाषा पर पहुँच सकता है। इस देश के मुसलमानों की ही भाषा को लीजिये। हम समझते हैं वह आदमी निस्सन्देह मुसलमान है जो मोहम्मद को खोदा का रसूल मानता हो नित्य नमाज पढ़ता हो अर्थात धर्म सम्बन्धी सबूत जहाँ तक काम दे सकता है वहाँ तक वह अवश्य मुसलमान है। अच्छा तो अब लखनऊ के एक मुसलमान को लीजिये और उसकी भाषा पर ध्यान दीजिये देखिये कैसे लच्छेदार शीन क़ाफ़ से जुड़ी हुई फ़सीह उर्दू बोलता है।

तब ढाका और मुर्शिदाबाद के प्रान्त के एक बंगाली मुसलमान को लीजिये और उसकी भाषा को भी कान खोल कर सुनिये सुनते ही चट आप कह उठेंगे यह तो न फारसी है न उर्दू बल्कि शुद्ध बंगला है। कलकत्ते की चीना बाज़ार में हिन्दुस्तानियों के घर के तोतों को भी कभी-कभी चीनियों की बोलियों का अनुकरण 'च्यं-च्यं, म्यं-म्यं' करते सुना है तब आदमियों की कौन कहै इसलिये यही बात ध्यान में आती है कि कुल जाति या धर्म नहीं वरन जैसे लोगों में कोई रहेगा वैसी ही उसकी भाषा अदल-बदल कर हो जायेगी या कभी-कभी अंगरेजी संस्कृत या फारसी आदि भाषाओं का प्रबल अभ्यास भी भाषा पर असर करता है। जिस भाषा का जो अधिक प्रबल अनुशीलन किये रहेगा वही भाषा अपने मामूली बोल चाल में बोलैगा। अर्थात पहले समाज का असर भाषा पर होता है फिर शिक्षा का। पर भाषा का पूरा-पूरा ज़ोर देखने के लिये उन लोगों पर ध्यान दीजिये जो एक ढंग के 'शून्य भीति' हैं अर्थात् जिन पर

किसी तरह की शिक्षा मात्र ने अपना रंग नहीं जमाया है और जो घर में तथा घर के बाहर छोटे बड़े सब से एक तार की अपनी सहज भाषा बोलते हैं। सच पूछिये तो ऐसी भाषा से बढ़ कर संसार में कोई दूसरी मीठी भाषा नहीं हो सकती इस कारण अगर ठेठ हिन्दी शब्दों की आप को खोज है तो गत काल के या वर्तमान समय की नपी जोखी प्राय: एक ही ढर्रे पर चलने वाली कवियों की वाणी से लेकर सहस्त्रों धारा से चलती हुई सजीव ग्रामीण भाषा को देखिये-यदि आप यह कहैं कि शिक्षा के अभाव से ऐसे लोग असभ्य या अश्लील शब्द अपनी बोल चाल में बहुत भरते हैं तो साथ ही इसके यह भी सोचना चाहिए कि कितने हज़ारों लाखों शब्द ऐसे भी मिलते हैं जिन के पुष्ट भाव या अर्थ गौरव को देख चकित ही हो जाना पड़ता है। कदाचित् आपको यह सन्देह हो कि ग्रामीण भाषा से हमारा अभिप्राय निरे अपढ़ और नीच लोगों की बोल चाल से है तो इस प्रश्न की मीमांसा के उत्तर में हम यही कह सकते हैं कि यदि पाठकजन टुक ध्यान दे सोचैंगे तो यह बात उनके मन में सहज ही आ सकती है कि जिसको वे मातृभाषा कहते हैं वह उससे भिन्न हैं जिसे वह घर के बाहर बोलते हैं अर्थात आपस के बोल चाल की भाषा यद्यपि प्रिय से प्रिय मित्र के साथ प्रेमालाप में काम आती हो फिर भी वह भाषा एक तरह की और बनावट से भरी हुई जंचती है। तात्पर्य यह कि जैसा कुछ सरल भाव मिठास मातृ भाषा में भरा है वह बाहर की सभ्य साधु भाषा में आ ही नहीं सकता। इस सभ्य भाषा से हमारा प्रयोजन कोरी उर्दू ही से नहीं है किन्तु उससे है जिसका नाम (Provincial dialects) भिन्न-भिन्न स्थानों की भाषा है जो लोगों के घर के भीतर बोली जाती है और जिस भाषा का बर्ताव नौकर चाकर के साथ किया जाता है। जिसकी सहज गति या प्रवाह होने के कारण जिसमें एक विचित्र लालित्य माधुर्य या कोमलता आ जाती है जिसमें अब तक हज़ारों लाखों अति पुष्ट अर्थ के द्योतक हिन्दी शब्द भरे हैं और जो दुर्भाग्य से मनुष्यों की सभ्य मंडली से निकाल कर अलग फेंक दिये गये हैं। इस अन्याय का क्या कारण है? कारण केवल यही जान पड़ता है कि हम लोगों के बीच बिना बोलाये ही एक पाहुना आ घुसा है और उसी का नाम उर्दू है। माना कि स्त्रियों तथा दास दासी इत्यादिकों की भाषा सदा से सहज और प्राकृतिक, होती चली आई है पर समाज के दो भाग होते हैं एक पढ़े हुओं की भाषा दूसरे कम पढ़े या अपढ़ लोगों की भाषा इन दोनों में आज कल विचित्र भेद दिखलाई देता है। पूर्व काल में भेद था पर इस तरह का नहीं था अगर बेपढ़े लोग प्राकृत बोलते थे तो इसको भी संस्कृत का बच्चा ही कहना चाहिए।

इन दिनों कोई-कोई कायस्थ महाशय कुछ लोगों से तो अपने जन्म भूमिं की भाषा बोलते हैं पर बाहर दूसरे लोगों से कुछ और भी चीज़ बोलते हैं और एक विचित्र भद्दे फारसी शब्द मिली उर्दू बोलते हैं जिस पर उन लोगों से जिनकी निज की भाषा उर्दू है बिना हँसे नहीं रहा जाता। ऐसों के सम्बन्ध में यह पुरानी कहावत सुघटित होती है। 'कौवा चला हंस की चाल अपनी भी भूल गया', 'आप जो पूजैं द्योहरा भूत पूजनी जोय। एकै घर में दो मता कुशल कहाँ से होय।' जो बात हमारे कोई-कोई कायस्थ महाशयों

के सम्बन्ध में ठीक है वह थोड़ा-थोड़ा सब पर घटती है।

फिर इस बात पर भी तो ध्यान देना चाहिए कि समाज का समाज एक विचित्र रास्ते पर चलै इसका कोई बड़ा भारी ही कारण होना चाहिये। इस बड़े कारण को खोजने के लिए आप को दूर न जाना होगा। बहुत दिन की बात नहीं है कि पढ़े-लिखे लोगों के समाज में जो ठेठ हिन्दी शब्द बोलता था वह गंवार और देहाती का खिताब पाता था। अधिक नहीं २५ वर्ष पहले के हिन्दी के इतिहास पर ध्यान दीजिये हरिश्चन्द्र आदि के पूर्व हिन्दी की क्या दशा थी और जब उन्होंने बहुत सा वित्त और मानसिक शक्ति को धूर में मिलाय बड़े यत्न के उपरांत मार-मार कर लोगों को हिन्दी के पढ़ने का शौक़ दिलाया तब क्या दशा थी और अब क्या है। सच पूछिये तो इस थोड़े से समय में हिन्दी की कुछ कम विजय नहीं हुई। वे ही सब शब्द जो किसी समय गंवारी भाषा समझे गये थे सो अब काल के हेर फेर से अधिकारशाली पढ़े लिखे लोगों के बर्ताव में आने लगे वरन ठेठ से ठेठ हिन्दी शब्दों की खोज लोगों को है और वह ठेठ हिन्दी हमारे ग्रामीण जनों ही के कंठ का आभरण है। सच है जिन पत्थर को म्यायारों ने बेकाम जान फेंक दिया वही कोने का मिरा हुआ। और भी हम शब्दों को ठीक सिक्के की तरह मानते हैं जैसा बाज़ार के रुपये आदि का कुछ मोल होता है वैसे ही मानसिक वाणिज्य अर्थात एक मनुष्य के हृद्गत भाव को दूसरे के मन में पैठाना शब्दों ही के द्वारा हो सकता है यदि ऐसा है तो सिक्के घिस भी तो जाते हैं मुसलमानों के समय के सिक्के अनोखी वस्तु को जोगै कर रखने वाले ही के सन्दूक में मिलैंगे बाज़ार में नहीं चलते प्रयोजन यह कि ठेठ हिन्दी के शब्द जो हम लोगों के काम में लाये जाते हैं सो इसके बदले की गंवार पने की बू उन से आवैं एक विचित्र लहलहापन और पुष्टता उनमें भरी हुई पाई जाती है और आप निश्चय जानिये, बहुत जल्द ही शब्दों की पूरी विजय होगी।

१ जुलाई, १८८५ ई०

सच्ची समालोचना

संयोगिता स्वयंवर। दिल्ली निवासी लाला श्रीनिवासदास रचित एक ऐतिहासिक नाटक की—

लाला जी यदि बुरा न मानिये तो एक बात आप से धीरे से पूछै वह यह कि आप ऐतिहासिक नाटक किसको कहैंगे? क्या केवल किसी पुराने समय के ऐतिहासिक पुरावृत्त की छाया लेकर नाटक लिख डालने ही से वह ऐतिहासिक हो गया? क्या किसी विख्यात राजा या रानी के आने से ही वह लेख ऐतिहासिक हो जायगा? यदि ऐसा है तो गप्प हांकने वाले दस्तानगो और नाटक के ढंग में कुछ भी भेद न रहा। किसी समय के लोगों के हृदय की क्या दशा थी उसके आभ्यंतरित भाव किस पहलू पर ढुलके हुए थे अर्थात उस समय मात्र के भाव Spirit of the times क्या थे? इन सब बातों का ऐतिहासिक रीति पर पहले समझ लीजिए तब उसके दरसाने का भी यत्न नाटकों के द्वारा कीजिए। केवल क्लिष्ट श्लेष बोलने ही से तो ऐतिहासिक नाटक के पात्र क्या वरन एक प्राकृतिक मनुष्य की भी पदवी हम आप के पात्रों को नहीं दे सकते। बल्कि मनुष्य के बदले आप के नाटक पात्रों को नीरस और रूखे से रूखे अर्थान्तर न्यास गढ़ने की कलंक कहें तो अनुचित न होगा। नाटक के चौथे ही पृष्ठ पर आप लिखते हैं 'अभिनय कर्त्ता अपने चिन्ह पर पूरा अधिकार रख सकता है' यदि ऐसा है तो ग्रन्थकर्ता को चाहिए कि पूर्ण रीति पर अधिकतर अधिकार अपने हृदय पर रखे। किन्तु इसके विपरीत हम देखते हैं आपके नाटक में राजा, मंत्री, कवि यहाँ तक कि संयोगिता बेचारी भी अपना पाण्डित्य ही प्रकाश करने के यत्न में हैरान हो रहे हैं। भला बताइये यह कौन सा ढंग भावों के दरसाने का है? कविता के मीठे रस के बदले नैयायिकों की तरह कोरा तर्क-वितर्क करना भाव का गला घोटना है कि और कुछ? पृथ्वीराज संयोगिता से क्यों अलग हुआ क्योंकि नीति शास्त्र में लिखा है (५३) राजा जैचन्द और पृथ्वीराज में क्यों मेल-मिलाप हो गया? केवल इसी कारण से कि अन्त को पछता के किसी तरह जैचन्द के मन में महाभारत के घोर युद्ध का कारण धंस गया (पृ० ९२) अहा! हा! तनिक और जल्दी धंस जाता तो काहे को आप को नाटक लिखने का कष्ट सहना पड़ता। खैर जाने दीजिये बेचारे जैचन्द को क्षमा कीजिए सबके बुद्धि पर आप के समान पाण्डित्य की सान नहीं रखी है। हमने जहाँ तक नाटक देखे उनमें पात्रों की व्यक्ति (Characterizations) के भिन्न-भिन्न होने ही से नाटक की शोभा देखा पर आपके पात्र सब के सब एक ही रस में सने उपदेश देने की हवस में लथर पथर पाये गये और उस इसमें आप ही की विद्या के प्रकाश का जहर भरा है। हमारे ही यहाँ के बड़े प्रसिद्ध प्राचीन नाटककार (क्योंकि आप की तरह अरबी फारसी बूकने तो मुझे

आता नहीं) भवभूति ने कहा है—यदाध्यानं तपोपनिषदां सांख्यस्य योगस्य च तत्कथने नकिं नाह ततः कश्चिदगुणो नाटके। यत्प्रौढ़त्वमुदारता च वचसां यच्चार्थतो गौरवं तच्चेदस्ति ततस्तदेव गमकं पाण्डित्य वैदग्धयोः। अर्थात नाटक में पाण्डित्य नहीं, वरन मनुष्य के हृदय से आप का कितना गाढ़ा परिचय यह दरसाना चाहिए। पर इसके विपरीत आप एकता सच्ची प्रीति आदि विषयों पर अपने पात्रों के मुख से लेक्चर दिया चाहते हैं तो एक सलाह मेरी है उसको सुनिए। इस नाटक को काट-छांट कर इसमें से आठ दस (पैंफलेट) छोटे-छोटे गुटके छपवा दीजिये और दूसरी बार जब दूसरा नाटक लिखने का हौसला कीजिए तब कृपा कर बेचारी निरपराधिनी कवित्व शक्ति के भाव का प्राण ऐसी निर्दयता के साथ न लीजियेगा नहीं तो जिन कवियों से आप बराबर कवित्व दोहे चौपाई और बैत उद्धृत करके लिखते हैं वह बेचारे भाव उन्हीं कवियों के सामने जाय आप की लेखनी के दिये हुए अपने कोमल शरीर के घाव उनको दिखलावेंगे।

अब तो हमने सामान्य रीति पर आप के लिखावट के ढंग पर कुछ कहा अब दो चार बातों का ब्यौरा अलग अलग भी बतलाना चाहिए। आरंभ में ही ५ और ६ के पृष्ठ में नटी नट से कहती है—"ईश्वर कृपा से मैं इस समय आप की कण्ठाभरण हूँ" लाला जी कभी आप ने इस बात पर ध्यान दिया कि स्त्रियों की कितनी मृदु प्रकृति होती है और कितनी प्रबल लज्जा उनमें होती है हम नहीं जानते। दिल्ली की स्त्रियों की मुसलमानों की राजधानी में रहने से मुसलमानी खयालात और ढंग सीख क्या दशा हुई पर इन प्रान्तों की स्त्रियाँ तो मर जायेंगी कदापि अपने मति से ऐसे वचन न कहेंगी कि मैं आपकी कण्ठाभरण हूँ। मैं आप की प्रेयसी और प्राणबल्लभा हूँ। इत्यादि, इत्यादि इस तरह के वचन तो कृत्रिम प्रीतिवालियों महाव्यभिचारिणी के मुँह से भी न निकलेंगे कदाचित आप फुटनोट देकर यह लिखना भूल गये हैं कि यह वचन नटी की निपट निर्लज्जता प्रकट करने को लिखा गया है खैर कुछ हर्ज नहीं दूसरी बार अब इस पुस्तक को फिर छपवाइयेगा तब इस भूल को दुरुस्त कर दीजिएगा।

पृ० ११ में संयोगता पृथ्वीराज से अपने ही प्रेम के बारे में अपनी सखी करनाटकी से कहती है—"फिर प्रेम क्या केवल अपने प्रयोजन को सिद्धि के लिए किया जाता है? यह तो प्रेम का सबसे निकृष्ट भाव है—जी नहीं। संयोगता जी आप जरा सा चूक गयीं। अभी आप की उमर ही क्या होगी और बेशक ऐसी कच्ची उमर में आप से किसी तरह के पक्के तजुरबे की आशा करना वृथा है। सबसे निकृष्ट भाव प्रेम का हमसे सुनिये। आप सौ जान से अपने प्रियतम के ऊपर न्योछावर हों पर यह तो बतलाइये कि यह लेक्चर देना आपने किससे सीखा। आप तन, मन, धन सबसे आसक्त हो कुछ हरज नहीं पर यदि आप अपने दर्शकों को निरा बालक समझ कर एक छोटा व्याख्यान देने का हौसिला करेंगी तो न केवल आप की प्रीति ही को मैं झूठी समझूँगा। वरन आपको भी निरी पाखंड और कपट की कठपुतली मानूँगा यह आपने किसी प्रेमी को देखा है कि अपने प्रेम की प्रशंसा अपने ही मुँह से गावे।

पृ० ३१ पर लंगरीराय पृथ्वीराज से रणभूमि में जाने की आज्ञा मानते हुए यों बहस करते हैं। "रण सन्मुख मरना संसार में सबसे अधिक सराहनीय गिना जाता है" वाह! वाह! आप भी संयोगता ही के भाई बन्धों में से निकले। आखिर जायेंगे कहाँ। वह तो जैसा हमने ऊपर कहा कि सब पात्र मात्र के नस-नस में एक ही जहर भरा है। संयोगता शायद स्त्री होने के कारण अपने मुँह से नहीं कहती कि मेरे प्रीति करने का ढंग अति सराहनीय है और लंगरीराय अपने को जवां मर्द पुरुष मान यह कहता है कि जिस तरह के व्यवहार में मैं प्रवृत्त हूँ वह अति श्लाघनीय है। "इसलिए हे पृथ्वीराज मैं मरूँगा तो मेरा यश संसार में कालान्त रहेगा" धन्यवीर धन्यवीरता इसको कहते हैं। यदि प्रशंसा का सहारा न होता तो काहे को रणक्षेत्र में कदम भी आप रखते। लालाजी आप यह नहीं सोचते कि किसी पुरुष का चरित्र या व्यापार कितनी ही प्रशंसा के योग्य क्यों न हो यदि वह आप खुद अपनी दशा की समालोचना करके डींग मारना आरंभ करेगा तो उससे बढ़ कर घृणित और कुत्सित और कौन दूसरा होगा। अब आपके पद्यों में से एक उदाहरण लेना आवश्यक है। पृ० ४९ में संयोगता अपने प्यारे पृथ्वीराज को इन शब्दों में मद्यपान के लिए कहती है "साजण थोड़ा अमल में फुरती घणी जणाय। सूर चढ़ै अरु श्रम मिटै वार न खाली जाय।" यह कहना कुछ अप्रस्ताविक न होगा कि किसी तरह का पद्य दोहा चौपाई गान आदि भी बोलने वाले के ख्याल का एक हिस्सा समझा जायगा और यदि पद्य में ही हुआ तो गले में उसके वाक्य का कुछ गौरव न बढ़ जायगा। हम समझते हैं कि ग्रन्थकार महाशय बीबी संयोगता को (पण्डित प्रतापनारायण मिश्र के कलि कौतुक रूपक वाली) शराब खारों की महफिल में भेज देते तो शराब की तारीफ में सबसे बीस संयोगता की ही स्पीच रहती। सच है जो पहली मुलाकात से मर्द से आगे ही सुरापान की इच्छा प्रकट करे उसके खयालात और लब्ज कहाँ तक पाक हो सकते हैं। हाय-हाय संयोगता पर भरपूर शामत सवार हुई जो उसके बारे में नाटक लिखने का हौसला आपके मन में बढ़ा। छि: ऐसा ही नाटक ऐतिहासिक कटु लगने के योग्य है। लालाज़ी आपके नोबेल 'परीक्षागुरु' सै तो मालूम होता है कि आपने अंगरेजी की भी कई किताबों की सैर की है तो जरा देख तो लिया होता कि ऐतिहासिक नोबेल या नाटकों का निबाह कैसे होता है अथवा इस बात को बंगला या गुजराती ही में (जिसमें आपको पूर्ण पण्डित होने का दावा है) देख लिया होता।

१ अप्रैल, १८८६ ई०

हृदय

हमारे अनुमान से उस परम नागर की चराचर सृष्टि में हृदय एक अद्‌भुत पदार्थ है देखने में तो इसमें तीन अक्षर हैं पर तीनों लोक और चौदहों भुवन इस तिहर्फी (अक्षर) शब्द के भीतर एक भुनगे की नाईं दबे पड़े हैं। अणु से लेकर पर्वत पर्यन्त छोटे से छोटा और बड़े से बड़ा कोई काम क्यों न हो बिना हृदय लगाये वैसा ही पोच रहता है जैसा युगल-दन्त की शुभ्रोज्ज्वल खूँटियों से शोभित श्याम मस्तक वाले मदश्रावी मातंग को कच्चे सूत के धागे से बाँध रखने का प्रयत्न अथवा चंचल कुरंग को पकड़ने के लिए भोले कछुए के बच्चे को उद्यत करना। आँख न हो मनुष्य हृदय से देख सकता है पर हृदय न होने से आँख बेकार है। कहावत भी तो है 'क्या तुम्हारे हिये की भी फूटी है', हृदय से देखो, हृदय से बोलो; हृदय से पूछो, हृदय में रखो, हिए-जिये से काम करो; हृदय में कृपा बनाये रखो। किसी का हृदय मत दुखाओ। अमुक पुरुष का ऐसा नम्र हृदय है कि पराया दुख देख कोमल कमल की दण्डी-सा झुक जाता है। अमुक का इतना कठोर है कि कमठ पृष्ठ की कठोरता तक को मात करता है। कितनों का हृदय वज्राघात सहने को भी समर्थ होता है। कोई ऐसे भीरु होते हैं कि समर सन्मुख जाना तो दूर रहा कृपाण की चमक और गोले की धमक के मारे उनका हृदय सिकुड़ कर सोंठ की गिरह हो जाता है। किसी का हृदय रणक्षेत्र में अपूर्व विक्रम और अलौकिक युद्ध-कौशल दिखाने को उमगता है। एवं किसी का हृदय विपुल और किसी का संकीर्ण किसी का उदार और किसी का अनुदार होता है। विभव के समय यह समुद्र की लहर से भी चार हाथ अधिक उमड़ता है और विपद-काल में सिमट कर रबड़ की टिकिया रह जाता है। सतोगुण की प्रवृत्ति में राज-पाट तक दान कर संकुचित नहीं होता, रजोगुण की प्रवृत्ति में बाल की खाल निकाल झींगुरों की मुस्कें बाँधता है। फलत: प्रेम, करुणा, प्रीति, भक्ति, माया, मोह आदि गुणों का प्रकृति-दशा में कभी-कभी ऐसा प्रभाव होता है कि उसका वर्णन कवियों की सामर्थ्य से बाहर हो जाता है उसके अनुभव को हृदय ही जानता है, मुँह से कहने को अशक्य होता है। यदि यह बात नहीं हैं तो कृपाकर बताइये चिर-काल के बिछुरे प्रेमपात्रों के परस्पर सम्मिलन और एकटक अवलोकन में हृदय को कितनी ठंडक पहुँचती है या सहज अधीर, स्वभावत: चंचल मृदु बालक जब बड़े आग्रह से मचल कर धूलि में लोटते हैं वा किसी नई सीखी बात को बाल स्वभाव से दुहराते हैं उस काल उनके मुँह-मुकुर पर जो मनोहर छवि छाती है वह आपके हृदय पर कितना प्रेम उपजाती है वा जिसको हम चाहते हैं वह गोली भर टप्पे से हमें देख कतराता है तो उसकी रुखाई का हृदय पर कितना गम्भीर घाव होता है? अथवा बहु-कुलीन महादुखी जब परस्पर असंकुचित चित्त मिलते और अत्रुटित बातों में

अपना दुखड़ा कहते हैं उस समय उनके आश्वासन की सीमा कहाँ तक पहुँचती है। शुद्ध एवं संयमी, नारायण-परायण को प्रभु-कीर्त्तन और भजन में जो अपूर्व आनन्द अलौकिक सुख मिलता है व प्राकृतिक शोभा देख कवि का हृदय जो उल्लास, शान्ति और निस्तब्ध भाव धारण करता है उसका तारतम्य कितना है पाठक! हमारे लिखने के ये सब सर्वथा बाहर हैं; अपने आप जान सकते हो।

भक्ति-रस पगे हुए महात्मा तुलसीदास जी राघवेन्द्र राघव की प्रशंसा में कहते हैं—

'चितवनि चारु मारु मदहरनी। भावत हृदय जाय नहिं बरनी॥'

इससे जान पड़ता है कि हृदय एक ऐसी गहरी खाड़ी है जिसकी थाह विचारे जीव को उमसें रहने पर भी कभी-कभी उस भाँति नहीं मिलती जैसे ताल की मछलियाँ दिन-रात पानी में बिलबिलाया करती हैं पर उसकी थाह पाने की क्षमता नहीं रखती। जब अपने ही हृदय का ज्ञान अपने को नहीं है तो दूसरे के मन की थाह ले लेना तो बहुत ही दुस्तर है। तभी तो असाधारण धीमानों की यह प्रार्थना है 'अनुक्तमप्यूहति पण्डितो जनः' कि बिना कहे वे दूसरे के हृदय का भाव कभी-कभी लख लेते हैं। तो भी निस्सन्देह दूसरे के हृदय की थाह लगाना बड़ा दुरन्त है। न जाने इस हृदायागार का कैसा मुँह है, पण्डित लोग कुछ ही कहें हमारी जान तो इसका स्वरूप स्वच्छ स्फटिक की नाई हैं। इसी से हर चीज का फोटू इसमें उतर जाता है! जिस भाँति सहस्रांश की सहस्र-सहस्र किरणें निर्मल बिल्लौर पर पड़कर उसके बाहर निकल जाती हैं इसी तरह सैकड़ों बातें, हजारों विषय जो दिन-रात में हमारे गोचर होते हैं हृदय के शीशे के भीतर धँसते चले जाते हैं और समय पर ख्याल के कागज में तस्वीर बन सामने आ जाते हैं। इसमें कोई जल्द फहम होते हैं, कोई सौ-सौ बार बताने पर नहीं समझते। उनका हृदय किसी ऐसी चिन्ता-कीट से चेहटा रहता है कि वह आवरण होकर रोक करता है जिस तरह अक्स लेने के लिये शीशे को पहले खूब धो-धुवाकर साफ कर लेते हैं इसी भाँति सुन्दर बात को धारण के लिये हृदय की सफाई की बहुत बड़ी आवश्यकता है।

राजर्षि भर्तृहरि का वाक्य है 'हृदिस्वच्छावृत्तिः श्रुतमधिगतैकवृतफलम' अर्थात् हृदय स्वच्छवृत्ति से और कान शास्त्र-श्रवण से बड़ाई के योग्य होते हैं। यह स्वच्छ थैली जिनके पास है वेही सदाशय हैं, वही महाशय हैं और वह गम्भीराशय हैं उन्हें चाहे जिन शुभ नामों से पुकार लीजिये। और जिनकी उदरदरी में इसका अभाव है वे ही दुराशय, क्षुद्राशय, नीचाशय, ओछे, छोटे और पेट के खोटे हैं। देखी सहृदय के उदाहरण ये लोग हुए हैं। सूर्यवंश-शिरोमणि दशरथात्मज रामचन्द्र को कराली कैकेयी ने कितना दुःख दिया था। बारह वर्ष के वन के असीम आपदों का क्लेश, नयन ओट न रहने वाली सती सीता का विरहजन्य शोक, स्नेह-सागर पिता का सदा के लिये वियोग; ये सब सहकर उनका शुद्ध हृदय उस सौतेली माँ से पुनर्मिलन में समर्थ हुआ। आज कल के ओछे पात्र माँ-बाप की तिरछी आँख की आँच न सहकर कह बैठते हैं कि हमारा तो उनकी तरफ से हिरदै फट गया। प्रिय पाठक, श्री स्वामी दयानन्द

सरस्वतीजी महाराज भी एक बड़े विशद और विशाल हृदय के मनुष्य थे, जिन्होंने लोगों की गाली-गलौज, निन्दा-चुगली आदि अनेक असह्य बातों को सह कर उनके प्रति उपकार से मुँह न मोड़ा। आज जिनका विपुल हृदय मानो निकल कर सत्यार्थ-प्रकाश बन गया है। एक बार यहाँ के चन्द लोगों ने कहा कि वह नास्तिक मुँह देखने योग्य नहीं है। यह सुन कर कुछ भी उनकी मुखश्री मलिन न हुई और किसी भाँति माथे पर सिकुड़न न आई। गम्भीरता से उत्तर दिया कि यदि मेरा मुँह देखने में पाप लगता है तो मैं मुँह ढाँप लूँगा पर दो-दो बातें तो मेरी सुन लें। बस इसी से आप उनके वृहत् हृदय का परिचय कर सकते हैं। किसी ने सच कहा है—

"सज्जनस्य हृदयनवनीतं यद्वदन्ति कवयस्तदलीकम्।
अन्यतेहबिलसत्परितापात्सज्जनो द्रवतिननवनीतम्॥"

एक सहृदय कहता है कि कवियों ने जो सज्जनों के हृदय की उपमा मक्खन से दी है वह बात ठीक नहीं है। क्योंकि सत् पुरुष पराया दुःख देख पिघल जाते हैं और मक्खन वैसा ही बना रहता है। बस प्यारों, यदि तुम सहृदय होना चाहते हो तो ऐसें उदार हृदयों का अनुकरण करो, ऐसे ही हृदय दूसरों के हृदयों में क्षमा, दया, शान्ति, तितिक्षा, शील, सौजन्यता, सच्ची आस्तिकता और उदारता का वीर्यारोपण करने में योग्य होते हैं और सच्चे सुहृद कहाते हैं।

(भारत सुदशाप्रवर्त्तक से)

अक्टूबर, १८८७ ई०

■

कौतुक

जिस बात को देख या सुन चित्त चमत्कृत हो सब ओर से खिंच सहसा उस देखी या सुनी बात की ओर झुक पड़े, वह कौतुक है। यह अद्‌भुत नाम का नौ रसों में एक रस है। गम्भीराशय बुद्धिमानों को कभी किसी बात का कौतुक होता ही नहीं या उनके लेखे यह संपूर्ण संसार केवल कौतुक रूप है जिसमें मनुष्य का जीवन तो महा कौतुक है—

अहन्यहनि भूतानि गच्छन्ति यममन्दिरम्।
शेषाजीवितुमिच्छन्ति किमाश्चर्यमतः परम्॥

नित्य-नित्य लोग काल से कवलित् हो प्रतिक्षण यम मन्दिर की यात्रा का प्रस्थान रखे हुए भी जीने की सभी इच्छा करते हैं इससे बढ़ कर कौतुक और क्या होगा! सच है आधि-व्याधि-जरा-जीर्ण कलेवर का क्या ठिकाना? कच्चे धागे के समान दम एकदम में उखड़ जा सकता है मानो सूत का बँधा हाथी चल रहा है। तब हमको अपने जीने का जो इतना अभिमान या फक्र और नाज है सो तअज्जुब तो हई ही। तत्वविद् इस बड़े तमाशे को देख कर भी कुछ क्षुभित नहीं होते और सदा एक-से-स्थिर चित्त रहते हैं तब छोटे-छोटे हादसे उनके लिये कौन बड़ी बात है? अथवा जब कभी ऐसे लोगों का चित्त कौतुक-आविष्ट हुआ तो साधारण लोगों के समान उनका कौतुकी होना व्यर्थ नहीं होता। हम लोग दिन में सैकड़ों बातें कौतुक की देखा करते हैं पर उससे कभी कोई बड़ा फायदा नहीं उठाते। गेलिलियो[१] का एक कौतुकी होना बड़े-बड़े साइन्स की बुनियाद डालने वाला आकर्षण शक्ति (अट्रेक्शन ऑफ ग्रेवीटेशन) के ईजाद का बायस हुआ। ऊपर से नीचे को पदार्थ गिरते ही रहते हैं जिसे देख कभी किसी को कुछ अचरज नहीं होता किन्तु बाग में बैठे हुए गेलिलियो को सेब का पक्का फल पेड़ से नीचे गिरते देख खटक पैदा हो गई और उसी क्षण से इनके मन में तर्क-वितर्क होने लगा कि क्यों यह फल नीचे गिरा ऊपर को क्यों न चला गया या कोई दूसरी बात इस फल के सम्बन्ध में क्यों न पैदा हो गई? बहुत सा ऊहापोह के उपरान्त यही निश्चय उनके मन में जम गया कि बड़ी चीज छोटी चीज को सदा अपनी ओर खींचा करती है और यही ऐसी ईश्वरीय-अद्‌भुत-शक्ति है कि जिसके द्वारा यह उपग्रह तारागण इत्यादि संपूर्ण खगोल अपनी-अपनी कक्षा में कायम हैं। यदि यह शक्ति न होती तो ये बड़े-बड़े ग्रह एक दूसरे से टकरा कर चूर-चूर हो जाते। इसी तरह भाप की ताकत प्रकट करने वाले जेम्स वाट को आग पर रखे हुए डेग के ढकने को खटखटाते हुए देख आश्चर्य

---

१. योरप के एक प्रसिद्ध वैज्ञानिक।

हुआ था जिसका फल यह हुआ कि इसको अद्‌भुत शक्ति जान कर उन्होंने उसे काम में लाय अनेक तरह की ऐसी-ऐसी इंजिनें ईजाद की कि आज दिन उसके द्वारा संसार का कितना उपकार साधन किया जाता है। भाँति-भाँति की कलों के द्वारा जो काम होते हैं रेल और जहाज चलाना सब उसी भाप के गुण प्रकट करने का परिणाम है। ऐसा ही और कितने बड़े-बड़े विद्वान् विज्ञानविद लोगों ने साधारण-सी कौतुक की बातों पर कौतुकी ही बड़े-बड़े काम लिये हैं। अस्तु अब हम कौतुक की एक छोटी सी लिस्ट आपको सुनाते हैं उसे भी सुनते चलिये; सरकारी मुहकमों में पुलिस का मुहकमा कौतुक है। हम लोग भद्दी अकिल हिन्दुस्तानियों के लिये अंग्रेजी राज्य की कतर-व्योंत कौतुक है। ऐसी ही बुरी तबियत वाले ऐंग्लोइण्डियन के लिये हमारा कांग्रेस का करना कौतुक है। गवर्नमेंट की कृपा पात्र बीबी उर्दू के मुकाबिले सर्वथा सहाय-शून्य हिन्दी का दिन-प्रतिदिन बढ़ते जाना भी कौतुक है। हमीं लोगों के बीच से पैदा हो हमारे ही छाती का बार उखाड़ने वाली गवर्नमेंट की छोटी बहन हमारी म्युनिसिपैलिटी एक कौतुक है, इत्यादि। जहाँ तक सोचते जाइये एक से एक बढ़ कर कौतुक आपके मन में जगह करता जायेगा।

अक्टूबर, १८८९ ई०

■

कौम

(Nation)

नया उत्साह, नई उमंग, नया जोश, नई सभ्यता, नई तालीम से भरे हमारे नव शिक्षितों की चन्द्रकला समान बढ़ती हुई नई नसल ने अपनी मीठी तोतरी बोल से ज्यों ही कुछ बोलना आरम्भ किया त्यों ही पहले यही द्विअक्षरी महामंत्र—कौम-कौम-कौम एक समय तुतला उठे। क्या विचित्र कारगरी और अद्‌भुत महिमा इन दो अक्षरों की है जो एक नगर या एक प्रान्त को कौन कहे सम्पूर्ण देश के देश को या यों कहिये सम्पूर्ण बर्रेआज़िम (Contenant) भर को एक कर सकता है। कहो अथाह समुद्र को पाट कर गोष्पद तुल्य कर डाले। कहो बड़े-बड़े पहाड़ों को चूर-चूर कर रेत में मिला दे! कहो डूब कर आताल पाताल को थहा लावे। हंड्रेड हार्स पावर इंजिन हज़ार मत्त गयन्द गजराज इसकी ताकत के आगे शरमाकर मुँह छिपा लेते हैं। हमारे यहाँ लिखा है अमुक योद्धा में दस हजार हाथी का बल था। इसका तात्पर्य भी यही है कि उस वीर में इतना कौमी जोश था कि १०,००० हाथी की सेना युद्ध में ला सकता था। दारा और सिकन्दर से फतेहआब इसकी विजयिनी शक्ति के सामने कोना झाँकते हैं। रोम के सीज़र्स और नेपोलियन बोनापार्ट से विजयी पुरुषों को भी इसने अपने विक्टरी के मुकाबले रास्ते को ठिकरी समान बेकदर कर डाला। ऐक्य, सहास, स्वत्वाभिमान, शौर्य, वीर्य आदि पौरुषेय गुणों की यह यहाँ तक संजीवनी बूटी है कि इस जातीय 'कौम' का भरपूर जोर जिस समय जब और दुनिया के जिस हिस्से में जहाँ मौजूद रहा उस समय उस देश के लिए सत्ययुग (गोल्डेन पीरियड) या जो कुछ उसे कहिये सब फबता है। इसके रहते उस देश को उन आदमियों को देवता आर्यश्रेष्ठ जेता या जो कुछ कहिये हमें सब स्वीकार है। इस जातीयता का साम्राज्य रहते उस भूमि को हम स्वर्गभूमि वैकुण्ठदेव यजन आर्यभूमि जो कहैं सब उचित है।

अपनी कौमियत बनाये हुए इंग्लैण्ड एक क्षुद्र टापू बड़े-बड़े देशों का हिमायत करने वाला राजनीति, कलाकौशल, साइन्स, विज्ञान, कविता, फिलासोफी आदि यावत् विद्या का भण्डार बना हुआ सभ्यता, श्रेष्ठता, विज्ञता की प्रथम श्रेणी में पहुँच सभ्यातिसभ्य देशों का मुकुटमणि बना हुआ जो चमक रहा है स्वयं साक्षात् नन्दनवन है। पुत्र उसके सुपुत्र नन्दनवनविहारी अमरगण है। पुत्रियाँ उसकी सब मेनका, उर्वशी, तिलोत्तमा को लजाने वाली वीरप्रसू वीरमाता कहलाती हैं। दूर-दूर देश के महाराजा शाहंशाह जिनसे इनको कुछ वास्ता नहीं वे इज्जत के साथ अपनी वचन रचना से जो इसे प्रसन्न रखा चाहते हैं। सो यह सब उसी बीज रूप महामोहन दो अक्षरी 'कौम' इस मंत्र के साधन से। हम उस साधन से वंचित होने ही से काले, असभ्य, जित, नेटिव, मूर्ख,

अर्द्धशिक्षित, अशिक्षित गँवार हैं। कौमियत का शुभ लक्षण दूसरे पर अपना स्वामित्व रखने की कौन कहे गवर्नमेंट की सेवा, गवर्नमेंट को नौकरी के लिये भी ललाते और तरसते फिरते हैं। तब उसकी समता या उस पर उलटा अपना प्रभुत्व जमाने की बात जीभ पर लाना ही हमारे लिये महापाप है।

इस मंत्र के साधक Religion, creed, race मतमतान्तर के झगड़े चित्त के विश्वास या जाति-पाँति से कुछ वास्ता नहीं रखते। उनका मोटो है—

Human race is all bretheren and God is their common father.

मनुष्य मात्र सब भाई हैं और ईश्वर उन सबों का साधारण पिता है। उनको इससे कुछ वास्ता नहीं जो पूछने बैठें कि आप किस ऋषि के वंश में हैं? किस पैगम्बर को पूजते हैं? आप काले रंग के तो नहीं हैं? आप उसी खित्ते में बसते हैं जहाँ हम हैं तब बस आप हमारी कौम के बड़े भारी दायरे में लाचारी कि आ गये। जिस देश का उत्थान या पतन होना होता है वहाँ उस देश के लोगों में पहले ही से कौमी तरक्की या कौमी तनज्जुली के आसार नज़र पड़ने लगते हैं। अभीरुत्व, उदारभाव, उत्साह, साहस, वीरता आदि कौमी तरक्की के आसार हैं। दैन्य, डर, कोमलता, जनखापन, भोग-लिप्सा, लौल्य, अधैर्य आदि अधःपात के चिह्न हैं। हिन्दुस्तान में इधर पीछे-पीछे सिक्ख और मरहठों में कौमी जोश कुछ-कुछ आ चला था। पर ऐसे थोड़े समय तक रहा कि पूर्ण प्रौढ़ता को न पहुँच जल्द छिन्न-भिन्न हो लेशमात्र की भी कहीं जातीयता का भाव बच न रहा। अब फिर जातीयता की बेल इस बड़े देश के प्रत्येक प्रान्त में जहाँ तहाँ पसरते हुए देख आशा होती है कि कदाचित् हमारे नव शिक्षितों ही का उद्योग सफल हो और नये सिरे से खोये हुए धन के समान फिर से हमारे में जातीयता का भाव आ जाय तो क्या आश्चर्य है।

जनवरी, १८८९ ई०

■

मन और नेत्र

हमारे यहाँ के दार्शनिक मन को सब इन्द्रियों का प्रभु मानते हैं। उनका सिद्धान्त है हाथ-पाँव इत्यादि इन्द्रियों का किया कुछ नहीं होता यदि मन उस ओर रुजू न हो।

''मनः कृतं कृतं लोके न शरीर कृतं कृतं''

मन का सरोकार यद्यपि समस्त इन्द्रियों के साथ है पर नेत्र के साथ तो उसका सबसे अधिक घनिष्ठ सम्बन्ध है। किसी बुद्धिमान का सिद्धान्त है कि अकिलमन्दों का मन आँख में रहता है। दार्शनिक यह शब्द ही दृश धातु से बना है अर्थात् वह मनुष्य जो किसी वस्तु को देख उन पर अपनी मानसिक शक्ति को जोर दे। हम सब लोग दिन-रात हर एक वस्तु संसार की देखा ही करते हैं पर उन देखी हुई चीजों पर मन को कभी जोर नहीं देते। वही बुद्धिमान जन हैं 'कहना चाहिये देखना जिनको ही आता है' उनके नेत्र उस देखे हुए पदार्थ के नस-नस में प्रवेश कर उस पर मन को काम में लाय सोचते-सोचते उसके तत्त्व तक पहुँच जाते हैं। लटकती हुई चीजों को मामूली तौर पर झूलते हुए सब लोग रोज देखा करते। लटकते हुए लैम्प को इस प्रकार हवा में झोंका खाते देख गैलेलियो के मन में यह एक अनोखी बात बोध हुई और इस बात को देर तक सोचने के बाद उन्होंने निश्चय किया कि इस तरकीब से हम समय को अच्छी तरह नाप सकते हैं और यही घड़ी के पेंडुलम की ईजाद का मूल कारण हुआ। अत्यन्त क्षुद्र से क्षुद्र पदार्थ का देखना ही है जिस पर मन एकाग्र हो बड़े-बड़े विज्ञान, विद्या, और कलाओं के प्रचार पाने के हेतु हुआ! नितान्त अज्ञ दुध-मुँहें बालक को जब कि उसकी मानसिक शक्ति अत्यन्त अल्प रहती है उस समय नेत्र ही ज्ञान-द्वार होता है और यही कारण है कि बालक हर एक साधारण सी साधारण वस्तु को भी बड़े चाव और अचरज के साथ ग्रहण करता है तात्पर्य यह कि बालक की (मेंटल डेवलपमेंट) मानसिक शक्तियों का प्रकाश जैसा नेत्र के द्वारा देखने से होता है उतना सुनने आदि से नहीं। किसी चटकीली चमत्कारी वस्तु को सुन जो मन में उत्सुकता या व्यग्रता पैदा होती है वह नेत्र ही के द्वारा शान्त होती है। कभी को देखने से मन और अधिक उत्सुक होता जाता है जैसा प्रेमी को अपने प्रेम-पात्र के देखने में, सच्चे भक्त को अपने इष्ट देव के दर्शन में एक बार दो बार दस बार सहस्र बार जितना ही देखते जाइये देखने की अभिलाषा अधिक से अधिक होती रहेगी जैसा आग में घी छोड़ने से आग और धधकती है।

मनुष्य के तन में एक आँख ही सार पदार्थ है और मन का तो इसके साथ ऐसा घना सम्बन्ध है कि मन को लोगों ने हिये की आँख ही मान रखा है। सूर ने अपने एक विनय में कहा भी है—

''सूर कहा कहे द्विविध आँधरो बिना मोल को चेरो।''

ईश्वर न करे किसी की हिये की फूटै, हिये की फूटने से फिर किसी तरह पर निस्तार नहीं है। हमारे देश वालों के हिये की फूटी है। हम लोग सौ बार सहस्त्र बार कहते-कहते थक गये इन्हें चेताने और हिये की खोलने के लिये भरसक यत्न करने में त्रुटि नहीं करते पर इनके चित्त में उनका अणुमात्र भी असर नहीं होता। हमारा मन यदि किसी एक वस्तु में एकाग्रता के साथ लगा ऐसे समय हम हजारों चीजों को देख कर भी उनका कुछ स्मरण नहीं रखते। इससे सिद्ध हुआ कि हृदय की आँख हमारे चर्म-चक्षु से कितना अधिक प्रबल है; तस्मात् हिये की आँख से जो देखना है और इस तरह का देखना जिन्हें मालूम है वे ही ठीक-ठीक देखना जानते हैं। चतुर सयाने जिन्हें इस तरह के देखने का हुनर याद है बाहरी आकार चेष्टा बोल-चाल और इशारे से मनुष्य का अन्तर्गत मन जान लेते हैं और मन-मानिक की कदर जानने वाले और परखने वाले जौहरी भी ऐसे ही लोग हैं। मन के पवित्र या अपवित्र करने का द्वार नेत्र है। किसी पुण्याश्रम तपोभूमि, गिरि, नदी, निर्झर आदि-तीर्थ-विशेष में जाकर वहाँ के प्राकृतिक पवित्र दृश्यों को देखते ही या किसी जीवन्मुक्त महापुरुष के दर्शन से मन एक बारगी बदल जाता है। बड़े-बड़े महापापी ठग और डकैतों का हाल देखा और सुना गया है कि ऐसे लोग पवित्र स्थान में जाते ही या किसी पुण्यशील महात्मा से मिल कर सदा के लिए अपने उस पाप कर्म से अलग हो गये, महाशान्ति भाव धारण कर ऋषि तुल्य बन गये हैं। लोग मन को नाहक चंचल-चंचल कह कर प्रसिद्ध किये हैं चांचल्य नेत्रों का रहता है, बझता है निरपराधी मन बेचारा।

क्यों बसिये क्यों निबाहिये नीति नेह पुर माहि।
लगा-लगी लोयन करैं नाहक मन बँधि जांहि॥
दृग उरझत, टूटत कुटुम्ब, जुरत चतुर चित्त प्रीति।
परति गांठ दुरजन हिये, दई, नई यह रीति॥
नयना नेक न मानहीं कितौ कह्यो समुझाय।
तन मन हारे हूँ हसैं तासों कहा बसाय॥

सच मानिये, मन महा अमीर को बहका कर आशिकी के पन्थ में ले जानेवाले ये लोचन कुटने दूत हैं जो इसे इश्क के जाल में फँसा कर फिर किसी काम का नहीं रखते। किसी शायर ने कहा है—

दीदार दिलरुबा का दीवार कहकहा है।
जो उस तरफ को झाँका वह इस तरफ कहाँ है॥

फिर जब प्रेमी के वियोग में ये निराश हो बैठते हैं उस समय मन से अपने सहयोगी नेत्रों की तरस नहीं सही जाती, विकल हो सब ओर से दिन-रात एक उसी की खोज में प्रवृत्त हो जाता है। खान-पान तक छूट जाता है, दैवयोग से प्रेमी तो मिल गया तो अच्छा, नहीं तो जीने से भी हाथ धो बैठता है; सच है—

प्रेम वनिज कीन्हों हुतो नेह नफा जिय जानि।
अब प्यारे जिय की परी प्रान पुँजी में हानि॥

अपनी दशा का देखना मनुष्य के लिये यावत् सुधार और मन को अनोखी शान्ति का हेतु है। जो नाक निगोड़ी के कट जाने का भय छोड़ अपनी दशा देखकर काम करते हैं वे सदा सुखी रहते हैं और कभी संकट में नहीं पड़ते।

सर्वथा स्वहितमाचरणीयं किंकरिष्यति जनो बहु जल्पः।
विद्यते न खलु कोपि उपायः सर्वलोकपरितोषकरो यः॥

अनेक प्रचलित कुसंस्कारों में हमारे समाज के बीच नाक कट जाने का भय भी ऐसी बड़ी बुराई है कि इससे न जानिये कितने घराने घूर में मिल गये। जब तक हम अपनी दशा न देख इसी तरह नाक बढ़ाते रहेंगे, तब तक कभी किसी लायक न होंगे। हम अपने से कम सुखी लोगों को देख उनकी दशा से अपनी दशा में तारतम्य देखते रहें तो दुख कभी पास न फटके और चित्त सदा के लिए शान्ति देवी का पवित्र मन्दिर बन जाय। हमने मन और नेत्र का सम्बन्ध दिखलाया इसमें जो कुछ त्रुटि रह गई हो पाठक जन सम्हाल लें।

अप्रैल, १८९० ई०

■

बातचीत

इसे तो सभी स्वीकार करेंगे कि अनेक प्रकार की शक्तियाँ जो वरदान की भाँति ईश्वर ने मनुष्यों को दी हैं, उनमें वाक्शक्ति भी एक है। यदि मनुष्य की और-और इन्द्रियाँ अपनी-अपनी शक्तियों से अविकल रहतीं और वाक्शक्ति उनमें न होती तो हम नहीं जानते इस गूँगी सृष्टि का क्या हाल होता। सब लोग लुंज-पुंज से हो मानों एक कोने में बैठा दिये गये होते और जो कुछ सुख-दुःख का अनुभव हम अपनी दूसरी-दूसरी इन्द्रियों के द्वारा करते उसे अवाक् होने के कारण आपस में एक दूसरों से कुछ न कह सुन सकते। अब इस वाक्शक्ति से अनेक फायदों में 'स्पीच' वक्तृता और बातचीत दोनों हैं किन्तु स्पीच से बातचीत का कुछ ढंग ही निराला है। बातचीत में वक्ता को नाज-नखरा जाहिर करने का मौका नहीं दिया जाता कि वह एक बड़े अन्दाज से गिन-गिनकर पाँव रखता हुआ पुलपिट पर जा खड़ा हो और पुण्याहवाचन या नान्दीपाठ की भाँति घड़ियों तक साहबान मजलिस, चेयरमैन, लेडीज एण्ड जेंटिलमेन की बहुत सी स्तुति कर कराय तब किसी तरह वक्तृता का आरंभ किया गया जहाँ कोई मर्म या नोंक की कोई नुकीली चुटीली बात बड़ा वक्ता महाशय के मुख से निकली कि करतल-ध्वनि से कमरा गूँज उठा। इसलिए वक्ता को खामखाह ढूँढ़ कर कोई ऐसा मौका अपनी वक्तृता में लाना ही पड़ता है जिसमें करतल-ध्वनि अवश्य हो। वह हमारी साधारण बातचीत का कुछ ऐसा घरेलू ढंग है कि उसमें न करतलध्वनि को कोई मौका है न लोगों को कहकहे उड़ाने की कोई बात उसमें रहती है। हम तुम दो आदमी प्रेम पूर्वक संलाप कर रहे हैं कोई चुटीली बात आ गई हँस पड़े तो मुस्कराहट से होंठों का केवल फरक उठना ही इस हँसी की अन्तिम सीमा है। स्पीच का उद्देश्य अपने सुनने वालों के मन में जोश और उत्साह पैदा कर देना है। घरेलू बातचीत मन रमाने का एक ढंग है इसमें स्पीच की वह सब संजीदगी बेकदर हो धक्के खाती फिरती है।

जहाँ आदमी को अपनी जिन्दगी मजेदार बनाने के लिए खाने-पीने चलने-फिरने आदि की जरूरत है वहाँ बातचीत की भी हमको अत्यन्त आवश्यकता है। जो कुछ मवाद या धुआँ जमा रहता है वह सब बात-चीत के जरिये भाप बन बाहर निकल पड़ता है चित्त हल्का और स्वच्छ हो परम आनन्द में मग्न हो जाता है। बातचीत का भी एक खास तरह का मजा होता है। जिनको बात करने की लत पड़ जाती है वे इसके पीछे खाना-पीना तक छोड़ देते हैं अपना बड़ा हर्ज कर देना उन्हें पसन्द आता है पर बातचीत का मजा नहीं खोया चाहते। राबिनसन क्रूसो का किस्सा बहुधा लोगों ने पढ़ा होगा जिसे सोलह वर्ष तक मनुष्य का मुख देखने को भी नहीं मिला। कुत्ता, बिल्ली आदि जानवरों के बीच रहा किया; सोलह वर्ष के उपरान्त जब उसने फ्राइडे के मुख से

एक बात सुनी, यद्यपि इसने अपनी जंगली बोली में कहा था, उस समय राबिनसन को ऐसा आनन्द हुआ मानो इसने नये सिरे से फिर से आदमी का चोला पाया। इससे सिद्ध होता है कि मनुष्य की वाक्शक्ति में कहाँ तक लुभा लेने की ताकत है। जिनसे केवल पत्र-व्यवहार है कभी एक बार भी साक्षात्कार नहीं हुआ उन्हें अपने प्रेमी से कितनी लालसा बात करने की रहती है। अपना आभ्यन्तरिक भाव दूसरे को प्रकट करना और उसका आशय आप ग्रहण कर लेना केवल शब्दों ही के द्वारा हो सकता है। सच है—

''तामर्द सखुन गुफ्ता बाशद।

ऐबो हुनरश निहफ्ता बाशद''

''तावच्च शोभते मूर्खो यावत्किंचिन्न भाषते''

बेन जानसन का यह कहना कि—''बोलने से ही मनुष्य के रूप का साक्षात्कार होता है'' बहुत ही उचित बोध होता है।

इस बातचीत की सीमा दो से लेकर वहाँ तक रखी जा सकती है जितनों की जमात मीटिंग या सभा न समझ ली जाय। एडिसन का मत है असल बातचीत सिर्फ दो में हो सकती है जिसका तात्पर्य यह हुआ कि जब दो आदमी होते हैं तभी अपना दिल दूसरे के सामने खोलते हैं जब तीन हुए तब वह दो की बात कोसों दूर गई। कहा है—

''षट्करणो भिद्यते मंत्रः''

दूसरे यह कि किसी तीसरे आदमी के आ जाते ही या तो दोनों हिजाब में आय अपनी बातचीत से निरस्त हो बैठेंगे या उसे निपट मूर्ख और अज्ञानी समझ बनाने लगेंगे। इसी से—

''द्वाभ्यां तृतीयो न मवामि राजन्''

लिखा है जैसा गरम दूध और ठंडे पानी के दो बर्तन पास-पास साट के रखे जायें तो एक का असर दूसरे में पहुँचता है अर्थात् दूध ठंडा हो जाता है और पानी गरम। वैसा. ही दो आदमी पास-पास बैठे हो तो एक का गुप्त असर दूसरे पर पहुँच जाता है। चाहे एक दूसरे को देखे भी नहीं तब बोलने की कौन कहे पर एक का दूसरे पर असर होना शुरू हो जाता है एक के शरीर की विद्युत दूसरे में प्रवेश करने लगती हैं। अब पास बैठने का इतना असर होता है तब बातचीत में कितना अधिक असर होगा इसे कौन न स्वीकार करेगा। अस्तु, अब इस बात को तीन आदमियों के संगम में देखना चाहिए मानों एक त्रिकोण सा बन जाता है तीनों का चित्त मानों तीन कोण हैं और तीनों की मनोवृत्ति के प्रसरण की धारा मानो उस त्रिकोण की तीन रेखायें हैं। गुपचुप असर तो उन तीनों में परस्पर होता ही है जो बातचीत तीनों में की गई वह मानो अँगूठी में नग-सा जड़ जाती है। उपरान्त जब चार आदमी हुए तब बेतकल्लुफी को बिलकुल स्थान नहीं रहता खुल के बातें न होंगी जो कुछ बातचीत की जायगी वह 'फार्मेलिटी' गौरव और संजीदगी के लच्छे में सनी हुई। चार से अधिक की बात-चीत तो केवल राम रमौवल कहलायेगी। उसे हम संलाप नहीं कह सकते।

इसी बातचीत के अनेक भेद हैं। दो बुड्ढों की बातचीत प्राय: जमाने की शिकायत पर हुआ करती है, बाबा आदम के समय का ऐसा दास्तान शुरू करते हैं जिसमें चार सच तो दस झूठ। एक बार उनकी बातचीत का घोड़ा छूट जाना चाहिये पहरों बीत जाने पर भी अन्त न होगा। प्राय: अंग्रेजी राज्य पर देश और पुराने समय की बुरी से बुरी रीति नीति का अनुमोदन और इस समय के सब भाँति लायक नौजवान की निन्दा उनकी बातचीत का मुख्य प्रकरण होगा। अब इसके विपरीत नौजवानों की बातचीत का कुछ तर्ज ही निराला है। जोश-उत्साह, नई उमंग, नया हौसिला आदि मुख्य प्रकरण उनकी बातचीत का होगा। पढ़े लिखे हुए तो शेक्सपीयर, मिलटन, मिल और स्पेन्सर उनके जीभ के आगे नाचा करेंगे। अपनी लियाकत के नशे में चूरंचूर हमचुनी दीगरे नेस्त। अक्खड़ कुश्तीबाज हुए तो अपनी पहलवानी और अक्खड़पन की चर्चा छेड़ेंगे। आशिकतकन हुए तो अपने-अपने प्रेमपात्री की प्रशंसा तथा आशिकतन बनने की हिमाकत की डींग मारेंगे। दो ज्ञात-यौवन हम उमर सहेलियों की बातचीत का कुछ जायका ही निराला है रस का समुद्र मानो उमड़ा चला आ रहा है इसका पूरा स्वाद उन्हीं से पूछना चाहिए जिन्हें ऐसों की रस-सनी बातें सुनने को कभी भाग्य खड़ा है।

"प्रजल्पन्मत्पदे लग्नः कान्तः किं''? नहि नूपुरः।
''वदन्ती जारवृत्तान्तं पत्यौ धूर्ता सखी धिया॥
पति बुद्ध्वा सखि ततः प्रबुद्धास्मीत्यपूरयत्''।

अर्द्धजरती बुढ़ियाओं की बातचीत का मुख्य प्रकरण बहू-बेटी वाली हुई तो अपनी-अपनी बहुओं या बेटों का गिला-शिकवा होगा या बिरादराने का कोई ऐसा राम-रसरा छेड़ बैठेंगी कि बात करते-करते अन्त में खोढ़े दाँत निकाल-निकाल लड़ने लगेंगी। लड़कों की बात-चीत में खेलाड़ी हुए तो अपनी आवारगी की तारीफ करने के बाद कोई ऐसी सलाह गाठेंगे जिसमें उनको अपनी शैतानी जाहिर करने का पूरा मौका मिले। स्कूल के लड़कों की बातचीत का उद्देश्य अपने उस्ताद की शिकायत या तारीफ या अपने सहपाठियों में किसी के गुनऐगुन का कथोपकथन होता है। पढ़ने में तेज हुआ तो कभी अपने मुकाबिले दूसरे को कैफियत न देगा सुस्त और बोदा हुआ तो दबी बिल्ली सी स्कूल भर को अपना गुरू ही मानेगा। अलावे इसके बातचीत की और बहुत सी किसमें हैं। राजकाज की बात, व्यापार सम्बन्धी बातचीत, दो मित्रों में प्रेमालाप इत्यादि। हमारे देश में नीच जाति के लोगों में बात कही होती है लड़की लड़के वाले की ओर से। एक-एक आदमी बिचवई होकर दोनों के विवाह सम्बन्ध की कुछ बातचीत करते हैं उस दिन से बिरादरी वालों को जाहिर कर दिया जाता है कि अमुक की लड़की से अमुक के लड़के के साथ विवाह पक्का हो गया है और यह रसम बड़े उत्साह के साथ की जाती। एक चंडूखाने की बातचीत होती है इत्यादि, इस बात करने के अनेक प्रकार और ढंग हैं।

यूरोप के लोगों में बात करने का एक हुनर है 'आर्ट आफ कनवरसेशन' यहाँ तक बढ़ा है कि स्पीच और लेख दोनों इसे नहीं पाते। इसकी पूर्ण शोभा काव्यकला प्रवीण

विद्वन्मण्डली में है। ऐसे-ऐसे चतुराई के प्रसंग छेड़े जाते हैं कि जिन्हें सुन कान को अद्‌भुत सुख मिलता है सहृदय गोष्ठी इसी का नाम है। सहृदय गोष्ठी के बातचीत की यही तारीफ है कि बात करने वालों की लियाकत अथवा पाण्डित्य का अभियान या कपट कहीं एक बात में न प्रकट हो वरन् जितने क्रम रसाभास पैदा करने वाले सबों को बरकाते हुए चतुर सयाने अपनी बातचीत का उपक्रम रखते हैं जो हमारे आधुनिक शुष्क पण्डितों की बातचीत में जिसे शास्त्रार्थ कहते हैं कभी आवे ही गा नहीं। मुर्ग और बटेर की लड़ाइयों की झपटा-झपटी के समान जिनकी काँव-काँव में सरस संलाप का तो चर्चा ही चलाना व्यर्थ है वरन् कपट और एक दूसरे को अपने पाण्डित्य के प्रकाश से बाद में परास्त करने का संघर्ष आदि रसाभास की सामग्री वहाँ बहुतायत के साथ आपको मिलेगी। घण्टेभर तक काँव-काँव करते रहेंगे तय कुछ न होगा। बड़ी-बड़ी कम्पनी और कारखाने आदि बड़े से बड़े काम इसी तरह पहले दो चार दिली दोस्तों की बातचीत ही से शुरू किये गये उपरान्त बढ़ते-बढ़ते यहाँ तक बढ़े कि हज़ारों मनुष्यों की उससे जीविका और लाखों की साल में आमदनी उसमें है। पचीस वर्ष के ऊपर वालों की बातचीत अवश्य ही कुछ न कुछ सार गर्भित होगी। अनुभव और दूरन्देशी से खाली न होगी और पच्चीस से नीचे वालों की बातचीत में यद्यपि अनुभव दूरदर्शिता और गौरव नहीं पाया जाता पर इसमें एक प्रकार का ऐसा दिल बहलाव और ताजगी रहती है कि जिसकी मिठास उससे दसगुना अधिक बढ़ी-चढ़ी है।

यहाँ तक हमने बाहरी बातचीत का हाल लिखा जिसमें दूसरे फरीक के होने की बहुत ही आवश्यकता है। बिना किसी दूसरे मनुष्य के हुए जो किसी तरह सम्भव नहीं है और जो दो ही तरह पर हो सकती है या तो कोई हमारे यहाँ कृपा करे या हमीं जाकर दूसरे को सर्फराज करें। पर यह सब तो दुनियादारी है जिसमें कभी-कभी रसाभास होते देर नहीं लगती क्योंकि जो महाशय अपने यहाँ पधारें उसकी पूरी दिलजोई न हो सकी तो शिष्टाचार में त्रुटि हुई। अगर हमीं उनके यहाँ गये तो पहले तो बिना बुलाये जाना ही अनादर का मूल है और जाने पर अपने मन माफिक बर्ताव न किया गया तो मानो एक दूसरे प्रकार का नया घाव हुआ इसलिए सबसे उत्तम प्रकार बातचीत करने का हम यही समझते हैं कि हम यह शक्ति अपने में पैदा कर सकें कि अपने आप बात कर लिया करें। हमारी भीतरी मनोवृत्ति जो प्रतिक्षण नये-नये रंग दिखलाया करती है और जो बाह्य प्रपंचात्मक संसार का एक बड़ा भारी आईना है जिसमें जैसी चाहो वैसी सूरत देख लेना कुछ दुर्घट बात नहीं है और जो एक ऐसा चमनिस्तान है जिसमें हर किस्म के बेल-बूटे खिले हुए हैं इस चमनिस्तान की सैर क्या कम दिल-बहलाव है? मित्रों का प्रेमालाप कभी इसकी सोलहवीं कला तक भी पहुँच सकता है? इसी सैर का नाम ध्यान या मनोयोग या चित्त का एकाग्र करना है जिसका साधन एक दो दिन का काम नहीं वरन् साल दो साल के अभ्यास के उपरान्त यदि हम थोड़ा भी अपनी मनोवृत्ति स्थिर कर अवाक् हो अपने मन के साथ बातचीत कर सके तो मानो अति भाग्य है। एक वाक्-शक्तिमात्र के दमन से न जानिये कितने प्रकार का दमन

हो गया। हमारी जिह्वा जो कतरनी के समान सदा स्वच्छन्द चला करती है उसे यदि हमने दबा कर अपने काबू में कर लिया तो क्रोधादिक बड़े-बड़े अजेय शत्रुओं को बिन प्रयास जीत अपने वश कर डाला। इसलिये अवाक् रह अपने आप बातचीत करने का यह साधन यावत् साधन का मूल है, शान्ति का परम पूज्य मन्दिर है, परमार्थ का एकमात्र सोपान है।

अगस्त, १८९१ ई०

■

स्त्रियाँ

स्त्रियाँ किसलिये हैं—हमारे शास्त्रों के अनुसार मर्द को सुख पहुँचाना इनका मुख्य काम है—'न स्त्रीस्वातन्त्र्यमर्हति' मनु के इस वाक्य का भी यही प्रयोजन सिद्ध होता है। मर्द हर हालत में और तीनों पन में स्त्रियों का मुहताज रहता है। बचपन से बुढ़ापे तक बिना इनके अपना काम न चलता देख मनु महाराज ने यह लिख दिया कि मर्द इनको अपने ताबे में रख इनसे अपना काम निकाला करे। स्त्री और पुरुष दो जाति के बीच जैसा परस्पर का बर्ताव है उससे हमारी ऊपर की बात कि स्त्रियाँ पुरुषों के सुख के लिये हैं अच्छी तरह स्पष्ट है। अलावे मुहब्बत के माता अपने पुत्र को पालना, रोग-दोख, घाम-छांह से बचाये रखना अपना मुख्य काम समझती है। बहन अपने भाई का—देवरानी अपने देवर का सब काम कर देना अपना धर्म मानती है। स्त्री अपने पति को आराम और हर्ष पहुँचाना अपने लिये सबसे श्रेष्ठ काम वरन् अपने जन्म की सफलता मानती ही है इसे कौन न स्वीकार करेगा।

किसी-किसी देश में जहाँ सभ्यता अपनी चरम सीमा को पहुँची है स्त्रियों को मरदों के बराबर का दावा है यहाँ तक कि अमेरिका में स्त्रियाँ फौज तक में भरती हैं। इंगलैण्ड में कितनी स्त्रियाँ बैरिस्टर हैं किंतु हमारे यहाँ इसकी चलन नहीं है इसलिये स्त्रियों की दशा के परिवर्तन पर बहुत जोर होना व्यर्थ है। मकान की दुरुस्ती, लड़कों का आराम, रसोई इत्यादि कई एक काम इनके सुपुर्द किया गया है जिस घर में स्त्रियाँ सुशील और सुघर हैं वहाँ इन सब बातों का आराम है उस घर में जाते ही चित्त प्रसन्न होता है--

माता यस्य गृहे नास्ति पत्नी वा पतिदेवता।
अरण्यं तेन गन्तव्यं यथारण्यं तथा गृहम्॥

सब सुख की खान माँ जिसके न हो अपना परम पूज्य देवता मानने वाली पतिव्रता पत्नी घर में न हो उसे चाहिये घर त्याग वन को सिधारै क्योंकि उसके लिये जैसा घर वैसा बन। सच है घर की स्त्रियाँ सुलक्षणा लक्ष्मी-रूप हुईं तो उस गृहस्थ की गृहस्थी के सुख के सामने स्वर्ग सुख भी अल्प है। वही फूहर और कर्कशा हुई तो घर क्या वरन् मुहल्ला और जाति भर को क्लेश और हानि पहुँचती है वह घर क्या वरन् नरक से भी बुरा है। चार में एक भी जहाँ इस ढंग की हुई तो एक उस कर्कशा और चण्डी के कारण तीनों का सुलक्षण और सुघरपन सब खाक में मिल जाता है। प्राणी-प्राणी का जी ऊब उठता है। यही जी चाहता है घर छोड़ कहाँ भाग जायँ। घर से वन को अच्छा इसी दशा में कहा है—

स्मारं स्मारं स्वगृहचरितं दारुभूतो मुरारिः।

इन कर्कशाओं का कुछ ढंग ही निराला है। ये किस बात से प्रसन्न हैं और क्या चाहती हैं इसका भेद जानने में कदाचित उशना और बृहस्पति की बुद्धि भी थक कर गोठिल पड़ गई। सास से लड़ैं, ससुर से लड़ैं, ननद से लड़ैं, मर्द मुआ तो इनका गुलाम ही ठहरा, जेठ-जेठानी, देवर-देवरानी की कोई हकीकत ही नहीं, बहन-बहन लड़ैं परोसी से राह चलने वालों से लड़ैं, न कोई मिलै तो हवा से लड़ैं। जब तक पेट भर के न लड़ लें अन्न न पचे। शकल देखा तो भूतिन-सी मानो सब चुड़ैलों की अम्मा श्मशान से उठी चली आ रही है। चाल-ढाल, बोल-चाल किसी में जरा शऊर और सुघरपन का दखल नहीं, कसीफ और मैली ऐसी कि पास से निकल जाय तो दिमाग के रेजे रेजे उड़ने लगे, घर में जाकर देखिए तो भिन-भिनाहट और मैलेपन से ओकाई आने लगे।

देखिए! अब उधर भी नजर फैलाइये—स्वरूप देखिये मानो साक्षात् लक्ष्मी। मुँह से बोल निकला मानो फूल झर रहा हो। अंग-अंग की सजावट कोमलता सलोनापन और सुकुमारता से मन हरे लेती है। चाल-ढाल, रहन-सहन में कुलांगनापन और भलमनसाहत बरस रही है। धन्य है उनका जीवन और महापुण्यभूमि है वह घर जिसे असूर्यपश्या ऐसी स्त्रियाँ सती सावित्री समान अपने पादन्यास से पवित्र करती हुई दीपक समान प्रकाश कर रही हैं—

''दृष्ट्या खंजनचातुरी मुखरुचा सौधाधरी माधुरी।
वाचा किंच सुधासमुद्रलहरी लावण्यमामन्त्र्यते''

अन्यच्च

'गतागतकुतूहलं नयनयोरपांगावधि—
स्मितं कुलनतभुवामधर एव विश्राम्यतिः।
वचः प्रियतमश्रुतेरतिरेव कोपक्रमः।
कदाचिदपि चेत्तदा मनसि केवलं मज्जति''।

इनकी देहप्रभा सफाई लवनाई और निकाई देख किसका मन नहीं मोहता। इसी से स्त्रियाँ गृहस्थी की सार समझी गई हैं। सभ्य औरर शाइस्ता मुल्कों में जहाँ औरतें पढ़ी-लिखी हैं वहाँ इनमें सखुन आराई और गप्प कोई आश्चर्य नहीं वरन् हम लोगों के समाज में भी जहाँ औरतों की हालत बड़ी लचर हो रही है पर बात करने में हजार मर्दों का कान काटे हुए है।

· लोग कहते हैं औरतें बड़ी बातूनी होती हैं। हम कहते हैं केवल कहने ही में क्यों? कौन सी चीज है जिसमें औरतें मर्द से अधिक बढ़ी-चढ़ी नहीं हैं। जहाँ कहीं वे पढ़ाई-लिखाई जाती हैं वहाँ स्त्रियाँ पुरुषों के ऊपर हो गई हैं। हमारे यहाँ के ग्रन्थकार और धर्मशास्त्र गढ़ने वालों की कुण्ठित बुद्धि में न जाने क्यों यही समाया हुआ था कि स्त्रियाँ केवल दोष की खान हैं गुण इनमें कुछ हई नहीं। इसी से चुन-चुन उन्हें जहाँ तक ढूँढ़े मिला केवल दोष ही दोष इनके लिख गए और जहाँ तक इनके हक़ में बुराई

और अत्याचार करते बना अपने भरसक न चूके और उन्हें हर तरह पर घटाया। कानून में इनका सब तरह का हक मार दिया, धर्म सम्बन्ध में इन्हें प्रधान न रखा, दरजे में इन्हें और महा जघन्य शूद्रों को एक ही माना और किसकी कहैं मनु जिसके समान चोखा और हर एक समय में बरतने के पक्षपात-विहीन, शस्त्र-प्रणेताओं में किसी दूसरे का धर्मशास्त्र ऐसा नहीं है उन्होंने शूद्र और स्त्रियों की सब तरह पर रेढ़ मारी है। खैर, आर्यों के मुकाबले जो शूद्रों को घटाया सो तो उनकी पालिसी थी जेता और जित दोनों एक ही क्यों कर हो सकते हैं किंतु हमारी निपट ललनाओं का जो सब भाँत सत्यानाश किया। इसे कौन न कहैगा कि उनके धर्मशास्त्र में यह एक कलंक का टीका है।

अस्तु, हमारा पूर्वगत प्रस्ताव यह था कि स्त्रियाँ पुरुषों में सब तरह पर चढ़ी बढ़ी हैं यह बात बहुत ही सटीक और सच है। मुहब्बत और स्नेह जैसा इनमें हैं सबों के कदर कलेजे में कभी समा ही नहीं सकता। धर्म और दया की तो वे मूर्ति होती हैं। हमारा हिन्दू धर्म जिसे सब लोग लचर कह कर धकियाये फिरते हैं इस अबलाओं ही की दया के सहारे से किंचित टिक रहा है। मुन्तजिम ऐसी कि टोडरमल की अकिल भी इनके इन्तजाम के आगे चक्कर में आती है। पुरखिन पुरनिया स्त्रियों का उनके घर का इन्तजाम मोटी-मोटी सल्तनत का नमूना है। सिवा इसके अब भी हम लोगों में ऐसी-वैसी बुद्धिमती चतुर सयानी स्त्रियाँ पड़ी हैं जो कोठी और इलाके का वरन् राज का भी सब काम सम्हाले हैं। लज्जा, धैर्य, सबर, सहिष्णुता, गमखोरी इत्यादि गुणों में जो ये एकता हुई तो कोई विशेष तारीफ की बात नहीं क्योंकि हया दया मया गम आदि स्त्रियों ही के गुण हैं। हम कहते हैं वीरता आदि बहुत से पौरुषेय गुण जिनमें मर्द डींग मार-मार अपना दर्जा स्त्रियों के ऊपर कायम रखते हैं उनमें भी ये स्त्रियाँ कितनी आगे बढ़ी हैं। चाँद सुल्ताना, अहिल्याबाई, बैजाबाई आदि जो पहले हो गईं उन्हें कौन गिनावे। हाल में झाँसी की रानी लक्ष्मीबाई एक ऐसी हो गई कि बड़े-बड़े वीर-बाँकुरों से भी ऐसा कभी न हो सकता।

अपने सौन्दर्य को बढ़ाना और अपने को दिखलाना इनमें स्वाभाविक होता है। यह धर्म बुरा भला सबों में एकसा होता है। कुछ बुरे ख्याल से नहीं किन्तु यह स्वाभाविक धर्म इनका है। कोइला-सी काली-कलूटी भी अपने को बन-ठन एक बार तिलोत्तमा और उर्वशी को अपनी रूप की सजावट में दबाना चाहती है तब उनकी कौन कहै जो रूप गर्विता हैं। इत्यादि ललनाओं का गुणगान ऐसा सरस विषय है कि इसे जहाँ तक पल्लवित करने जायें हमारे पाठकों का मन ललक-ललक कर पढ़ने से कभी न थकैगा।

हम सिद्ध कर चुके कि पुरुषों की कट्टर जाति की अपेक्षा निर्दोष और निष्पाप स्त्री-मात्र विशेष गौरव के योग्य हैं। अब हम यह दिखाना चाहते हैं कि अबलाओं में भी हमारी भारत की ललना गुण गौरव में प्रथम और सर्वश्रेष्ठ हैं। अपना तन मन जलांकर और सर्वस्व सुख से हाथ धो कुल की मर्यादा का निर्वाह कर देना आर्य-कुल गामिनी ही जानती है। जो यूरोप की सुशिक्षित रमणी सौ बार जन्म लेकर भी नहीं कर सकती।

गोल्डस्मिथ अपने एक हास्य प्रधान लेख में लिखते हैं—मैंने एक बार कब्रिस्तान की सैर करता हुआ एक कोने में जाकर देखा तो एक नौजवान सुन्दरी टटकी बनी हुई कबर पर कोमल करकमलों से पंखा झल रही है मेरे जी में इस समय अनेक भाव उदय हुए मन में कहने लगा सच्चा प्रेम इसी का नाम है। पास जा सलाम कर बोला निस्संदेह आपका प्रेम संसार में एक उदाहरण होने योग्य है। परलोक में इस मृतक की आत्मा को न सन्तोष हुआ होगा जिसके लिये आप अपने कर कमलों को इतना श्रम दे रही हैं। वह बोली इसके सन्तोष से मुझे अब क्या मिलेगा। अब यह फिर से जी सकता ही नहीं मुझे अपने सन्तोष की पड़ी है। समाज में प्रचलित रीति के अनुसार जब तक यह कबर न सूखेगी तब तक मैं अपने ऊपर से इस रण्डापे का बोझ नहीं टाल सकती। इसीलिये पंखा झल रही हूँ कि जितनी ही जल्द यह कबर सूखेगी उतना ही जल्द मेरा सुहाग फिर से जगेगा। मुझे इस सुन्दरी की बात सुन ताज्जुब हुआ। भीतर से तो इसकी व्यर्थ चेष्टा पर अत्यंत क्रोध आया पर ऊपर से हँस कर उससे विदा हो घर की राह ली।

यह किस्सा गोल्डस्मिथ की एक कल्पना मात्र है किन्तु इसमें कुछ भी सन्देह नहीं कि उनकी सभ्यता का धब्बा वहाँ स्त्रियों में स्वतंत्रता इसी दरजे तक पहुँची हुई है जिसका चित्र गोल्डस्मिथ ने इस ढंग से उतार हँसी उड़ाया है। भारत-ललनाओं में बन्धकी और कुलटायें भी इतना साहस करने की हिम्मत नहीं करेंगी जैसा वहाँ अच्छे-अच्छे घरानों की कुलांगनायें करती हैं। हमारी ललनायें पढ़ी-लिखी नहीं होतीं पर शालीनता, धीरापन, सबर और सहनशीलता में पृथ्वी भर की स्त्रियों के बीच एक उदाहरण हैं। पुरुषों में शुद्ध चरित्र और पवित्र आचरण ढूँढ़ना चाहो तो सौ में पंचानबे अत्यन्त निकृष्ट और पतित पायें जायेंगे जिसके गुप्त या प्रकट चरित्र से घिन होती है। वहीं इन आर्य-ललनाओं में सौ में कदाचित पाँच भी ऐसी हों या न हों जिनके चरित्र को हम दूषित कहने का साहस कर सकेंगे और पंचानबे ऐसी होंगी जो सौन्दर्य और सौभाग्य लक्ष्मी में साक्षात् शची सी होकर भी नवनता, भलपन, साहस, सिधाई और सख्त भाव में मानो भवानी की मूर्ति हैं। कुलीनता की नाक, लज्जा की खान, श्रद्धा, दया और शान्ति की मूर्ति, घर की सर्वस्व संपत्ति, हमारी गृहेश्वरी वामा जन भारत की इस गिरी दशा में कौम का जेवर और आर्य जाति का शृंगार है।

हम अपनी सती, सच्चरित्र, अबलाओं का जितना अभिमान करें सब थोड़ा है। विशेष कर ऐसी दशा में जब हम अपनी अशिक्षित कुलांगनाओं का यूरोप की सुशिक्षित सभ्यता की सरताज रमणी जनों के साथ मिलान करते हैं। साहब बहादुर हजार रुपया भी लावें तो मेम साहब के एक गौन में उड़ जाते देर न लगेगी। साहब एक-एक पैसे की किफायत करते हैं, मेम साहब को अपने फैशन की सजावट में सैकड़ों फूँक देते आह नहीं आती। साहब एक कोने में पड़े भिन-भिनाया करते हैं। मेम साहब अपनी चंचलता और चुलबुलेपन के कारण बंगले में कूदती फिरती हैं। साहब मेम साहब की चरण सेवा में हरदम हाजिर रह कर भी जरा सा चूके कि उनकी खातिरशिकनी होते

देर नहीं। वहीं हमारी स्त्रियाँ परकटा पखेरू की भाँति घर रूप पिंजरे में बन्द रूखा-सूखा भोजन और मोटा-झोटा कपड़ा मात्र से सतीत्व पालन करते बैठी रहती हैं। बाहर बाबू साहब अपने सुख और आराम के लिए सैकड़ों रुपये बहाय देते हैं; नई-नई कलियों के रस का स्वाद लेते डोलते फिरते हैं। पति-देवता हमारी गृहेश्वरियों को उनके पतित पति कभी धोखे से भी एक बार उन पर चितै दें तो इतने ही से निहाल हो जाती हैं। धन्य है इनके धैर्य और सबर को। देश की दुर्गति के बहुत से कारणों में स्त्रियों की ओर से मर्दों का निरपेक्ष होना भी एक कारण है। मनु महाराज लिख गए हैं।

जामयो यानि गेहानि शपन्त्यप्रतिपूजिताः।
तानिकृत्याहतानीवं विनश्यन्ति समन्ततः॥

भली-भाँति आदर न पाय बहू लोग जिस घर को शाप देती हैं वह घराना कृत्याहत के समान सब ओर से नष्ट हो जाता है। सच है असंख्य घराने इन्हीं स्त्रियों की निरपेक्षता के कारण निरवंशी हो गये कि कौड़ी-कौड़ी को मुहताज भूखों मर रहे हैं।

सचमुच ये कुलांगना वधूजन लक्ष्मी का रूप होती हैं। अंगरेज जो इनकी खातिरदारी और हर तरह इन्हें प्रसन्न रखते हैं उसका फल प्रत्यक्ष देखा जाता है कि दिन-दिन उनकी श्री-वृद्धि चौगुनी होती जाती है। वहीं हम लोगों ने जो सब तरह पर इन्हें घटा दिया और दुर्गत में रखा उसका फल भी प्रत्यक्ष है। आर्य-ललनाओं की दशा का परिवर्तन हम तरक्की की पहली सीढ़ी कहेंगे और समाज-संशोधन तो कभी सम्भव नहीं कि इन्हें छोड़ हम कभी एक कदम भी आगे बढ़ सकें। स्त्रियाँ जो निरंकुश और स्वतन्त्र हुआ चाहें तो नदी समान कुलरूपी कगारे को एक दम में ढहाय दूर फेंक सकती हैं। यह उन्हीं की कृपा और भलमनसाहत है जो भीतर-भीतर अपना कुलांगनापन निभाती हुई हमें बाहर इस लायक बनाये हुए हैं कि कुलाभिमान में अग्रसर हो मोछा तरेर-तरेर बड़े कुलीन और इज्जतदार बनते हैं—दर्पदलन में क्षेमेन्द्र कवि ने इसी तात्पर्य को बड़ी लियाकत और कविता चातुरी के साथ प्रकट किया है।

कुलाभिमानः कस्तेषां जघन्यस्थानजन्मनाम्।
कुलकूलंकषा येषां अनन्यो निम्नगाः स्त्रियः।
कुलं कुलं कलयताम् मोहन्मिथ्याभिमानिनाम्।
लग्नः को यं न जानीमः लब्धग्रीवाग्रहग्रहेः।
धनयौवनसंपात दर्पकालुष्यविप्लवा।
केनोन्नतसरिभ्रष्टा वार्यन्ते निम्नगाः स्त्रियः॥

जुलाई, १८९१ ई०

आत्म गौरव
(Self Respect)

नये और पुराने फैशन के भाँत-भाँत के पहनावे चल पड़े हैं जिसे पहन हम ऊँचे से ऊँचे दरजे के लोगों के साथ बेखटके मिलजुल सकते हैं किन्तु मन की वृत्तियों को ऊँचे दरजे पर पहुँचाने को केवल आत्मगौरव एक ऐसा पोशाक है जिसे पहन मनुष्य न केवल छोटे-बड़े सब लोगों में प्रतिष्ठा ही पाने का अधिकारी होता है वरन् नीचा काम नीची बात नीच आचरण से सदा अपने को बचाता रहता है। ऐसों के लिए मानहानि सबसे बड़ी हानि है। जीने से हाथ धो बैठना उनके लिये अच्छा है किन्तु अपना गौरव न रख जीना अच्छा नहीं—

'रहिमन पानी राखिये बिन पानी सब सून।

पानी गये न ऊबरै मोती मानुस चून।'

जिनको अपनी प्रतिष्ठा और गौरव का खयाल है वे न केवल नीचा काम करने से अपने को अलग रखते हैं बल्कि 'आत्मोत्कर्ष विधान' अपनी तरक्की अपने निज बाहुबल से क्यों कर हो सकती है इसे भी वे ही जानते हैं। वास्तव में विचार कर देखिये तो आत्मोत्कर्ष विधान ही का एक दूसरा नाम आत्मगौरव है। बड़े कष्ट की दशा में पड़ कर भी ऐसे लोग धीरज के साथ चुपचाप अपने गिरे दिन की दुर्गति भोग लेते हैं पर मोती सी आब नहीं गँवाया चाहते—

'सर्वः कृच्छगतोपि वांछति जनः सत्वानुरूपं फलम्।'

गरीबी और निर्धनता में तो आत्मगौरव बड़ा भारी धन है जिसने अपनी पत नहीं गँवाया और अपना गौरव बनाये हुए है समाज में वह वैसी ही प्रतिष्ठा और इज्जत पाने का दावा रख सकता है जैसा धनी अपने असख्य धन के द्वारा पाता है।

आत्मगौरव एक प्रकार का साधन है जिसे बचाये रखना सहज काम नहीं है। यावत् बुराइयों से अपने को अलग रख सके तब आत्मगौरव पाने का दावा कर सकता है। अपने आत्मगौरव का निबाह करने वाला मैला काम प्राण निकलने की दशा पर भी करने में सकुचायगा। अपनी बड़ी से बड़ी हानि सह लेगा पर उचित बात से न हटेगा। बेईमानी के अपवाद से बचने को लेन-देन में साफ रहेगा। वित्त के बाहर कोई काम न करेगा ऊपरी बनावट और ज़ाहिरदारी को ज़हर के समान बरकावेगा। पक्षपात का लेश भी अपने में न होने देगा। हमारी बात कदाचित् झूठ न निकले इसलिये बिना सोचे समझे एक शब्द भी मुँह से न निकालेगा। सारांश यह कि आत्मगौरव चरित्र-संशोधन की पहिली सीढ़ी है। मनुष्य में चरित्र की पवित्रता की अन्तिम सीमा भी यही है।

भलमनसाहत की कसौटी है। स्वर्गद्वार की सोपान परम्परा है। हम सबों के जीवन का उत्तम परिणाम है। सीधे और सरल मार्ग पर बेखटके चलने वाले संसारचक्र की धुरी है। इत्यादि, इत्यादि

दुख में सुमिरन सब करै, सुख में करै न कोय।
जो सुख में सुमिरन करै, तो दुख काहे को होय॥

ऊपर का वाक्य महात्मा कबीरदास के मन के मौज की बानगी है। ध्यान देने की बात है कि दुःख में ऐसी कौन सी बुराई समझी जाती है कि लोग उससे दूर भागते हैं और सुख में कौन-सी ऐसी भलाई है कि सभी उसे चाहते हैं। द्वन्द्वातीतपूर्ण ज्ञानी जिन्हें ब्रह्म या आत्मा का साक्षात्कार है उनके मत में तो सुख दुःख कुछ हई नहीं ये दोनों केवल मान लेने की बात है। रहे अज्ञानतिमिर में टटोलने वाले हम लोग सांसारिक जीव जो दिन-रात इसी चेष्टा में रहते हैं कि दुःख से बचैं और सुख सन्दोह में मग्न रहैं उन्हीं पर इस सुख-दुख का आविर्भाव तिरोभाव हुआ करता है।

तो निश्चय हुआ कि वास्तव में सुख या दुःख दोनों कुछ नहीं हैं केवल हमारे ही चित्त की दुर्बलतामात्र है। सच तो यों है कि दुःख कभी कभी मनुष्य को उस घनघोर महाविपत्ति की सूचना देता है इसे समूल नाश कर देता है इसलिये दुःख जीवों का रक्षक और समूल नाश से उन्हें बचाने वाला है। जब तक दुःख न हो तब तक सुख को कोई क्या समझ सकता है जैसे बिना गरमाहट के ठण्ड को कोई क्या जाने, कहावत भी है—

'जानै ऊख मिठास को जब मुख नोन चलाय'

मान लीजिये सब सुख ही सुख होता दुःख का कोई नाम तक न जानता होता तो इस संसार की क्या दशा होती। मैं समझता हूँ तब यह दृश्य जगत् संसार इस नाम से कभी न कहा जाता क्योंकि संसार तो वही कहा जा सकता है जो सदा एकरूप न रहे। 'संसार संपूर्वक् सृ धातु से बना है जिसके माने चलने के हैं' जब सुख के कारण सब एक आकार जड़वत् हो गये तो फिर इसमें रही क्या गया बल्कि तब तो यह संसार उससे अधिक फीका होगा जितना दुखी को दुःख की दशा में बोध होता है। दूसरे दुःख ही मनुष्य को उभाड़ने वाला है और अपने में उभड़ने की इच्छा ही से मनुष्य दुःख उठाकर भी उससे परे होने की अभिलाषा रखता है। दुःख को बरकाना या उसे कम करने ही का नाम भाँत भाँत की तरक्की और उन्नति है। बड़े बड़े सभ्य देश और जाति जो आज दिन उन्नति के शिखर पर हो रही हैं पहले अत्यन्त क्लेश और दुःख झेल कर उन्नति की इस चरम सीमा को पहुँची हैं। बिना क्लेश उठाये सुख और ख्याति तो कभी मिलती ही नहीं इसलिये सुख का हेतु भी हम दुःख ही मानेंगे। यदि सिंह आदि शिकारी जानवरों को अधिक भूख न होती और साधारण पशुओं के समान केवल घास-पात से पेट भर वे भी सन्तुष्ट रहते तो क्या वे इतने मज़बूत होते और यदि हिरन खरगोश आदि जीवों को सिंह आदि शिकारी जानवरों से भय न रहता तो वे क्या इतना तेज़ और बेगगामी होते। यदि भूख का दुःख न होता तो अमृत समान भाँत भाँत के

सुस्वादु भोजन का सुख हम क्या जानते। दु:ख न होता तो पाथर से भी अधिक कड़े कलेजे वाले को कौन पिघला कर पानी कर सकता। दु:ख न होता तो सुख में फूल सब लोग मारे अभिमान के किसी को कुछ मोल ही न गिनते। दु:ख न होता तो हिम्मत और धीरज का कहीं नाम भी न रहता। दया का प्रस्ताव कहीं न देखा जाता। सुधार और उन्नति किस आसमान का पखेरू है कोई भी न जानता। सोने की स्वच्छता तभी मालूम होती है जब आँच में धर कर तपाया जाता है इसलिये दु:ख सब प्रकार सुख का कारण है जैसे भूख की निवृत्ति पेट भरने पर होती है और पेट खाली हो जाने पर फिर भूख सताती है इसी तरह दु:ख के उपरान्त सुख, सुख के उपरान्त दु:ख इस क्रम से इन दोनों का एक चक्र चल रहा है जिससे निश्चय होता है सुख दु:ख में एक प्रकार का अन्योन्याश्रय सम्बन्ध है।

अब सबसे बड़ा दु:ख मरना है यदि मौत न होती तो क्या जीव समूह इतनी बढ़ती पर भी ऐसे ही सुखी रहते जैसे अब हैं फिर यदि मौत न होती और नई सृष्टि न पैदा होती तो क्या दुनिया की ऐसी ही तरक्की बराबर होती रहती जैसी अब हो रही है। निस्सन्देह जो लोग कुछ चतुर और सयाने होते वे ही कुछ करते बाकी सब लोग घोंघा बने रहते और तरक्की करने वालों की तायदाद इतनी अधिक न होती। फिर यदि पैमाइश होती और मौत न होती क्या दशा मनुष्यों की होती आप ही सोच लें पानी भी पीने को न मिलता साफ हवा का तो कहीं पता भी न रहता न रहने को स्थान रह जाता। इसी से समझ लेना चाहिए कि दु:ख भी कहाँ तक सुख का साधन है और संसार की कितनी तरक्की इससे है। इन्हीं सब बातों को पूर्वापर सोच विचार गीता में स्थिरधी होने का मुख्य लक्षण—

'दु:खेष्वनुद्विग्नमना सुखेषु विगतस्पृहः'

रखा गया है।

और भी दु:ख से वैराग्य,वैराग्य से ज्ञान, ज्ञान से मोक्ष इस तरह परम्परा सम्बन्ध के द्वारा अन्त को मोक्ष तक का कारण दु:ख होता है बल्कि इसे मोक्ष की पहली सीढ़ी कहना उचित है। जैसे अपराधी अपने किये हुए अपराध का दंड भोग इस अपराध से छुटकारा पाता है वैसे पापी अपने आप कर्म का फल दु:ख और यातनायें भोग सुख स्वरूप मुक्ति का अधिकारी हो सकता है। तो सिद्ध हुआ कि दु:ख एक प्रकार का ऐसा विमल जल है जिसमें स्नान कर मनुष्य सुगमता से शान्ति के मन्दिर में प्रवेश पा सकता है जहाँ जाकर इसे उत्कृष्ट सुख का दर्शन अति सुलभ है।

'अशान्तस्य कुतः सुखम्'

तो ईश्वर का स्मरण और चित्त में शान्ति पैदा करने का दु:ख से बढ़ कर कौन दूसरा द्वार हो सकता है।

'विपदः सन्तु नः शश्वत् यासु संकीर्त्यते हरिः।'

दूसरे दु:ख न होता तो मित्र और बेगानों की परीक्षा की फिर क्या कसौटी (Standard) रह जाती उपकार प्रत्युपकार आदि शब्दों के अर्थ की चरितार्थता ही संसार से लोप हो जाती न धीरज ही को कहीं प्रगट होने का अवकाश मिलता जो महात्मा महापुरुषों के अनेक उत्तम गुणों में पहला है।

'विपदि धैर्यमथाभ्युदये क्षमा।'

इत्यादि। दु:ख की अब और अधिक तान आलापेंगे तो डर लगती है कि कहीं पढ़ने वाले रूठ न जायें कि आज किस मनहूस से काम पड़ा इससे बहुत हुआ बस।

सितम्बर, १८९१ ई०

■

चरित्र शोधन

मनुष्य के जीवन की शोभा या रौनक चरित्र है। आदमी के लिये यह एक ऐसी दौलत है जिसे अपने पास रखने वाला कैसी ही हालत में हो समाज के बीच गौरव और प्रतिष्ठा पाता ही है वरन् सबों के समूह में जैसा आदर नेक चलन वाले का होता है वैसा उनका नहीं जो धन और विभव से सब भाँत रंजेपुंजे और खुशहाल हैं। ऐसे को कोई ऊँचा सन्मान या बड़ी पदवी पाते देख किसी को कभी डाह या ईर्ष्या नहीं होती। धनियों के बीच जैसा उतरा-चढ़ी और परस्पर की स्पर्द्धा रहा करती है उसका शिष्टता के सूत्र में सर्वथा प्रतिबंध है। चरित्र पालन सभ्यता का प्रधान अंग है कौम की सच्ची तरक्की तभी कहलावेगी जब हर एक आदमी उस जाति या कौम के चरित्र-संपन्न और भलमनसाहत की कसौटी में कसे हुए अपने को प्रगट कर सकते हों। भले लोगों के चले हुए मार्ग या ढंग पर चलने ही का नाम कानून, व्यवस्था या मोरालिटी है। कहा भी है—

> "यद्यदाचरति श्रेष्ठस्तत्तदेवेतरोजनाः।
> स यत् प्रमाणं कुरुते लोकस्तदनुवर्त्तते॥"

इल्म और लियाकत में हम चाहे उत्कृष्ट विद्वान् न हों अधिक धन भी पास न हो पर चरित्र की कसौटी में यदि कसे हुए हों तो हम चाहे जैसी दशा में हों हमारी मातबरी सबों से अधिक समझी जायगी। इसमें संदेह नहीं कि विद्वान् और सुयोग्य की लोकोत्तर बुद्धि पर मोहित हो लोग चाहे उसे देवता समान पूजते हों पर एतबार या विश्वास एक ऐसी बात है जिसमें इल्म और लियाकत से अधिक कोई बात आवश्यक है और वह यही चाल-चलन की कसौटी है। दिमाग बिना दिल, विद्या और ज्ञान बिना आचरण, चतुराई बिना सुचाल, निस्संदेह मनुष्य में एक प्रकार की शक्ति हैं किन्तु वे सब ऐसी शक्तियाँ हैं जो केवल हानि पहुँचाने वाली अलबत्ता पाई जाती हैं। इस प्रकार की शक्तियाँ दिल-बहलाव के लिए जरूर हो सकती हैं। कभी-कभी उनसे हम कुछ सीख भी सकते हैं पर समाज को उनसे कुछ फायदा पहुँचा हो कभी किसी ने देखा या सुना न होगा। जैसे किसी गाँठ काटने वाले की अकल और चालाकी पर हमें तअज्जुब और कभी-कभी एक प्रकार का दिल-लगाव भी उससे है पर उसकी यह चालाकी चतुराई और अकल संसार के उपकार के लिए है कोई इसे न मानेगा।

सच्चाई, खारापन और मन, वच, कर्म से भलाई की ओर झुकाव, दया, न्याय और उचित का दृढ़ पक्षपात, मैला काम, मैली वासना से निपट घिन, उदारभाव लेन देन में सफाई, दियानतदारी इत्यादि कई एक और दूसरे-दूसरे मनुष्य में चरित्र संशोधन के मुख्य अंग हैं। कौल का सच्चा होना और काम में खरापन चरित्र संशोधन का बड़ा भारी सहारा है जैसा हमारे मन में हो वैसा ही मुख पर भी जो मुख पर है वह हम अपने कामों से प्रगट कर दिखावें। मन, वचन और काम में आपस का मेल होना ही महत्व या चारित्र्य है—

''मनस्येकं वचस्येकं कर्मण्येकं महात्मनाम्।
मनस्यन्यत वचस्यन्यत कर्मण्यन्यद्दुरात्मनाम्॥''

और यह बात उसी से होगी जिसने बनावट और नुमाइश को कभी पहिचाना ही नहीं और जो सदा इस बात के लिए चौकस है कि जाहिरा भी हमारा उतना और वैसा ही रहे जो कुछ बातिनी हममें है। सच मानिये ऐसों को जन-समाज में निरादर अप्रतिष्ठा तथा हेठापन जो समझदार के लिए प्राणान्तिक कष्ट है सहने का कभी मौका ही न मिलेगा।

चरित्र शोधन मनुष्य मात्र के जीवन का एक मुख्य उद्देश्य होना चाहिए। ऐसी चलन से रहें जिसमें हमारी भी शरीफ और भले मनुष्यों में गिनती हो। इसकी एक थोड़ी सी फिकिर भी हमारे में शराफत पैदा कर देने के लिए काफी है—

''अनुगन्तुं सतां वर्त्म कृत्स्नं यदि न शक्यते।
स्वल्पमप्यनुगन्तव्यं मार्गस्थो नांवसीदति॥''

भले लोगों के चले हुए रास्ते पर जो हम पूरी तरह पर न चल सकें तो जितना हो सके उतना ही अमल में लावें। जो एक सीधे रास्ते पर जा रहा है वह कभी नहीं भटकने का दु:ख सहेगा। ऊँची श्रेणी के लोगों में जो कुछ बर्ताव है हम उसी को अनुकरण करते रहैं तो कभी संकट में न पड़ै। अंगरेजी के एक विद्वान् का मत है कि वह जो ऊँचे की ओर नहीं ताकता अवश्य नीचे को देखेगा। जो ऊँचे पर चढ़ रहा है चाहे पूरी बलन्दी तक न पहुँचै तो उस स्थान से कुछ ऊँचाई पर अवश्य ही पहुँचेगा जहाँ से वह चला था। जैसे दिन का उजाला एक छोटे से छेद से भी पैठ अँधियार को दूर हटाता है वैसे ही भलाई की एक छोटी सी बात भी आदमी की नेक चलनी का पूरा पता दे सकती हैं। वृत्तपालन से परलोक का साधन प्रासंगिक फल है। यहाँ संसार में रहकर जो एक बात में भी चलित वृत्त हैं वे अपनी बाकी चालचलन को भी नहीं सुधरी हुई रख सकते जो साफ और उजला कपड़ा पहने हैं वही मैली-कुचैली जगह में बैठने से सकुचायेंगे। मैले कपड़े वाले को मैली जगह में बैठने का क्या संकोच है जो शिष्ट और नेक चलन हैं उन्हीं को अपनी नेकचलनी के हिफाजत का ख्याल होता है बदचलन बेहया की क्या? हमारा नित्य का बर्ताव हमारे लिए एक स्कूल है जिसमें दृढ़ रहकर हम अपने आप बिना किसी को गुरु किये ऊँचे दरजे की शिष्टता और भलमनसाहत सहज ही में सीख सकते हैं। कचलपटी से बचे रहना लेन देन में सफाई और ईमानदारी बात का धनी होना अपने असरइतों पर दया और मुलाइमीयत सुस्ती वा निरुद्यमता का अभाव इत्यादि पाँच चार बात ऐसी हैं जो उजाले की भाँति बहुत ही थोड़े में आभिजात्य का भलमनसाहत की परख करा देती हैं। इसलिए जिन्होंने इन बातों पर अच्छी तरह अमल कर छोड़ा है वे ही ऊँची श्रेणी में गिने जा सकते हैं पर असिधाराव्रत का निबाहना कोई सहज काम नहीं है। बिरले जन निभानेवाले हैं।

जनवरी, १८९२ ई०

■

आत्मत्याग

आत्म-निर्भरता के समान आत्म-त्याग भी देश के कल्याण का प्रधान अंग है। हमारे देश में आत्मत्याग का बीज भी वैसा ही क्षीण हो गया है जैसा आत्म-निर्भरता का। अचरज है जहाँ के इतिहासों में दधिचि, शिवि, हरिश्चन्द्र, बलि, कर्ण इत्यादि महापुरुषों के अनेक उदाहरण से आत्म-त्याग की कैसी उत्कर्षता दिखाई गई है; जिन महात्माओं ने दूसरों के लिए अपने अमूल्य जीवन का भी कुछ मोल न समझा वहाँ के लोग अब कहाँ तक स्वार्थपरायण पाये जाते हैं कि जिसकी हद्द नहीं है। बहुधा बेटा भी बाप के मुकाबिले तथा बाप बेटा के मुकाबिले किसी बात में जरा अपना नुकसान नहीं बर्दाश्त किया चाहता। इस अंश में सीधे-सादे हमारे पुराने ढर्रे वाले फिर भी सराहना के लायक हैं जिनसे शील-संकोच से, कभी को धर्म के ख्याल से किसी न किसी रूप में आत्मत्याग की जड़ नहीं टूटी वरन् कुछ न कुछ इसकी वासना एक तरह पर फिसलती हुई चली जा रही है। नई तालीम तो आत्मत्याग के लिये मूलोच्छेदी कुठार हुई। हुआ चाहे जो इसके बानी-मुबानी हैं उनमें जब यहाँ तक स्वार्थपरता है कि स्वार्थ के पीछे अन्धे दया, सहानुभूति और न्याय को बहुत कम आदर है हमारे नस-नस का रस निकाले लेते हैं तो उनकी दी हुई तालीम में आत्मत्याग का वह गुण कहाँ से आ सकता है जिसके उदय होने से अपनापन का नीचा ख्याल या तो जाता ही रहता है या यह इस हद्द की कोई रही नहीं जाता।

"उदारचरितानामतु वसुधेव कुटुम्बकम्"

हम लोग जो इस समय सब भाँति क्षीण हो गये हैं इसलिए 'क्षीणा नरा: निष्करुणा भवन्ति' इस वाक्य के अनुसार हममें आत्मत्याग की वासना बहुत कम हो गई है। किन्तु वहाँ और के मुकाबिले खुदगर्जी की अलबत्ता बेहद्द दखल है। आपस में आत्मत्याग और सहानुभूति ज्यों की त्यों है। लंकाशायर वालों की बड़ी हानि के ख्याल से कई के माल पर 'इम्पोर्ट ड्यूटी' का न लगना गवर्नमेंट की हाल की कार्यवाई इस बात की गवाही है। इस खुदगर्जी के लिये जो सरासर अन्याय और धर्मनीति के विरुद्ध है अँगरेजी गवर्नमेण्ट को दुनिया की और सल्तनते नाम रखती हैं पर वहाँ 'स्वार्थभ्रंशो हि मूर्खता' का सिद्धान्त सब को दबा रहा है।

हमारे यहाँ नई तालीम ने कुछ निराला ही रंग दिखलाया। जबान से कहो आत्मत्याग 'सेल्फ-सेक्रिफाइस' दिन भर चिल्लाया करें काम पड़ने पर एक दूसरे के लिए छूरी तेज किये ताका करते हैं। पुराने क्रम वाले धर्म और ईश्वर के भय से बहुत से अनुचित कामों से अपने को बचाते हैं यहाँ सो भी नहीं है क्योंकि तालीम पाकर जो

ईश्वर में श्रद्धा और धर्म की ओर झुकावट हुई तो समझना चाहिए उसे पूरी-पूरी तालीम नहीं दी गई। समाज के बन्धन से छुटकारा, स्वच्छन्दाचार बेरोक-टोक स्वच्छन्द आहार-विहार इत्यादि कई एक बातें नई तालीम के सूत्र हैं। आर्यसमाज, ब्रह्मसमाज आदि भिन्न-भिन्न समाजों में जो ये कपटी घुसा करते हैं और उन-उन समाजों के बड़े पक्षपाती हैं सो इसीलिये कि ये समाज उनकी आत्मसुखरत होने के लिये ढाल का काम दे रही है। यद्यपि इन समाजों के प्रवर्त्तक महापुरुष आत्मत्याग के नमूना हो गये हैं, उनका कभी यह प्रयोजन नहीं था कि केवल आत्मसुखेच्छा और समाज-बन्धन से छुटकारा पाने के लिये तथा यत्किंचित बचे-बचाये आत्मत्याग के उसूलों को तहस-नहस करने के लिये उनके समाज में लोग दाखिल हों। अस्तु, हमारे दिन अभी अच्छे नहीं हैं, दैव हमसे प्रतिकूल हैं; जो कुछ पाप हिन्दू जाति से बन पड़ा है और बराबर बनता जाता है जब तक उसका भरपूर मार्जन न हो लेगा तब तक जो कुछ उपाय भी इस बिगड़ी कौम के बनाने का किया जायगा उसका उलटा ही फल होगा। जब कभी हमारे सुदिन आवेंगे आत्मत्याग, आत्मगौरव, आत्मनिर्भरता आदि श्रेष्ठ गुण सभी यहाँ आय बसेरा करने लगेंगे।

यह आत्मत्याग के अभाव का बाइस है जिससे हम अपने लोगों में किसी का विलाइत जाना पसन्द नहीं करते। आत्मत्याग मन में जगह किये हो तो कभी सम्भव है कि हम वहाँ के आमोद-प्रमोद में फँस बिगड़ कर वहाँ से लौटे और वहाँ से आय अपने देशी भाइयों को जानवर समझ उनसे घिन करने लगें। सच तो यों है कि यदि आत्मत्याग के सिद्धान्त पर हम दृढ़ हों तो विलायत जाने की आवश्यकता ही क्या रहे?

''पथ्ये सति गतार्तस्य किमौषधि निषेवणैः।
पथ्येऽसति गतार्तस्य किमौषधि निषेवणैः॥''

पथ्य से रहने वाले रोगी को दवा के सेवन से क्या? पथ्य से न रहने वाले रोगी को दवा से क्या? जो कौम हम पर इस समय हुकूमत कर रही है उससे हम किस बात में हेठे हैं। बुद्धि, विद्या, उद्यम, व्यवसाय, अध्यवसाय, योग्यता, क्षमता क्या हममें नहीं है? बल्कि काम पड़ने पर हर एक बातों में सबकत ले गये और उन्हें अपने नीचे कर लिया। एक आत्मत्याग की ऐसी भारी कसर लगी चली आ रही है कि जिससे हमारे यावत् अच्छे-अच्छे गुण सब फीके मालूम होते हैं। जयचन्द्र और पृथ्वीराज आपस में लड़ न जानिये किस कुसाइत से इसकी जड़ उखाड़ कर फेंक दिया कि यह बिरवा फिर यहाँ न पनपा। स्नेह, मैत्री, दया, वात्सल्य, श्रद्धा, अनुराग की पुण्यमयी प्रतिमा आत्मत्याग के पूजने वाले वे ही भाग्यवान् नर हैं जिन पर दयालु परमात्मा की कृपा है। भाग्यहीन भारत उस सौम्यमूर्ति के पूजन में रुचि और श्रद्धा न रख सब गुन आगर होकर भी दुःख सागर में डूबता हुआ निस्तार नहीं पाता। हमारे पूर्वजों ने चार वर्ण की प्रथा इसी आत्मत्याग के मूल पर चलाया था—ब्राह्मण जो निर्लोभ हो कठिन से कठिन तपस्या और उत्कृष्ट विद्या के द्वारा प्रजा के कल्याण का सामर्थ्य प्राप्त करें। अब वे ही

ब्राह्मण निपट स्वार्थ-लम्पट हो आत्मत्याग की गन्ध भी अपने में नहीं रखते और जैसा कदर्य और स्वार्थान्ध ये हो गये वैसा चार वर्ण में दूसरे नहीं। आत्मत्याग की वासना से दूसरे का उपकार सोचना कैसा? यही चाहते हैं कि प्रजा को मूर्ख किये रहें जिसमें इनके नेत्र न खुलने पायें नहीं तो हमारे दम्भ की सब कलई खुल जायगी? इसी तरह पहले क्षत्रिय प्रजा की रक्षा के लिये शत्रु के सामने जा कूदते थे और युद्धक्षेत्र में अपना जीवन होम कर देते थे। अब क्षत्रिय भी वैसे नहीं देखे जाते जिनमें आत्मत्याग की वासना बच रही हो। सारांश यह कि देश के कल्याण के लिए आत्मत्याग हमारे लिये वैसी ही आवश्यक है जैसी आत्मनिर्भरता। जातीयताभिमान या कौमियत का होना इन्हीं दोनों की युगल-जोड़ी के अधीन है, बिना जिनके हम और-और गुणों से भरे-पूरे होकर भी भीरु, कायर, क्रूर, कुचाली, अशक्त, असमर्थ आदि बदनामी की माला पहने हैं, जब कि और-और लोग अनेक निन्दित आचरण के रहते भी सभ्यता की राह दिखलाने वाले हमारे गुरु बनते हैं, सो इसी युगल-जोड़ी के प्रताप से।

नवम्बर, १८९३ ई०

नई बात की चाह लोगों में क्यों होती है?

पुराना जाता है नया उसकी जगह क्यों आता है इसका ठीक उत्तर चाहे जो हो पर यह कह सकते हैं जैसे पृथ्वी की आकर्षण शक्ति के आगे कोई ऊपर को फेंकी हुई वस्तु ऊपर को निरावलम्बन न ठहर के नीचे गिर पड़ती है वैसे ही प्राचीन का जाना और नवीन का आना भी एक नियम हो गया है। प्राचीन के जाने का शोक होता है पर साथ ही उसके स्थान में नवीन के आने का जो हर्ष होता है वह उस प्राचीन के मिट जाने के विषाद को हटा देता है। इसी सिद्धान्त के अनुकूल मनु महाराज का यह वाक्य है—

"**सर्वतोजयमन्विच्छेत्पुत्रादिच्छेत्पराभवम्**"

मनुष्य सब ठौर से अपनी जीत की चाहना रक्खै किन्तु पुत्र से अपनी हार ही चाहे इसीलिये कि पुत्र में नई विच्छित्ति विशेष के आगे हमें कौन पूछेगा। भगवान् विष्णु के छठवें अवतार परशुराम का तेज उनके सातवें अवतार श्रीरामचन्द्र के आगे न ठहर सका इसी कारण कि पुराने से नये का गौरव अधिक होता है। रामचन्द्र और अर्जुन प्रभृति वीर योद्धाओं ने बड़े-बड़े युद्धों में जय लाभ किया सही पर वे दोनों भी अन्त में अपने पुत्र लव और बभ्रुवाहन से युद्ध में हार गये। इसी के अनुसार अंग्रेजी के महा कवि पोप की ये दो लाइन हैं।

We call our fathers fools, so wise we grow,
our wiser sons will doubtless think us so.

हम ऐसे अक्लमंद हुए कि अपने बाप-दादा आदि पुरुषों को बेवकूफ कहते हैं निस्सन्देह हमारे लड़के जो हमसे विशेष बुद्धिमान होंगे निश्चय हमें भी ऐसा ही बेवकूफ ख्याल करेंगे। एशिया की सभ्यता और शक्ति घटी। फारस, मिस्र के लड़िया आदि पुराने देश किसी गिनती में न रहे। यूरोप का प्रादुर्भाव हुआ, ग्रीस और रोम ने पुराने इतिहासों में स्थान पाया। बेबीलोन, नैनवे आदि पुराने नगर ढह गये, एथेन्स स्पार्टा और रूम रौनक में बढ़े। कालक्रम अनुसार फ्रांस, जर्मनी और ब्रिटेन इस समय अपने पूर्ण अभ्युदय को पहुँचे हुए हैं। हौले-हौले कुछ दिनों में इनको भी काल अपना कलेवा बनाय निगल बैठेगा। यूरोप नेस्तनाबूद होगा; अमेरिका उठेगा। समस्त ब्रह्माण्ड का यही नियम है। एक ओर सूर्यदेव का उदय होता है दूसरे ओर अस्त होते हैं। एक ग्रह डूबता है दूसरे का उदय होता है।

भारतवर्ष में भी ठीक इसी तरह काल बीत रहा। वैदिक युग आया, पौराणिक युग गया, तंत्रों का प्रचार हुआ। तन्त्रों को भी मिटाय बौद्ध और जैनियों ने जोर पकड़ा। यहाँ के पुराने रहनेवालों को निकाल आर्यों ने अपना राज्य स्थापन किया, आर्यों का पराजय कर मुगल और पठानों ने अपना प्रभुत्व स्थापन किया। फिरंगियों ने मुगल और पठानों

को भी उन्हीं आर्यों के समकक्ष कर दिया, जिन्हें जीत मुसलमान मुसल्लमईमान बने थे और आर्यों को गुलाम और काफिर कहा। वेद की भाषा को हटाय संस्कृत प्रचलित हुई, लोक और वेद के नाम से जिसके दो भेद हुये जिसकी निर्ख पाणिनि को अपने सूत्रों में 'लोकेवेदेच' कह कर अलग-अलग करना पड़ा। संस्कृत मुर्दा भाषा मान ली गई, प्राकृत चली जिसके मागधी, अर्द्धमागधी, शौरसेनी, महाराष्ट्री आदि के नाम से १८ भेद हुये वह भी अठारहों प्रकार की प्राकृत किताबी भाषा मात्र रही उसके स्थान में उर्दू, हिन्दी, बंगला, गुजराती, पंजाबी आदि के अनेक भेद अब बोले और लिखे जाते हैं और अब तो इन सबों को हटाकर अँग्रेजी क्रम-क्रम सभ्यता की नाक हो रही है।

न सिर्फ हिन्दुस्तान ही में इस तरह का अदल-बदल हुआ वरन् समस्त सृष्टि की यही दशा है। एक प्रकार की शिल्पविद्या अनादृत होती है दूसरी जगह आदर पाती है। हमारे यहाँ की पुरानी ६४ कला कहीं नाम को भी न रही। यूरोप के नये-नये शिल्प चटकीलेपन और नफासत से समाज के मन को आकर्षित कर रहे हैं। पहले का अग्निबाण, जृम्भकास्त्र, मोहनास्त्र नाम मात्र को पोथियों में लिखे पाये जाते हैं अब इस समय गिफर्डगन के सामने सब मात हैं। इसी तरह एक धर्म गया दूसरा आया, एक जाति अस्त हुई दूसरे के नवाभ्युत्थान की पारी आई। सारांश यह कि प्राचीन को मिटाय नवीन का प्रचार सृष्टि का यह एक अखण्ड नियम हो गया है। जिस नियम का मूल कारण यही है कि लोगों से नई बात की चाह विशेष रहती है और इसी चाह के बढ़ने का नाम तरक्की और उन्नति है। यूरोप इन दिनों नई ईजादों के छोर को पहुँच रहा है जिसका फल प्रत्यक्ष है कि यूरोप इस समय सभ्यता का शिरोमणि और जगतीतल में सबों का अग्रगण्य है। हमारे हिन्दुस्तानी बाप-दादों के नाम सती हो रहे हैं, परिवर्तन के नाम से चिढ़ते हैं, पाप समझते हैं, तब कौन आशा है कि ये भी कभी को उभड़ेंगे।

बुद्धिमान राजनीतिज्ञों का सिद्धान्त है कि दुनियाँ दिन-दिन तरक्की कर रही है। समुद्र की लहर के समान तरक्की की भी तरल तरंग जुदे-जुदे समय जुदे-जुदे मुल्कों में आती-ज़ाती रहती हैं। इसमें संदेह नहीं बूढ़े भारत में सबसे पहले तरक्की हुई इसलिये कि देशों के समूह में हिन्दुस्तान सबसे पुराना है; उन्नति, सभ्यता, समाज-ग्रन्थन का बीज सबसे पहले यहीं बोया गया। मिस्र, यूनान, रोम आदि देश की प्राचीनता में भारत के समकक्ष हैं। सबों ने सभ्यता और उन्नति का अंकुर यहीं से ले-ले अपनी-अपनी भूमि में लगाया; उस पौधे को सींच-सींच अति विशाल वृक्ष किया और यह वृक्ष यहाँ तक बढ़ा कि पृथ्वी के आधे गोलार्द्ध तक इसकी डालियाँ फैलीं। रोम का राज्य किसी समय करीब-करीब समग्र यूरोप, अर्द्धभाग के लगभग अफ्रीका और एशिया पर आक्रमण किये था। ग्रीस और रोम की उस पुरानी उन्नति का कहीं लेशमात्र भी उन मुल्कों में बाकी नही है किन्तु विद्या, कला, सभ्यता विविध विज्ञान और भिन्न प्रकार के दर्शन शास्त्रों में जो-जो तरक्कियाँ भारत, यूनान तथा रोम ने किया था वह भाषान्तर हो अब तक कायम हैं। जो बात एक बार ईजाद एक मुल्क में होती है उसका उसूल कहीं नहीं जाता। वृक्ष के समान एक भूमि से उठाय दूसरी में अलबत्ता लगाया

जाता है और उस पृथ्वी में नया मालूम होने के कारण वहाँ बड़ी चाह से ग्रहण किया जाता है।

जैसा वृक्ष के सम्बन्ध में है कि कोई-कोई वृक्ष किसी-किसी पृथ्वी में वहाँ का जलवायु अपने अनुकूल पाय वहाँ खूब ही फबकता है वैसा ही विद्या, कला, दर्शन आदि भी देश की स्थिति और जलवायु की अनुकूलता के अनुसार वहाँ विस्तार को पाते हैं। अभाग से भारत की स्थिति और यहाँ का जलवायु दर्शन और कविता के अनुकूल हुये यहाँ दर्शन और कविता की जो कुछ उन्नति हुई वह किसी देश में न की गई। यूरोप की पृथ्वी शिल्प और विज्ञान के अनुकूल हुई वहाँ के साहसी और उद्यमी लोगों ने इन दोनों में जो कुछ तरक्की किया उसे देख हम सब लोग दंग होते हैं और यूरोप निवासियों को दैवी-शक्ति संपन्न मान रहे हैं। पर यह स्मरण रहे कि जो कुछ उन्नति शिल्प-विज्ञान में भारत तथा यूनान और रोम ने किया था वह इतनी अल्प थी कि केवल अंकुर या बीज रूप उसे कह सकते हैं; अब इस समय शतगुण अधिक पहले से वहाँ देखी जाती है तो यह सिद्ध हुआ कि दुनिया दिन-दिन तरक्की कर रही है और इस तरक्की की बुनियाद सदा नई बात की चाह है।

हिन्दू धर्म और रीति-नीति अब इस समय घिन के लायक हो रही है सो इसीलिये कि इसका नयापन बिलकुल खो गया। पुराने समय के ब्राह्मण जिन्होंने यहाँ की रीति-नीति प्रचलित किया यद्यपिं स्वार्थी और लालची थे पर इतनी अकल उनमें थी कि जब कोई रीति नीति या मजहब के उसूल बिलकुल पुराने पड़ जाते थे और यह समझते थे कि प्रजा की रुचि इस पर से हटने लगी जल्द उसे अदल बदल कर नई शकल में प्रचलित कर देते थे। मुहूर्त के बहुत से ग्रन्थ 'मुहूर्त चिन्तामणि', प्रभृति, धर्मशास्त्र के अनेक ग्रन्थ निर्णयसिन्धु आदि और बहुत आधुनिक पुराण इसी बुनियाद पर बने और प्रचलित किये गये। निपट लंठ अब के ब्राह्मणों में शऊर और अक़्ल कहाँ कि इतना सोचे कि हमारे धर्म के सिद्धान्त और रीति-नीति पुरानी पड़ते-पड़ते घिनौनी हो गई है, सभ्य समाज के लोगों को सर्वथा अरोचक हो गई है। अब इसमें कुछ संशोधन और अदल-बदल करें जिसमें नयापन आ जाय और लोगों को पसन्दीदा हो पर एक तो उनको अकल नहीं है, बज्र मूर्ख होते जाते हैं, दूसरे स्वार्थ उनका इसमें बिगड़ता है अपनी थोड़ी सी हानि के पीछे पुराने हिन्दू धर्म को बात-बात में दक्षिणा पुजाने के कारण अत्यन्त अश्रद्धेव और हँसने के लायक किये देते हैं।

कोई-कोई जो अकल भी रखते हैं और समझते हैं कि ऐसे-ऐसे बेहूदे मजहबी उसूल अब इस रोशनी के जमाने में देर तक चलने वाले नहीं हैं वे कुछ तो शरारत और कुछ अपनी सामयिक थोड़ी-सी हानि देख उसमें अदल-बदल नहीं किया चाहते। स्वामी दयानन्द के देश हितैषिता के सच्चे उसूलों को इसी कारण से न चलने दिया वरन् दयानन्द का नाम लेते चिढ़ते हैं दूसरे यह कि धर्म के चोखे सिद्धान्त तो तलवार की धार हैं न उसके पात्र सब लोग हो सकते हैं न इस समय की विषय-लंपट हमारे वर्तमान बिगड़े समाज को उसमें कोई सुख है।

आधुनिक ब्राह्मणों की यह भी एक चालाकी है कि जैसी रुचि प्रजा की देखा वैसा ही गढ़ंत कर डाला और सनातनधर्म की आड़ से उसे चला दिया। हमें इस सनातन धर्म पर भी बड़ी हँसी आती है और कुढ़न होती है कि इस सनातन का कुछ ओर-छोर भी है दुनिया की जितनी बुराई और बेहूदगी है सब इस सनातनधर्म में भरी हुई है। हमें तो कुछ ऐसा मालूम होता है कि दंभ और मक्कारी की बुनियाद जब तक सनातनधर्म कायम रहेगा और एक भी इसके मानने वाले बचे रहेंगे तब तक हिन्दुस्तान की तरक्की न होगी। क्योंकि जिस बात से हम आगे बढ़ सकते हैं और जिसके प्रचलित होने से हमारी कुछ बेहतरी है वह सब इस सनातन के विरुद्ध है आपस का सह-भोजन, पन्द्रह या सोलह वर्ष के उमर की कन्या का विवाह, एक वर्ण के दूसरे वर्ण के साथ योनिक-सम्बन्ध विवाह इत्यादि दूसरे देशों में आना-जाना इत्यादि जितनी हमारी भलाई की बातें हैं सबों को सनातनधर्म मना करता है और हमें इस कदर जकड़े हुए है कि जरा भी हिल-डील नहीं सकते तब क्या समझ हम सनातन की खैर मानवें!

अस्तु, इस नये और पुराने के विवरण में अप्रासंगिक भी बहुत-सा गा गये। सारांश सब का यही है कि हमारी तरक्की की आशा हमें तभी होगी जब पुरातन और सनातन की ओर से तबियत हट नूतन की कदर हमारे चित्त में स्थान पायेगी और अपनी हर एक बातों में नये-नये परिवर्तन का प्रचार कर सभ्य देश और सुसभ्य जाति के समूह में गिनती के लायक हम अपने को बनायेंगे और अपने नवाभ्युत्थान से चिरकाल से जो सभ्यता और उन्नति के शिखर पर चढ़े हुए हैं उन्हें शरमायेंगे। जो एक दिन अवश्य होगा इसमें सन्देह नहीं। उसके होने में जितनी देर हो रही है उतना उमदा मौका हाथ से निकला जाता है।

सितम्बर, १८९३ ई०

मानना और मनाना

सुख-दु:ख का हम अभी वर्णन कर चुके हैं कि सुख क्या है और क्यों होता है ऐसा ही उसके जो विरुद्ध वह दु:ख है। किन्तु इन दोनों सुख और दु:ख का अंकुरबीज रूप ही मनुष्य मात्र के चित्त रूप थाल्हे में बोया जाता है और यह बीज अँकुराने पर मानना और मनाना इस नाम से प्रचलित होता है। सुख, दु:ख क्या वरन् संसार के यावत् कारखाने सब इसी मानने-मनाने पर हैं। प्रबल-इन्द्रिय-जन्य-ज्ञान से प्रेरित हो हम हर एक बातों को अपने अनुकूल या प्रतिकूल वैसा मान लेते हैं, वास्तव में वे सब मान लेने की बातें हैं; असलियत उनकी कुछ नहीं है। मानने में भी कितनी बातों को हम मनाये जाते हैं लाचार हो उन्हें उस तरह पर मानना पड़ता है। जैसा अपनें स्वामी की आज्ञा, हाकिम का हुक्म जीविका पाने की इच्छा से या सजा पाने की डर से मानना पड़ता है। कितनी बातों को कर्तव्य, कर्म, फर्ज, ड्यूटी, बान्ड या धर्म समझ हमें मानना पड़ता है। जैसा, स्त्री को अपने पति की, शिष्य को गुरु की, पुत्र को माता-पिता की आज्ञा मानना कर्तव्य-कर्म में दाखिल है, इसलिए मानना ही पड़ता है। कभी-कभी हमारे मानने में भूल रहती है उसे भ्रम या भ्रान्ति कहते हैं, जैसा रसरी में सर्प की भ्रान्ति, शुक्ति में रजत की, मृग-तृष्णा में जल की, इत्यादि।

विश्वास भी इसी मानने का दूसरा नाम हैं। कितने ऐसे सरल और सीधे जी के होते हैं कि उनके मन में दूसरे का कहना जल्द आ जाता है और उस पर विश्वास जम जाता है। हमारे देश में ब्राह्मण इस विश्वास का ही बड़ा फायदा उठा रहे हैं। यहाँ की प्रजा को सीधी और अकुटिल समझ नरक और परलोक का अनेक भय दिखाय जैसा चाहा वैसा उनसे मनवाया। विश्वास बहुत कुछ अज्ञता और मूर्खता पर निर्भर रहता है इसलिए हाल के जमाने के चालाक ब्राह्मणों ने पहले प्रजा को पढ़ने से रोका, वेद उनसे छिपाया और देश भर को मूर्ख कर डाला तब जैसा चाहा वैसा उनके मन में विश्वास जमा दिया। ईश्वरीय नियम है, जो दूसरे की बुराई चाहेगा उसकी पहले बुराई होगी; प्रजा को मूर्ख और अज्ञ कर देने की चेष्टा करते-करते आप स्वयं मूर्ख हो गये। अब इस समय जब कि अँगरेजी तालीम ने विश्वास की जड़ हिला डाला है लोग पढ़-पढ़ कर सचेत हो जाते हैं और इनके चंगुल से निकलते जाते हैं पर वे यही मोची के मोची रहना चाहते हैं। कितना ही कहो, हजार-हजार फिक्र करो ये उस अज्ञता के कीचड़ के बाहर न होंगे, दक्षिणा के लोभ से उसी में सौंदे पड़े रहेंगे।

मनवाना केवल अज्ञ ही के लिए सहज नहीं है किंच बहुज्ञ को भी मनवाय देना सहज है किन्तु वे जो अधकचड़े हैं जिन्हें ज्ञान-लव-दुर्विदग्ध की पदवी दी गई है

उनके जी में विश्वास दिलाना महा दुष्कर है। इसी भूल पर भर्तृहरि के ये कई एक श्लोक हैं—

अज्ञः सुखमाराध्यः सुखतरमाराध्यते विशेषज्ञः।
ज्ञानलवदुर्विदग्धं ब्रह्मापि तंनरं न रंजयति॥
लभेत सिकतासु तैलमपि यत्नतः पीडयन्।
पिवेच्चमृगतृष्णिकासु सलिलं पिपासार्दितः॥
कदाचिदपिपर्यटन् शशबिषाणमासादयेन्नतु।
प्रतिनिविष्ठमूर्खजनचित्तमाराधयेत्॥ इत्यादि।

इसी से यह भी कहा गया है कि या तो वे सुखी हैं जो सर्वथा अज्ञ हैं या वे जो सब भाँति पारंगत हैं पर वे जो न तो मूर्ख हैं न सर्वज्ञ हैं अधकचड़े हैं, क्लेश उठाते हैं—

यश्चमूढतमो लोके यश्चबुद्धेः परंगतः।
द्राविमौ सुखमेधेत क्लिश्यत्यन्तरितो जनः॥

पाठक, अब आप अपनी कहिये आप किस श्रेणी में नाम लिखवाना चाहते हैं। अज्ञ तो आप हैं नहीं, ईश्वर करे अज्ञता आपके विरोधियों के हिस्से में पड़े। मैं तो यही समझता हूँ कि आप बहुत दूरदर्शी चतुर सयाने हो तो निश्चय मेरी बात का विश्वास आपको होगा। मेरे इस निवेदन को सर्वथा न झूठ मानोगे। मेरा पत्र इस समय बड़ी संकीर्ण दशा में आ गया है, वर्ष भी पूरा हो गया। विशेष सहायता इस दुर्भिक्ष के समय नहीं दे सकते तो अपना-अपना मूल्य तो कृपा कर भेज मुझे उपकृत और वाधित कीजिये। निश्चय मानिये, केवल संकीर्णता है जिससे मैं प्रतिमास ठीक समय पर आप से नहीं मिल सकता। आप बुद्धिमानों की कोटि के हैं या उससे इतर वाली कोटि के, इसमें आपकी परख भी भरपूर है।

यह मानना ही है जिससे ईश्वर की ईश्वरता कायम है नहीं तो ईश्वरता के अनेक अनर्गल गड़बड़ काम देख जिससे पग-पग में विषम भाव और निर्घृणता प्रगट हो रही है। कौन ईश्वर के अस्तित्व में विश्वास करता? कहाँ तक कहें मान लेने पर संसार के यावत काम आ लगे हैं 'मानों तो देव नहीं पत्थर' मानना यह अद्भुत ईश्वरीय शक्ति न होती और किसी का कोई विश्वास न करता तो यह जनाकीर्ण-जगत् जीर्ण-अरण्य-सा हो जाता। यदि मानना और मनाना यह दोनों बातें संसार से निकाल ली जायें तो इस नश्वर जगत् में कौन-सा आनन्द बच रहा जिसकी लालच में सब तरह की झंझट और अनेक प्रकार की ऊँची-नीची दशा भोग-भाग भी जीने से लोग नहीं ऊबते। सच तो यों है कि मानने का भाव उठा दिया जाय तो यह दुनिया रहने लायक न रह जाय। हमें लोग प्रामाणिक महात्मा बुजुर्ग मानें और उदाहरण में रखें इसीलिये चरित्र संशोधन किया जाता है। बुद्धिमान मनुष्य सब तरह का क्लेश सहकर भी चरित्र में दाग नहीं लगने देते। हम नेक नाम रहें और सब कोई हमें माने इसीलिए राजा प्रजा पर अन्याय करने से अपने को बचाता है, धनवान् गरीबों को सहारा देते हैं, सबल निर्बल को

बचाता है, गुरु शिष्य को पढ़ाता है, ऊँच नीच का मान रखता है, इत्यादि। स्वार्थ-वश प्रेम तथा द्रोह सभी करते हैं पर निस्वार्थ प्रेम का भाव केवल मानने ही के कारण से है। इस तरह पर इस मानने मनाने के भाव को जितना चाहिये पल्लवित कर सकते हैं हमने केवल दिक्-प्रदर्शन मात्र किया है।

अगस्त, १८९६ ई०

■

वर्तमान महादुर्भिक्ष

वर्तमान महा-दुर्भिक्ष क्यों पड़ा क्यों इसके कारण हैं और कैसे इसका निवारण हो इत्यादि बातों पर ध्यान देने से यही मन में आता है कि हमारे ही करमों का फल है। जहाँ हम सब ओर से कसे हुए हैं किसी ओर हाथ-पाँव नहीं फैला सकते वहाँ दैव ने भी यही चाहा कि इनको अभी भरपूर दण्ड नहीं मिला इतने पर भी ये लोग बेहया ज़िन्दगी से जीते ही हैं तो अब इनको कोढ़ में खाज पैदा कर दें। समझदार के लिये ज़रा इशारा काफी होता है। किसी अंश में कहीं पर कुछ भूल-चूक बन पड़ने पर उस भूल की सज़ा पाय फिर वह वहीं से सुधरने लगता है और आगे को उस भूल के डांडे नहीं जाता जो उसको क्लेश और दुःख का बाइस हुई हैं। यहाँ शताब्दी पर शताब्दी बीत गई और बीतती जाती हैं पर हम नित्य नीचे को गिरने और झुकने के सिवाय ऊपर को गरदन उठाते ही नहीं। हज़ार वर्ष के ऊपर हुआ मुसलमानों के यहाँ आने के पहले से हमारी दुर्गति ही होती गई पर हमारा कभी एक दिन भी न इस बात पर ध्यान गया कि देश में जातीयता और सहानुभूति बढ़ाने के क्या उपाय किये जायें जिसमें हमारी बढ़ती हुई दुर्गति का रोक हो। अस्तु मुर्दे को क्या कफन भारी होता है इन बुरे दिनों को भी किसी तरह झेल डालेंगे पर जैसी दैव की इच्छा है कि अब भी ये सुधरें कोढ़ साफ कर आगे को कदम बढ़ाने के लिये सीधी राह पर आय कुछ तरक्की करें सो न होगा। हम जो हैं वही रहेंगे एक नहीं हज़ार ऐसी आफतें आया करें हम अपने कुसंस्कारों को न बदलेंगे न जानवर से आदमी बनेंगे वरने जो आज पाव भर बिगड़े हैं तो कल सेर भर बिगड़ने का हौसला बाँधेंगे। विधिनियोग दैव की इच्छा क्या है इसे कौन जान सकता है कि हिन्दुस्तान का एकबारगी रसातल मग्न न कर मुर्गबिस्मिल की भाँति भोगाय-भोगाय धीरे-धीरे क्यों मारता है। पहले तो हिन्दुस्तान शैतान की आंत सा कुछ ऐसा लंबा-चौड़ा है कि यहाँ प्रतिवर्ष इसके किसी न किसी प्रान्त में अवर्षण और अकाल बना ही रहता है। जब रेल न थी तब जिस हिस्से में अकाल होता या वहीं के लोग उसका सुख-दुःख भोग लेते थे अब रेल हो जाने से जहाँ अच्छी बरसात हुई है और सुकाल रहना चाहिये वहाँ का अन्न भी उसी दुर्भिक्ष पीड़ित प्रान्त में खिंच जाता है इसलिये देश भर में एक सी महँगी सदैव बनी रहती है। सो दैव ने इस साल ऐसे दुर्भिक्ष को हम लोगों के बीच भेजा जिसने पटना से पेशावर तक, अवध, राजपूताना, मध्यप्रदेश, बहुत सा हिस्सा मन्दराज बम्बई और बंगाल का भी आक्रमण कर रखा है। पृथ्वी जो नौदुलही सी सब ओर हरी-भरी जल मग्न जलाशयों से सुहावनी मालूम होती थी वह अब रंडापे का दुःख झेलती हुई बेवा की भाँति रंज और गम के आलम में भरी हुई उदास मालूम होती है। नदियाँ नव युवती की कटि भाग की भाँति पतली पड़

गई। ताल तलैयाँ सूख कर परपट मैदान हो गईं। खेत सब खेतिहरों को अपने साथ लिये उस बेवा के मातम में साथ दे रहे हैं आसमान में बादल सपने के खयाल हो गये।

पन्द्रह या बीस वर्ष के उपरान्त इस तरह के अवर्षण और दुर्भिक्ष की तो मानों पारी सी बँध गई है। १८ या १९ वर्ष पहले सन् ७६ और ७७ में इस तरह का दुर्भिक्ष पड़ चुका था इतने दिनों बाद अब फिर मानो उसकी बारी आई है किंतु इस साल का दुर्भिक्ष करालता में पहले वाले से बढ़ा हुआ है। बहुधा इस तरह के दुर्भिक्ष एक या दो वर्ष पहले सुकाल होने के उपरान्त होते थे तब अन्न का संचय रहने से अकाल का क्लेश लोगों को कम अखरता था। इस बार एक्सपोर्ट की कृपा से सालों पहले से गेहूँ यहाँ का विलायत ढो गया जिससे संचित अन्न अब यहाँ रही नहीं जाता बल्कि दो वर्ष पहले से अतिवृष्टि अनावृष्टि ने अन्न की पूरी पैदावरी को भी रोक रखा। बड़ी आशा थी कि दो वर्ष से अकाल और महँगी है इस वर्ष खूब गन्ना पैदा होगा। कृषकों का सब दुख दूर हो जायगा। कौन जानता था कि ईश्वर का ऐसा प्रबल प्रकोप है कि परसी थाली आगे से छीन ली जायगी। यदि भादों का झूरा न पड़ता तो इतना अन्न पैदा होता कि दो वर्ष की कसर मिट जाती पर प्रजा की खोंटी कमाई और राजा की नीयत पर रूठ दैव ने चाहा कि हम सुख और आराम से दिन काटें गुड़ दिखा कर ढेला मारा।

जब देश में भरपूर धन था बहुत से द्वार जीवन पार करने के खुले थे, केवल खेती और ज़मीन की पैदावरी एक मात्र सहारा न था, देश की बनी चीज़ें काम में लाई जाती थीं, विलायत ने हर एक बात में पंजा नहीं फैला रखा था, बात-बात में टैक्स और चुंगी की इतनी भरमार न थी। व्यापार यहाँ का बहुत अच्छी दशा में था। गवर्नमेंट ने सब कुछ अपने हाथ में नहीं कर लिया था। विलायत में रुपया ढो जाने के इतने द्वार न थे उस समय ऐसे-ऐसे अकाल लोगों को नहीं अखरते थे। अस्तु इस अकाल की पीड़ा से हम सबों को बचाने को अब गवर्नमेंट का क्या कर्तव्य है। पहली बात गल्ले की रफ्तनी बिलकुल बन्द कर दी जाय और आगे से गेहूँ यहाँ का विलायत न जाया करे। जब तक दुर्भिक्ष है तब तक गल्ले की चुंगी छोड़ दी जाये, मालगुज़ारी माफ कर दी जाय या घटा दी जाय। ज्ब यह निश्चय है कि खेती ही यहाँ का प्रधान व्यवसाय है और उसी पर न जानिये कितने करोड़ आदमियों का जीवन है तब उसकी तरक्की का उपाय सोचना तो गवर्नमेंट का पहला काम है। यहीं की धरती है कि प्रतिवर्ष कई करोड़ का धन उगल देती है जिसे अंगरेज़ी हिकमत भी जरब न पहुँचा सकी। हिकमत ने यहाँ की दस्तकारी इत्यादि को बेकदर कर खाक में मिला दिया पर खेती में किसी तरह का खतरा न पैदा कर सकी। जैसा सरकार हिकमत को और-और बातों में लड़ाये हुए है वैसा ही यूरोप और अमेरिका की तरह हिन्दुस्तान में भी कृषिविद्या का स्कूल क्यों न खोला जाय। ब्रह्मा के परदादा के समय में भी जो तरीका हल चलाने का रहा वही अब भी जारी है। उसमें ज़रा भी अदल-बदल न की गई। पढ़े-लिखे लोगों का ध्यान भी इधर नहीं जाता। ये वे ही खेतिहर हैं जो हमको जिलाते हैं पर गँवार और दिहकानी कह सभ्य समाज वाले जिनसे घिनाते हैं और अपने से अत्यन्त निकृष्ट जिन्हें मानते हैं।

बड़ा-बड़ा क्लेश उठाय ये बेचारे यदि अन्न न पैदा करें तो इनकी सभ्यता की हिमाकत सब धरी रह जाय। हमारे पढ़े-लिखे लोग डिगरी पासकर नौकरी के लिये दर-दर मारे फिरते हैं और कृत कार्य नहीं होते। खेती को स्वच्छन्द व्यवसाय समझ क्यों न अपनी बुद्धि का प्रकाश इस ओर लगावें। अफसोस की बात है कि खेती जो जीवन की मुख्य उपाय है वह इन भुक्खड़ और अज्ञ किसानों के हाथ में रख दी गई है। अमेरिका में खेती की तरक्की इसी से है कि वहाँ के किसान लियाकत तथा धन में यहाँ ताल्लुकेदारों को मोल ले सकते हैं। खेती हमारे देश की बहुत गिरी दशा में है, खेतिहर जितना परिश्रम करते हैं उतना फल उसका उन्हें नहीं मिलता इसका यही कारण है कि खेती के औज़ार इत्यादि और खाद तथा आबपाशी का क्रम अमेरिका के खेतिहरों की अपेक्षा यहाँ बहुत घटा हुआ है। अमेरिका के किसानों को इतनी मेहनत नहीं करनी पड़ती जैसा यहाँ के खेतिहर करते हैं और फायदा इनसे वे लोग बहुत अधिक थोड़े ही परिश्रम में उठाते हैं।

बड़े-बड़े शहरों से अंधे, लूले, लंगड़े, कंगले अपाहिजों के लिये लंगरखाने और देहातों से ठौर-ठौर रिलीफ वर्क गवर्नमेंट ने खोल दिया है। बस इतने ही से समझ लिया कि दुर्भिक्ष पीड़ा में कमी हो जायेगी। 'अति प्रसन्तो दमड़ीं ददाति' लूले, लंगड़े, अपाहिजों तथा कंगालों को तो और-और भी सहारे हैं। शहर में बहुतेरे धर्मशील मुट्ठी बाँटा करते हैं जिससे उन्हें अपना पेट भरने में कसर नहीं रह जाती। उनको अकाल की पीड़ा से बचाने की सरकार ने कौन सा उपाय सोचा है जो किसी से कभी माँगते नहीं जिन मध्यम श्रेणी वालों को माँगना मर जाने के बराबर है। उनके लिए अच्छा उपाय यही होगा कि सरकार अन्न खरीद बाजार भाव से डेहुड़ा सवाई सस्ता उनके हाथ बेंचे। अभी तो रिलीफ फण्ड का न जानिये कितना रुपया सरकार के पास जमा है वही इसमें लगा दे नहीं तो २०० रुपये से अधिक तनख्वाह वालों से रुपया सैकड़ा महीने में जब तक अकाल है काट लिया करें और उसे दुर्भिक्ष पीड़ितों को दिया करें।

जुलाई-अगस्त, १८९६ ई०

■

सुनीतितत्त्वशिक्षा क्यों आवश्यक है

जैसा प्रकृति के नियमों के विरुद्ध चलने से विरुद्ध खान पान आदि से जल वायु कृत अनेक शारीरिक रोग पैदा होता है जो देर तक शरीर को क्लेश पहुँचाते हैं। वैसा ही सुनीतितत्त्वशिक्षा 'मारलटी' सम्बन्धी नियमों के तोड़ने से भी रोग होते हैं पर यह रोग उस तरह का नहीं है जो शरीर को क्लेश दे या बाहरी निदानों से उसकी पहचान न की जा सके। देर तक शबनम में बैठे रहिये प्रकृति के नियम आपको न छोड़ेंगे ज़रूर सर्दी हो जायेगी कई दिनों तक नाक बहा करेगी और विरुद्ध आचरण करते रहो ज्वर आ जायेगा, सरदर्द पैदा हो जायेगा अठवारों पड़े-पड़े खटिया सेवते रहोगे। वैसा ही सुनीति विरुद्ध चलने से 'मारलला' आप को न छोड़ेंगे। कितनों को हौसला रहता है बुढ़ापे तक जवानी की ताकत न घटे इस लिये तरह-तरह के कुश्ते भाँत-भाँत के रस पौष्टिक औषधियाँ सेवन करते हैं। खूबसूरती बढ़ाने को खिजाब लगाते हैं पियर्स सोप गोल्डेन आईल काम में लाते हैं। सेरों लवेंडर तरह-तरह के इत्र मला करते हैं जिसमें सौन्दर्य और फैशन में कहीं से किसी तरह की त्रुटि न होने पावे। किन्तु इसका कहीं ज़िकिर भी न सुना कि सुनीतितत्त्व सम्बन्धी सौन्दर्य Moral beauty सुनीति के नियमों पर चलने का बल Moral strength क्या है उसको कैसे अपने में लायें या उसे कैसे बढ़ायें। जैसा सौन्दर्य और शारीरिक बल बढ़ाने की चिन्ता में लोग व्यग्र रहते हैं वैसा यह कहीं सुनने में आया कि हममें डाह, मात्सर्य, पैशून्य, जाल, फरेब, बेईमानी, लालच, द्रोह, बुद्धि किस अन्दाज़ से है जितना अब है उसमें से कुछ कम हो सकता है और कितने दिनों की मेहनत में किस कदर कम हो सकेगा। हम समझते हैं जिस बात पर अपने पढ़ने वालों का ध्यान हम लाना चाहते हैं उसमें ऐसे ही कोई बिरले बड़े बुद्धिमान धनी मानी या प्रभुता वाले होंगे जिनको अपने 'मारल्स' सुनीति तत्त्व के सुधारने और बढ़ाने की कभी को कुछ चिन्ता हुई होगी। सच तो यों है कि वास्तविक सुख बिना इस पर ख्याल किये हो ही नहीं सकता। हमारे मारल्स बिगड़े रहें और उस दशा में वास्तविक सुख की आशा वैसा ही असंभव है जैसा बालू से तेल का निकालना असंभव है। वैभव प्रभुता या संसार की वे बातें जो इज्जत और मरतबा बढ़ाने वाली मान ली गई हैं जिनके लिये हड्डी के एक टुकड़े के वास्ते कुत्ते की भाँति हम ललचा रहे हैं वे सब उसको अति तुच्छ हैं जो अपने 'मारल्स' का बड़ा पक्का है। जो आनन्द इसमें मिलता है वह उस सुख के समान नहीं है जैसा विषय वासना के सुख का क्रम देखा जाता है क्योंकि विषय वासना के सुख उसके लिये हौसला रखने वाले की पहुँच के भीतर हैं पर सुनीति तत्व सम्बन्धी अलौकिक सुख हमारी पहुँच के बाहर हैं। लाखों इस सुख के शिखर तक चढ़ने का हौसला करते हैं पर कोई एक ही दो इसकी चोटी

तक पहुँचता है। सुनीति तत्व के सिद्धान्तों पर लक्ष्य किये और प्रतिक्षण अपने दैनिक जीवन में उसका पालन करते हुए बुद्धि के आंकुस से प्रेरित हो मनुष्य इस आनन्द का अनुभव कर सकता है पर इन लोहे के चनों का चबाना सर्व साधारण के लिये सहज नहीं है किन्तु इसके अधिकारी वे ही हो सकते हैं जिनको उनकी झोपड़ी ही महल है। जिनकी आभ्यन्तरिक शान्ति की दशा का बड़ी-बड़ी बादशाहत भी मूल्य में कम है। जो अपने सिद्धान्तों के बड़े पक्के हैं उनसे एक बार किसी ने पूछा—साहब आपको दुनिया में औकात बसरी का क्या सहारा है? जवाब दिया अकिल, आप लोग विषय वासना लंपट हो, दुनियाबी सुख की गुलामी के पीछे दौड़ रहे हो मैं उसी को अपना गुलाम किये हुये हूँ। तब यह पूछना ही व्यर्थ है कि आप को अपनी प्राणयात्रा 'औकात बसरी' का क्या सहारा है सच है—

आशायाः खलुयेदासास्ते दासा जगतामपि।
आशादासी कृतंयेन तेन दासी कृतं जगत्॥
अशीमहि वयं भिक्षा आशा वासो वसीमहि।
शयीमहि महीपृष्ठे कुर्बीमहि किमीश्वरैः॥

सुकरात, अफलातूँ, अरस्तू तथा अक्षपाद, कर्णादि, गौतम सरीखे दार्शनिक बुद्धिमानों के पास जो रत्न था और जिस सुख के घनानन्द का अनुभव उन्हें था वह उसे कहाँ जो धन संपत्ति तथा सांसारिक विषय वासना की ज़हरीली चिन्ता से अहर्निश पूर्ण रहता है।

जुलाई-अगस्त, १८९६ ई०

■

काम और नाम दोनों साथ-साथ चलते हैं

नाम के कायम रखने को आदमी न जानिये क्या-क्या काम करता है। लोग कुआँ खुदाते हैं। बावली बनवाते हैं। बाग लगाते हैं। मोहफिल सजाते हैं। क्षेत्र और सदाबर्त चलाते हैं। नाम ही के लिये लोग लाखों लुटाते हैं। स्कूल पाठशाला तथा अस्पताल कायम करते हैं। इस तरह पर काम और नाम दोनों को बराबर साथ निभाता चला जाता है। सच कहो तो इस असार संसार में जन्म पाय ऐसा ही काम कर चले जिसमें नाम बना रहे जिन का नाम बना रहता है वे मानो सदा जीते ही रहते हैं। जिस काम से नाम न हुआ वह काम ही व्यर्थ है। काम भी दो तरह के होते हैं नेक और बद। नेक काम से आदमी नेक नाम होता है प्रातः स्मरणीय होता पुण्य श्लोक कहलाता है। बद काम से बदनाम होता है उसका नाम लेते लोग घिनाते हैं—गालियाँ देते हैं। नाक और भौं सिकोड़ने लगते हैं—

कथापि खलु पापानामलमश्रेयसेयतः,

पुण्य श्लोकयथा

पुण्य श्लोको नलोराजा पुण्यश्लोको युधिष्ठिरः।
पुण्यश्लोकाच वैदेही पुण्यश्लोको जनार्दनः॥
कर्कोटकस्य नागस्य दमयन्त्या नलस्यच।
ऋतुपर्णस्य राजर्षेः कीर्तनं पाप नाशनम्॥

इत्यादि नेकनामी के अनेक उदाहरण हैं केवल अपने-अपने काम ही से लोग नेकनाम हो गये। रणजीत सिंह, शिवा जी प्रभृति शूर वीर, विद्यासागर सरीखे देश हितैषी, लार्ड रिपन से शासन कर्ता, शेक्सपीयर, मिलटन, कालिदास आदि कवि सब अपने-अपने काम ही से हम लोगों के बीच मानो जी रहे हैं और आचन्द्रतारक जीते रहेंगे। काम के ज़रिये नाम कायम रखने के तरीकों में किसी ठठोल ने एक यह तरीका भी लिखा है।

घटं भिन्द्यात्पटं छिन्द्या द्गर्दभारोहणं चरेत्।
येन केन प्रकारेण प्रसिद्धः पुरुषो भवेत॥

घड़े फोड़ डाले, कपड़े फाड़ डाले, गदहे पर सवार हो कर चले। किसी न किसी तरह मनुष्य नाम हासिल करे। कितने हलाकू, चंगेज़ नादिर से जगत शत्रु ऐसे भी हो गये हैं जिनके काम की चर्चा सुन गर्भवती के गर्भ गिर पड़ते हैं। कितने नाम के लिये मर मिटते हैं। जग में मुँह उजला रहे बात न जाये कोई नाम न रखे एक की जगह चाहे दस लुटे पर ऐसा काम न बन पड़े कि सब लोग हँसें-नाम रखते हैं, नाम करते हैं, नाम

धरते हैं, नाम धराते हैं, नाम पड़ता है, नाम चलता है, इत्यादि अनेक मुहावरें नाम के हमारी रोजमर्रे की बातचीत में कहे सुने जाते हैं पर इन सबों से नाम का काम ही की तरफ इशारा रहता है। ईश्वर न करे बुरे लोगों के लिये किसी का नाम निकल पड़े। दूसरा भी कोई बुरा काम करे तो भी 'नरक पड़े को चन्दू चाचा' समाज में उसी की तरफ सबों की ओर से अंगुश्तनुमाई की जायेगी जो बुरे कामों के लिए प्रसिद्ध हो चुका है। पुलिस भी उसी को तके रहेगी। मजिस्ट्रेट साहब जुदा उसकी खोज में रहेंगे। यों ही भले काम के लिए नाम निकल गया तो चाहो दूसरा भी कोई वैसा ही काम करे किन्तु देसी परदेसियों में नाम उसी का लिया जायगा 'कटै सिपाही नाम सरदार का' नाम शाह कमा खा, नामी चोर मारा माय' जो बात बिना उस तरह के काम के होती है वह बराय नाम को कही जाती है। जैसा ईसाई मत के मानने वालों में ईशा पर विश्वास बराय नाम की है। इन दिनों के सभ्यों में सच्ची सभ्यता बराय नाम को है। मेनचेस्टर के बने कपड़ों के आगे देशी कपड़ों की कदर बराय नाम को है। इस समय के ब्राह्मणों में द्विवेदी, त्रिवेदी, चतुर्वेदी आदि उपाधि बराय नाम है 'पढ़े लिखे ओनवौ ना ही नाम महम्मद फाज़िल' चार वेद की कौन कहे चार अक्षर से भी भेंट नहीं है। कोरे लंठदास पर कहलाने को द्विवेदी, त्रिवेदी, चतुर्वेदी। इसी तरह इस साल वर्षा और खेती में उपज बराय नाम को है। दिवालदार रोज़गारियों में ईमानदारी बराय नाम है। अंगरेज़ और हिन्दुस्तानियों के मुकाबिले हाकिमों को इनसाफ़ बराय नाम है। कितनों का नाम दाम के कारण नाम के लायक कोई काम उनसे न भी बन पड़ा हो तो भी दाम ऐसी चीज़ है कि उनका नाम लेना कैसा वरन खुशामद करना पड़ता है। ऊपर की वर्षा समान गोधन दास तिनकौड़ी मल चिथरू दास के नामो में कौन सी खूबसूरती है। इत्तिफाक से ऐसों के पास बहुत-सा रुपया जुड़ गया न आप पेट भर खाता है न दूसरों को खाते पहनते देख सकता है न उस रुपये से यह लोक पर लोक का कोई काम निकलता है। समाज में यहाँ तक मनहूस समझा गया है कि सबेरे भूल से कहीं नाम ज़बान पर आ जाय तो दिन का दिन नष्ट हो जाय। ऐसों से सरोकार केवल दाम ही के कारण लोग रखते हैं और हाजतरफा करने की भाँति उसके पास जाना पड़ता है इत्यादि काम और नाम का विवरण पढ़ने वालों के चित्त विनोदार्थ यहाँ पर लिखा गया। अन्त में इतना और विशेष वक्तव्य है कि काम और नाम दोनों का साथ दाम पल्ले रहने से अच्छा निभ सकता है अर्थात दाम वाला चाहे तो अपने कामों से नाम पैदा करना उसके लिये जैसा सहज है वैसा औरों के लिये नहीं है।

जुलाई-अगस्त, १८९६ ई०

■

मन और प्राण

मनुष्य के शरीर में ये दोनों बड़े काम के हैं। ऐं हमने क्या कहा मनुष्य के शरीर में हैं? और हैं तो कहाँ पर हैं? आप कहेंगे यह प्राण वायु गिनती में पाँच हैं और संपूर्ण शरीर भर में व्याप्त हैं।

हृदि प्राणो गदेऽपानः समानो नाभि मण्डले।
उदानः कण्ठ देशस्थो व्यानः सर्व शरीरगः॥

हृदय में प्राण वायु है, गुदा मार्ग से जो हवा निकलती है उसका नाम अपान है, समान नामक वायु का स्थान नाभि मण्डल है कण्ठ देश में जो वायु है जिससे डकार होती है वह उदान वायु है और व्यान नामक वायु है सो संपूर्ण शरीर में व्याप्त रह रक्त संचालन करता है। अस्तु, प्राण की व्यवस्था तो हो चुकी अब बतलाइये आप का मन कहाँ है हृदय में या मस्तिष्क में या सर्वेन्द्रिय में फैला हुआ होकर जुदी-जुदी इन्द्रियों के जुदे-जुदे कामों का ज्ञान मन स्वयं अनुभव करता है। लोग कहते हैं जो कोई किसी का प्राण ले उसके बदले में जब तक उसका प्राण भी न लिया जाय तब तक बदला नहीं चुकता किन्तु मन जब कोई किसी का ले लेता है वह उसी का हो जाता है। ईश्वर न करे हमारा मन किसी पर आ जाय तब हमको उसका दास बन जाना पड़ेगा। न विश्वास हो तो किसी नवयुवा, नवयुवती से पूछ लो जिसका मन बहुत जल्द छिन जाता है। संसार में यही एक ऐसी वस्तु है कि हर जाने पर फिर नहीं लौटायी जा सकती है। सच पूछिये तो कवियों को, प्रणयिनी-प्रणयी यही दोनों के आपस में मन हर लेने के किस्सों का, कविता के लिये बड़ा सहारा है। भवभूति के 'मालतीमाधव' में कोकिल-कण्ठ जगदेव के 'गीत-गोविन्द' में, महाकवि श्रीहर्ष के 'नैषध' में, सम्पूर्ण ग्रन्थ भर में यही है और अनेक अनूठी उक्ति, युक्ति की नई-नई छटायें दी गई हैं, सिवाय इसके लैला-मजनूँ और यूसुफ-जुलेखा के किस्सों की भी यही बुनियाद है। वास्तव में हरा तो जाता है मन पर प्रणयिनी या प्रणयी की वियोग-जनित यातना प्राण ही को भोगना पड़ता है। 'विक्रमोर्वशीय' नाटक में पुरूरवा का मन उर्वशी से छिन जाने पर पुरूरवा को जो-जो यातना भोगनी पड़ी केवल उतना ही उस नाटक का एकमात्र विषय है। किसी कवि ने किसी नायिका के अंग की कोमलता के वर्णन में बड़ी अनूठी उक्ति-युक्ति का यह श्लोक दिया है—

''तव विरहविधुरबाला सद्यः प्राणान्विमुक्तवती।
दुर्लभमीदृशमंगं मत्वा न ते तामजहुः।''

किसी वियोगिनी का वृत्तान्त कोई उसके प्रणयी से कहता है। उस बाला ने तुम्हारे वियोग में विधुरा हो तत्काल प्राण त्याग कर दिया; किन्तु ऐसे कोमल अंग अपने रहने

के लिये अब और कहाँ मिलने वाले हैं यह समझ प्राणों ने उसे न छोड़ा। और भी—

अपसारय घनसारं कुरू हारं दूर एवं किं कमलै''
अलमालमालि मृडालैरिति रुदति दिवानिशं बाला॥
किंकरोमि क्वगच्छामि रामो नास्ति महीतले।
कान्ता विरहजं दुःखमेको जानाति राघवः॥

मन और प्राण दोनों एक वस्तु हैं कि दो और ये दोनों क्या वस्तु हैं और कैसे इन दोनों की आप विवेचना करेंगे? यह रोशनी है। हवा है विद्युत शक्ति है। या कोई दूसरी वस्तु है। दोनों मिल के काम करते हैं कि अलग-अलग? जो मिल के काम करते हैं तो जब प्राण निकल जाता है तब मन कहाँ रहता है? प्राण के अधीन मन है कि मन के अधीन प्राण? जिसमें प्राण रहता है उसे प्राणी कहते हैं जिसमें मन है वह मनई है। वह क्या है जिसके अधीन ये दोनों हैं अर्थात जो यह कह रहा है हम बड़े हैं, हम छोटे हैं, हमारा प्राण निकल गया, हमारा मन हर गया, हमारा मन नहीं चाहता, मन नहीं लगता, यह सब कहने वाला कोई तीसरा व्यक्ति है या इन्हीं दोनों का मेल है, और ये दोनों घटते-बढ़ते हैं या जैसे के तैसे बने रहते हैं? सुना है योगी-जन प्राण ब्रह्माण्ड में चढ़ा वर्षों तक उसे अलग रख लेते हैं। हिन्दू-मुसलमान तथा अँगरजों में ऐसे विद्वान् हुए हैं जिन्होंने मन की बड़ी-बड़ी ताकतें प्रगट की हैं। मिसमेरेजिम इत्यादि। थियोसोफिस्ट लोगों के लिये मन बड़ी भारी चीज है जिसके सम्बन्ध में वे लोग अब तक नई-नई बातें निकालते जाते हैं। मुसलमानों में रोशन-जमीर किसे कहते हैं? योग-शास्त्र मे जैसा इसका विस्तार है, उसका वर्णन करने लगें तो न जानिये कि बड़े-बड़े ग्रन्थ इसके बारे में लिखे जा सकते हैं। हमारे प्राचीन आर्यों ने मन के सम्बन्ध में जहाँ तक तलाश किया है वैसा अब तक किसी कौम के लोगों ने नहीं किया।

मनः कृतं कृतं लोके न शरीरकृतं कृतम्।
मन एव मनुष्याणां कारणं बन्धमोक्षयोः॥

जो कुछ काम हम करते हैं वह मन का किया होता है। हाथ-पाँव से हम काम करते हैं सही पर मनोयोग जब तक उस काम पर न हो तब तक वह काम, काम न समझा जायेगा। बन्धन में पड़ जाने को या बन्धन से मुक्त होने का हेतु केवल मन है। योग-वाशिष्ट और भगवद्गीता में मन के सम्बन्ध में अनेक बातें लिखी हैं पर प्राण-मिश्रित मन के बारे में जो हमारे अनेक तर्क-वितर्क हैं, उनका उत्तर कहीं से नहीं मिलता और यह पहेली बिना हल हुए जैसी की तैसी रही जाती है।

अगस्त, १८९७ ई०

मन के गुण

भगवान् कृष्णचन्द्र ने गीता में मानस तप को लक्ष्य कर मन के गुण इस भाँति कहा है—

मनः प्रसादः सौम्ययत्वं मौनमात्मविनिग्रहः।
भाव संशुद्धिरित्येतत्तपो मानसमुच्यते॥

मन:प्रसाद अर्थात मन की स्वच्छता, सौम्यता या सौमनस्य जो बहुधा तभी होगा जब बाहरी विषयों की चिन्ता में मन व्यग्र और व्याकुल न हो। बाहर से विनीत और सौम्य बनना कुछ और ही बात है मन का सौम्य कुछ और ही है। जिसकी बड़ी पहचान एक यह भी है कि वह किसी का अनिष्ट न चाहेगा वरन् सबों के हित की इच्छा रखेगा। तीसरा गुण मन का श्रीकृष्ण भगवान् ने मौन कहा है मौन अर्थात् मुनि-भाव। एकाग्रता पूर्वक अपने को सोचना कि हम कौन हैं जिसका दूसरा नाम निदिध्यासन भी है। वाक्-संयम न बोलना या कम बोलना भी मन के संयम का हेतु है। मुनि भाव का लक्षण श्रीमद्भागवत में इस तरह पर दिया गया है—

मुनिः प्रसन्नो गंभीरो दुर्विगाह्यो दुरत्ययः।
अनन्त पारो ह्यक्षोभ्यः स्तिमितोद इवार्णवः॥

मुनि वह है जो सदा प्रसन्न अर्थात विमल चित्त हो, गंभीर अर्थात जिसकी थाह लेना सहज काम न हो, न जिसका पार किसी ने पाया हो जिसे कोई क्षुब्ध चलायमान न कर सके, ये सब गुण स्थिर सागर के हैं, सागर के सदृश्य जिसका मन हो वह मुनि कहा जा सकता है, मौन से सब बातें आदमी में आ सकती हैं। आत्म विनिग्रह अर्थात् मन जो बड़ा चंचल है उसे वृत्तियों के निग्रह करने से रोकना। सबसे बड़ी बात भाव संशुद्धि अर्थात् लोगों के साथ बर्ताव में माया, कपट, कुटिलता, छल-छिद्र का न होना। अथवा क्रोध, लोभ, मद, मात्सर्य, जो मन को मैला करने की बड़ी सामग्री हैं उनसे दूर रहना इत्यादि सब मन के गुण हैं। उसी को मानस तप भी कहेंगे। मन के और भी गुण सहानुभूति, आश्चर्य, कुतूहल पूर्वक जिज्ञासा, प्रेम,बुद्धि या प्रतिभा, विचार या विवेक आदि हैं। सहानुभूति यद्यपि मन की सौम्यता के अन्तर्गत है किन्तु सहानुभूति का लेश मात्र भी अंकुरित हो चित्त में रहना जन समाज के लिये बड़ा उपकारी है। उपकार के प्रति उपकार सहानुभूति न कहलायेगी वरन् वह तो एक प्रकार की दूकानदारी और लोकरंजन है। सच्ची सहानुभूति वही है कि हम अपने सहवरगी या साथी को दुखी देख दया मन में लाय उसके दुख दूर करने में तन, मन, धन से प्रवृत्त हों। हमारे यहाँ इन दिनों सहानुभूति का बड़ा अभाव है। इसी कारण हम नीचे गिरते जाते हैं। अँगरेजी

शिक्षा के अनेक गुणों में यह भी उत्कृष्ट गुण है कि अच्छा पढ़ा-लिखा अपने हम-वतन दोस्तों के साथ हमदर्दी करने में नहीं चूकता। अनेक प्रकार के दान इसी बुनियाद पर रखे गए हैं कि सहानुभूति वाले मानसिक गुण में पुष्टता पहुँचे। किन्तु वह अब केवल यश प्राप्ति के लिए रह गया। इसमें सन्देह नहीं, अब भी दान जितना हमारे यहाँ दिया जाता है किसी देश में इतना नहीं दिया जाता पर सहानुभूति की बुनियाद पर न रहने से बे-फायदा है और राख में होम के बराबर है।

आश्चर्य और कुतूहल दोनों सीधे और भोले चित्त के धर्म हैं। लड़के को छोटी-छोटी बातों पर कुतूहल होता है और चित्त का कुतूहल दूर करने को वह अनेक ऐसे प्रश्न करता है जिस पर बहुधा हँसी आती है। तो कुतूहल ज्ञान की वृद्धि का एक द्वार ठहरा। लड़का पाँच वर्ष की उमर तक में जो कुछ सीखता है वह तमाम जिन्दगी भर में नहीं सीखता। ज्यों-ज्यों वह बढ़ता जाता है और चित्त की सिधाई कम होती जाती है उसकी जिज्ञासा भी घटती जाती है। प्रेम भी सहानुभूति ही का एक रूपान्तरण है। प्रतिभा, प्रतिपत्ति, संवित् आदि शब्द लगभग एक ही अर्थ के बोधक हैं और ये सब बुद्धि के धर्म हैं मन के नहीं। किन्तु मन पर उन सबों का असर पहुँचता है इसलिये हम उन्हें मन के अनेक गुणों में मानते हैं। ऐसे ही विवेक और विचार भी बुद्धि के धर्म हैं किन्तु विचार के द्वारा बुद्धि के तराजू पर हम उसे तौलते हैं, जो कुछ परिणाम उस तौल को होता है उसे मन में स्थिर कर तब आगे बढ़ते हैं। मन यद्यपि ज्ञान का आश्रय है पर उस ज्ञान को सत् या असत निर्णय करा देना बुद्धि ही का काम है। इसलिये विवेक और विचार के बिना निश्चयात्मक ज्ञान कभी होगा ही नहीं। मन जो बड़ा चंचल है उसका चांचल्य रोकने का विचार बड़ा उपयोगी है इसलिए ऊपर के लोक में कथित आत्म विनिग्रह के ये सब अंग हुए। आत्म विनिग्रह जिसका दूसरा नाम संयम भी है मनुष्य में पूरा-पूरा हो तो सिद्धावस्था तक पहुँचने में फिर अड़चन क्या रही। दूसरे यह कि संयमी को कठिन से कठिन काम करना सुगम होता है। सारांश यह कि ऊपर कहे हुए मन के सब गुण पारलौकिक या आध्यात्मिक उन्नति के साधन करने वाले तो हई हैं हमारी इस लोक की उन्नति भी उनसे पूरी-पूरी हो सकती है। इन सब उत्कृष्ट गुणों में एक भी जिसमें हो, वह मनुष्यों में श्रेष्ठ ऊँचा दरजा पाने का अधिकारी अवश्य बन सकता है।

मार्च, १८९८ ई०

■

महत्त्व

हमारे देश की वर्तमान बिगड़ी दशा के अनुसार खास कर इस अँगरेजी राज्य में महत्त्व केवल धन में आ टिका है पर बुद्धिमानों ने जैसा तय कर रखा है उससे सिद्ध होता है कि धन महत्त्व-संपादन का प्रधान अंग नहीं है वरन् उसका एक बहुत छोटा सा जुज़ है। कुल 'खानदान' अलबत्ता बड़ा भारी अंग है इसलिये कि कुलीनों में महान् बहुत अधिक होते आये हैं और हो भी सकते हैं। कुल मानो महत्व के इत्र बनाने की एक जमीन है जिस पर जैसा चाहो वैसा इत्र खींच ले सकते हो। जिस तरह का महत्व चाहते हैं वैसा इस कुलीनता की भूमिका पर संपादित हो सकता है। दूसरा अंग चरित्र है। पालन में जो सावधान हैं वे काल पाय महान क्या बल्कि महत्तर हो सकते हैं। तीसरा अंग औदार्य है। अनेक दोष-दूषित भी दान-शील देने वाला उदार चित्त हो तो उसके दोषों की उपेक्षा कर सभी उसके अनुयायी और प्रशंसा करने वाले होंगे।

किं दातुरखिलैर्दोषैः किंलुब्धस्याखिलैर्गुणैः।
न लोभादधिको दोषो न दानादधिको गुणः॥

देने वाले में एक दातृत्व गुण के सिवाय सब दोष ही दोष हो उन दोषों से क्या और लोभी कदर्य सूम में सब गुण ही गुण हो तो कदर्यता ऐसा भारी दोष है कि उसके गुणों की कदर नहीं होती तो निश्चय हुआ कि लोभ से अधिक कोई दूसरा दोष नहीं और देने से अधिक कोई गुण नहीं। और भी—

''दोषा अपि गुणायन्ते दातारं समुपाश्रिताः।
कालिमानं किलालम्ब्य कालमेघ इतिस्तुतिः॥''

दाता का आसरा लै दोष भी गुण हो जाते हैं जैसा मेघ में कालापन भी काले मेघ ऐसा स्तुति-पक्ष में ग्रहण कर लिया जाता है। यश संसार में चाहता हो तो दानशील हो। सिद्धान्त है 'न दाने न बिना यशः।' दृढ़ता, स्थिर निश्चय, निराकुलत्व, हर्ष-शोक में एक भाव, सब महत्व के चिन्ह हैं।

''उदेति सविता रक्तो रक्त एवास्तमेतिच—
संपत्तौच विपत्तौच महतामेकरूपता॥''

सूर्य उदय के समय में रक्त वर्ण होते हैं, वैसा ही अस्त में भी। तो निष्कर्ष यह हुआ कि बढ़ती और घटती दोनों में एक-सा रहना बड़प्पन की निशानी है। सबसे बड़ा महत्व उसका है जो परोपकारी है जैसा बंगाल में विद्यासागर महाशय हो गये। नीचा काम, नीचे ख्याल की ओर जो कभी प्राणपण के साथ भी मन न दे सच्चा महत्व उसी का है। महत्व का निबहना सहज बात नहीं। अनेक बार की कसौटी में कसे जाने पर

जो असिधारावलेहन 'तलवार की धार को जीभ से चाटना' रूप व्रत में पक्का ठहरता है उसी को सर्वसाधारण महान् की पदवी देते हैं। सबसे सिरे का महत्व उसी का माना जायेगा जो अपनी हानि सह कर भी देश के उद्धार में लग रहा है। पर भारत में इसकी बड़ी त्रुटि है। योरोप के प्रत्येक देशों की अपेक्षा यहाँ ऐसे मनुष्य बहुत कम हैं। अपना स्वार्थ छोड़ परार्थ साधन करने वाले सत्पुरुष तो बिरले देश में कोई एक दो हों या न हों। केवल अपना ही पेट न भर 'गेहूँ के साथ बथुआ सींच जाने' वाली कहावत की भाँति भी परार्थ साधक नहीं है। हाँ ऐसे अलबत्ता बहुत हैं जिनके बारे में यह कहावत चरितार्थ होती है—

''काकोपि जीवति चिराय वलिं च भुक्ते''—

अगस्त, १८९९ ई०

■

हिन्दू जाति का स्वाभाविक गुण

गीता में भगवान कृष्णचन्द्र ने गुण कर्म के विभाग पर बड़ा जोर दिया और सिद्ध कर दिया है कि मानव जाति का बनना बिगड़ना सत्व रज तम इन गुण और सात्विकी राजसी तामसी इन तीन प्रकार के कर्म पर निर्भर है। इन्हीं गुण कर्म के विभाग के अनुसार हमारा यह लोक और परलोक दोनों बनता और बिगड़ भी जाता है। इन्हीं बातों पर लक्ष्य कर आज हम हिन्दुओं का स्वाभाविक गुण अपने पढ़ने वालों को दरसाया चाहते हैं। इसमें सन्देह नहीं हिन्दू जाति में अब भी अधिकतर लोगों में स्वाभाविक सरलता सिधाई आर्जव आदि देख; या चाहे यों कहिये इनमें जैसा गाऊदीपन है; उनसे यही बोध होता है कि स्वभावत: इनकी सात्विक प्रकृति है। प्रारम्भ में जब इनका पूरा अभ्युदय था और जिस समय इस भूमण्डल पर केवल यही यही थे आस पास के जितने देश और उन-उन देशों के रहनेवाले जन-समूह या तो नितान्त असभ्य और वन्य थे या किसी जनपद के निवासी कुछ मनुष्यत्व अपने में रखते थे तो बहुधा तो उनमें तामसी प्रकृति के थे। असुर, राक्षस, दस्यु, दानव, गन्धर्व, किन्नर या किंपुरुष उपाधि धारी हुए। सात्विक प्रकृति किसी-किसी में कहीं लेश मात्र को पाई गई। इस बात के साक्षी पुराणों के अनेक इतिहास कथानक और किंवदन्ती हैं। पुराण ही क्या वरन् संहिता और ब्राह्मण भाग की अनेक गाथाएँ भी इसमें प्रमाण हैं। इससे तो लाचारी है कि हमारे नई तालीम वाले अपने नये इल्म के जोश में बिना कुछ सोचे समझे सहसा कह डालें कि वह सब गप्प कवि या ग्रन्थकर्ताओं के मस्तिष्क की कारीगरी, किस्से कहानियाँ दन्तकथाएँ या पढ़े-लिखे लोगों के दिल बहलाव हैं किंतु तले तक डूबकर खोजते रहो तो यही पता लगता है कि यहाँ की पुरानी आर्य जाति जो अब हिन्दू के नाम से विख्यात है चरित्र की कसौटी में सात्विक वृत्ति का वैसा ही एक उदाहरण है जैसी प्रतिभा, धारण शक्ति, विचार शक्ति, आदि मानसिक व्यापार में इन धरातल पर अनुपम और अप्रतिद्वंद्वी हैं। इसकी कुशाग्र बुद्धि 'शाणोल्लीट' खराद पर कहाँ तक तीक्ष्ण हो सकती है। यह एक नहीं वरन् बीसों बार के कम्पटीशन संघर्ष में सिद्ध हो चुका है। जहाँ प्रतिस्पर्धियों के मुकाबले ये आगे ही बढ़े देख पड़े।

इनके और और उत्तम गुणों की समालोचना आगे चल के करेंगे पहले उनकी धर्मभीरुता का विचार करते हैं। हमसे कोई अधर्म न बन पड़े जिसमें हमारा परलोक बिगड़े और ईश्वर का कोप हमारे ऊपर आये। इनके अकुटिल सरल चित्त में प्रतिक्षण इसका ध्यान रहता है और यह ख्याल इतना पोढ़ा पड़ गया है और इतनी मजबूती के साथ इसने जड़ पकड़ लिया है कि किसी तरह उखाड़े नहीं उखड़ता। परिणाम में ये अनेक सुखद पदार्थों में वंचित रह जाते हैं परलोक में उसके सेवन या धारणा से बाधा

होगी इसलिए इन पदार्थों को बरकाते हैं। कितने खाद्य पदार्थ इन लोगों में जो अखाद्य मान लिये गए हैं। उसका कारण यही है कि कितनी वस्तु जो सात्विक नहीं है इसलिये उनके भोजन पान या सेवन से हमारी बुद्धि पर तामसी असर पड़ेगा। बुद्धि में जब तमोगुण आया तब कौन सा अकार्य करने को बच रहा और अकार्य बन पड़ा तब यह लोक परलोक दोनों में कुगति होने में क्या कसर रही। यह सब ख्याल कर कितनी चीजों का भोजन और पान तो दूर रहे उनका स्पर्श भी ये बचाते हैं। भारत भूमि की सीमा के बाहर रहने वाली जाति में ऐसे निन्दित घृणित पदार्थों का पान भोजन सेवन देख इन्हें घिन हुई और उन्हें ये म्लेच्छ कहने लगे। पीछे इन्हीं म्लेच्छों का दल बढ़ता गया और भारत पर आक्रमण के उपरान्त इतना घिष्ट-पिष्ट यहाँ के लोगों को उनके साथ बढ़ गया कि ये भी अनेक-अनेक आचरणों में उनके सदृश हो अपने को आध्यात्मिक विषय में नीचे गिरे देख भी अनदेखी कर गये और करते जाते हैं। उन गिरे हुओं का समूह प्रतिदिन अधिक होता गया और होता जाता है जो शुद्ध आचार के बचे हैं। उन बेचारों पर मूर्खता, अत्याचार दीनावातिली का दोष आरोपित किया जाता है। समय का प्रभाव तो है। जो गुण था वह दोष में शामिल किया गया। हमारी समझ में गुण जो इनमें दोष हो गया उसका यही कारण मालूम होता है कि ये धर्मवृक्ष के मूल को सींचना तो भूल गए डाली और पत्तों को सींचने लगे। परस्पर की सहानुभूति, अपने देश और जाति का अनुराग, स्वत्व रक्षा, स्वत्वाभिमान आदि मूल सेवन था सो सब न जाने कब से छोड़ बैठे। खान पान और आचार-विचार की छिलावट के प्रचार संचार में पड़े सड़ते हुए बैठे रहे जिनसे ये घिनाते थे वे इन्हें लात मार कर इनके प्रभु और शासनकर्त्ता बन बैठे। यहाँ तक शान्ति और धर्मभीरुता ने प्रभुशक्ति और मुल्की जोश की अग्नि को इनमें प्रशान्त कर दिया कि सर्वथा दास दीन हीन पराधीन हो—

'कोउ नृप होहि हमे का हानी
चेरी छोड़ न होइब रानी'

को पढ़ते हुए संतोष कर बैठे रहे।

अब दूसरी बात इन्द्रियनिग्रह या दमन उसकी समालोचना करते हैं। अनेक तामसी भोजन को जो इन्होंने बचाया उसका एक यह भी कारण था कि पातंजलि के योग सूत्र 'आहारात्सत्वशुद्धिः' के अनुसार तामसी वस्तु के सेवन से निग्रह की कौन कहे इन्द्रिय चांचल्य बहुत अधिक बढ़ जाता है। धर्मशास्त्र वालों ने दो तरह की पवित्रता कहा है बाहरी और भीतरी और इन दोनों तरह की पवित्रताओं का बड़ा विस्तार किया गया है। अंत को बाहरी पवित्रता पर विशेष जोर दे जैसा 'नवारिणा शुध्यति चान्तरात्मा' इत्यादि अनेक वाक्य पाये जाते हैं। भीतरी पवित्रता में आभ्यन्तर शौच को मुख्य माना है। यह आभ्यन्तर शौच और है क्या? यही आत्मदान। विदेशीजन जो हमको हर एक बात के सिखलाने का दावा बाँध रहे हैं उनके यहाँ बाहरी सफाई की कितनी अधिक तरक्की है पर भीतरी सफाई में कुछ भी नहीं। पादरी साहबान जुदा ही तान भर रहे हैं कि हिन्दुओं में 'मोरालिटी' दमन शिक्षा हई नहीं और वह केवल ईसाई धर्म के द्वारा प्राप्त

हो सकती है। जरा इस घमंड और विकत्थन पर ध्यान दीजिये और उनके मत की जो कुछ पूँजी या मूल ग्रंथ अथवा दमन सामग्री उनके धर्म में हैं उसे टटोलिये। हमारे यहाँ षट् दर्शनों में एक पातंजल दर्शन है जिसमें योग का अन्तिम निचोड़ इस दमन शक्ति का प्राप्त करना ही है जिसका आधे के लगभग केवल यम-नियम के विवरण में है और अन्त में इस बात को सिद्ध कर दिया है कि उन यम-नियम के अभ्यास से इन्द्रियों का निग्रह होता है। निग्रहीतेन्द्रिय अपने चंचल मन को स्थिर कर चित्त की वृत्तियों के निरोध से परमात्मा में मन लगा सकता है।

इन सब बात से यह बिल्कुल स्पष्ट है कि हमारे हिंदू कितना दमन की ओर प्रवण चित्त थे। किन्तु अत्यंत पछतावा और महादुख होता है कि विजातियों का घनिष्ठ संपर्क पाय ये कितना बिगड़ गये और इनके सात्विक स्वभाव और गुणों में बराबर कमी होती आई। अब जो इतने नराधम और अपाहिज हो गए यह सब उसी घनिष्ट संबंध का फल है। परिणाम में चिर संचित अपने पूर्वजों की पूँजी भी गँवाय बैठे, यवनानुयायी हो सर्वथा पौरुषेय गुण विहीन हो गये। जरा सी बातों के लिए दूसरे का मुँह जोहते हैं। विष-लता के समान अकर्मण्यता सब ओर छा भारत की उर्वरा भूमि को ऐसा छेंक लिया और यहाँ इतना विस्तार इसने पाया कि उद्यम, साहस, आत्मगौरव, जातीयताभिमान, उत्तेजना आदि पौरुषेय गुण जो आत्मदमन के सहकारी और सदा साथ-साथ रहने वाले हैं उनके बीज को अब बोने का कहीं अवकाश ही न रहा। जैसे आधुनिक विज्ञान प्रकृति के परिवर्तन और उसे नष्ट-भ्रष्ट करने में वज्रपात सा हुआ बैसे ही पश्चिमी सभ्यता हिंदुओं के आत्मदान में डिनामाइट के सदृश तहस-नहस करने वाली हुई। यों तो इन्द्रियाँ अपने-अपने ढंग पर सब प्रबल हैं पर दो बड़ी प्रबल हैं कामवासना और रसना—क्योंकि कहा भी है—

"जितं सर्वं जिते रसे"

रसना को जीत लेने से सब इन्द्रियाँ आप से आप वश में हो जाती हैं। मुसलमानों के अधिक संपर्क से उनकी सी भोग लिप्सा हमारे में बढ़ गई; न जानिये कितने हिंदू यवनी के प्रेम में आसक्त हो अपने बाप दादा का धर्म छोड़ खुलाखुली मुसलमान हो गए। मेरे मन में ऐसा आता है कि तीन चौथाई मुसलमान जो अपने मत को बदल हिंदू से मुसलमान हुए हैं ऐसे ही हैं। इतने तो प्रकट रीति पर खुलाखुली हो गये और गुप्त रीति पर तो मैं समझता हूँ न जानिए कितने होंगे उनके यावनिक आचरण, बोलचाल, रहन-सहन अरबी फारसी के पढ़ने से हम इन्हें अर्द्ध यवन कहें तो अनुचित न होगा।

अस्तु, यवन तुल्य होने पर भी संस्कृत हिंदी के प्रचार का सर्वथा लोप हो जाने से और मुसलमान बादशाहों के अत्याचार के कारण वैदिक धर्म केवल आभास मात्र को बच रहा। केवल ब्राह्मण मण्डली वेदशास्त्र का पठनपाठन करती रही। उत्तम वर्ण के कुलीन घरानों में वैदिक धर्म दीपक की ज्योति सा कहीं-कहीं फिर भी टिमटिमाता ही रहा किन्तु आस्तिक्य बुद्धि और धर्म पर श्रद्धा जो यहाँ की आबोहवा में छाया हुआ है और जो हिन्दू जाति में स्वभाव सिद्ध है उसे जब वैदिक धर्म का सहारा न रहा· तब

निकृष्ट वर्ण के लोगों में कोई-कोई ऊँचे घरानों में भी पीर पैगम्बर पूजने लगे। आधे से अधिक ने अपने को पचपिरिया कर डाला आभास मात्र को हिंदू कहलाये। उपरांत ब्रिटिश शासन के इस उग्र वैभव में और अंगरेजी शिक्षा के प्रबल प्रताप से उस श्रद्धा बुद्धि में भी बड़ा भारी धक्का लग गया। मजहब अब कोई चीज न रहा, आज़ादगी लोगों में ज्यादा पसंद आने लगी। अभी तक तो रसना इन्द्री का पूरा निग्रह था। प्रत्येक बात मुसलमानों की ग्रहण कर लिया था पर खाने पीने में उनका साथ बड़ी सावधानी से बचाते रहे। अब तो उसमें भी—

''सबै भूमि गोपाल की यामे अटक कहा,
जाके मन में अटक है सोई अटक रहा।''

तिसमें भी पानदोष तो इतनी तरक्की कर रहा है जैसा किसी समय आर्य जाति में सोमपान की तरक्की रही। दूसरे विलायत की अंगरेजी चीजों की नफासत आशा इस ओर आराम ने रजोगुण का इतना विस्तार देश में कर दिया कि यहाँ के लोगों की शुद्ध वे बनावटी प्रकृति में बनावट जिसका अंकुर मुसलमानी राज्य में पड़ चुका था अब बहुत ही बहुत बढ़ गया। जब तक देश में धन भरपूर था सब लोग खुश खुर्रम और रँजे-पुंजे थे यह ऊपरी बनावट भी शोभा देती थी अब निरी बनावट केवल आडम्बर मालूम होता है—

''सिद्धि रही सो गोरख ले गये—खाक उड़ावें चेले''

हर एक बात की आशा इस ओर आराम तथा ब्रिटिश राज्य का स्वास्थ्य पाय उचित था कि हम आगे बढ़ने के लिए चेतते सो गहरी नींद में सोना अपने लिए कल्याण और सुख मान बैठे। हिंदू समाज की अनेक प्रचलित बुराइयाँ जो यवनों के अत्याचार के कारण हमारे में कुलक्रमागत की भाँति हो गई थीं उचित था कि सोच समझ उनका संशोधन कर डालते सो उसमें परिवर्तन अपने बाप-दादों की हेठी और अपनी सपूती के विरुद्ध समझ बाल बराबर भी उस क्षुण्णवर्त्मा से इधर-उधर नहीं हटा चाहते सभ्य बनने को बहुत सी बुराइयाँ अलबत्ता हमने ग्रहण कर ली। अस्तु, जो हो हमें यह देख थोड़ा संतोष अवश्य होता है कि संपूर्ण आबादी का छठवाँ हिस्सा अब तक यहाँ ऐसा है जिसमें शुद्ध आर्य क्रम अब भी पाया जाता है, अहोभाग्य यदि अंगरेजी शिक्षा का प्रभाव न हो इतना ही बना रहे।

किसी देश के रहने वालों की समष्टि में जो गुण या दोष आ जाता है वह उस देश की प्राकृतिक बनावट और वहाँ की जलवायु के कारण से होता है। जैसे जो पर्वतस्थली हैं वहाँ भोजन आदि पदार्थ जिनसे मनुष्य का जीवन चल सकता है बड़े क्लेश से संपादित हो सकता है। वहाँ के मनुष्य बहुधा अति परिश्रमी व्यवसायी कुशाग्र बुद्धि दिल के कड़े और अनुदार प्रकृति के होते हैं। जो समुद्र के तट के देश में रहनेवाले हैं जहाँ की पृथ्वी उर्वरा और जलवायु न अत्यन्त उष्ण नातिशीतल है वहाँ के लोग स्वभाव के मृदु दयावन्त सीधे सहनशील उदार प्रकृति कृतज्ञ किंचित आलसी और प्राय: भोगलिप्सु होते हैं। अत्यंत उष्ण देश के निवासी जहाँ की पृथ्वी सूर्य की खरतर

किरणों से झुलसी हुई रहने से कम उपजाऊ है और जहाँ का जलवायु भी स्वच्छ नहीं है वहाँ के लोग बुद्धि से कुंठित, मरभुखे, दगाबाज़, कृतघ्न, निष्ठुर, निर्दयी, खोटे, अविश्वासी और प्रभुत्वशक्ति विहीन होते हैं। इत्यादि, प्राकृतिक नियम के अनुसार हिन्दुस्तान की स्थिति उसी जलवायु की है जो न अत्यंत उष्ण है न बहुत ठण्डा अधिकांश जिसका समभूभाग और अत्यंत उर्वरा पृथ्वी का है। बहुत ही थोड़े परिश्रम में भोजनाच्छादन यथेष्ट मन माफिक और सुख से होता आया। यही कारण हुआ कि यहाँ के लोग कम मेहनती और व्यवसायशील न हुए। जिनमें व्यवसाय की कमी है वे आलसी होंगे जो आलसी हैं वे झंझट में पड़ना कभी पसंद न करेंगे। समूची की जगह आधी खाकर रह जाना उन्हें भायेगा इसीसे सहनशील और संतोषी हुए जो हर तरह पर खुश खुर्रम सब भाँत पूर्ण किसी भोग पदार्थ के लिए लालाइत नहीं हैं वे अवश्य ही उदार प्रकृति सीधे स्वभाव और अकुटिल भावं के होंगे।

आस-पास के रहने वाले विदेशी यवन उनके इस परमोत्कृष्ट सात्विक गुण का लाभ उठाय पुनः-पुनः इनको आक्रमण करते हुए इनका सर्वस्व निगल बैठे और इन्हें अपने अधीन कर लिया पर ये अपनी स्वाभाविक सहनशीलता से पदाघात सह कर भी क्रोध के वश न हुए जो कुछ बचा और जिस तरह पर उन्होंने इन्हें रखा उसी में संतुष्ट रहे। यवनों का अधिक सन्निकट और सम्पर्क से अपने बहुत से उत्कृष्ट सात्विक गुण खो बैठे। उन यवनों की भोगलिप्सा इनमें बहुत अधिक आ गई बल्कि यों कहिए जितनी पहले थी उसकी दो चन्द हो गई। पीछे से यवन भी यहाँ के जलवायु के वशीभूत हो बहुत बातों में उन्हीं हिन्दुओं के सहकारी हो गए। ये हिदू यद्यपि अनेक तेज-बर्ताव चाल-चलन निशिस्त बरखास्त में अर्द्ध यवन हो गये सही पर अपनी जाति का स्वाभाविक भोलापन समूची की जगह आधी संतोष स्वामिभक्ति कृतज्ञता आदि गुण न छोड़ा। थोड़े ही उपकार में निहाल हो जाना और पहले किये हुए अपकार को बिलकुल भूल जाना यह गुण इसी कौम में है।

प्रत्येक देश की कौम के इतिहासों को पढ़ इनसे मिलाइये तो इसकी टटोल भरपूर आपको हो जायगी और हमारा कहना कहाँ तक सच है इसका अंदाजा आपको हो जायेगा। थोड़े उपकार को भी बहुत कर मानने वाले इस जगतीतल में दूसरे नहीं हैं। अकबर ऐसे कई एक मुसलमान बादशाहों ने इनमें इस गुण को पहचान लिया था और तदनुसार इनके साथ बर्ते भी जिसका फल यह हुआ कि ये प्राणपन के साथ इनकी फरमाबरदारी से नहीं चूके। हमारे सामयिक शासनकर्त्ता हर तरह पर बुद्धिमान होकर भी न जाने क्या कारण है कि सौ वर्ष से ऊपर इनको यहाँ राज्य करते बीत गया सब भाँत इनकी परख भी न जाने कै बार कर चुके और पूरी तरह इन्हें राजभक्त पाया तो भी इन्हें न पहचान सके। सच है स्वार्थ का लोभ ऐसा ही प्रबल होता है जिसकी प्रेरणा से मनुष्य स्वार्थान्ध हो उचित को अनुचित, अनुचित को उचित मानने लगता है। अस्तु, ये अपने काम में त्रुटि करते हैं करें पर हम अपने कर्त्तव्य से न चूकेंगे। राजा को साक्षात ईश्वर का अंग मानना हमारे यहाँ के धर्मग्रंथों में लिया दिया गया है कि तब साधारण

रीति पर यह हमारा एक धर्म हो गया। आचार-विचार आदि धर्म के अनेक अंग उपांग के समान मान है। धर्मभीरु होना भी इस जाति का एक स्वाभाविक गुण है। सब जाय पर परमार्थ और परलोक न बिगड़ने पाये उसी बुनियाद पर अत्याचारी से अत्याचारी मुसलमान बादशाहों की इबादत करते ही आये तब उनके मुकाबले तो इनका बहुत दूर तक धर्म-राज्य माना गया है। उसके साथ भी हमको वही भाव रखना ही पड़ेगा। अब वह स्वार्थ दृष्टि अंतिम छोर को पहुँच गई है इसी से हमारा क्लेश भी दिन-दिन अधिक होता जाता है। भविष्य जैसा हिन्दुस्तान के रहने वालों का धुँधला देख पड़ता है वैसा किसी देश के रहनेवालों का न। सुधार और आगे बढ़ने का इरादा न किया तब और अब कब करेंगे। ठीक है—

"प्रकृति यान्ति भूतानि निग्रहः किं करिष्यति"

जिसका जो स्वभाव है नहीं छूटता कोई कितना ही उसके रोकने का उपाय करे कृतकार्यता नहीं होती। अथवा—

"विवेकभ्रष्टानां भवति विनिपातः शतमुखः"

जिनको अपने भले बुरे का ज्ञान नहीं है वे बराबर नीचे ही को गिरते जाते हैं। आगे अब इस निर्बुद्धि अन्धी समाज का और क्या होने वाला है। भगवान जाने हमारा अनुमान सर्वथा लँगड़ा है। जिसकी गति वहाँ तक हई नहीं।

दिसम्बर, १८९९ ई०

ईमानदारी
(Honesty)

यदि इस बात पर ध्यान करो कि मनुष्य का अपने काम में कृतकार्य होने के लिए कौन-कौन से उत्तम गुण प्राप्त करने चाहिए। तो (Honesty) व्यवहार में सफाई या ईमानदारी पहली बात होगी। बिना इसके रोज़गारी अपने कारबार में किसी तरह प्रतिष्ठा या सरसब्ज़ी नहीं हासिल कर सकता।

''आदमी के गात में करामात एक बात है''

इस कहावत की पूरी चरितार्थता बहुधा ईमानदार रोज़गारियों ही में पाई जाती है। जो अपनी बात बनाये है वह बिना कुछ लिखे-पढ़े हज़ारों लाखों जब चाहे तब केवल बात पर ले सकता है और लोग बिना किसी मीनमेख के खुशी से उसे दे देते हैं। सच पूछो तो यहाँ का बनिज अब तक इसी ईमानदारी के भरोसे चलता रहा। ज्यों-ज्यों (Litigation) सरकारी कानूनों में बारीकी और हिन्दी की चिन्दी निकलती गई विश्वास उ़ठता गया, लेन-देन में जाल और फरेब को फ़रोग होता गया। यहाँ तक कि भाई-भाई और बाप-बेटे में भी जबानी-जमाखर्च कोई हकीकत नहीं जब तक कानून की चुस्त इबारतों में लिखा पढ़ी हो हस्ताक्षर न कर दिया हो।

हिन्दुस्तान के व्यापार घटने के जहाँ बहुत से कारण हैं उनमें कानून की बारीकियाँ भी एक है। कितने तरह के रोज़गार और पेशे बदनाम हैं कि वे अच्छे शिष्ट पुरुष के करने योग्य समाज में नहीं समझे जाते पर निश्चय मानो वह काम या पेशा खुद बुरा नहीं है किन्तु जो लोग उसे कर रहे हैं वे ऐसे हैं जिससे वह काम या पेशा बदनाम हो गया है। कोई काम हो जो ईमानदारी से किया जाये और उचित लाभ के अतिरिक्त एक पैसा बेईमानी का उसमें नहीं आया वह सर्वथा प्रतिष्ठित और सराहना के योग्य है। नीचे से नीचा काम ईमानदारी के साथ किया जाय कभी बुरा नहीं है। किसी ऊँची बात के लिए लक्ष्य कर नीचे से नीचा मेहनत का काम बुरा नहीं है जो अपनी ईमानदारी में बट्टा न लगता हो। जो लेन-देन में पवित्र और शुचि है धर्मशास्त्र वालों ने उसी को पवित्र माना है। मनु महाराज ने शौचाशौच के प्रकरण में अर्थ शौच (Honesty) को सब से बढ़ा के पवित्र रहने का द्वार बतलाया है।

''सर्वेषामेवशौचानामर्थशौचं परं स्मृतम्।
योर्थेशुचिर्हि स शुचिर्नमृद्वारि शुचिः शुचिः॥''

मिट्टी और जल जो विष्ठा मूत्र आदि अपवित्र वस्तु के स्पर्शास्पर्श के लिए कहे गए हैं कि यह अपवित्र वस्तु छू जाये तो इतनी बार मिट्टी लगाय जल से धोवे सो सब उसे

पवित्र नहीं कर सकते जो लेन-देन में शुद्ध नहीं हैं। जितनी प्रकार की पवित्रता कही गई है अर्थशौच सबसे बढ़ के है जो उसमें पवित्र हैं उसी को पवित्र कहना चाहिये। मिट्टी और जल से जो पवित्रता होती है वह पवित्रता नहीं है। आगे चल के और भी कहा है—

''अद्भिर्गात्राणि शुध्यन्ति मनः सत्येन शुध्यति''

हाथ पाँव आदि अंग जल से शुद्ध और साफ होते हैं पर मन केवल सत्य से शुद्ध होता है। मन जिसका दृढ़ है और डिगा नहीं वही अपनी गाढ़ी मेहनत की कौड़ी को अपनी करके मानेगा। वह बेईमानी से अनुचित लाभ को सोना भी है तो मिट्टी का ढेला मानता है। 'परद्रव्येपुलोष्ठवत्' ऐसों ही के लिए कहा गया है। विलायत में बहुत से ऐसे लोग हो गए और अब भी मौजूद हैं जिन्होंने शुरू में मोची और चमार की नौकरी तथा पेशा इख्तियार कर गाढ़ी मेहनत के द्वारा ईमानदार रह जो कुछ लाभ उन्हें हुआ उसी में बराबर उद्यम करते हुए अन्त में ऊँचे से ऊँचे पद पर पहुँचे। हमारे ही यहाँ हुल्कर, सेन्धिया और गायकवाड़ के पूर्व पुरुष पेशवा के जूती बरदार या इस तरह के दूसरे निकृष्ट काम पर थे पर पेशवा ने इन्हें अपने काम में अति निपुण, सावधान और ईमानदार पाय क्रम-क्रम इतने ऊँचे अधिकार पर इन्हें कर दिया कि अब उनके वंशधर हिन्दुस्तान के प्रधान शासनकर्त्ताओं में हैं। बड़े-बड़े राजा महाराजाओं के ऊपर उनका दर्जा रखा गया है। गाढ़ी मेहनत, ईमानदारी और मुस्तैदी, ये तीन बात रोज़गारी के लिए बड़ी जरूरी है। बहुधा लोग अपनी बदकिस्मती लिये रोते और पछताते हैं पर सच पूछो तो बदकिस्मती से उनका इतना नहीं बिगड़ा जितना उनकी गफलत, बेपरवाही और जी लगा के मेहनत न करने से। अंगरेजी की एक कहावत है—

"A barking Dog is more useful than a sleeping Lion.

''भूकता हुआ कुत्ता ज़ियादे काम का है सोते हुए सिंह से'' तात्पर्य यह कि हम बड़े योग्य और लायक हैं पर चौकसी और अपने काम में कैसे मुस्तैद रहना चाहिये बिल्कुल नहीं जानते तो हमसे वह अच्छा है जो बड़ा योग्य तो नहीं है किन्तु मुस्तैदी और चौकसी से चलता पुरजा हो रहा है।

छोटी-छोटी बातों को भी ध्यान में चढ़ाये रखना, मेहनत से मुँह न मोड़ना, हिसाब-किताब आना पाई रखना, बीजक और माल की रवानगी में ठीक समय का शुद्ध ख्याल रखना, ये बातें कुछ ऐसी भारी नहीं हैं कि चुस्त और चालाक रोज़गारियों में बहुत कदर के लायक हों किन्तु छोटी-छोटी बातों की त्रुटियों को जोड़ने बैठो तो वे सब इतनी अधिक हो जाती हैं कि आदमी को सर्वथा बेकाम कर देती हैं और आगे को उसकी भलाई में बाधा छोड़ती हैं। कितनी बातों को हम हकीर और छोटी समझ उस पर ध्यान नहीं देते पर सच पूछो तो मनुष्य का जीवन ही उन छोटी बातों से चल रहा है। जिनका समूह मिल कर न केवल हमारी जिन्दगी को फीकी वरन् हमारे चरित्र को दगीला कर देता है। हमें चाहिये हम जिस धन्धे को कर रहे हैं उसे पूरा किये बिना न छोड़ें। दस काम अधकचड़ा छोड़ देने से एक काम को पूरा उतार लाना अच्छा है। और-

और बातों में हम कितने ही बड़े गुणी, नेकचलन और धर्मशील हैं किन्तु ग्रन्थ चुम्बक विद्यार्थी के समान आरंभ शूर हैं जम कर आदि से अन्त तक किसी काम को पूरा नहीं करते तो हम लोगों में विश्वासपात्र न होंगे। बल्कि उसका अधकचड़ा काम जो उसने बिना पूरा किये छोड़ रखा है औरों के लिये बड़ी दिक्कत और तकलीफ का वाइस होगा।

हर एक चीज़ का क्रम विन्यास (Method) रोज़गारियों के लिये बड़ा प्रयोजनीय है। जो अपनी चीज़ों को अस्तव्यस्त न कर क्रमपूर्वक सजाय के रखे हुए है वह ग्राहकों की कैसी भीड़ आ जाय कभी आ जाय कभी घबड़ायेगा नहीं एक घंटे का काम बीस मिनट में कर डालेगा। जिस रोज़गारी में ये बातें होंगी वह कभी रोज़गार में घाटा न सहेगा और प्रतिदिन उन्नति करता रहेगा। ईमानदारी के प्रकरण में व्यापार करने वालों के सम्बन्ध में हमने यहाँ पर थोड़ा सा इसलिये लिखा कि ईमानदारी की कसौटी जैसा व्यापार में होती है वैसा और दूसरी बातों में नहीं हो सकती। रुपये पैसे के लेन-देन में ईमानदारी एक उपलक्षण मात्र है। वास्तव में जो ईमानदार हैं वे अपने जितने काम और बर्ताव हैं सब में स्वच्छता और सफाई रखने में नहीं चूकते और समाज में छोटे से छोटे और बड़े से बड़े लोगों के बीच जैसा विश्वासपात्र वे होते हैं वैसा बड़ा रुपये वाला और बड़ा विद्वान् नहीं हो सकता यदि व्यवहार में सच्चा नहीं है। ईमानदार रह कर थोड़ी आमदनी से हम किसी तरह बड़ी कठिनाई से अपना दिन काटते हों तो यह उससे अच्छा है कि हम ईमानदारी को छप्पड़ पर रख बेईमान हो बहुत रुपया बटोर गुलछर्रे उड़ावें। सच मानो एक दिन परिणाम उसकी बेईमानी का इतना बुरा होगा कि जितना उसने अपने इस नीच कर्म से सुख भोगा है वह सुख भोगने का पलरा दुख भोगने के बराबर का हो जायेगा। न उस पर उस बेईमानी का फल हुआ तो औलाद पर होगा। मसल है जितना पुरखों ने राज रज़ा उतना ही लड़कों ने भीख माँगा। अब इस कराल काल में ऐसे लोग कम जन्मते हैं, देवमूर्ति ऐसों को शतशः प्रणाम है।

''यदि नात्मनि पुत्रेषु नय पुत्रेषु नप्तृषु।
नत्वेव चरितो धर्मः कर्तुर्भवति नान्यथा।''

अक्टूबर, १९०० ई०

■

सुख-दु:ख का अलग-अलग विवेचन

बुद्धिमानों ने सुख-दु:ख का निर्णय इस तरह पर किया है कि जो अपने को अनुकूल वेदनीय वह सुख है और जो प्रतिकूल वेदनीय हो वह दु:ख है। एक ही वस्तु एक को सुख का कारण होती है इसलिये कि वह सब भाँति उसके अनुकूल है; वही दूसरे को दुखदायी हो जाती है क्योंकि वह सब तरह पर उसके प्रतिकूल पड़ती है। प्राणी मात्र को एक ही वस्तु या एक ही विषय सुखद और दु:खद नहीं होते। माघ कवि ने कहा भी है—

"भिन्नरुचिर्हि लोकः"

इत्र जो हम लोगों को अत्यन्त घ्राणतर्पण और मस्तिष्क को ताकत पहुँचाने वाला है गोबरैले को सुँघाने से वह मर जाता है। इस गृहस्थों को विषयास्वाद सुख का हेतु और जन्म का साफल्य है वही विरक्त वीतराग को उमसें हेय बुद्धि और जैसे हो सके उसका त्याग सुख और शान्त का हेतु है। आलसी सुस्त बेकाम पड़े रहने ही को सुख समझता है परिश्रमशील उद्योगी परिश्रम ही को सुख मानता है। उदार चेता को खाने खिलाने और किसी को अपने पास का चार पैसा दे देने में असीम सुख मिलता है। वही बद्धमुष्टि कंजूस कदर्य की समझ में जो सुख की अन्तिम सीमा हांव-हांव कर रुपया बटोरने में है वह इन्द्र के अर्द्धासन के मिलने में भी कदाचित न होगी। खेलाड़ी आलसी लड़का पढ़ना महा दु:खदायी मानता है वही विनीत, परिश्रमी, विद्यानुरागी नई-नई पुस्तकें और टटके लेख पढ़ने में अपने आनन्द का उत्कर्ष और दिल-बहलाव का एक मात्र वसीला मानता है। डरपोक कायर के लिए रण-क्षेत्र भय का स्थान है वही युद्धोत्साही वीर के लिये उससे बढ़ के कोई सुख हई नहीं इत्यादि। जिस वस्तु को हम दु:खद मान उससे घिनाते हैं वह भी प्रकृति के नियम के अनुसार ईश्वर की सुधि में बड़े ही काम की है। तो निश्चय हुआ वास्तव में सुख-दु:ख का अस्तित्व कल्पित है। हमारा मन जिस भावना से जिसे ग्रहण करता है उसी भावना का नाम सुख अथवा दु:ख है। गंभीर बुद्धि वाले विचारवान् का यह काम न समझा जायेगा कि थोड़ा-सा भी अपने प्रतिकूल होने से विकल हो धैर्य को पास फटकने का अवसर न देना और उस व्याकुली में भाग्य, अदृष्ट और ईश्वर पर समस्त दोष आरोपित कर देना। यदि अदृष्ट या ईश्वर का यह सब दोष ठहराया जाय तो उसके प्राकृतिक नियम किस लिये रखे गये हैं। प्रकृति के अनुकूल जो कुछ है वह कभी दु:ख का हेतु होगा ही नहीं—वरन् प्रकृति देवी की विश्व-विमोहिनी अपरिमित व्यापकता में सब कुछ समीचीन और अच्छा ही अच्छा है। ईश्वर की सृष्टि में निष्प्रयोजन तो कुछ है ही नहीं, न कोई काम या घटना निष्प्रयोजना होती है। ज्ञानातीत होने से उसका भेद या मर्म हमारी ओछी बुद्धि में नहीं

आता तो यह हमारी ही अल्पज्ञता का दोष है। ईश्वर को सर्वज्ञ, सर्वनियन्ता, सर्वव्यापक, सर्वशक्तिमान् आदि लड़ी के लड़ी विशेषण युक्त अपने प्रभु, उत्पादन पालन और संहारकर्ता मान उसे दोष लगाना कैसी अदूरदर्शिता और मूर्खता है। इससे सुख-दु:ख में समभाव का होना ही परम सुख या सच्चा सुख है; योग सिद्धि का प्रधान अंग; शान्ति लाभ का एक मात्र सहायक और स्थिर-धी का मुख्य लक्षण है—

''दु:खेष्वनुद्विग्नमना: सुखेषु विगतस्पृह:।
वीतरागभयक्रोध: स्थिरधीर्मुनिरुच्यते॥''

यह सुख-दु:ख की दशा महामना, उदार चेता बड़े लोगों के पहिचान की एक कसौटी है।

''संपत्सु महतां चित्तं भवत्युत्पलकोमलम्।
आपत्सुच महाशैलशिलासंघातकर्कशम्॥''

सुख और सम्पत्ति की दशा में बड़े लोगों का चित्त उत्पल जो अत्यन्त कोमल होता है तत्सदृश मुलायम हो जाता है; अत्यन्त विनीत और नम्र हो झुकने लगते हैं। वही जो ओछे, छोटे संकीर्ण हृदय हैं वे अभिमान में फूल बड़े कट्टर हो झुकना जानते ही नहीं—विपद्ग्रस्त दु:खित दशा में बड़े लोग धैर्य धर पत्थर से कड़े दिल बने रहते हैं; जो क्षुद्र हृदय हैं धीरज छोड़ गिड़गिड़ाने लगते हैं।

नवम्बर, १९०० ई०

■

संग्राम

आज कल जब लोंगों का चित्त ट्रान्सवाल युद्ध के बारे में चुभ रहा है—संग्राम है क्या? और इसका क्या परिणाम होता है? यह सब लिखा जाय तो हम समझते हैं कि असामयिक घोर अरोचक न होगा। संग्राम बहुत पुराने समय से होता आया है। वेदों में तो अध्याय के अध्याय ऐसे ही पाये जाते हैं जिनमें व्यूह-रचना एक-एक अस्त्र-शस्त्र के अभिमंत्रण और उनको शत्रुओं पर प्रयोग करने के क्रम और तरीके लिखे हुए हैं। और अब इस समय तो यूरोप और अमेरिका में रोज नई-नई तरह की बन्दूक और तोपों के ईजाद से युद्ध करने का हुनर तरक्की के ओर-छोर को पहुँचा हुआ है। यद्यपि सब दार्शनिक ज्ञानी विद्वान् इसमें एक मत हो कह रहे हैं कि लड़ाई करना बुरा है, तथापि खेद का विषय है कि यह कभी बन्द न हुई वरन ज्यों ज्यों सभ्यता बढ़ती जाती है डायनामाईट, आदि, नये-नये तरह की पाउडर और लड़ाई की कलें निकलती आती हैं। युद्ध के नये-नये अस्त्र-शस्त्र में सुधराई होती जाती है और संग्राम में मृत मनुष्यों की संख्या बढ़ती जाती है।

कुछ लोग कहेंगे संग्राम में जो शत्रु के सम्मुख तन त्यागते हैं, वीरगति पाते हैं और सूर्य-मण्डल भेद कर सीधे स्वर्ग को जाते हैं।

''द्वाविसौ पुरुषौ लोके सूर्य मण्डलभेदिनौ।
योगेन त्यजते प्राणान् रणे चाभिमुखे हतः॥

इसलिये कि बहुधा लोग अपने देश या जाति के लिए प्राण देते हैं और फिर युद्ध करना क्षत्रियों का मुख्य धर्म है। ''क्षात्र धर्म की थाप रखना अपना परताप। चाहे आगे आवे बाप तहू चाप खैचना।'' जब लड़ना क्षात्र-धर्म की थाप अर्थात् प्रतिष्ठा है तो इसमें क्या बुराई है। ऐसों से हमारा यह प्रश्न है कि जब किसी को पीड़ा या दुख पहुँचाना महा पाप है 'पापाय परपीडनम्' तब रणक्षेत्र में तो न जानिये कितने लोगों को पीड़ा कैसी वरन् उनका वध हो जाता है। आप के घर में दो चार डाकू या चोर जबरदस्ती घुस आयें और दो चार सौ की पूँजी छीन ले जायें दो चार मनुष्यों को घायल भी कर डालें तो आप का कितना क्रोध होगा और उन डाकुओं को फँसाने और दण्ड दिलवाने का आप कितना यत्न करेंगे। यदि आप के छोटे से घर के बदले एक बड़ा-सा गाँव या देश हो और दो-चार सौ की पूँजी की जगह लाखों या करोड़ों की जमा हो; दो-चार डाकुओं के बदले सेना की सेना ने आक्रमण किया हो और दो-चार घायल मनुष्यों के एवज हजारों लाखों की जान गई हो तो यह क्या अच्छा होगा? थोड़े से धन या थोड़ी-सी पृथ्वी के वास्ते लाखों की जान लेना या किसी बात के हठ में आय लाखों करोड़ों, रुपया बरबाद करा देना क्या उचित होगा? जितना रुपया प्रति वर्प इन लड़ाइयों में व्यय किया जाता है

वह न जानिये कितने आवश्यक कामों के लिये काफी होता। हमारे खेतिहर बेचारे बड़े-बड़े कष्ट सह जो रुपया सरकार को देते हैं वह रुपया बारूद और गोलों के छर्रों में फुक जाना क्या अनुचित नहीं है।

लोग कहते हैं; जैसे-जैसे समय बीतता है हम अधिक-अधिक सभ्य होते जाते हैं। क्या सभ्यता का यही चिह्न है कि केवल पृथ्वी और धन के लोभ से सैकड़ों हजारों की जान गँवाई जाये? खान्द लोग और फीजी टापू के रहने वालों को हम लोग असभ्य और जंगली कहते हैं तो इसी लिये कि सुकृत, भलाई, अनुग्रह, दया, क्षमा इत्यादि गुण जो ईश्वर की ओर से मनुष्यों में दिये गये हैं और जिसके कारण वह सब जीवों में श्रेष्ठ माना गया है वे सब गुण उन जंगली लोगों में नहीं हैं। हम जो उन्हें पापी, दुराचारी, असभ्य कहते हैं सो इसीलिये कि वे मनुष्यों को मार उन्हें खा जाते हैं। परन्तु उनको जो रणक्षेत्र में उदारता, दया और कोमलता को ताक पर रख सैकड़ों हजारों वरन् लाखों की जान ले विजय की खुशी मनाते हैं; उन्हें हम वीर कह सराहते हैं और उनकी बड़ी प्रशंसा करते हैं; सरकार से उन्हें बड़े-बड़े तमगे और खिताब दिये जाते हैं। किसी मनुष्य को जो बात उसके चित्त में है और जो वह कहता है उसके अतिरिक्त कुछ कहे तो हम उसे झूठा और मिथ्यावादी कहते हैं। पर वही बात यदि कोई राज मंत्री कहे और उसके द्वारा स्वार्थ साधन कर दूसरों को हानि पहुँचाये तो उसे हम राजनीतिज्ञ कहते हैं। जो काम खान्द जाति के लोग या फीजी टापू के रहने वाले करके दुष्ट और पापिष्ट कहे जाते हैं वही यदि जापान या जर्मनी के रहने वाले करें तो वीर हैं। जो झूठ और बनावट, अदालत के कसूरवार को ७ वर्ष का कैदी कर देता है वही आक्रमणकारी देशों के सेनापतियों अथवा और और कर्मचारियों के लिए राजनीतिज्ञता है।

मनुष्य में जहाँ बहुत-सी तामसी या शैतानी प्रकृति है उनमें लड़ना भी एक है किन्तु उसी के साथ कितने उत्तम गुण भी उसमें हैं। एक समय मनुष्य क्रोध-वश या लालच में पड़ कोई बुरा काम करता है तो पीछे भी पछताता है और मान लेता है की हमसे बुरा बन पड़ा और उस बात का प्रण करता है कि अब हमसे ऐसा काम न बन पड़े। अवश्य यह बात मनुष्य में अच्छी है; यदि उसमें दोष हों और वह जान जाय कि यह हमारे में दोष है तो आगे के लिए यह एक भलाई का चिह्न है; और यदि उस दोष को वह दोष मानता ही नहीं तो लाचारी है। हमें बड़ा खेद है कि आज-कल हमारी सभ्यता में संग्राम के लिये उत्साह का होना जो बड़ा दोष लग रहा है हम उसे दोष मानते ही नहीं वरन् उस दोष के और अधिक फैलाने के लिये लोगों को प्रोत्साहित करते हैं।

यह बात सत्य है कि किसी-किसी समय हमें लड़ाई करने के लिये लाचार हो जाना पड़ता है और उस समय न लड़ना ही अधम और बुरा काम है परन्तु दो एक उदाहरण से हम उस तरह की और-और बातों को जो अच्छा सिद्ध करें तो ऐसा मान लेना भी हमारी भूल होगी। यदि ऐसा होता कि कभी कुछ मनुष्यों में लड़ाई हो जाती तो हम उसको मनुष्य का एक स्वभाव समझते परन्तु इन दिनों लड़ाई तो एक बड़ा भारी

गुण समझा जाता है जिसका यूरोप की सभ्य जाति बड़ा पोषण कर रही है। जहाँ अनेक शिल्प और विज्ञान में वे लोग एकता हो रहे हैं वहाँ लड़ने भिड़ने के सामान और हुनर भी तरक्की के अन्त के छोर तक पहुँच गये हैं। और शिल्प-विज्ञान की तरक्की की तरह इसकी तरक्की भी सभ्य जाति का एक अंग हो रही है। ऐसी समझ रखने वालों को हम मूर्ख नहीं तो क्या कहें? आदमी की जान और शरीर कोई कागज़ का पुतला नहीं है जिसके नाश होने या बनने में कुछ हानि नहीं है।

एक समय एक बड़े प्रतिष्ठित राजनीतिज्ञ ने कहा था ''इस बात की कि कितने आदमी लड़ाई में मारे जाते हैं मुझे कुछ भी परवाह नहीं है। मनुष्य को तो एक दिन मरना ही है तब इसके विचार का क्या अवसर है की वह कब मरा और कैसे मरा था?'' मुझे तो कुछ ऐसा जान पड़ता है कि जिस महाशय ने यह कहा था उन्होंने मनुष्य के अनमोल जीवन का कितना मूल्य है कभी नहीं सोचा। कहने को चाहे जो जैसा कह डाले किन्तु उनके चित्त से तो पूछो जिनके पति, जिनके पिता, जिनके भाई और जिनके लड़के मारे गये हैं उन अबोध बालक बलिकाओं से तो पूछो जो कल आनन्द में मगन खेल रहे थे आज अनाथ हो खाने तक को तरसने लगे; उस कुलीन अबला से पूछो कल जो पति की सेवा-टहल और दर्शन से जन्म सफल मानती थी, अब रंड़ापे का दुःख झेलते अपना जीवन उभारू मान रही है। सारा जगत उसके वास्ते काँटा हो रहा है। न जानिये कितने नई जवानी के खिलते हुए फूल गोली और छर्रे की चोट से टुकड़े-टुकड़े हो गये। तलवार और बरछी के आघात से ऐंठ के रह गये। कभी एक मनुष्य को भी अपमृत्यु गाड़ी इत्यादि से दब के मरते देख कितना खेद होता है किन्तु ऐसे रणक्षेत्र को देख जहाँ लाखों मनुष्यों के शव को कुत्ते, कौवे, सियार, गिद्ध, अपनी-अपनी ओर नोच-खसोट, कलोलें करते हुए पाये जाते हैं। चित्त पर कैसा असर होता होगा! धन्य हैं वे साहसी वीर पुरुष जो प्राण को पत्ते पर रख ऐसे स्थान में भी निर्भय रह वीरता के जोश में भरे हुए पीछे कदम न धर शत्रु के सन्मुख आगे बढ़ते ही जाते हैं। जो कुछ आदर, गौरव और मान इन वीर पुरुषों का किया जाय वह सब कम है; इनके बराबर का दरजा न तो बड़े से बड़े विद्वान् का है; न बड़े प्रसिद्ध राजनीतिज्ञ का है; न किसी नामी विज्ञान्विद कला-कोविद् ('साइन्टिस्ट या आर्टिस्ट) का है। संसार भर में वध, बन्धन आदि अपमृत्यु से मरे हुओं की संख्या अवश्य उससे जितनी कम होगी जितनी अभी हाल में ट्रान्सवाल युद्ध में मारे गये की है। किन्तु ऐसी लड़ाई देवासुर संग्राम, राम रावण युद्ध का प्युनिकवार से शुरू कर अब तक में न जानिये कितनी हो चुकी होगी जिनमें कितने लोगों की जान गई होगी और कितने धन का अपव्यय हुआ होगा। इन्हीं सब बातों को देखभाल, विद्वान् ज्ञानी जन के चित्त में तर्क-वितर्क उठता है कि संग्राम क्यों होता है और इसका क्या परिणाम है? यदि किसी कुशल राजनीतिज्ञ राज-मंत्री से यह प्रश्न पूछा जाय तो वह बहुधा यही उत्तर देगा कि अमुक जाति या देश के लोग हम से डरते नहीं। सरकश हो गये, हमारी इतात नहीं कुबूल करते; वरन् औरों पर अत्याचार करते हैं उन्हें अपना वशंवद बनाये रखने को इस युद्ध का आरंभ किया गया

है। ऐसे-ऐसे कोई बहाने अपनी सफाई रखने का ढूँढ़ लेते हैं। किन्तु वास्तव में जब उनका वैभवोन्माद सीमा को अतिक्रमण कर लेता है धन, प्रभुता और वीरता का अभिमान बढ़ जाता है तभी लड़ना सूझता है ऐसों ही के पक्ष में संग्राम सर्वथा बुरा और अनुचित है नहीं तो किसी ने ठीक कहा है—शस्त्र की विद्या सब विद्याओं से श्रेष्ठ हैं, शस्त्र के द्वारा जब राज्य की रक्षा हो सब भाँति स्वस्थ रहता है तब पढ़ना-लिखना धर्म-कर्म, भोग-विलास सब सूझता है।

''शस्त्रविद्या स्वभावेन सर्वाभ्योस्ति महीयसी।
शस्त्रेण रक्षिते राष्ट्रे शास्त्रचिन्ता प्रवर्तते॥''

इन दिनों स्वार्थी, उन्मत्त, अविवेकी, कुटिल राजनीतिज्ञों ने संग्राम को ऐसा घिन के लायक कर दिया कि जिससे सिवाय हानि के लाभ का कहीं लेश भी नहीं है। ईश्वर ऐसों को सुमति दे जिसमें वे अपनी कुटिलाई के एच-पेच काम में न लाया करें तो संग्राम न हुआ करे लाखों जान कृतान्त के कर-ग्रहण से बची रहे और प्रजा का कल्याण हो।

अप्रैल, १९०० ई०

■

तेजस्विता या प्रभुशक्ति

सोत्साहस्य हि लोकेषु नकिंचिदपि दुष्करम्॥

ऊपर का वाक्य आदि कवि महर्षि वाल्मीकि का है। ''तेजीयान् उत्साह युक्त के लिये संसार में ऐसी कोई बात नहीं है। जिसे वह न कर डाले'' सच है जिसका जी नहीं बुझा, हिम्मत बाँधे है, जिसको बड़े से बड़ा काम कठिन नहीं मालूम होता। हमारी आर्य जाति बार-बार पराजित होते-होते गर्दखोर हो गई। बल, वीर्य, उत्साह, सत्व, पौरुष, अध्यवसाय, हिम्मत सब खो बैठी जो सब गुण मनुष्य में तेजस्विता के प्रधान-प्रधान अंग हैं। अंग और अंगी का परस्पर सम्बन्ध रहता है जब अंग न रहे तो अंगी के होने की क्यों आशा की जा सकती है—और अब तो प्रभुत्व शक्ति का सर्वथा अभाव दिखाई देता है। हिन्दुस्तान के लोग फर्माबरदारी ताबेदारी इत्यादि में संसार की सब जाति में अगुआ गिने जा सकते हैं सो क्यों? इसीलिये कि इनमें से अपनापन सब भाँति जाता रहा वह आग बिलकुल बुझ गई जिससे इनमें तेजस्विता आती जो आग और जाति के लोगों में धधकती हुई पूर्ण प्रज्ज्वलित हो रही है। शिक्षा और सभ्यता का संचार, उन-उन तेजस्वी जाति वाले विदेशियों का घनिष्ठ सम्बन्ध, उनका उदाहरण इत्यादि सैकड़ों यत्न और चेष्टा उसके पुनः संचार की सब व्यर्थ होती है।

तेजस्विता प्रभुत्व शक्ति की कारण तो हई है वरन् अपने में बड़प्पन या बुजुर्गी आने की बुनियाद है। प्रभु-शक्ति संपन्न तेजीयान् कैसी ही कठिनाई में आ पड़े अपने दृढ़ अध्यवसाय, स्थिर निश्चय, पौरुषेय गुण के द्वारा उस कठिनाई के पार हो जाने का कोई रास्ता अपने लिये निकाल ही लेता है। वह साहसी उससे अधिक कर सकता है जितनी उसमें उस काम के करने की (सेन्स) स्वाभाविक शक्ति दी गई है। वरन् स्वाभाविक शक्ति के बल करने वाले को जितना नैराश्य, भय, हेतु, और शंका स्थान रहता है उसका आधा भी तेजीयान् प्रभुत्व-शक्ति-संपन्न को न होगा। और यह प्रभुत्व-शक्ति चारित्र्य (करेक्टर) का तो केन्द्र भाग है जिसके चरित्र में स्खलन है वह क्या दूसरों पर अपनी प्रभुता या रोब जमा सकता है? तेजःपुंज की वृद्धि केवल वीर्य रक्षा आदि चरित्र की संपत्ति ही से सुकर है; तो निश्चय हुआ कि पहले हम अपने को सुधारे रहें तो दूसरों को सुधरने के लिये प्रभु बनें, नहीं तो किस मुख से औरों को हम कह सकते हैं—''खुद फजीहत दीगरे देह नसीहत।''

बल्कि यों कहिये वही तो पुरुष है जिसमें तेज है। यह सतेजस्कता हमारे हर एक काम में ऐसा ही सहायक है जैसा रक्त-संवाहिनी शिरा या धमनी शरीर में जीव की साक्षिणी रह जीवन में सहायक होती है। नाड़ी छूट जाने पर मरने में देर नहीं लगती; अच्छा वैद्य रसों का प्रयोग कर फिर उसे जगाता है। हमको अपने कामों में सच्ची

उम्मीद उसी से रखना उचित है जिसमें तबियत में जोर पैदा करने वाला यह गुण विद्यमान् है। बल्कि मनुष्य के जीवन-रूप कुसुम की मन हरे वाली सुवास यही है। धिक् कातर दुर्बलचित्त को—स्थिर अध्यवसाय दृढ़ चित्तता ही बड़ी बरकत या कल्याण का मार्ग है। दुर्बल और प्रबल, बड़े और छोटे, जित और जेता, निर्धन और अढ्य में अन्तर बताने वाली यही प्रभु-शक्ति-संपन्न सतेजस्कता या तबियत में जोर का होना है। बिना जिसके असीम बुद्धि-वैभव, अथाह विद्या और सब तरह का सुबीता के रहते भी आदमी दो टाँग वाला जानवर है। तेजीयान् जोर रखने वाला यदि उद्देश्य उसका सर्वथा उत्तम और सराहना के योग्य है तो वह जिस बड़े काम के लिए उतारू होगा कर ही डालेगा; यहाँ की अदालतों में हिन्दी अक्षरों के प्रचार पाने के उद्योग पर हम अपने प्रियवर मालवीयजी को सदा हँसाते थे और यही समझते थे कि यह सब इनकी चढ़ती उमर की उमंग मात्र है। किन्तु स्थिर अध्यवसाय के साथ तबियत में जोर का होना इसी को कहेंगे कि हमारे मित्रवर इस अपने उत्तम (नोबिल) उद्देश्य में कृतकार्य हुए ही तो। मनुष्य चाहे बड़ा बुद्धिमान् न हो पर अध्यवसाय और रगड़ करने में थकेगा नहीं तो यह अवश्य कृतकार्य होगा; और ऐसे काम जिसे काम कहेंगे जो बहुत से लोगों के नफा नुकसान का है बिना रगड़ के कभी सिद्ध भी नहीं हुए। तबि्यत में जोर रख रगड़ करने वाला जितना ही कठिनाई और विघ्नों के साथ लड़ता रहेगा उतना ही उसका नाम होगा और यत्नशीलों में अगुआ माना जायगा। कहा भी है—

''नसाहसमनारुह्य नरो भद्राणि पश्यति।

साहसं पुनरारुह्य यदि जीवति पश्यति॥'

वह साहसी अपने निरन्तर अभ्यास, प्रयत्न और परिश्रम के द्वारा असंभावित को संभावित कर दिखा देगा। जिनमें जोर नहीं बुझे दिल के हैं सदा संशयालु हो शक में पड़े रहते हैं; उनको तो छोटी-छोटी बात भी जो संभावित है सदा असंभावित रहती है। यूरोप के नये-नये दर्शनिक (फ्रीविल) मनुष्य अपने काम में स्वच्छन्द है इस बात पर बड़ा जोर देते हैं इसमें सन्देह नहीं आदमी जल में पड़े हुए तिनके या घास फूस के सदृश नहीं है कि जल का प्रवाह उसे जिधर चाहे उधर ले जाय किन्तु यदि यह दृढ़ता के साथ अपने में अच्छे तैराकू तैरने वाले की ताकत रखता है और विघ्नों के झकोर से नहीं हटता तो अन्त को कामयाब होता ही है। जब तक हम जीते हैं हमारा चित्त प्रतिक्षण हम से यही कह रहा है कि तुम अपने काम के आप जिम्मेदार हो। संसार के अनेक प्रलोभन और अभ्यास तथा आदतें उसे अपनी ओर नहीं झुका सकते; प्रलोभित हो उधर झुक जाना केवल हमारी कचाहट है। इससे जो अपने सिद्धान्तों के दृढ़ हैं वही मनुष्य हैं उनके पौरुषेय गुण के आगे कुछ असाध्य नहीं है।

सितम्बर, १९०० ई०

■

ग्राम्य-जीवन

मनुष्य के लिये ग्राम्य-जीवन मानो प्रकृति देवी की शुद्ध प्राकृतिक अवस्था का आदर्श स्वरूप है। अर्थात (नेचर) प्रकृति के साथ (आर्ट)-बनावट ने जब तक बिलकुल छेड़-छाड़ नहीं किया उस दशा में प्रकृति देवी का कैसा स्वरूप रहता है ग्राम्य-जीवन में यह हमारे सामने आइना-सा रख दिया गया है। अपने लेखों में हम इसे कई बार सिद्ध कर चुके हैं कि हमारे प्राचीन आर्य प्रकृति के बड़े भक्त थे; वे प्रकृति के स्वाभाविक रूप को अपनी हिकमत अमली के द्वारा कुरूप या उसे बदलना नहीं चाहते थे। इस आधुनिक पश्चिमी सभ्यता से उनकी पुरानी सभ्यता बिलकुल निराले ढंग की थी। यह हम कभी न मानेंगे कि यूरोप के बड़े नामी विद्वान दार्शनिक और वैज्ञानिकों की भाँति भाप और बिजली तथा अनेक रासायनिक परिवर्तन में क्या-क्या शक्तियाँ हैं; जिन्हें काम में लाय मिट्टी का पुतला आदमी कहाँ तक तरक्की कर सकता है; जिस तरक्की को साधारण बुद्धि वाले हम लोग दैवी शक्ति या दैवी घटना कहेंगे उन पुराने आर्यों को न सूझी हो। किन्तु उन्होंने जानबूझ इसे बरकाया कि ऐसा होने से हमारी मानवीय प्रकृति (पाल्यूटेड) दूषित हो प्रत्यवाय में जितना उस प्राकृतिक परिवर्तन से लाभ उठाने की संभावना हम रखते हैं उससे दो चन्द हमारी हानि प्रत्यक्ष है।

हमारी मन्द बुद्धि में कुछ ऐसा ही स्थिर हो गया है कि वह प्लेग, हैजा, चेचक आदि का भयंकर उपद्रव जो प्रतिवर्ष किसी न किसी रूप में नदी के प्रवाह के समान फैल देश के देश को उजाड़ डालता है; दूसरे जलवायु की स्वच्छता और शुद्धता संकुचित होती जाती है; यह सब उसी के छेड़ने का परिणाम है। बड़े-बड़े शहरों की घनी बस्ती के दूषित जलवायु का बुरा असर जो भाँति-भाँति के रोग पैदा करने का मानो चश्मा या प्रसव भूमि है हमारे दृढ़ांग देहाती उससे सर्वथा बचे रहते हैं। म्यूनिसिपैलिटी की असह वेदना कैसे सहना होता है कभी उन्होंने जाना ही नहीं।

विष या स्वाद में पगे हुए ऐयाशी करते-करते पीले आम-से जर्द; जिनके तन की तन्दुरुस्ती-हरियाली को तरुनी-वार-विलासिनी हरिनी बन चर गई, ऐसे इन नगर निवासियों को हमारी ग्रामीण मण्डली सुचित बैठ अपनी घरेलू बातचीत में डाँट उड़ाते हुए कहकहे मार रही थी कि अचानक कोई शहर का रहने वाला कपट नाटक की प्रस्तावना सदृश शहरीयत के बर्ताव से ऊबा हुआ वहाँ पहुँच बोला—"क्यों भइया आप लोगों ने कौन सी ऐसी तपस्या किस पुण्य भूमि में कर रखा है जो विषय-लम्पट, मदोन्मत्त, नगर के नामी धनियों का मुख तुम्हें नहीं देखना पड़ता। न जाहिरदारी और

गर्व में सने उनके वचन तुम्हें सुनना पड़ता है। न हमारे समान तुम उनकी प्रत्याशा में दौड़ा करते हो; शान्त चित्त दिन भर मेहनत करने के उपरान्त समय से जो कुछ मिला भोजन कर टाँग फैलाय सुख की नींद सोये न ऊधो के देने न माधो के लेने, तनजेब आबरोवाँ से तुम्हें कोई सरोकार नहीं। गजीगाढ़ा जो कुछ अपने देश में निज की मेहनत से तैयार कर सके उसे जब तुम पहनते हो तब विलायत के नये फैशन के चटकीले कपड़े तुम्हें फीके जँचते हैं। ऐसी ही लीपी-पोती, झक्क, साफ और सुथरी, निर्मल स्वच्छ वायु का निर्गम जहाँ कहीं से प्रतिहत नहीं है; फूस की छाई तुम्हारी झोपड़ी तुम्हें वह सुख देती है जो हवा से बात करते भ्रमंलिह गगनस्पृक् किन्तु शहर की गन्दी मैली दुर्वायु दूषित अमीरों के सतखण्डे महलों में दुर्लभ है। शहर की गन्दी गलियों की दुर्गन्ध तुम्हारे नासारन्ध्र में काहे को कभी प्रवेश पाया होगा। भाई तुम धन्य हो। अनेक चिन्ता जर्जरित बड़े से बड़े प्रभुवरों और राजा महाराजों को कीमती दस्तरखान और उम्दा लजीज जियाफतों में कदाचित् वह स्वाद न मिलता होगा जो तुम्हें टटके ताजे घी, खेत के तुरन्त के कटे ज्वार बाजरे, जव और बेर्रे की ताजी रोटी में मिलता है।

कहा भी है—

''तरुणं सर्शपाश।को नवनीत घृतं पिच्छलानि दधीनि।

अल्पव्ययेन सुन्दरि ग्रामीण जनो मिष्ठ मश्नाति।''

हरा-भरा सरसों का साग तुरन्त का मथा मक्खन, हींग और जीरा में बघारी हुई भैंस की पनीली दही से जैसा गाँव के रहने वालों को मधुर स्वादिष्ट भोजन सब भाँति सुगम है वैसा नगर के धनियों को भी बहुत-सा खर्च करने पर मयस्सर नहीं है। इससे भैया तुम्हारा जीवन सफल है। संसार का सच्चा सुख तुम्हारे ही बाट में आ पड़ा है। नई सभ्यता का नाम तक आपने न सुना होगा? न नई सभ्यता का विपाक, प्लेग और हैजा के कारण खानाबदोशों की भाँति घर छोड़ दर-दर तुम घूमते फिरे होगे? यमराज सहोदर कोट पैंट-धारी डाक्टरों का मुख भी आप को कभी देखना नहीं पड़ता। मलेरिया ज्वर-जनित पीड़ा निवारणार्थ कुनइन कभी तुम्हें नहीं ढूँढ़ना पड़ता। न हर महीने दवा खाने की बिल आपको अदा करना पड़ता है। टटके स्वच्छ खाद्य वा पेय-पदार्थों का भोग पहले आप लगा लेते हो तब महीनों के उपरान्त नीरस पदार्थ हमें मिलते हैं। हे अग्ररस भोक्ता तुम्हें नमस्कार है। गौरांग महा प्रभुओं का कभी साल भर में भी एक बार तुम्हें मुख नहीं देखना पड़ता। हम नित्य उनका चपेटाघात सहा करते हैं। हे अन्नपूर्णा देवी के अनन्य भक्त, हे शान्ति के सहकारी जन, हे स्वास्थ्य के सहोदर, आप न होते तो महामारी के विकराल अजगर के मुख से हमें कौन छुड़ा लाता। तुम्हारी ग्राम्य युवतियों की स्वाभाविक लज्जा नागरिक ललनाओं के बनावटी परदों में कहीं ढूँढ़ने पर मिले या न मिले। तुम्हारी समग्र सम्पत्ति का सार भूत पदार्थ गोधन अर्थात् गाय, बैल, भैंस, छेरी, भेड़ी इत्यादि है। गोधन-संपन्न किसान छोटे-मोटे जमींदारों को भी कुछ माल नहीं समझता।

कवि-कुल-मुकुट भट्टि ने भी लिखा है—

''वियोगदुःखानुभवानभिज्ञैः काले नृपाशं विहितं ददद्भिः।
अहार्यशोभार हितैरमायैरैक्षिष्ठ पुंभिः प्रचितान्सगोष्ठान्॥
स्त्री भूषणं चेष्टितमप्रगल्भं चारुण्यवक्राण्यभिवीक्षितानि।
ऋजूंश्चविश्वासकृतः स्वभावान् गोपांगनानां मुमुदे विलोक्य॥
विवृत्तपार्श्व रुचिरांगहारं समुद्वहच्चामुनितम्बविम्बम्।
आमन्द्र मन्थध्वनिदत्ततालं गोपांगनानृत्यमनन्दयत्तम्॥

श्री रामचन्द्र विश्वामित्र के साथ धनुष-यज्ञ में जाते समय मार्ग में जो ग्राम देखे हैं उन्हीं के वर्णन में ये श्लोक हैं। भारवि और माघ ने कहीं-कहीं ग्राम्य शोभा का वर्णन किया है पर भट्टि का यह वर्णन सर्वोत्कृष्ट और बहुत ही प्राकृतिक है।

अगस्त, १९०१ ई०

■

कर्तव्य परायणता

बड़े-बड़े उत्कृष्ट गुण जिनसे मनुष्य समाज में माननीय होता है जिनके अभाव से सब ठौर निरादर पाता और हेठा समझा जाता है—उनमें कर्तव्य परायणता का होना गुण-सोपान की पहली सीढ़ी है। पहली सीढ़ी इसलिये इसे कहते हैं कि जब यही मालूम नहीं है कि हमें क्या करना उचित है और जिसके करने की जिम्मेदारी हम पर है त्रुटि या चूक होने से उसका हिसाब अन्तरात्मा को हमें देना होगा तब हम विद्वान् बड़े धर्मनिष्ठ भी हुए तो क्या? कर्तव्य परायणता के कई एक अवान्तर भेद हम यहाँ नहीं लेते जिसमें जुदी-जुदी जाति के लोगों में अलग-अलग मतभेद हैं। कितनी बातें ऐसी हैं जिन्हें हम हिन्दुस्तान के रहने वाल कर्तव्य मानते हैं पर इंगलैण्ड तथा योरोप के और-और देश फ्रान्स जर्मनी इत्यादि के लोग उसे अवश्य कर्तव्य न समझेंगे। जैसा पुत्र के लिये माँ-बाप की सेवा और अपनी सब कमाई उनके अर्पण करना या अपने छोटे तथा असमर्थ भाइयों और कुटुम्ब को पालना पोसना यहाँ हिन्दुस्तान में एक कर्तव्य कर्म है और न करने पर निन्दा है वैसा यूरोप के इंगलैण्ड, फ्रान्स आदि देशों में नहीं। अँगरेजों में बाप-माँ की कुछ विशेष खबर न ले सर्वस्व अपनी मेम साहबा को सौंप देना महा कर्तव्य परायणता है। यहाँ ऐसा करने से समाज में निन्दा है। यहाँ कुलवती स्त्रियों के लिये बात-चीत और संलाप एक ओर रहे, घूँघट के ओट से भी किसी परपुरुष को देखना निन्दनीय है वरन् सूर्य चन्द्रमा भी उन्हें न देख पायें यहाँ तक असूर्यपश्या होना कर्तव्य परायणता है जैसा किसी कवि ने कहा है—

> **''पदन्यासो गेहाद्बहिरहिफणारोपणसमो।**
>
> **निर्जावासादन्यद्भवमपरद्वीपगमनम्॥**
>
> **बचो लोकाभ्यं कृपणधनंतुल्यं मृगदृशः।**
>
> **पुमानन्य कान्ताद्विधुरिव चतुर्थी समुदितः॥**

कुलवती स्त्रियों का घर से बाहर पाँव काढ़ना वैसा ही है जैसा साँप के फन पर पाँव रखना; अपने घर से किसी दूसरे के घर कभी जाना तो मानो द्वीपान्तर में जाना है; उनके मुँह की बोल दूसरे के कान को सुनने के लिये वैसा ही अप्राप्य है जैसा सूम का धन दूसरे को नहीं मिल सकता। उनका किसी परपुरुष की ओर निहारना वैसा ही है जैसा भादों के चौथ के चाँद का देखना। और भी रस मंजरी में स्वकीया का उदाहरण इस भाँति कुलवती स्त्रियों के बर्ताव के सम्बन्ध में दिखाया है—

> **''गतागतकुतूहलं नयनयोरपांगावधि स्मितं**
>
> **कुलनतभ्रुवमधर एव विश्राभ्यति।**

वचः प्रियतमश्रुतेरतिथिरेवकोपक्रमः
क्वच चिदयिचेत्तदा मनसि केवलं मज्जतिः॥''

नेत्र के कटाक्षों का इधर-उधर चलाना आँख के कोनों ही तक में; कुलवधू जनों का हँसना होंठों के फरकने ही तक; उनके वचन केवल प्राणनाथ अपने पति के कानों ही तक; नये आये हुए पाहुने की भाँति क्रोध यदि कभी आया भी तो मन ही मन मसोस कर रह गईं। व्यय में मुक्त हस्त न हो घर के काम-काज तथा शिशु-पालन में प्रवीणता आदि उत्तम गुणों की खान हिन्दू ललनाओं का अखण्ड पुण्य और उनका पवित्र चरित्र ही भारत को इस गिरी दशा में भी करावलम्ब देते सर्वथा अधःपात से इसे बचा रहा है। जिनके चरित्र-पालन की प्रशंसा में किसी कवि ने ऐसा भी कहा है—

''अपि मां पावयेत्साध्वी स्नात्वेतीच्छति जान्हवी''

यह साध्वी हमारे में आय स्नान कर हमें पवित्र करे ऐसा जगत् पावनी जान्हवी गंगा भी चाहा करती हैं।

यूरोप देश निवासियों को इसमें कुछ भी कर्तव्य परायणता नहीं समझी गई। यहाँ लौं सभ्यता जोर किये हुए है कि किसी की मेम साहबा हो कोई बग्घी पर चढ़ाये दिन भर घूमते और सैर-सपाटा करते रहें कोई क्षति नहीं। अस्तु, इस तरह की एक-एक जाति की अलग-अलग कर्तव्य परायणता को जुदे-जुदे देशों की जुदी-जुदी रिवाज और अपने-अपने समाज के भिन्न-भिन्न क्रम या दस्तूर मान हम उसे कर्तव्य परायणता न कहेंगे बल्कि कर्तव्य परायणता उसे कहेंगे कि जिसके न करने में प्रत्यवाय अथवा प्रायश्चित है जैसा ब्राह्मण के लिए सूर्योदय के समय सन्ध्योपासना कर्तव्य कर्म है और उसके न करने में प्रत्यवाय है।

कर्तव्य पर ध्यान और समय का उचित अनुवर्तन (पंक्चुअलटी) दोनों का साथ है। सच पूछो तो हम इन दोनों से च्युत हो गये हैं; जो अपने समय को ठीक रखना या पालन करना जानता है अपने वक्त को बेजा न खोता वही कर्तव्य परायण भी भरपूर रह सकता है और ये दोनों इस समय हमारे शासनकर्ता में अच्छी तरह पाये जाते हैं। जब हम इन्हें अपना शिक्षा गुरु अनेक सामयिक सभ्यता की बातों में मान रहे हैं और उन्हें अपना गुरुर्गुरु समझ कर उनका अनुकरण कर रहे हैं तो इन दोनों में भी उनके अनुयायी क्यों नहीं? किन्तु यह भी कुछ देश के भाग्य ही कहेंगे कि यहाँ के लोग बुराई का अनुकरण पहले और बहुत जल्द करने लगते हैं भलाई को भुलाय उस ओर कभी झुकते ही नहीं। जित जेता का अनुकरण करते हैं। यह प्राकृतिक नियम की भाँति हो रहा है और यह कुछ यही नहीं वरन् सब देश और सब जाति के लोगों में देखा गया है।

जब से मुसलमान यहाँ के जेता हुए उस समय से हम उनकी चाल ढाल; नशिस्त बरखास्त के कायदे न केवल उनकी अरबी-फारसी तथा उर्दू भाषा वरन् दीन इसलाम को अब तक अपनियाते आये आर्य से अर्द्ध-यवन हो गये; यहाँ लौ कि मुसलमानों को अपना एक अंग बना लिया अब पचास-साठ वर्ष से हिन्दू मुसलमान दोनों अपने नये जेता का अनुकरण कर रहे हैं, किन्तु उनमें जो कुछ त्रुटि है केवल उसी का उनमें

भलाई क्या है उसका नहीं। उनका-सा अध्यवसाय धुन बाँध के किसी काम को करना विघ्न होता रहे पर जिसे आरम्भ किया उसे करी के तब छोड़ना; स्वजाति पक्षपात; विद्याभ्यास; ऐक्य; साहस; धैर्य; वीरता; विचार की दृढ़ता आदि उनके अनेक गुणों की ओर कभी ध्यान नहीं देते उनकी-सी भोग-लिप्सा-पान दोष इत्यादि को अलबत्ता अपना करते जाते हैं।

यावत् कर्त्तव्यों में वर्तमान् गिरी दशा से अपना उद्धार महा कर्तव्य परायणता है किन्तु इस पर किसी का ध्यान नहीं जाता प्रत्युत उसी को कर्तव्य मान रहे हैं जिसमें हमारा अधिक बिगाड़ है और गतानुगतिक न्याय के अनुसार भेड़िया धसान के समान आँख मूँद उधर ही को बराबर चले जाते हैं। सिंधिया और होल्कर के पूर्व पुरुष इसी कर्त्तव्य परायणता के बदौलत इस उत्तम पद पर कर दिये गये; ये दोनों पेशवा के घर के सेवक थे। इतिहासों में कितने इसके उत्तम उदाहरण पाये जा सकते हैं इस समय भी यद्यपि देश बड़ी गिरी दशा में आ गया है पर ढूँढ़ने से बहुत से अच्छे उदाहरण मिल जायेंगे। जिनमें कर्त्तव्य परायणता होगी उनमें समय का सदनुष्ठान (पंक्चुअलिटी) भी अवश्य होगी। दोनों उत्तम गुणों का बड़ा घनिष्ठ सम्बन्ध है, बिना एक के दूसरा कभी रही नहीं सकता। देश के कल्याण के लिए इन दोनों का उस देश के निवासियों में आना स्वाभाविक गुण होना चाहिये। ईश्वर प्रसन्न होकर हम लोगों में कर्तव्य परायणता स्वाभाविक गुण पैदा कर दे तो देश का उत्थान सहज में हो जाय। सर्वसाधारण की दशा के परिवर्तन की यह पहली सीढ़ी अवश्य कही जायगी और सीढ़ी-सीढ़ी चढ़ते जायें तो कदाचित् एक दिन शिखर पर भी चढ़ बैठें तो अचरज क्या।

जून, १९०३ ई०

■

ज्ञान और भक्ति

ज्ञान और भक्ति दोनों परस्पर प्रतिकूल अर्थ के द्योतक मालूम होते हैं; ज्ञान के अर्थ हैं जानना या जानकारी और ज्ञ धातु से बना है। भक्ति भज धातु से बनी है जिसके अर्थ हैं सेवा करना या लगाना (टू सर्व आर टू डिवोट)। मनुष्य में जानकारी स्वच्छन्द या सर्वोपरि रहने के लिए प्रेरणा करती है, जो अज्ञ या अबोधोपाहत हैं वे ही दूसरे के अधीन या मातहत रहना पसन्द करते हैं। एक या दो मनुष्यों की कौन कहे समस्त जाति की जाति या देश का देश के साथ यह पूर्वोक्त सूत्र लगाया जा सकता है। अमेरिका में ईस्ट इंडियन्स और अफ्रीका के काफिर अथवा काले-कुरूप हब्शी क्यों गुलाम बना लिये गये और यूरोप की सभ्य जाति ने सहज में उन्हें जीत अपने वशम्वद तथा अधीन बना लिया? इसलिये कि इन हब्शियों में तथा ईस्ट इण्डियन्स में ज्ञान तथा बुद्धि-तत्व की कमी थी जो सर्वथा अज्ञ और अबोधोपहत होते हैं। ज्ञान आध्यात्मिक उन्नति (स्पिरिचुअल प्रोग्रेस) का मुख्य द्वार है। नेशन में 'नेशनैलिटी' जातीयता और आध्यात्मिक उन्नति (स्पिरिचुअलिटी) दोनों साथ-साथ चलती हैं अर्थात् कोई कौम जब तक अपनी पूरी तरक्की पर रहती है तब तक रूहानी तरक्की का घाटा या अभाव उसमें नहीं पाया जाता।

भारत में वैदिक समय आध्यात्मिक उन्नति का मानो एक उदाहरण था; ज्यो-ज्यों उसमें अन्तर पड़ता गया। भारत आरत दशा में आय बराबर नीचे को गिरता गया। उपरान्त पुराणों की सृष्टि ने लोगों में बुद्धि का पैनापन न देख भक्ति को उठाय खड़ी किया इसलिये कि लोग ब्रह्मचर्य के ह्रास से बुद्धि की तीक्ष्णता खो बैठे थे उतने कुशाग्र बुद्धि के न रहे कि आध्यात्मिक बातों को भली-भाँति समझ सकें। भक्ति ऐसी रसीली और हृदयग्राहिणी हुई कि इसका सहारा पाय लोग रूखे ज्ञान को अवज्ञा और अनादर की दृष्टि से देखने लगे और साथ ही साथ जातीयता नेशनैलिटी को भी विदाई देने लगे—जिसके रफूचक्कर हो जाने से भारतीय प्रजा में इतनी कमजोरी आ गई कि पश्चिम के देशों से यवन तथा तुरुष्क और मुसलमानों को यहाँ आने का साहस हुआ।

इसी बीच स्वामी शंकराचार्य जन्म ग्रहण कर उसी रूखे ज्ञान को पुनः पुष्ट करने लगे—''संसार सब मिथ्या स्वप्न सदृश है; हमी ब्रह्म हैं; पाप-पुण्य, स्वर्ग-नर्क दोनों एक और बन्धन के हेतु हैं'' इत्यादि-इत्यादि न जानिये क्या-क्या खुराफात प्रीच करने लगे—यहाँ तक कि प्रच्छन्न बौद्ध इन आधुनिक वेदान्तियों के अद्वैतवाद से महर्षि कृष्णद्वैपायन के वेदान्त के दर्शन में बड़ा अन्तर पड़ गया। प्रेम, सहानुभूति, प्राणपण के साथ स्वदेश-गौरव का ममत्व, आदि जो जातीयता के बढ़ाने के प्रधान अंग हैं सबों पर पानी फिर गया; आध्यात्मिक उन्नति जिसका ज्ञान एक अंग हैं उसमें शंकर के

अद्वैतवाद का कुछ भी असर न पहुँचा। बौद्धों को पराजित कर हिन्दुस्तान से निकाल देने ही के लिये शंकर महाराज की विशेष चेष्टा रही इसलिये सायन, माधव, वाचस्पति आदि इनके अनुयायी तथा कुमारिल और गौड़पाद प्रभृति महापण्डित जो शंकर के समकालीन थे इन सबों की चेष्टा भी केवल बाद के ग्रन्थ निर्माण पर विशेष हुई। आर्ष-प्रणाली छहों शास्त्र की सर्वथा भुला दी गई केवल वाद मात्र रहा; आध्यात्मिक विषयक वास्तविक 'प्रैक्टिकल' कुछ न रहा। हम पहले सिद्ध कर चुके हैं आध्यात्मिक उन्नति (स्पिरिचुअल प्रोग्रेस) और जातीयता (नेशनैलिटी) या (पॉलिटिक्स) मुल्की जोश साथ-साथ चलते हैं।

हमारे यहाँ जिस समय मुहम्मद गोरी आदि अत्याचारी मुसलमान विजेता सब ओर से देश को आक्रमण किये डालते थे उस समय संस्कृत में प्रत्येक विषय के कैसे-कैसे आकर ग्रन्थ निर्माण किये गये पर उनमें पॉलिटिक्स की कहीं गन्ध नहीं पाई जाती। वही चाल अब तक संस्कृत के पुराने पण्डितों में कायम है। लड़ना-भिड़ना केवल अबोधोपहत राजपूत बेचारे विषय-लम्पट कतिपय राजाओं ही में रह गया। देश के विद्वानों में इसका कुछ भी असर न पड़ा। अन्त को यह कहावत ही चल पड़ी "कोई नृप होहिं हमें का हानी। चेरी छोड़ न होउब रानी" और अब तो इस अंग्रेजी राज में दक्षिणा-लम्पट इन कोरे पण्डितों का कुछ अद्‌भुत हाल हो गया कि जिससे कुछ संशोधन या देश का उद्धार है उसमें जहाँ तक वश चलता है अड़चन डालने को मुस्तैद रहते हैं। क्षत्रियों में जब जोश बाकी न रहा तो इन पण्डित और ब्राह्मण बेचारों की कौन बात रही? तालीम की धारा में सभ्यता के सामने ब्राह्मणों की चतुराई का खुलासा इनके वर्त्तमान बिगड़े हुए हिन्दू धर्म को पूछता कौन है?

अस्तु, इसी समय स्वामी रामानुज तथा मध्वाचार्य जन्म लै सेव्य-सेवक भाव की बुनियाद डाल अहं ब्रह्मास्मि के प्रचार को बहुत कुछ ढीला किया पर दासोस्मि कह इतना दास्य भाव और गुलामी को लोगों की नस-नस में भर दिया कि जिससे ब्रह्मास्मि ही बल्कि अच्छा था कि लोगों में स्वच्छन्द रहने की उत्तेजना तो पाई जाती थी। भक्ति का रसीला शुद्ध-स्वरूप वल्लभाचार्य विशेष-कर कृष्ण चैतन्य महाप्रभु ने दिखाया। प्रेम, सहानुभूति, ऐक्य आदि अनेक बातें जो हमारे में 'नेशनैलिटी' कायम रखने के मुख्य अंग हैं उनकी जड़ जहाँ तक बन पड़ा पुष्ट किया पर ये लोग ऐसे समय में हुए जब देश का देश म्लेच्छाक्रान्त हो रहा था और मुसलमानों के अत्याचार से नाकों में प्राण आ लगे थे। इससे आध्यात्मिकता पर इन्होंने बिलकुल जोर न दिया बल्कि यह कहना अनुचित न होगा कि ऋषि प्रणीत प्रणाली को हाल के इन आचार्यों ने सब भाँति तहस-नहस कर डाला। भक्ति-मार्ग की उन्नति की गई किन्तु हमारी आध्यात्मिक अवनति के सुधार पर किसी की दृष्टि न गई। शुद्ध स्फटिक-सी भक्ति की जो विमल-मूर्ति थी उसमें से कज्जल-सी कालिमा का उद्‌गार होने लगा। मूर्खता संक्रमित हिन्दू जाति के लिये, यह भक्ति बानर के हाथ में मणि के सदृश हुई। अब इस भक्ति में दंभ जितना समा गया उतना चित्त की सरलता, अकौटिल्य और सचाई नहीं पाई जाती। भक्ति मार्ग

के स्थापित करने वाले महाप्रभुओं के समकालीन भक्त जनों में सच्ची भक्ति का पूर्ण उद्‌गार था; उन महात्माओं का कितना विमल चित्त था; अकुटिल भाव के रूप थे; यही कारण है कि उन्हें भगवान् का साक्षात्कार हुआ। मीराबाई, सूरदास, कुंभनदास, सनातन गोस्वामी आदि कितने महापुरुष ऐसे हो गये जिन के बनाये भजन और पदों में कैसा असर है जिसे सुन चित्त आर्द्र हो जाता है। मुल्की जोश की कोई बात तो इन लोगों में भी न थी उसकी जड़ ही न जानिये कब से हिन्दू जाति के बीच से उखड़ गई पर परमार्थ साधन और आर्जव के तो वे सब लोग स्तम्भ-सदृश हो गये।

अब ऐसे लोग इस भक्ति मार्ग में क्यों नहीं होते यही एक पक्का सबूत है कि अब इसमें भी केवल ऊपरी ढोंग-मात्र रह गया। वास्तविक कोई बात न बच रही जिससे हमारे हिन्दू धर्म के विरोधियों को यह कहने का मौका अलबत्ता मिला कि यहाँ आध्यात्मिकता कुछ नहीं है। दुनिया भर को अध्यात्म का रास्ता दिखानेवाला भारत आध्यात्मिक विषय से शून्य है। ऐसा कहने और मानने वालों की कुण्ठित-बुद्धि को हम कहाँ तक पछतायँ? तवारीखों से साबित है कि ईसा और मुहम्मद आदि यहाँ का कण-मात्र पाय सिद्ध हो गये। वही भारत के सन्तानों को समय के बलाबल से यह सब सुनना पड़ता है; सात समुद्र के पार से आय विदेशी लोग अब हमें ज्ञान देने और सभ्यता सिखाने का दावा बाँध रहे हैं; लाचारी है।

मार्च, १९०३ ई०

कष्टात्कष्टतरंक्षुधा

शरीर में भाँति-भाँति के रोग-दोष का होना; धन-रहित हो एक-एक पैसे के लिये तरसना; बन्धु-बान्धव, प्रेमी जनों की जुदाई का दुःसह दुःख आदि अनेक कष्ट मनुष्य-जीवन में आ पड़ते हैं किन्तु हाय पेट की आग का बुझना इससे बढ़ कर कोई क्लेश नहीं है। और-और दुःख लोग बहुत कुछ रोने-गाने और सन्ताप के उपरान्त किसी न किसी तरह बरदाश्त कर अन्त को चुप हो बैठ रहते हैं पर भूख का क्लेश नहीं बरदाश्त होता। जठराग्नि के लिये ईंधन सम्पादन का ऐसा भारी बन्धन है जिसमें जीव मात्र बँधे हुए भोर को खाट से उठते ही साँझ लौ इसी की चिन्ता में व्यग्र इतस्तत: धावमान् किसी न किसी तरह अपना पेट पालते ही तो हैं। अस्तु और-और समय तुरन्त पूरा इस उदर दरी का पाटना इतना कर्रा चाहे न भी रहा हो जैसा अब हो रहा है; किन्तु अनेक बार की गाई हुई गीत का फिर-फिर गाना व्यर्थ और नितान्त अरोचक होगा। योगी जन यत्न और अभ्यास से उन-उन इन्द्रियों को जिन्हें काबू में लाना अतीत दुर्घट है अन्त को अपने अधीन करी तो लेते हैं पर इस जठराग्नि के ऊपर उनका कुछ वश नहीं चलता। बे-वश उन्हें भी इसके लिये चिन्ता करनी ही पड़ती है। श्रृंगारोत्तरसत्प्रेमेय-रचना चातुरी के एकमात्र परमाचार्य कविवर गोवर्द्धन अपनी 'गोवर्द्धन सप्तशती' में ऐसा लिख भी गये हैं—

> **''एकः स एव जीवति हृदय विहीनोपि सहृदयो राहुः।**
> **यःसर्वलघिमकारणमुदरं न विभर्ति दुष्पूरम्॥''**

जीवन एक राहु का सफल है, जो केवल शिरोभाग होने से हृदय शून्य होकर भी सहृदय चतुर या सरस हृदय् वाला है इसलिए कि यावत् हलकाई का एकमात्र कारण उदर अपने में नहीं रखता। भागवत में व्यासदेव महाराज ने धनियों पर आक्षेप करते हुए लिखा है—

> **''कस्मादभजन्ति कवयो धनदुर्मदान्धान्''**

कवि और बुध जन, धन के मद में अन्धे धनियों की सेवा क्यों करते हैं और अपना अपमान उनसे क्यों कराते हैं? अपने इस दग्धोदर के भर लेने को साग-पात और वन के फल-फूल क्या उच्छिन्न हो गये हैं। पर वह समय अब कहाँ रहा जब कि सन्तोष की शान्ति-मूर्ति का प्रकाश एक-एक आदमी पर झलक रहा था; गाम्भीर्य और उदार भाव का सब ओर विस्तार था; हवस और तृष्णा-पिशाची का सर्वथा लोप था; किसी को किसी तरह की संकीर्णता और किसी वस्तु का अभाव न था; वैसे समय में भी क्षुधा का क्लेश इतना असह्य था कि लिखने वाले ने इसे ''काष्टत्कष्टतरं'' कहा—न कि अब इस

समय जब कि कौड़ी और मुहर का फर्क आ लगा है। उस समय लोग स्वभाव ही से सन्तुष्ट, सहनशील, सब भाँति आसूदा, चंचल मन और इन्द्रियों को अपने वश में किये हुए थे। देश ऐसा रँजा-पुँजा था कि चारों ओर आनन्द-बधाई बज रही थी। नई-नई ईज़ादों से हवस इस कदर नहीं बढ़ी थी; किसी को किसी चीज की हाजत न थी तब नई ईजाद क्यों की जाती? वही अब इस समय देखा जाता है कि लोगों में तृष्णा का क्षय किसी तरह होता ही नहीं, सन्तोष को किसी कोने में भी कहीं स्थान नहीं मिलता, 'मन नहिं सिन्धु समाय' इस वाक्य की चरितार्थता इन्हीं दिनों देखी जाती है। चंचल इन्द्रियों को दबा कर विषय-वासना से परहेज करने वाले या तो दम्भ की मूर्ति होंगे नहीं तो वे ही होंगे जिनमें शाइस्तगी या सभ्यता ने अपना प्रकाश नहीं किया। परस्पर की स्पर्द्धा या डाह ने यहाँ तक पाँव फैला रखा है कि लोगों को हवस की कटीली झाड़ी में झोंके देती है। उदारभाव संकुचित हो न जानिये किस गुफा में जा छिपा, दूसरे के मुकाबले जरा भी अपनी हानि या अपनी हेठी सहना किसी को गँवारा नहीं होता। दुर्भिक्ष-पीड़ित प्रजा में अनेक आधि-व्याधि, प्लेग और मरी से सब ओर उदासी और नहूसत का पूरा रंग जम रहा है। चहूँ ओर दरिद्रता का जहाँ साम्राज्य फैला हुआ है वहाँ विलायत की नई-नई नफासत और भाँति-भाँति की चटकीली, मन को लुभाने वाली कारीगरी जो कुछ बच रहा; उसे भी ढोये लिये जाती है। क्षुधा को कष्टात्कष्टतर लिखने वाले इस समय होते तो न जानिये कितना पछंताते, क्या तअज्जुब सिर धुनने लगते। किन्तु दैवी-रचना बड़ी ही अद्‌भुत है, कुदरत के खेल का कौन पार पा सकता है इतने पर भी मोह का जाल ऐसा फैला हुआ है कि पढ़, अपढ़, ज्ञानी, मानी सभी उसमें फँसे हुए हैं। क्षुधा के इस अपरिहार्य कष्ट से बचने की कौन कहे जान बूझ हम सब लोग उसमें अपने को छोड़ते जाते हैं। कितने हैं जिन्हें पेट भर अन्न खाने को नहीं मिलता। सुखपूर्वक रहने को स्थान भी नहीं है तब जिन्दगी की और लज्जतें और आराम की कौन कहे पर नरक से परित्राण पाने को पुत्र को पैदा होना जरूरी बात मान रहे हैं—

''पुन्नाम्नोनरकात् त्रायते इति पुत्रः''

क्या कुआँ की भाग है हम नहीं जानते। इन गीदड़ों की सृष्टि से, क्या नरक से उद्धार होता है। नरक से उद्धार इस अदृष्टवाद को कौन जानता है, किसी की चिट्ठी तो आई नहीं पर इन गीदड़ों की सृष्टि यहाँ घोर नरक में हमें अलबत्ता गिराती है। जिसमें औलाद बढ़े इसलिये पुत्र का अर्थ नरक से उद्धार करने वाला तब के लिये था जब देश का देश एक कोने से दूसरे तक सूना और खाली पड़ा था और उसे आबाद करना पुराने आर्यों को मंजूर था। अब तो मनु का यह श्लोक हमारे वास्ते उपयुक्त है—

''चतुर्णामपि भ्रातृणामेकश्चेत्पुत्रवान्भवेत्।
तेन पुत्रेण सर्वे ते पुत्रिणो मनुरब्रवीत्॥''

चार भाइयों में एक के भी सिंह-शावक सा पुत्र जन्मे तो उसी से वे चारों पुत्रवान् हैं। सच तो है मुर्दा दिल, सब भाँति गये बीते, निरे निकम्मे, गीदड़ की सी प्रकृति वाले, अब इस समय हम लोगों की औलाद बढ़ के क्या होगी? सियार के कभी सिंह

पैदा हो सर्वथा असम्भव है। इनका अधिक बढ़ना केवल ऊपर का वाक्य कष्टात्कष्टतरंक्षुधा को पुष्ट करने के लिये है। देश में क्षुधा का क्लेश जो दिन-दिन बढ़ रहा है उसमें सामयिक शासन-प्रणाली की भाँति-भाँति की कड़ाई के अतिरिक्त एक यह भी है कि बाल्य-विवांह आदि अनेक कुरीतियों की बदौलत हम लोगों की निकम्मी सृष्टि अत्यन्त बढ़ती जाती है जिनमें सिंह के छौनों का-सा पुरुषार्थ कहीं छू नहीं गया। पूर्व संचित सब शत-छिद्र-घट में पानी के समान निकला जाता है देश में पुरुषार्थ के अभाव से नया धन आता नहीं; परिणाम जिसका भूख का क्लेश बढ़ाने के सिवाय और क्या हो सकता है? धन इस तरह क्षीण होता जाता है धरती की शक्ति अल्प हो जाने से पैदावरी औसत से उतनी नहीं होती जितनी आबादी मुल्क की बढ़ रही है। एक साल किसी एक प्रान्त में भी अवर्षण हुआ तो उसका असर देश भर में छा जाता है। माना पहले की अपेक्षा धरती अब बहुत अधिक जोती बोई जाती है। किन्तु उत्पादिका-शक्ति कम होने से खेती की अधिकाई का कोई विशेष लाभ न रहा। अस्तु, सो भी सही यहाँ की पैदावार यहीं रहती बाहर के दूर देशों में न जाती तब भी सस्ती रहती अन्न का कष्ट न उठाना पड़ता। सो भी नहीं है देश में धन आने का कोई दूसरा द्वार न रहा सिवाय पृथ्वी की उपज के वह उपज बाहर न जाय तो बड़े-बड़े फर्म और महाजनों की कोठियों में भी जहाँ लाख और करोड़ की गिनती है एक पैसा न दिखलाई दे। कलकत्ता और बम्बई ऐसे दो-एक शहरों को छोड़ देश भर में बड़े-बड़े रोजगारी जिनके घर रुपयों की झनझनाहट रहती थी उदासी छाई हुई है; जिनके चलते काम में किसी को पानी पीने की फुरसत नहीं मिलती थी वहाँ लोग मौन साधे बसना बिछाये हाथ पर हाथ धरे बैठे रहते हैं; केवल ब्याज की या गाँव की आमदनी में अमीरी ठाठ बाँधे हुए हैं। तात्पर्य यह कि कोई दूसरा उद्यम न रहा सिवाय खेती की उपज के जो हमारी निज की भोग्य वस्तु है उसे दूसरे को दे जब हम उसका मूल्य लेंगे तो हमारे निज के भोजन में तो कसर पड़ती ही रहेगी। इसका व्रिचार यहाँ पर छोड़े ही देते हैं कि वही उपज जिसे हम कच्चा बाना (रॉ मैटेरियल) कहेंगे हमसे ·खरीद विलायत वाले अपनी बुद्धि-कौशल से बदले में हम से चौगुना कभी को अठगुना वसूल करते हैं और हम उन-उन पदार्थों की चमक-दमक तथा स्वच्छता पर रीझ खुशी से दिये देते हैं देश को निर्धन और दरिद्र किये डालते हैं। जैसा हमारे यहाँ हजार-पति और लाख-पति रईसों में अग्रगण्य और माननीय होते हैं वैसा ही अमेरिका, जर्मनी, इंगलैण्ड आदि देशों में करोड़पति हैं; लाख दो लाख का धनी तो वहाँ किसी गिनती में नहीं हैं। उन लोगों ने अलबत्ता कभी कान से भी न सुना होगा कि मूर्ख का कष्ट भी कोई कष्ट है। यहाँ पुत्र नरक से उद्धार का द्वार हो श्वान समूह को इतना बेहद बढ़ा दिया कि पेट-पालन भी दुर्घट हो गया। हमारे पढ़ने वाले हमें चाहे जो समझें हमें चाहे जैसी हिकारत की नजर से ख्याल करें हम कहेंगे यही कि देश की इस वर्तमान दशा में हम लोगों की सृष्टि का बढ़ना जीते ही नारकीय यातनाओं का स्वाद चखना है। हम नहीं जानते कहाँ तक इनका पौरुषेय-विहीन श्वान-दल बढ़ता जायगा जिसमें गर्मी कहीं नाम को नहीं

बच रही। सच माघ कवि ने कहा है—

''पादहतं यदुस्थायि मूर्द्धानमधिरोहति।
स्वस्था एवापमानेपि देहिनस्तद्वरं रजः॥''

रास्ते की धूलि भी पाँव से ताड़ित हो सिर पर चढ़ती है, जिससे प्रकट है कि अपना अपमान ऐसा बुरा है कि ऐसी तुच्छ वस्तु धूलि भी नहीं उसे सह सकती और सिर पर चढ़ अपमान का बदला चुकाना चाहती है। कवि कहता है धूलि 'खाक' को भीं जब इतना ज्ञान है तो उस मनुष्य से धूलि ही भली जो अपमान सहकर भी निर्विकार जैसे का तैसा बना रहता है। इतना ही होता तो इनकी यह दशा क्यों होती कि इस समय भूमण्डल पर कोई जाति नहीं है जो इतने दिनों तक अपमान कैसा वरन् गुलामी की हालत में धौल खाते-खाते जन्म का जन्म बीत गया और चेत न आई सिर नीचा किये सबर को अपना दीक्षा गुरु मान सब सहते चले जाते हैं। जिन्हें गुलामी झेलते न जानिये कितनी शताब्दी बीत गई जो इनकी नस-नस में व्याप्त हो गई इसी से सेवकाई का काम ये बहुत अच्छा जानते हैं और अपनी स्वामिभक्ति के बड़े अभिमानी भी हैं। मालिक बनना न इन्हें आता है न स्वामित्व की जितनी बात और जितने गुण हैं व इनके मन में धँसते हैं न आ-कल्पान्त इनके सुधरने की कोई आशा पाई जाती है। केवल दास्य-भाव होता तो कदाचित् मिट जाता और फिर से इनमें नव जीवन आ जाता। पुराने ब्रिटन्स चार सौ वर्ष लों रोमन्स लोगों की गुलामी के बाद फिर जो क्रम-क्रम से स्वच्छन्द होने लगे तो कहाँ तक उन्नति के शिखर पर चढ़े कि अब इस भूमण्डल पर उसके समान कोई जाति नहीं है और इंगलैण्ड इस समय सब का शिरोमणि हो रहा है। पर यहाँ तो दूसरा कोढ़ इनके साथ परिवर्तन-विमुखता का लग रहा है। मनु के समय जो दो पहिये का छकड़ा निकला उसमें फिर अब तक कुछ अदल-बदल न हुई। शायद इसके बराबर का ऐसा ही कोई दूसरा पाप होगा कि बाप-दादा के समय की प्रचलित रिवाज में परिवर्तन किया जाय। जो कुछ दोष उसमें आ गया है उसे मिटाय संशोधन करना मानो अपने लिये नरक का रास्ता साफ करना है, उसका यह लोक-परलोक दोनों गया दाखिल समझो इत्यादि बातों का खयाल कर क्षुधा को कष्टात्कष्टतर कहना हिन्दुस्तान के लिये सब भाँति सत्य और उचित मालूम होता है।

मई, १९०३ ई०

■

मनुष्य की बाहरी आकृति मन की एक प्रतिकृति है

बुद्धिमानों ने वेदादि ग्रन्थों में मन के अनेक जुदे जुदे काम लिखे हैं। तद्यथा—

''यज्जाग्रतो दूरमुदेति देवं तदु सुप्तस्य तथैवैति दूरंगमं
ज्योतिषां ज्योतिरेकं तन्मे मनः शिव संकल्पमस्तु॥''

अर्थात्—जो जागृत दशा में दूर से दूर चला जाता है अर्थात् जो मनुष्य के शरीर में रहता हुआ भी दैवी शक्ति सम्पन्न है, जो सोती दशा में लय को प्राप्त होता है अर्थात् न जाने कहाँ कहाँ चला जाता है, जो जागते ही फिर लौट के आ जाता है अर्थात् पहले के समान अपना सब काम करने लगता है, जो दूरगामी है अर्थात् जहाँ नेत्र आदि इन्द्रियाँ नहीं जा सकतीं वहाँ भी पहुँच जाता है, जो भूत, भविष्य और वर्तमान तीनों को जान सकता है, जो प्रकाशात्मक है अर्थात् जिसके प्रकाश से अतिवाहित हो इन्द्रियाँ अपने-अपने विषयों में जा लगती हैं वह मेरा मन कल्याण की बातों को सोचने वाला हो।

सुषारथिरश्वानिव यन्मनुष्यान्नेनीयतेऽभीसुभिर्वाजिन इव।
हृत्प्रतिष्ठ यदजिरं यविष्ठं तन्मेमनः शिवसंकल्पमस्तु॥

अर्थात् अच्छा सारथी बागडोर के द्वारा जैसे घोड़ों को ले जाता है वैसा ही जो मन प्राणीमात्र को सारथी के सदृश ले चलता है, जो कभी जीर्ण नहीं होता अर्थात् शरीर में जैसा बाल्य यौवन और बुढ़ापा आ जाते हैं वैसा जिसमें बाल्य यौवन और बुढ़ापा नहीं आते, जो अत्यन्त वेगगामी है वैसा मेरा मन कल्याण की बातों का सोचने वाला हो।

इस मन की भावनाएँ या तरंगें जो प्रतिक्षण इसमें उठा करती हैं मनुष्य के बाहरी आकृति से प्रकट होती हैं। इसलिए इस बाहरी आकृति को यदि मन की एक प्रतिकृति कहा जाय तो अनुचित म होगा। किसी के चेहरे को देख कोई कहता है इनके चेहरे पर ज़नानपन बरस रहा है। यह ज़नानपन क्या चीज़ है? यही मन की एक प्रतिकृति है जो सर्वथा उस प्रकृति के विरुद्ध है जो पुरुष जाति की होनी चाहिये। पुरुषों के समान वीरता, उत्साह आदि पौरुषेय गुण स्त्रियों के मन में कहाँ रहते हैं। इसी तरह स्त्रियाँ भी बहुतेरी ऐसी होती हैं जो कितनी बातों में मर्दों के कान काटती हैं, जिससे यही प्रकट होता है कि अनेक पौरुषेय गुण उनके मन में बसे रहते हैं। ऐसा ही शूर वीर का चेहरा कायर और भगोड़े से, नम्र का अभिमानी से, ज़िद्दी हठीले का सरल सीधे स्वभाव वाले से, कुटिल का सरल से, चालाक का गाउदी से नहीं मिलता। इतना ही नहीं जगत् के वाह्य प्रपंच का जो कुछ असर चित्त पर होता है वह सब आदमी के चेहरे से प्रकट हो जाता है। किसी रूपवती सुन्दरी नारी को देख कामी, दार्शनिक या विरक्त योगी के मन में जो असर पैदा होता है और जो भावनायें चित्त में उठती हैं वे सब अलग-अलग

उन-उन लोगों के चेहरे से ज़ाहिर हो जाती हैं। कामी कामातुर हो जामे के बाहर हो जाता है, लाज और शरम को जलांजलि देकर हज़ारों चेष्टाएँ उससे मिलने की करता है, दिनरात विकल रहता है और अपनी कोशिश में कामयाब न हो कभी को वियोग में ज़िन्दगी से हाथ धो बैठता है। ऐसा ही दार्शनिक तत्त्ववेत्ता ज्ञानी उस सुन्दरी को पाँच भौतिक पदार्थों का परिणाम मान उसके एक-एक अंग की शोभा निरख सृष्टिकर्त्ता की निर्माण-चातुरी पर मन-ही-मन प्रसन्न होता है। विरक्त ज्ञानी उसे हाड़-मांस, विष्ठा, मूत्र आदि मलिन और दूषित पदार्थों की समष्टि समझ मन में वैराग्य प्रदीप के प्रकाश को अधिक स्थान देता है। इसी तरह धन देख चोर, साह, लोभी, कदर्य के मन में जुदे-जुदे भाव उदय होते हैं जिनकी तस्वीर प्रत्येक के चेहरे पर उतर आती है। चोर का मन धन देखते ही उसके लेने की फिक्र में लगता है। उसका यह मानसिक भाव आँख और चेहरे से स्पष्ट हो जाता है। दियानतदार उस धन को साधारण वस्तु जान बेजां किसी का एक पैसा न लेना इस दृढ़ निश्चय को उस धन से अधिक कीमती मानता हुआ उसी के अनुसार वर्त्तता है। यह भाव उसकी उदार प्रसन्न मुखच्छवि, ईषत् हास्ययुक्त फरकते हुए ओष्ट आदि मरदाने ढंग से प्रकट हो जाता है। लोभी और कदर्य का बाहरी आकार, जिसको रुपया ही सब कुछ है और जो 'मर जैहौं तोहि न भुजैंहौं' वाली कहावत का नमूना है, उसकी मलिन राक्षसी प्रकृति को अच्छी तरह से प्रकट करता है। बाहरी आकार से मन की बात पहिचानने वाले बुद्धिमान इसके द्वारा अपना बड़ा-बड़ा काम निकाल लेते हैं। यह एक हुनर है। पुलिस के महकमे में कितने ऐसे ताड़बाज़ इस फ़न के उस्ताद हैं जो देखते ही चोर, ठग या खूनी को पहचान लेते हैं। जिससे साफ़ ज़ाहिर है कि आकृति मन की प्रतिकृति है। इसी तरह किसी भक्तजन की मुखच्छवि से मन में भक्ति के उद्‌गार की बानगी ज़ाहिर होती है। पहचानने वाले लोग कपटी, मक्कार, दाम्भिक से सरल सीधे सच्चे भक्त को चट्ट पहचान लेते हैं। बुद्धिमानों ने मन को मुकुर के साथ उपमा दी है। मुकुर में जो प्रतिबिम्ब पड़ता है उसका नमूद बाहरी आकृति ही में होता है।

बाह्य आकृति सर्वोपरि मुख है जिससे मानसिक भाव चट्ट से प्रतिबिम्बित हो जाता है। मन में किसी प्रकार की वेदना या विकार उत्पन्न होते ही फिर उसका छिपना कठिन ही नहीं वरन असंभव है। मन की कोई बात यदि प्रगट होगी तो मुख्यतर मुख ही के द्वारा। किसी मनुष्य को कोई मानसिक वेदना है या उसने चार दिन से कुछ नहीं खाया या वह और किसी प्रकार की पीड़ा से आक्रान्त है तो उसके लाख छिपाने पर भी मुख पर अवश्य ही कुछ शिकन सी मालूम पड़ेगी और उस पीड़ा का असर अवश्य मुख पर झलक पड़ेगा। यदि न झलके तो वह उस योगी के समान है जिसने मन को जीत लिया है। जिस समय चित्त में कुछ विकार रहता है उस समय आदमी के चेहरे से वह मानसिक भाव चट प्रकट हो जाता है। जिस समय चित्त में क्रोध रहता है तो भौं चट चढ़ जाती है, आँख लाल हो जाती है, चेहर तमतमा उठता है। इसी तरह अब कुछ शोक का उदय मन में रहता है तो बाह्य आकृति उदास, चेहरा उतरा हुआ, मुख

मलीन, आँख में आँसू डबडबाया रहता है। इसी तरह भयभीत का चेहरा ज़र्द, मुँह सूखा हुआ, आकृति नितान्त दीन-हीन होती है। जब चित्त प्रसन्न रहता है तब वाह्य आकृति टटके फूले हुए गुलाब की सी, चेहरा मनोहर और रौनक़ दार मालूम होता है। ये सब लक्षण तात्कालिक चित्त और चेहरे के परिवर्तन के हैं। इसी तरह बहुत से चिन्ह चेहरे या और-और अंगों के भी होते हैं; वे चिन्ह चाहे मनुष्य के हों या किसी पशु पक्षी के हों उसके मानसिक भाव को प्रकट करते हैं। मुख से मानसिक भाव प्रतिबिम्बित होता है यह सामुद्रिक विद्या का एक सूत्र है, जो मालूम होता है बहुत जाँच के बाद निश्चित किया गया है। बाराहमिहिर ने वृहत्संहिता में पंच महापुरुष के लक्षण तथा एक-एक अध्याय में गौ, बैल, बकरा, मेढ़ा, हाथी, घोड़ा, ऊँट आदि पशुओं के अलग-अलग लक्षण दिये हैं। पंच महापुरुष के लक्षण जैसा बड़े-बड़े नेत्र, चौड़ा, लिलार, उतार चढ़ाव दार सीधी सुग्गा की टोंट सी नासिका, गड्ढेदार सीधी ठुड्डी इत्यादि भाग्यवानी के चिन्ह हैं। कंजी आँखवाला, कोती गरदन वाला तथा पस्तक़द अवश्य कुटिल और फ़सादी होगा। एवं जिसके आगे के दो दाँत बड़े हों, वह मूर्ख न होगा। इसी प्रकार 'क्वचित खल्वाट निर्धनः' इस वाक्य के अनुसार यह प्रायः देखा गया है कि खल्वाट या गंजी चाँदवाला अर्थात् जिसके चाँद में बाल न हों वह कदाचित ही निर्धन होगा। कानी आँखवाला साधु न होगा; आजानु लम्बबाहु अर्थात् जिसका हाथ इतना लम्बा हो कि खड़े होने पर घुटने तक छू जाय वह बड़ा वीर, विक्रान्त, दानी, उदारप्रकृतिवाला होगा, स्त्रियों में जिसके शरीर में रोंआं अधिक हो वह चण्डी, कलहप्रिया, महाकर्कशा होगी और जल्द विधवा हो जायगी इत्यादि। इसी से लिखा है—

"आकारेणैव चतुरास्तर्कयन्ति परेगितम्।"

अर्थात् चतुर लोग चेहरा देखते ही मन में क्या है चट भाँप लेते हैं। सचमुच यही तो चतुराई है। चेहरा देखते ही मन में तुम्हारे क्या है न जान गये तो चतुर और गाउदी में अन्तर ही क्या रहा। साधारण मनुष्यों का मन टटोलना तो कुछ बड़ी बात नहीं है अलबत्ता ऐसों का मन टटोलना कठिन है जो या तो बड़े गम्भीर हैं या महाकुटिलहृदय हैं। ऐसों ही के मानसिक भाव के विवेचन के लिए सामुद्रिक का यह सूत्र है—

"मुख से मानसिक भाव प्रतिबिम्बित होता है।"

तो यह सिद्ध हुआ कि मुख मानो एक मुकुर या दर्पण है जिसमें चित्त की छाया पड़ा करती है। कोई मनुष्य भाग्यवान् है या अभागा, मूर्ख है या विद्वान्, चतुर है या गाऊदी, चालाक सयाना है या सीधा-साधा इत्यादि इन सब बातों का परिज्ञान आदमी के चेहरे ही से होता है और यह परिज्ञान केवल बुद्धिमान् ही को हो सकता है। यह बात केवल एक व्यक्ति पर नहीं वरन् कभी को समस्त जाति पर सुघटित होती है। चेहरा या शरीर का निर्माण उस जाति की मानसिक शक्ति प्रकट करता है। फसड़ी नाक, मोटे होंठ, मोटे बाल जैसा हब्शियों के होते हैं बुद्धितत्त्व के ह्रास के द्योतक हैं। जिसमें ये लक्षण मिलते हों अवश्य उसमें बुद्धितत्व की कमी होगी। केवल यही नहीं वरन वह

अकल का भोंडा और शरारत का पुतला होगा। जानवरों में भी एक-एक गुण ऐसा देखा जाता है जिससे उस विशेष गुण का उसी से नाम पड़ गया है। जैसे 'काकचेष्टा' अर्थात् कौवे की सी चेष्टा, 'बकध्यान' बगुले के समान ध्यान लगाना। अब जिसकी चेष्टा कौए की सी या ध्यान बगुले के समान हो या जिसके चेहरे पर कौआ बगुले का सा भाव प्रकट होता हो बस जान लेना चाहिये कि इसमें उस जीव का कुछ गुण अवश्य है। इसी तरह पर 'घोड़मुहा' अर्थात् घोड़े का सा लम्बा मुँहवाला कुनही और जी का कपटी होगा। वही बात लुखरी सा मुँहवाले में होगी इत्यादि। और भी भारी सिरवाला बुद्धि का तीक्ष्ण और गंभीर विचार में प्रवीण होगा। लम्बकर्ण अर्थात् जिसके कान के नीचे की लौर लम्बी होगी वह अवश्य दीर्घजीवी होगा। जिसकी जीभ प्रमाण से अधिक लम्बी होगी वह या तो चटोरा या बड़ा बकवादी होगा। निदान 'यत्रकृतिस्तत्र गुणाः वसन्ति' सामुद्रिक शास्त्र का यह सिद्धान्त बहुत ही ठीक है। इसी से कालिदास आदि कवियों ने बड़े लोगों के शरीर के वर्णन में—

''व्यूढ़ोरस्कोवृषस्कन्धःशालप्रांशुर्महाभुजः।
आत्मकर्मक्षमं देहं क्षात्रो धर्म इवाश्रितः॥''

इत्यादि अनेकों श्लोक इस विषय के लिखे हैं।

■

कवि और चितेरे की डाड़ा मेड़ी

इन दोनों की डाड़ा मेड़ी हम इसलिए कहते हैं कि मनुष्य तथा प्रकृति के भावों को ये दोनों ही प्रकट किया चाहते हैं—कवि लेखनी और शब्दों के द्वारा, चितेरा अपनी 'तूलिका' (रंग भरने की कूँची) और भाँति-भाँति के चित्र-विचित्र रंगों से। काम दोनों का बहुत बारीक और अति कठिन है। केवल इतना ही नहीं किन्तु एक प्रकार की लोकोत्तर प्रतिभा दोनों के लिए आवश्यकीय है। किसी कवि का यह श्लोक हमारे इस आशय को भरपूर पुष्ट करता है—

नामरूपात्मकं विश्वं यदिदं दृश्यते द्विधा।

तत्राद्यस्य कविर्वेधा द्वितीयस्य चतुर्मुखः॥

अर्थात नाम और रूपात्मक जो दो प्रकार का यह संसार देख पड़ता है उसमें से आदि अर्थात नामात्मक जगत् का निर्माणकर्ता कवि है और दूसरे का ब्रह्मा।

जानन्ति यन्न चन्द्रार्कौ जानन्ति यन्न योगिनः

जानन्ति यन्नभर्गोऽपि तज्जानातिकविः स्वयम्॥

अर्थात् इस दृश्य जगत के साक्षीरूप सूर्य और चंद्रमा जिस बात को नहीं जानते, परोक्ष ज्ञानवान् योगीजन जिसे नहीं जानते और किसकी कहें सर्वज्ञ सदाशिव भी जो बात नहीं जानते उसे कवि अपनी लोकोत्तर प्रतिभा के बल से जान लेता है। कवि की प्रतिभा जिस भाव के वर्णन से लोकोत्तर चातुरी प्रकट कर दिखाती है अच्छा निपुण चितेरा उसी को अपनी प्रतिभा से चित्र के द्वारा दिखला देता है। अच्छा चितेरा कवि के एक-एक श्लोक या दोहे के नीचे उसी भाव की ठीक तस्वीर खींच सकता है तब इन दोनों में कहाँ तक तुलना है इसका ठीक परिज्ञान हो सकता है, किन्तु इन दोनों की कारीगरी के परीक्षक भी बड़े निपुण होने चाहिये। दोनों के काम की बारीकी और सूक्ष्म सौन्दर्य के पेखने को पैनी दृष्टि चाहिये। इस तरह के परीक्षक कोई बिरले नागरिक जन होते हैं। उत्तम काव्य तथा चित्र के समझने को एक ही तरह की सूक्ष्म और तीखी समझ चाहिये। कवि और चित्रकार की कल्पना-शक्ति भी बिलकुल एक सी है।

अब रहा 'उपादान कारण' या सामान अर्थात् कवि के लिए वाग्विभव और चितेरे के लिए रंग का चटकीलापन इत्यादि सो जिसके पास जैसा होगा वैसा ही वह काव्य तथा चित्र बना सकेगा। क्योंकि कवि तथा चितेरे के लिये बाह्य वस्तु, जैसा बन, नदी, पर्वत आदि के वर्णन की अपेक्षा मानसिक भावों का प्रकाश कविता तथा चित्र के द्वारा अधिक कठिन है। जिसे चित्रकार (Shades) रंग की ज़रा सी झाईं में प्रकट कर दिखाता है उसी का प्रकट करना कवि के लिए इतना दुरूह है कि बेहद दिमागपच्ची करने पर

दो चार सत्कवियों ही के काव्य में यह खूबी पाई जाती है। फिर भी उतनी सफाई काव्य में न आयेगी। चित्र में अन्तर्लीन मनोगत भाव सहज में दरसाया जा सकता है। मनोगत भावों का प्रकाश कालिदास और शेक्सपीयर इन्हीं दो के काव्यों में विशेष पाया जाता है। मनोगत भाव जैसा हर्ष, शोक, भय, घृणा, प्रीति इत्यादि के उदाहरण साहित्य दर्पण के तीसरे परिच्छेद में अच्छी तरह संग्रहीत कर दिये गये हैं। यह बात कवि और चितेरे में बताने और सिखाने से उतना नहीं आती जितना स्वाभाविक बोध (Intuitive perception) से होती है, किन्तु फिर भी फ़र्क इतना ही रहेगा कि कवि जिस आशय या भाव को बहुत से शब्दों में लावेगा उसे चित्रकार तूलिका (रंग भरने की कूँची) के एक हलके से झोंक ((Touch) में प्रकट कर देगा और कवि के वर्णित आशय का स्वरूप सामने खड़ा कर देगा।

चित्रकारी से कविता में इतनी विशेष बात है कि चित्र उतना चिरस्थायी न रहेगा जितना कविता रह सकती है। तस्वीर तथा काव्य से मनुष्य की प्रकृति का पूरा परिचय मिल जाता है। हमारे यहाँ के अमीरों के ड्राइंग रूम में नंगी तस्वीरों का रहना फ़ैशन में दाख़िल हो गया है। लखनऊ के नवाबों के खिलवतगाह में वेश्या और हसीनों की तस्वीर न हो तो उनकी हुस्नपरस्ती में ख़ामी समझी जाय। उर्दू फ़ारसी के काव्यों का प्रधान अंग केवल शृंगार रस है। आशिकी माशूकी का दास्तान जिसमें न हो वह कोई शायरी ही नहीं है। उस भाषा के शायर इश्क को जैसी उम्दी तरह पर कह सकते हैं वैसा उम्दा और नव रसों में दूसरे रस का वर्णन उनसे न बन पड़ेगा, और सो भी उनका इश्क बहुधा पुरुषों पर होगा, स्त्रियाँ उनकी माशूका बहुत कम पाई जाती हैं। हमारे देश के रामागती वाले भद्दी पसन्द के महाजन तथा मारवाड़ियों की दुकानों पर बनारस की बनी निहायत भद्दी देवताओं की भोंड़ी तस्वीर के सिवाय और कुछ न पाइयेगा जिन तस्वीरों की भद्दी चित्रकारी के सामने मानो कलकत्ते का आर्ट स्टूडियो और पूना की चित्रशाला झख मारती है। इनकी निराली पसन्द के ठीक उपयुक्त 'दानलीला', 'मानलीला' इत्यादि के आगे हम लोगों के प्रौढ़ लेख की चातुरी कब इनके मन में स्थान पा सकती है। कहा है—

"ये गाहक करवीन के तुम लीनी कर बीन।"

इसी तरह प्रकृति के प्रेमियों को शान्ति उत्पादक वन, पर्वत, आश्रम, नदी का पुलिन, ऋतु हरियाली आदि के चित्र पसन्द आते हैं। उनके स्थान पर जाने से प्राय: ऐसे ही चित्र पाइयेगा। किसी अंगरेज़ी के विद्वान का कथन है—

"A Picture in the room is the picture of the mind of the man who hangs it" अर्थात् कमरों में लटकी हुई तस्वीर लटकाने वाले के मन की तस्वीर है। इसी तरह पर भक्तजनों के घर जाइये तो सन्त, महन्त, महापुरुषों के चित्र पाइयेगा जिनके देखने मात्र से अद्‌भुत शान्ति रस का उद्‌गार मन में आ जायेगा। पालिटिक्स की मदिरा के नशे में चूर प्रसिद्ध राजनीतिज्ञों के स्थान पर क्रामवेल, विस्मार्क सरीखे पटु बुद्धि वालों का चित्र देखियेगा इत्यादि। बालविवाह की सर्वस्व नाश करने वाली कुरीति ने हिन्दू जाति

के सन्तानों की वृद्धि और उपचय को कहाँ तक सत्यानाश में मिलाया और किस घृणित दशा में इनको पहुँचा दिया और इस कुरीति की विषमय वायु से बच कर मनुष्य बल, पुष्टता, तेज, कान्ति, सौन्दर्य का कहाँ तक संचय कर सकता है इस बात को प्रत्यक्ष करने के लिए हमें चाहिये कि मुगल तथा यूरोप देश के कमनीय बालक, युवती और दृढ़ांग पुरुषों की कुछ तस्वीरें अपनी चित्रसारी में टाँग रखें और सदैव उनको देखा करें।

कवि और चितेरे में कहाँ तक डांड़ा मेड़ी या परस्पर की स्पर्द्धा है इसे हम अपने पाठकों को दर्सा चुके हैं। अब इन दोनों में बड़ा अन्तर केवल इतना ही है कि सभ्यता का सूर्य ज्यों-ज्यों उठता हुआ मध्यान्ह को पहुँचता जाता है त्यों-त्यों चित्रकारी में नई-नई तराश ख़राश की बारीकी चौगुनी होती जाती है, पर कवियों की वाग्देवी जिस सीमा को पहले ज़माने में पहुँच चुकी है उससे बराबर अब तक घटती ही गई, यद्यपि हाल की सभ्यता, बुद्धिवैभव, शाइस्तगी के मुकाबले वह जमाना बहुत पीछे हटा हुआ था। लार्ड मेकाले ने अपने एक लेख में इस बात को बहुत अच्छी तरह पर सिद्ध कर दिखाया है। मेकाले कहते हैं कि "लोग इस सभ्यता के समय दर्शन, विज्ञान और दूसरी-दूसरी बुद्धि का विकास करने वाली बातों में प्रवीणता प्राप्त कर पहले की अपेक्षा अधिक सोच सकते हैं, अनेक ग्रंथों के सुलभ हो जाने से अधिक जान सकते हैं सही, किन्तु उस अपनी सोची या जानी हुई बात को बुद्धि की अधिक पैनी आँख से देखना उन पुराने कवियों ही को आता था।" इसमें सन्देह नहीं इन दिनों के विशेषज्ञ विद्वान तर्क बहुत अच्छा कर सकेंगे, जो बात उनके तर्क की भूमिका है उसका रूप खड़ा कर देंगे, अत्यन्त साधारण बात को अपने वाग्जाल से महाजगड्वाल कर डालेंगे, विज्ञान और शिल्प में नई-नई ईजाद कर खोदाई का भी दावा करने को सन्नद्ध हो जायेंगे, पर उन कवियों की प्रतिभा स्वरूप सूक्ष्म बुद्धि की छाया भी न पा सकेंगे। जिसे उन्होंने दो अक्षर के एक शब्द में सरस और गंभीर भाव पूर्ण करके प्रकट किया है उसे ये आधे दर्जन शब्दों में भी न प्रकाश कर सकेंगे। हमारे कवियों की पैनी बुद्धि का कारण यह भी है कि पूर्व काल में जब हमारा समाज बालक दशा में थी, उनके लिए 'ज्ञातव्य विषय' (जानने के लायक बात) बहुत थोड़े थे। जिधर उन्होंने नज़र दौड़ाया उधर ही उन्हें नये-नये जानने के योग्य पदार्थ मिलते गये। बुद्धि इनकी विमल थी, चित्त में किसी तरह का कुटिलभाव नहीं आने पाया था, क्योंकि समाज अब के समान प्रौढ़ दशा को नहीं पहुँचा था; इसलिए बहुत बातों में सभ्यता की बुरी हवा का झकोर भी उन शिष्ट पुरुषों तक न पहुँच सका था। जब पात्र बड़ा होगा और जो वस्तु उस पात्र में धरी जायेगी वह कम होगी तो वह वस्तु उसमें बहुत अच्छी तरह समा सकेगी। बुद्धि उनकी जैसी तीव्र और विमल थी, वैसा ही मन में उनके किसी तरह की कुटिलता और मैल न रहने से जिस बात के वर्णन में उन्होंने अपने ख़याल को रुजू किया वह सांगोपांग पूरा उतरा। तात्पर्य यह कि एक अर्थात् कविता के लिए यह नई सभ्यता विष हो गई, दूसरी अर्थात् चित्रकारी के लिए अमृत का काम दे रही है। इसी से काव्य दिन-दिन घटता गया और चित्रकारी रोज़-रोज़ बढ़ती गयी। ■

पौगण्ड या कैशोर

बालक की पाँच से चौदह या पन्द्रह तक जो अवस्था है उसे पौगण्ड या कैशोर अवस्था कहते हैं। तारुण्य के विकास के पहले जो समय मनुष्य का होता है वह कैसे सुख का रहता है। उस समय बालक का चित्त तुर्त के मथे मक्खन के समान कोमल, निर्मल और सर्वथा विकार शून्य रहता है। उस समय जो-जो बातें उसके नेत्रगोचर होती हैं उन्हें उसका निष्कपट सरल चित्त बिना शंका समाधान के ऋजुभाव से ग्रहण कर लेता है। तरुनाई का प्रवेश होते ही बाल्य काल के वे सब सुख सपने के ख़याल से हो जाते हैं। सरल भाव, अकुटिल निष्कपट प्रीति, उदार व्यवहार और पहले का सा वह अल्हड़पन, अब कहीं नाम को भी न रहा। स्कूल या पाठशाला में नित्य का जाना, मोटी-मोटी किताबों का बोझ लादने का अभ्यास, सहपाठियों के साथ एकान्त गोष्ठी, अध्यापक या मास्टर साहब की उत्साह बढ़ाने वाली उपदेश सनी बानी, मेला तमाशा या तरह-तरह के खेल-कूद में नई-नई उमंग का अब कहीं सम्पर्क भी न रहा। हमारे साथ के पढ़ने वाले सब मित्र अब हमें अवश्य भूल गये होंगे; जिन्हें कुछ याद भी होगी तो वही स्नेह अब काहे को होगा जैसा उस समय था जब हम उनके साथ एक ही बेंच पर सट के बैठते थे और मास्टर साहब को अनेक तरह का भुलावा और जुल दे काना-फुस्की में भाँति-भाँति की गप्पें हाँक-हाँक प्रसन्न होते थे। मास्टर साहब जैसे देखने में कड़े और सख्त मिज़ाज थे वह हम सब खूब जानते थे, न केवल हमीं वरंन हमारे समान नटखट जितने लड़के हैं सभी जानते होंगे। हम लोगों में से जो कोई कभी उनकी इच्छा के प्रतिकूल कोई काम कर गुज़रता था तो वह सबेरे की जून स्कूल खुलते ही साक्षात् रुद्र-मूर्ति अध्यापक महाशय की भौं चढ़ी तिरछी चितवन देखते ही चट भाँप लेता था कि देखें आज हम पर क्या भद्रा उतरे, ईश्वर ही कुशल करे। सदा वे कड़ाई करते रहे हों सो भी नहीं, कभी-कभी हँसाते इतना थे और ऐसी बात बोलते थे कि हँसते-हँसते पेट फूलने लगता था। जब वे क्रोध में भर शेर सा तड़प गरजने लगते थे तब क्लास भर में सन्नाटा छा जाता था और हम सब लोग मौन हो बकरी सा दबक बैठ रहते थे। उनकी ये सब बातें ऊपर से केवल रोब जमाने के लिए थीं भीतर से वे ऐसे कृपालु, कोमल और सरस हृदय थे मानो दाखरस हों।

> **''उपरि करबालधाराः क्रूराः**
> **सर्पाः भुजंगमपुंगवाः।**
> **अन्तः साक्षाद्द्राक्षा दीक्षा—**
> **गुरवो जयन्ति केपि जनाः''॥**

जो घुड़कते झिड़कते थे सो सब इसीलिये कि हम अपना पाठ याद करने में सुस्त और आलसी न हो जायें। अंगरेज़ी के प्रसिद्ध कवि गोल्डस्मिथ ने अपने काव्य Deserted village में कैसा अच्छा चित्र इसी का उतारा है—

A man severe he was and stern to view,
I Knew him well and all the truant knew;
Well had the boding tremblers learn'd to trace
The day's disasters in his morning face;
Full well they laugh'd with counterfieted glee
At his jokes for many a joke had he;
Full well the busy whisper circling round,
Conveyed the dismal tiding when he frown'd;
Yet he was kind or if severe in aught,
The love he bore to learning was in fault.

अब वह कोई बात न रही। अब कैसे-कैसे कुटिल, नीरस कपट-नाटक की प्रस्तावना के सदृश मानसिक भाव हमारे चित्त में उठा करते हैं। बहुत चाहते हैं कि वे सुख चैन के दिन अब फिर आवें पर वे अब क्यों नहीं आते? जी चाहता है मोहन, बच्चन, छुन्नू से फिर वैसा ही गप्प हाकें, तब कैसा कहकहे मार-मार हँसा करते थे और बिना कारन हँसी आती थी, अध्यापक महाशय कितना खिजलाते झुँझलाते थे पर हम एक नहीं मानते थे। अब वैसी हँसी एक बार भी आवे तो नोन, तेल, लकड़ी की चिन्ता के कारण दुःख-दुर्भर हृदय के दुःख का बोझ कितना हलका हो जाय; पर वैसी हँसी अब काहे को आयेगी! अब पहले के माफ़िक हम उन छोटे-छोटे बालकों में बेधड़क क्यों नहीं जा मिलते? अब हमारा उनके साथ मिलना सींग कटाय बछड़ा बनना क्यों जान पड़ता है? पहले के समान सरल अकुटिल भाव से वे अब हम से काहे को मिलेंगे?

कवियों ने युवा अवस्था को 'सब सुखों की खान' लिखा है, किन्तु वह सब उन धूर्तों की जल्पना मात्र है—'कवय: किन्न जल्पन्ति।' इस समय तो हमारा पूर्ण यौवन है फिर हमें सुख क्यों नहीं मिलता। माना कि जवानी का आलम बड़ा मज़ेदार और दिलचस्प होता है। ईसमें हमें दुनियाँ की सब तरह की लज्जतों का मज़ा मिलता है। आशिकी का मज़ा उठाते हैं; माशूकी की लज़्जत चखते हैं; नव यौवन के उमंग में बड़े-बड़े काम सहज में कर डालते हैं; नई जवानी, नया जोश, नई उमर, नवीन उत्साह, नूतन अभिलाष, जितनी बात सब नई; पुरानी कोई नहीं। किन्तु विचार दृष्टि से देखो तो सिवा हिर्स हवा के लड़कपन का वह वास्तविक सच्चा सुख कहीं नाम को नहीं। धिक्! यह वह समय है जिसमें जो कुछ करते हैं किसी से तृप्ति और सन्तोष नहीं होता। जितना भोग विलास करते जाते हैं जी नहीं ऊबता वरन् चौगुनी लालसा बढ़ती है।

"हविषा कृष्णवर्त्मेव भूय एवाभिवर्द्धते।"

जैसा आग में घी छोड़ने से आग चौगुनी धधकती है। अनगिनती रुपया पैदा किया, बड़ी-बड़ी विद्याएँ सीखीं, बहुत तरह के गुण उपार्जन किये, संसार में सब ओर अपना यश फैलाया पर तृप्ति न भई; हवस नित-नित बढ़ती ही गई; सदा यही इच्छा रहती है थोड़ा और होता तो अच्छा था। आज एक काम सिद्ध हो जाने पर मन आनन्द से पूर्ण हो जाता है। उस समय यही मालूम होता है मानो स्वर्ग सुख भी तुच्छ और फीका है। वही किसी काम के बिगड़ जाने पर ऐसी उदासी छा जाती है कि समस्त संसार असार जंचता है। सुतराम्, अन्त को यही सिद्धान्त ठहरता है कि यौवन सुख केवल अतृप्त लालसाओं के सिवाय और कुछ नहीं है। सच्चे सुख का समय केवल बाल्य अवस्था है।

■

शब्दों की आकर्षण शक्ति

'शब्द की आकर्षण शक्ति' न्यूटन की आकर्षण शक्ति से लवमात्र भी कम नहीं कही जा सकती। बल्कि शब्द की इस शक्ति को न्यूटन की आकर्षण शक्ति से विशेष कहना चाहिए। इसलिए कि जिस आकर्षण शक्ति को न्यूटन ने प्रकट किया है वह केवल प्रत्यक्ष में काम दे सकती है। सूर्य पृथ्वी को अपनी ओर खींचता है, पृथ्वी चन्द्रमण्डल को, यों ही जितने बड़े पदार्थ हैं सब छोटे को आकर्षण कर रहे हैं। किन्तु एक पदार्थ दूसरे को तभी आकर्षण करते हैं जब वे दोनों एक दूसरे के मुकाबले में हों। पर शब्द की आकर्षण शक्ति में यह आवश्यक नहीं है। यह बात ज़रूरी नहीं है कि शब्द की आकर्षण शक्ति तभी ठहर सकती हो जब नेत्र भी वहाँ योग देता हो। इन शब्दों का जितना ही अधिक समूह बढ़ता जायेगा उतनी ही उनमें आकर्षण शक्ति भी अधिक होती जायेगी। प्रत्येक जाति के धर्म-ग्रन्थ इसके प्रमाण हैं। वेदादि धर्म-ग्रन्थ जो इतने माननीय हैं सो इसीलिए कि उनमें धर्म का उपदेश ऐसे शब्द-समूहों में है जो चित्त को अपनी ओर खींच लेते हैं और ऐसा चित्त में गड़ के बैठ जाते हैं कि हटाये नहीं हटते। न्यूटन ने जिस आकर्षण शक्ति को प्रकट किया वह उनके पहले किसी के दिलों को आकर्षित न कर सकती थी। वृक्ष से फल का टूट कर नीचे गिरना साधारण सी बात है पर किसी के मन में इसका कोई असर नहीं होता। न्यूटन के चित्त में अकस्मात् आया कि "यह फल ऊपर न जा नीचे को क्यों गिरा?" अवश्य इसमें कोई बात है। देर तक सोचने के उपरान्त उसने निश्चय किया कि इसका कारण यही है कि "बड़ी चीज़ छोटी को खींचती है।" पर शब्द की आकर्षण शक्ति में इतना असर है कि वह मनुष्य की कौन कहे वन के मृगों को भी मुग्ध कर देती है। कोयल का पंचम स्वर में अलापना सबों को क्यों भाता है, इसीलिए कि मीठी आवाज़ Melodious voice सबों को सुखद है। बीन इत्यादि बाजन भी लोगों को क्यों रुचते हैं, इसीलिए कि वे कान को सुखद और मन को आकर्षण करने वाले हैं।

केवल शब्द की मधुर ध्वनि में जब इतना प्रलोभन है तब यदि उन शब्दों में अर्थचातुरी भी भरी हो तो वह कितना मन को खींचने वाला न होगा। अलंकारों में अनुप्रास Alliteration कितना कर्ण-रसायन है पर उसमें अर्थचातुरी न रहने से वह आलंकारिकों में इतनी प्रतिष्ठा नहीं पाता। यदि किसी काव्य में पद-लालित्य के साथ-साथ अर्थचातुरी भी हो तो उसके समान बहुत कम काव्य निकलेंगे। जैसा दामोदर गुप्त का यह श्लोक है—

"अपसारय घनसारं
कुरु हारं दूर एव किं कमलैः।

अलमलमालि मृडालैरिति
वदति दिवानिशं बाला॥''

अर्थात कोई विरहिणी नायिका अपने प्रियतम के वियोग में कामाग्नि से व्याकुल हो अपनी सहेली से कह रही हैं—''काम-ज्वर के दूर करने को जो तुमने यह घनसार (चन्दन) हमारे शरीर में पोत रखा है इसे अपसारय (दूर करो), इसलिये कि चन्दन से तो और भी कामाग्नि धधक उठेगी। मोतियों का हार उतार लो। कमलों से क्या होगा वह भी ठंडक न पहुँचा सकेंगे। अलमलमालि मृडालै: (ठंडक के लिए जो मृड़ाल मेरे ऊपर धरा है उसे हटाओ।)'' इस भाँति वह बाला रातों दिन कहर-कहर तुम्हारे वियोग में रोया करती है।

तुलसी और बिहारी के काव्यों में ऐसा बहुत ठौर आ गया है जहाँ अनुप्रास की मिठास और अर्थचातुरी दोनों एक साथ आई हैं। कुछ उदाहरण उसके यहाँ पर हम देते हैं—

''टटकी धोई धोवती चटकीली मुख जोति।
फिरत रसोई के घरन जगरमगर द्युति होति॥
मानहु मुख दिखरावनी दुलहिन करि अनुराग।
सास सदन मन ललन हूँ सौतिन दियो सुहाग॥
भूषण भार सम्हारिहैं किमि ये तन सुकुमार।
सूधे पाय न धरि परत महि सोभा के भार॥
लगालगी लोचन करैं नाहक मन बंध जाय।
देह दुल्हैया की बढ़ै ज्यों ज्यों यौवन ज्योति॥
त्यों त्यों लखि सौतें सबै बदन मलिन द्युति होति।''

''तुलसी का जैसा—

''तुलसी सराहत सकल सादर सींव सहज सनेह की।''

''धिग् मोहि भयउं बेनु बन आगी।
दुसह दाह दुख दूषन भागी॥
सुनी बहोरि मातु मृदुभवानी।
सील सनेह सरल रससानी॥''

अंगरेज़ी में भी कहीं-कहीं पर ऐसा है। जैसा पोप की इस पंक्ति में—

"The sound should seem an echo to the sense."

अर्थात् शब्द ऐसे होने चाहिये जिनमें अर्थों की गूँज सी निकले। जैसा कालिदास का—

''कन्याललाम कमनीयमजस्य लिप्सो:''

भवभूति का जैसा—

''कूजत्कुञ्जकुटीरकौशिकघटा'' इत्यादि।

वैदर्भी रीति और प्रसाद गुण इस तरह के काव्यों के प्राण हैं। पोप की एक और भी बानगी है।

'How high His Highness holds his haughty head'

पर इसमें अर्थ चातुरी का अभाव है। शेक्सपीयर के—

"His heavy-shotted hammer shroud"

इस पद में अनुप्रास अर्थ चातुरी सहित है।

तात्पर्य यह कि जो अनुप्रास बिना प्रयास आ जाय तथा उसके द्वारा अर्थ में भी अधिक सौन्दर्य बढ़ जाये तो वह सर्वथा ग्राह्य है। पर जिस अनुप्रास के पीछे अर्थ चातुरी की हत्या करनी पड़े तो वह अनुप्रास किस काम का! कालिदास के—

> **''इयमधिकमनोज्ञा बल्कलेनापि तन्वी**
> **किमिव हि मधुराणां मण्डनं नाकृतीनाम्''**

इस श्लोक में अनुप्रास बिना बनावट के आ गया है इससे यह बहुत उत्तम अनुप्रास का उदाहरण है। जयदेव कोकिलकण्ठ इसीलिये कहलाये कि उनके पदों में लालित्य अर्थ चातुरी से कहीं पर ख़ाली नहीं है। जैसा—

> **''ललित लवंगलता परिशीलन कोमल मलय समीरे।''**

प्रसाद गुण विशिष्ट अनुप्रास जैसा—

> **परमेश्वर परिपाल्यो भवता भवतापभीतोहम्।**

वैदर्भी रीति का अनुप्रास जैसा—

> **कुतोऽवीचिर्वीचिस्तव यदिगता लोचनपथम्**
> **त्वमापीता पीताम्बर-पुरनिवासं वितरसि।**
> **त्वदुत्संगे गंगे! पतति यदि कायस्तनुभृताम्**
> **तदा मातः! शातक्रतवपदलाभोप्यतिलघुः॥**

अर्थात् हे गंगे तुम्हारी वीचि (लहर) यदि नेत्र पथ में आ जाय तो अवीचि (नरक या पाप) कहाँ! तुम जल रूप में जो पी ली जाओ तो पीताम्बर पुर (वैकुण्ठ धाम) का वास दे देती हो। तुम्हारी गोद में जो देहधारी मात्र का शरीर आ गिरे तो शातक्रतव (इन्द्र)के पद का लाभ भी बहुत थोड़ा है।

जगन्नाथ पण्डितराज का जैसा—

> **यवनी नवनीतकोमलांगी शयनीये यदि नीयते कथंचित्।**
> **अवनीतलमेव साधु मन्ये न वनी माधवनी विनोदहेतुः॥**

इत्यादि शब्द की आकर्षण शक्ति के अनेक उदाहरण संस्कृत और भाषा दोनों में पाये जाते हैं। अधिक पल्लवित न कर केवल दिग्दर्शन मात्र यहाँ पर कराया गया है।

■

माता का स्नेह

वात्सल्य रस की शुद्ध मूर्त्ति माता के सहज स्नेह की तुलना इस जगत् में, जहाँ केवल अपना स्वार्थ ही प्रधान है, कहीं ढूँढ़ने से भी न पाइयेगा—सच है—

कुपुत्रो जायेत क्वचिदपि कुमाता न भवति।

मातृस्थानापन्न दादी, दादा, चाचा, ताऊ आदि का स्नेह बहुधा औचित्य विचार और मर्यादा परिपालन के ध्यान से देखा जाता है। किन्तु माता तथा पिता का स्नेह पुत्र में निरे वात्सल्य भाव के मूल पर है। अब इन दोनों में भी विशेष आदरणीय, सच्चा और निःस्वार्थ प्रेम किसका है? इसकी समालोचना आज हमारे इस लेख का मुख्य उद्देश्य है। लोग कहते हैं लाड़ प्यार से लड़के बिगड़ते हैं पर सूक्ष्म विचार से देखिये तो बालकों में हर एक अच्छी बातों का अंकुर गुप्त रीति पर प्यार ही से जमता है। विलायत के एक चितेरे ने लिखा है कि "मेरी माँ के बार चूम लेने ने मुझे चित्रकारी में प्रवीण कर दिया।" गुरु और उस्ताद जितना हमें पाठशालाओं में भय और ताड़ना दिखला कर वर्षों में सिखला सकते हैं उतना अपने घर में हम सुतवत्सला माँ के अकृत्रिम सहज स्नेह से एक दिन में सीख लेते हैं। माँ का स्वाभाविक, सच्चा और बे बनावटी प्रेम का प्रमाण इससे बढ़कर और क्या मिल सकता है कि लड़का कितना ही रोता हो या बिरझाया हुआ हो माँ की गोद में जाते ही चुप हो जाता है। इसी तरह जहाँ थोड़ी देर तक लड़के ने दूध न पिया तो माँ के स्तन भी दूध से भर आते हैं, दूध टपकने लगता है और वह विकल हो जाती है। बिन्दुपात के उपरान्त पिता अलग हो जाता है। दश मास तक गर्भ में धारण का क्लेश, जनने के समय की पीड़ा, उसके पालन-पोषण की चिन्ता और फिक्र, उसे नीरोग और प्रसन्न देख चित्त का हुलास, रोगी तथा अनमन देख अत्यन्त विकल होना इत्यादि सब माता ही में पाया जाता है। माता और पिता के स्नेह का तारतम्य इससे अधिक स्पष्ट और क्या हो सकता है कि लड़का कुपूत और निकम्मा निकल जाये तो बाप कभी उसका साथ नहीं देता, बल्कि घर से निकाल अलग कर देता है, पर माँ बहुधा सात भांवर वाले पति को भी त्याग निकम्मे पुत्र का साथ देती है। बंगालियों में तथा हमारे देश के कनौजियों में, जिनके बीच बहु-विवाह प्रचलित है अर्थात् पुरुष बहुत सी स्त्रियों को ब्याह लेने की बुराई को बुराई नहीं समझते, इसके बहुत से उदाहरण पाये जाते हैं। दो चार नहीं वरन् हज़ार पाँच सौ ऐसी माँ देखी गई हैं जिन्होंने बालक की अत्यन्त कोमल अवस्था ही में पिता के न रहने पर चक्कियाँ पीस-पीस अपने पुत्र को पाला और उसे पढ़ा-लिखा कर सब भाँति समर्थ और योग्य कर दिया। पुत्र भी ऐसों के ऐसे-ऐसे सुयोग्य हुए हैं कि जैसे सब भाँति भरे-पूरे घरानों में भी न निकलेंगे। जब महाकवि श्रीहर्ष केवल पाँच वर्ष के थे तो इनके

पिता ने वाद में पराजित हो लाज से तन त्याग दिया। तब इनकी माँ ने चिन्तामणि मन्त्र का इनसे जप करवा कर तथा सरस्वती देवी का कृपापात्र इन्हें कर अत्यन्त उद्भट पण्डित बना दिया और पीछे से अपने पति के परास्त करने वाले पण्डितों को इनके द्वारा वाद में हराय पूरा बदला चुका लिया।

पुराणों में ऐसी अनेक कथायें मिलती हैं जिनमें माता का वात्सल्य टपक रहा है। माँ का एक बार का प्रोत्साहन पुत्र के लिये जैसा उपकारी और उसके चित्त में असर पैदा करने वाला होता है वैसा पिता की सौ बार की नसीहत और ताड़ना भी नहीं होती। सौतेली माँ सुरुचि के वज्रपात सदृश वाक् प्रहार से ताड़ित और पिता की अवज्ञा और निरादर से अत्यन्त सन्तापित ध्रुव को, जब वह केवल पाँच ही वर्ष के बालक थे, सुनीथा देवी का एक बार का प्रोत्साहन उनके लिये ध्रुवपद की प्राप्ति का हेतु हुआ, जिसके समान उच्च और स्थिर पद आज तक किसी को मिला ही नहीं। पिता का स्नेह बदला चुकाने की इच्छा से होता है। वह पुत्र को इसीलिये पालता-पोषता और पढ़ाता-लिखाता है कि बुढ़ापे में वह हमारे काम आयेगा तथा जब हम सब भाँति अपाहिज और अपंग हो जायेंगे तो हमारी सेवा करेगा और हमारे अन्न-वस्त्र की फिक्र रखेगा। पर माँ का उदार और अकृत्रिम प्रेम इन सब बातों की कभी नहीं इच्छा रखता। माँ अपने प्रिय सन्तान के लिये कितना कष्ट सहती है जिसे याद कर चित्त में वात्सल्यभाव का उद्गार हो आता है। माँ में पिता के समान प्रत्युपकार की वासना भी नहीं है, दया मानो देह धरे सामने आकर खड़ी हो जाती है। टूटी फूस की मढ़ी में, जब कि मूसलाधार अखण्ड पानी बरस रहा है और फूस का ठाठ सब ओर से ऐसा टपकता है कि कहीं बीता भर जगह बची नहीं है न गरीबी के कारण इतना कपड़ा लत्ता पास है कि आप भी ओढ़े और प्रिय सन्तान को ढाँप कर वृष्टि के भयंकर उत्पात से बचाये, माता आधी धोती ओढ़े आधी से अपने दुधमुहे बालक को ढाँपे उसको छाती से लगाये हुए है। अपने प्राण और देह की उसे तनिक भी चिन्ता नहीं है, किन्तु वात और वृष्टि से पुत्र को कोई अनिष्ट न हो इस लिये वह अत्यन्त व्यग्र हो रही है। पुत्र की रोगी और अस्वस्थ दशा में पलंग के पास बैठी उदासीन मन मारे वह उसका मुँह ताक रही है। रात की नींद और दिन का भोजन, उसे मुहाल हो गया है। भाँति-भाँति की मान-मनौती तथा उतारा और सदक़े में वह लगी है। जो जौन कहता है वह सब कुछ करती जाती है। अपनी जान तक चाहे चली जाय पर पुत्र को स्वस्थता हो इसी की फिक्र में वह है।

पिता को अपने शरीर पर इतना कष्ट उठाना कभी न भायेगा। यह माता ही है जो पुत्र के स्वाभाविक स्नेह के परवश हो इतने-इतने दुःख सहती है। बुद्धिमानों ने इन्हीं सब बातों को सोच-विचार कर लिख दिया कि "पिता से माँ का गौरव सौ गुना अधिक है।"

पितुः शतगुणा माता गौरवेणातिरिच्यते।

माँ का केवल गौरव मान बैठ रहना कैसा हम तो कहेंगे कि पुत्र जन्मपर्यन्त तन, मन, धन से माँ की सेवा करे तब भी वह उसके पूर्व उपकार का ऋणी बना ही रहेगा।

कवि संप्रदायानुगत प्रसाद और माधुर्य गुण से भरा तथा वात्सल्य रस में पगा हुआ 'माँ' इस एकाक्षरी महा मंत्र की समता शब्दों की कल्पना करनेवाले आदि के उस महा पुरुष ने, जिसने सृष्टि के प्रारम्भ ही में हमें यह बतलाया कि अमुक शब्द से अमुक अर्थ का बोध होता है, जान बूझ कर किसी दूसरे शब्द में नहीं रखा। 'प्रसवितृ', 'मातृ', 'जननि' 'अम्ब' आदि जितने शब्द इस अर्थ के बोधक हैं, उनमें सरस दन्त्य और तालव्य अक्षरों के सिवाय टकार, डकार, षकार आदि कड़े और कर्णकटु वर्ण किसी में न पाइयेगा। इससे निश्चय होता है कि शब्द की कल्पना करने वाले उन पहले के वैयाकरणों को प्यारी माँ का कहाँ तक गौरव था। भाई-बहन में, भाई-भाई में, या बहन-बहन में परस्पर स्नेह का बन्धन और बहुधा समान शील का होना माँ के उसी दूध का परिणाम है। एक ही माँ का दूध वे सब पीते हैं इसीलिए वे इतना प्रेमबद्ध रहते हैं। तो सिद्ध हुआ जननी केवल जन्मदात्री ही नहीं है वरन पवित्र और सरस स्नेह की प्रसवित्री भी वही है। रहस्यलीला में गोपिकाओं ने भगवान् से तीन प्रश्न किये हैं जिनमें उन्होंने तीन तरह का मार्ग प्रेम का दिखलाया है। एक तो वे लोग हैं जो प्रेम करने पर प्रेम करते हैं। दूसरे वे हैं जो तुम चाहो प्रेम करो या न करो तुम से प्रेम करते हैं। तीसरे वे हैं जो ऐसे कट्टर हैं कि उनसे कितना ही प्रेम करो तो भी नहीं पसीजते। इसके उत्तर में भगवान् ने कहा है जो परस्पर प्रेम करते हैं वह तो एक प्रकार का बदला है, स्वच्छ स्नेह उसे न कहेंगे, काम पड़ने पर मित्र शत्रु बना ही करते हैं, उसमें सौहार्द धर्म मूलक नहीं है, किन्तु दोनों परस्पर स्वार्थी हैं और जब स्वार्थ हुआ तो कुछ-न-कुछ कपट उसमें अवश्य ही रहेगा, कपट का मन में लेश भी आया कि स्वच्छ स्नेह की जड़ कट गई। जिसमें केवल धर्म ही धर्म हो, जो स्वच्छ स्नेह को दर्पण के समान प्रकाश कर देने वाला हो तथा जिसमें बदला पाने की कहीं गन्ध भी न हो, वह स्नेह वही है जो दया की मानो साक्षात् स्वरूप माँ पुत्र में रखती हैं। इस मात्रिक स्नेह अनमोल मोती की तारीफ़ में पेज़ का पेज़ रंगते जायें तो भी ओर-छोर तक नहीं पहुँच सकते।

■

मुग्ध माधुरी

मुग्धता की छवि ही कुछ निराली है। मुग्धता में चेहरे के भोलेपन के साथ ही साथ एक अद्‌भुत पवित्र, स्थिर और सत् मनोवृत्ति प्रतिबिम्बित होती है। जिस सौन्दर्य में भोलेपन की झलक नहीं वह बनावटी सौन्दर्य है। बनावटी सौन्दर्य में सागर के समान प्रसन्न गम्भीर और स्थिर भाव कभी ढूँढ़ने से भी न मिलेगा। भोलेपन से ख़ाली तथा दगीली खूबसूरती पहले तो कोई खूबसूरती ही नहीं है और कदाचित् हो भी तो कुटिलाई और बांकापन लिये हाव-भाव दूषित, मलिन और अपवित्र मन की खोटाई के साथ ऊपर से रंगी चुंगी सुन्दरता छूत के समान देखने वालों के मन में अवश्य अपवित्र और दूषित भाव पैदा करेगी। स्वाभाविक सरल सौन्दर्य वही है जिसमें भोलापन मिला हो और जो देखनेवालों के चित्त में अपवित्र और दूषित भाव पैदा करने के बदले प्रकृति के अद्‌भुत लोकोत्तर कामों का स्मरण दिलाता हुआ भक्ति-प्रवण मनमधुप को सर्वशक्तिमान के चरणकमलों के ध्यान में रुजू करता है। बहुतेरे ऐसे दृष्टान्त मिलते हैं कि हिंसक ठग लोग भी ऐसों के सौन्दर्य पर मोहित तथा उनकी मुग्धमाधुरी के वशीभूत हो हिंसा के काम से निरस्त हो बैठे। हमारे 'नूतन ब्रह्मचारी' का किस्सा इसका एक उदाहरण है।

जैसा ब्राह्मण और ऋषियों के बालकों में पुस्त दरपुस्त की तपस्या से उत्पन्न ब्रह्मवर्चस् तथा क्षात्रकुल प्रसूत राजर्षियों में क्षात्रतेज की दमक निराली होती है और छिपाये नहीं छिपती उसी तरह रूप के संसार में मुग्ध माधुरी भी छिपाये नहीं छिपती। नागरिक स्त्रियों की अपेक्षा ब्रजवनिता गंवारिन-गोपियों में कौन सी ऐसी बात थी कि हमारे कविगण रूपवर्णन में अपनी कविता का सर्वस्व उनकी रूप माधुरी को सौंप बैठे। कोकिल कण्ठ जयदेव, कवि कर्णपूर तथा और-और लीलाशुक प्रभृति कवियों की कोमल कविता का उद्‌गार इन्ही ब्रजवनिताओं ही के रूप वर्णन में क्यों हुआ? इसका कारण यही मन में आता है कि इन लोगों को नगरवधू तथा प्रसिद्ध राज कन्याओं के रूप में वह बात न मिली। वह केवल बेबनावटी भोलापन था जिससे कृष्ण ऐसे रसिक शिरोमणि इन पर मोहित हो इनके पीछे-पीछे डोलते फिरे। हजार में नौ सौ निन्यानबे लोग तेल और पानी मिली हुई हल्दी की वार्निश से चमकाये गये वाग्वनिताओं के जिस सौन्दर्य तथा रूप को देखकर कीट पतंग की गति भुगतते हैं वह सौन्दर्य तथा रूप के जौहर के सच्चे जौहरियों की दृष्टि में अत्यन्त तुच्छ और हेय हैं। वरन् संयोगवश कभी को उनकी नज़र भी ऐसे सुन्दरापे पर पड़ जाती है तो उन्हें घिन पैदा होती है। यह स्वाभाविक बेबनावटी सौन्दर्य ग्राम में ही पाया जाता है। यह सुकुमार पौधा नगर की दूषित वायु के लगने से मुरझा जाता है। राजर्षि दुष्यन्त के राजभवन में कितनी

राजमहर्षियों के होते हुए भी वल्कल और छाल से ढाँपे हुए ग्राम्य नगरी शकुन्तला ही उनको सोहावनी हुई।

इयमधिकमनोज्ञा वल्कलेनापि तन्वी।

यह एक अद्‌भुत बात है कि जितने शुद्ध पदार्थ हैं वे बाहरी देखने वालों को रिझानेवाले गुणों में उनसे कम मालूम होते हैं जिनमें मिलावट है। शुद्ध सोना उतना न चमकेगा जितना मिलाया हुआ। अपने बनावटी रूप का अभिमान करने वालों का अभिमान क्षणिक होता है। जैस हल्दी का रंगा वस्त्र बड़ा चटकीला होता है परन्तु घाम के लगते ही सब चटक उसकी एक छिन में बिला जाती है। लावण्य का लालित्य बढ़ाने में स्वाभाविक सौन्दर्य सार पदार्थ है। इसी स्वाभाविक सौन्दर्य को हम मुग्ध माधुरी कहते हैं। रूप की इस मुग्ध माधुरी का कुछ क्रम ही निराला है कि जो मुखच्छवि रेख भीनते-भीनते पूनों के चाँद सी सोहती थी वही जवानी के आते ही मोछों की कालिमा से कलुषित हो सेवार के जाल से ढँपे हुए कमल की शोभा धर लेती है। अस्तु इस बिगड़ी दशा में भी यह छवि बहुत दिनों तक नहीं रहती। धुआँ से जैसा चित्र, हिमसंहात से जैसा कमल, अंधियारे पाख से जैसा चन्द्रमा ढंग जाता है उसी तरह बुढ़ापे से यह छवि भी आक्रान्त हो जाती है। भवभूति महाकवि ने इस मुग्ध माधुरी का कई ठौर बहुत उत्तम चित्र अपने उत्तर चरित्र में खींचा है यथा—

प्रतनुविरलैः प्रान्तोन्मीलन्मनोहरकुन्तलैर्दशनमुकुलैमुग्धालोकं शिशुर्दधती मुखम्।
ललितललितैर्ज्योत्स्नाप्रायैरकृत्रिमविभ्रमैरकृत मधुरैरम्बानां मे कुतूहलमंगकेः॥
अलसलुलितमुग्धान्यध्वसंजातखेदा दशिथिलपरिरंभैर्दत्तसंवाहनानि।
परिमृदितमृणालीदुर्बलान्यंगकानि त्वमुरसि मम कृत्वा यत्र निद्रामवाप्ता॥

कविकुलमुकुट कालिदास ने भी पार्वती के कोमल अंगों के वर्णन में कहा है—

असम्भृतं मण्डनमंगयष्टेरनासवाख्यं करणं मदस्य।
कामस्य पुष्पव्यतिरिक्तमस्त्रं बाल्यात्परं साथ वयः प्रपेदे॥
उन्मीलितं तूलिकयेव चित्रं सूर्याशुभिर्भिन्नमिवारविन्दं।
वभूव तस्याश्चतुरस्त्रशोभि वपुर्विभक्तं नवयौनेन॥ इत्यादि

बिहारी ने भी लिखा है—

छुटी न शिशुता की झलक, झलक्यो योवन अंग।
दीपति देह दुहून मिल, दिपति ताफतारंग॥
तियतिथि तरणि किशोर वय, पुण्य काल सम दोन।
काहू पुण्यनि पाइयत, वैस संधि संक्रोन॥
चितवन भोरे भाव की, गोरे मुह मुसकानि।
लगनि लटकि आली गरै, चित खटकत नित आनि॥

■

चरित्रपालन

चरित्र में कहीं पर किसी तरह का दाग न लगने पाये इस बात की चौकसी का नाम चरित्रपालन है। हमारे लिए चरित्रपालन की आवश्यकता इसलिए मालूम होती है कि चरित्र को यदि हम सुधारने की फिक्र न रखें तो उसे बिगड़ते देर नहीं लगती, जैसा उर्वरा फलवन्त धरती में लम्बी-लम्बी घास और कटीले पेड़ आप से आप उग आते हैं अन्न आदि के उपकारी पौधे बड़े यत्न और परिश्रम के उपरान्त उगते हैं। सच तो यों है कि त्रिगुणात्मक प्रकृति ने चरित्र में विकार पैदा कर देनेवाले इतने तरह के प्रलोभन संसार में उपजा दिये हैं जिनसे आकर्षित हो मनुष्य बात की बात में ऐसा बिगड़ जा सकता है कि फिर यावज्जीवन किसी काम का नहीं रहता। महल के बनाने में कितना यत्न और परिश्रम करना पड़ता है पर जब वह बनकर तैयार हो जाता है तो उसे ढहाते देर नहीं लगती। इसी बात पर लक्ष्य कर कवि-शिरोमणि कालिदास ने कहा है—

''विकारहेतौ सति विक्रियन्ते

येषां न चेतांसि त एव धीराः''

अर्थात् जो बातें विकार पैदा करने वाली हैं उनके होते हुए भी जिनके मन में विकार न पैदा हो वे ही धीर हैं। महाकवि भारवि ने भी ऐसा ही कहा है—

विक्रिया न खलु कालदोषजा

निर्मलप्रकृतिषु स्थिरोदया।

अर्थात् निर्मल प्रकृतिवालों में काल की कुटिलता के कारण जो विकार पैदा होते हैं वे चिरस्थायी नहीं रहते। चरित्ररक्षा एक प्रकार की सन्दली ज़मीन है जिस पर यशः सौरभ इत्र के समान बनाये जा सकते हैं अर्थात् जैसा गन्धी सन्दल का पुट दे हर क़िस्म का इत्र उसमें से तैयार करता है वैसा ही चरित्र जब आदमी का शुद्ध है तो वह हर तरह की योग्यता प्राप्त कर सकता है। शुद्ध-चरित्रवाला मनुष्य सब जगह प्रतिष्ठा पाता है और वह जिस काम में सन्नद्ध होता है उसी में पूर्ण योग्यता को पहुँच हर तरह पर सरसब्ज़ होता है।

यथा ही मलिनैर्वस्त्रैर्यत्र तत्रोपविश्चते।

एवं चलितवृत्तस्तु वृत्तशेषं न रक्षति॥

अर्थात् जैसे मैला कपड़ा पहना हुआ मनुष्य जहाँ चाहता है वहाँ बैठ जाता है, कपड़ों में दाग़ लग जाने का ख़्याल उस आदमी को बिल्कुल नहीं रहता उसी तरह चलित वृत्त अर्थात जिसके चालचलन में दाग़ लग गया है वह फिर बाकी अपने और चरित्रों को भी नहीं बचा सकता वरन् वह नित्य-नित्य बिगड़ता जाता है। मन, जिह्वा

और हाथ का निग्रह चरित्रपालन का मुख्य अंग है जिन्होंने मन को कुपथ पर जाने से रोका है, जीभ को दूसरे की चुगली चवाई से या गाली देने से रोका है और हाथ को दूसरे की वस्तु चुराने से या बेईमानी से ले लेने में रोक रखा है वही चरित्रपालन में उदाहरण दूसरों के लिए हो सकता है। ऐसा मनुष्य कसौटी में कसे जाने पर खरे से खरा निकलेगा।

वरं विन्ध्याटव्यामनशनतृषार्तस्य मरणम्,
वरं सर्पाकीर्णे तृणपिहितकूपे निपतनम्।
वरं गर्तावर्ते गहनजलमध्ये विलयनम्,
न शीलाद्विभ्रंशो भवतु कुलजस्य श्रुतवतः॥

सच है कुलीन समझदार साक्षर के लिए चरित्र में दाग़ लगना ऐसी ही करी बात है कि उसे अपना जीवन भी बोझ मालूम होने लगता है। जैसा ऊपर के श्लोक में कवि ने कहा है कि "विन्ध्य पहाड़ के वन में भूखा प्यासा हो मर जाना अच्छा, तिनकों से ढके सर्पों से भरे कुएँ में गिर कर प्राण दे देना श्रेष्ठ, पानी के भंवर में डूब कर बिला जाना उत्तम है, पर शिष्ट पढ़े-लिखे मनुष्य का चरित्र से च्युत हो जाना अच्छा नहीं। रुपया-पैसा हाथ की मैल है आता-जाता रहता है। किन्तु बात गये बात फिर नहीं बनती, इसीलिए धन का दरिद्र-दरिद्र नहीं कहा जा सकता यदि वह सुचरित्र में आढ्य हो तो। जिनके आँख का पानी ढरक गया है उनको चरित्र-पालन कोई बड़ी बात नहीं है और न इसकी कुछ क़दर उन्हें है, किन्तु जो चरित्र को सब से बड़ा धन माने हुए हैं वे अत्यन्त संयम के साथ बड़ी सावधानी से संसार में निबहते हैं। यावत् धर्म, कर्म और परमार्थ साधन सब का निचोड़ वे इसी को मानते हैं। ऐसे लोग जन समाज में बहुत कम पाये जाते हैं, हज़ारों में कहीं एक ऐसे होते हैं और ऐसे ही लोग समाज के अगुआ, राह दिखलाने वाले आचार्य, गुरु, रसूल या पैग़म्बर हुए हैं और आप्त तथा शिष्ट माने गये हैं। उनके एक-एक शब्द जो मुख से निकलते हैं तथा उनका उठना-बैठना, चलना-फिरना अलग-अलग चरित्रपालन में उदाहरण होता है। जो प्रतिष्ठा बड़े से बड़े राजाधिराज सम्राट् बादशाह शाहंशाह को दुर्लभ है वह चरित्रवान् को सुलभ है, और यह प्रतिष्ठा चरित्रपालन वाले को सहज ही मिल गई सो नहीं वरन् सच कहिये तो यह असिधारा व्रत है, संसार के अनेक सुखों को लात मार बड़े-बड़े क्लेश उठाने के उपरान्त मनुष्य इसमें पक्का हो सकता है। चरित्र से बहुत मिलती हुई दूसरी बात शील है। शील का चरित्र ही में अन्तर्भाव हो सकता है। चरित्रपालन में चतुर शील-संचरण में भी प्रवीण हो सकेगा किन्तु शीलसंरक्षण में विलक्षण मनुष्य चरित्रपालन में प्रवीण नहीं हो सकता। अंगरेज़ी में शील के लिए 'कान्डक्ट' (Conduct) और चरित्र के लिए 'क्यारेक्टर (Character) शब्द है। आदमी की बाहरी चाल-चलन का सुधार शील या 'काण्डक्ट' अथवा 'बिहेवियर' (Behavier) कहा जायेगा, किन्तु मनुष्य का आभ्यन्तर शुद्ध जब तक न होगा तब तक बाहरी सभ्यता 'चरित्र' नहीं कहलायेगी। श्रीरामचन्द्र, युधिष्ठिर, बुद्धदेव तथा महात्मा ईसा के चरित्रपालन का समाज पर वैसा ही असर होता है जैसा

रक्तसंचालन का शरीर पर। सुस्निग्ध पुष्ट भोजन से जो रुधिर पैदा होता है वह शरीर को पुष्ट और नीरोग रखता है वैसा ही जिस समाज में चरित्रपालन की क़दर है और लोगों को इसका ख़याल है कि हमारा चरित्र दगीला न होने पाये वह समाज पुष्ट पड़ती जाती है और उत्तरोत्तर उसकी उन्नति होती जाती है। जिस समाज में चरित्रपालन पर किसी की दृष्टि नहीं है और न किसी को 'चरित्र किस तरह पर बनता बिगड़ता है' इसका कुछ ख़याल है उस बिगड़े समाज का भला क्या कहना! कुपथ्य भोजन से विकृत रुधिर पैदा होकर जैसा शरीर को व्याधि का आलय बना नित्य उसे क्षीण, और जर्जर करता जाता है वैसा ही लोगों के कुचरित्र होने से समाज नित्य क्षीण निःसत्व और जर्जर होता जाता है। जिस समाज में चरित्र की बहुतायत होगी वह समाज सर्वोपरि दीप्यमान होकर देश और जाति की उन्नति का द्वार होगा। हमारी प्राचीन आर्यजाति चरित्र की खान थी जिनके नाम से इस समय हिन्दू मात्र पृथ्वी भर में विख्यात है। अफ़सोस! जो क़ौम किसी समय दुनिया के सब लोगों के लिए चरित्र शिक्षा में नमूना थी वह आज दिन यहाँ तक गई-बीती हो गई कि दूसरे से सभ्यता और चरित्रपालन की शिक्षा लेने में अपना अहोभाग्य समझती है! समय खेलाड़ी ने हमें अपना खिलौना बनाकर जैसा चाहा वैसा खेल खेला, देखें आगे अब वह कौन खेल खेलाता है।

■

चारुचरित्र

मनुष्य के जीवन का महत्व जैसा चारुचरित्र से संपादित होता है वैसा धन ऊँचा पद, ऊँचे दरजे की तालीम इत्यादि के द्वारा नहीं हो सकता। समाज में जैसा गौरव, जैसी प्रतिष्ठा या इज़्ज़त, जैसा ज़ोर, लोगों के बीच में शुद्ध चरित्र वाले का होता है वैसा बड़े से बड़े धनी और ऊँचे से ऊँचे ओहदे वाले का कहाँ! धनवान् या विद्वान् को जो प्रतिष्ठा दी जाती है या सर्व साधारण में जो यश या नामवरी उसकी होती है उसकी स्पर्द्धा सब को होती है। कौन ऐसा होगा जो अपने वैभव, अपनी विद्या या योग्यता से औरों को अपने नीचे रखने की इच्छा न करता हो? शक्ति का एक मात्र आधार केवल चारुचरित्र वाले में अलबत्ता यह नहीं देखा जाता। वह यह कभी नहीं चाहता कि चरित्र के पैमाने में अर्थात् चरित्र क्या है इसकी नाप जोख में दूसरा हमारे आगे न बढ़ने पाये।

कार्य कारण का बड़ा घनिष्ठ सम्बन्ध है। इस सूत्र के अनुसार देश या जाति का एक-एक व्यक्ति सम्पूर्ण देश या जाति की सभ्यता रूप कार्य का कारण है, अर्थात् जिस देश या जाति में एक-एक मनष्य अलग-अलग अपने चरित्र के सुधार में लगे रहते हैं वह समग्र देश का देश उन्नति की अन्तिम सीमा तक पहुँच सभ्यता का एक बहुत अच्छा नमूना बन जाता है। नीचे से नीचे कुल में पैदा हुआ हो, बहुत पढ़ा-लिखा भी न हो, बड़ा सुबीते वाला भी न हो, न किसी तरह की कोई असाधारण बात उसमें हो, किन्तु चरित्र की कसौटी में यदि यह अच्छी तरह कस लिया गया है तो उस आदरणीय मनुष्य का संभ्रम और आदर समाज में कौन ऐसा कम्बख्त होगा जो न करेगा और ईर्षावश उसके महत्व को मुक्तकण्ठ हो स्वीकार न करेगा। नीचे दरजे से ऊँचे को पहुँचने के लिये चरित्र की कसौटी से बढ़कर और कोई दूसरा ज़रिया नहीं है। चरित्रवान् यद्यपि धीरे-धीरे बहुत देर में ऊपर को उठता है पर यह निश्चित है कि चरित्र पालन में जो सावधान है वह एक न एक दिन अवश्य समाज का अगुआ मान लिया जायेगा। हमारे यहाँ के गोत्र प्रवर्तक ऋषि, भिन्न-भिन्न मत या संप्रदायों के चलाने वाले आचार्य, नबी, औलिया आदि सब इसी क्रम पर आरूढ़ रह लाखों-करोड़ों मनुष्यों के गुरुर्गुरु देववत् माननीय पूजनीय हुए; वरन कितने उनमें से ईश्वर के अंश और अवतार माने गये।

यों तो दियानतदारी, सत्य पर अटल विश्वास, शान्ति, कपट और कुटिलाई का अभाव, आदि चरित्र पालन के अनेक अंग हैं किन्तु बुनियाद इन सब उत्तम गुणों की, जिस पर मनुष्य में चारुचरित्र का पवित्र विशाल मन्दिर खड़ा हो सकता है, अपने सिद्धान्तों का दृढ़ और उसूलों का पक्का होना है। जो जितना ही अपने सिद्धान्तों का दृढ़ और पक्का है वह उतना ही चरित्र की पवित्रता में एकता होगा। चरित्र की संपत्ति के

लिये सिधाई तथा चित्त का अकुटिल भाव भी एक ऐसा बड़ा स्रोत है जहाँ से विश्वास, अनुराग, दया, मृदुता, सहानुभूति के सरस प्रवाह की अनेक धाराएँ बहती हैं। इनमें से किसी एक धारा में नियमपूर्वक स्नान करने वाला मनुष्य भलमनसाहत, सभ्यता, आभिजात्य या कुलीनता तथा शिष्टता का नमूना बन जाता है। क्योंकि चतुराई बिना चित्त की सिधाई के, ज्ञान या विद्या बिना विवेक या अनुष्ठान के, मनुष्य में एक प्रकार की शक्ति अथवा योग्यता अवश्य है पर यह योग्यता उसकी वैसी ही है जैसी गिरह काटनेवालों में जेब या गाँठ काट रुपये निकाल लेने की योग्यता या चालाकी रहती है।

.आत्मगौरव भी चरित्र का प्रधान अंग है। सुचरित्र-संपन्न नीचा काम करने में सदा संकुचित रहता है। प्रतिक्षण उसे इसके लिए बड़ी चौकसी रखना पड़ता है कि कहीं ऐसा काम न बन पड़े कि प्रतिष्ठा में हानि हो। उसका एक-काम और एक-एक शब्द है सभ्य समाज में नेकचलनी के सूत्र के समान प्रमाण में लिया जाता है। जिसके लिये उसने 'हाँ' कहा फिर उसी के लिये उससे 'नहीं' कहलाना मनुष्य मात्र की शक्ति के बाहर है। उत्कोच या किसी तरह का लालच दिखला कर उसके उसूल को बदलवा देना या दृढ़ सिद्धान्तों से उसे अलग करना वैसा ही है जैसा प्रकृति के नियमों का बदल देना है। यह कुछ अत्यन्त आवश्यक नहीं है कि जो बड़े धनी हैं या किसी बड़े ऊँचे ओहदे पर हैं वे ही सच्ची शिराफ़त या चोखी से चोखी सज्जनता अथवा नेकचलनी के (Standard) सूत्र हों। अपिच गरीब तथा छोटा आदमी भी सज्जनता की कसौटी में अधिकतर चोखा और खरा निकल सकता है। किसी ने अच्छा कहा है।

अक्षीणो वित्ततः क्षीणः वृत्ततस्तु हतो हतः

अर्थात् धन पास न होने से ग़रीब-ग़रीब नहीं है वरन् जो सद्वृत्त नेकचलनी से रहित है वही ग़रीब है। धनी सब कुछ अपने पास रखकर भी सब भाँति हीन है पर निर्द्धनी पास कुछ न रखकर भी यदि सद्वृत्त—है तो सब भाँति भरा-पूरा है। उसे भय और नैराश्य कहीं से नहीं है। वही सद्वृत्त विहीन वित्तवान को पग-पग में भय है। उसका भविष्य इतना धुँधला है कि जिसका धुँधलापन दूर होने को कहीं से आशा की चमक का नाम नहीं है। दैववश जिसका सब कुछ नष्ट हो गया पर धैर्य, चित्त की प्रसन्नता, आशा, धर्म पर दृढ़ता, आत्म-गौरव और सत्य पर अटल विश्वास बना है उसका मानो सब बना है। कहीं पर किसी अंश में वह दरिद्र नहीं कहा जा सकता।

एक बुद्धिमान् ने इन सब बातों को पवित्र चरित्र का मुख्य-मुख्य अंग निश्चय किया है। लम्पटता अर्थात कूल कपटी का न होना; रुपये पैसे के लेन-देन में सफाई; बात का धनी और अपने वादे का सच्चा होना; आश्रितों पर दया; मेहनत से न हटना; अपने निज परिश्रम और पौरुष पर भरोसा रखना; अविकत्थन अर्थात् अपने को बढ़ा के न कहना—इनमें से एक-एक गुण ऐसे हैं जिस पर किताब की किताब लिखी जा सकती है। चारुचरित्र का एक संक्षेप विवरण हमने कह सुनाया। जिस भाग्यवान में चरित्र के पूर्ण अंग हैं उसका क्या कहना! वह तो मनुष्य के तन में साक्षात् देवता या जीवन्मुक्त कोई योगी है। जिन बातों से हमारे में चरित्र आता है उसकी दो एक बात भी

जिसमें हैं वह धन्य है और प्रशंसा के योग्य है। हमारे नवयुवकों को चरित्र पालन में विशेष प्रवण चित्त होना चाहिये। ऊँचे दरजे की शिक्षा बिना चरित्र के सर्वथा निरर्थक है। चरित्र-संपन्न साधारण शिक्षा रखकर जितना उपकार देश या जाति का कर सकता है। उतना सुशिक्षित, पर चरित्र का छूछा नहीं करेगा।

■

कल्पना शक्ति

मनुष्य की अनेक मानसिक शक्तियों में कल्पना-शक्ति भी एक अद्‌भुत शक्ति है। यद्यपि अभ्यास से यह शतगुण अधिक हो सकती है पर इसका सूक्ष्म अंकुर किसी-किसी के अन्त:करण में आरम्भ ही से रहता है, जिसे प्रतिभा के नाम से पुकारते हैं और जिसका कवियों के लेख में पूंर्ण उद्‌गार देखा जाता है। कालिदास, श्रीहर्ष, शेक्सपीयर, मिल्टन प्रभृति कवियों की कल्पना शक्ति पर चित्त चकित और मुग्ध हो, अनेक तर्क वितर्क की भूलभुलैया में चक्कर मारता टकराता, अन्त को इसी सिद्धान्त पर आकर ठहरता है कि यह कोई प्राक्तन संस्कार का परिणाम है या ईश्वर-प्रदत्त-शक्ति (Genius) है। कवियों का अपनी कल्पना-शक्ति के द्वारा ब्रह्मा के साथ होड़ करना कुछ अनुचित नहीं है, क्योंकि जगत्स्रष्टा तो एक ही बार जो कुछ बन पड़ा सृष्टि-निर्माण-कौशल दिखला कर आकल्पान्त फ़राग़त हो गये पर कविजन नित्य नई-नई रचना के गढ़न्त से न जाने कितनी सृष्टि-निर्माण-चातुरी दिखलाते हैं।

यह कल्पना-शक्ति कल्पना करनेवाले हृद्‌गत भाव या मन के परखने की कसौटी या आदर्श है। शान्त या वीर प्रकृति वाले से शृंगार-रस-प्रधान कल्पना कभी न बन पड़ेगी। महाकवि मतिराम और भूषण इसके उदाहरण हैं। शृंगार रस में पगी जयदेव की रसीली तबियत के लिए दाख़ और मधु से भी अधिकाधिक मधुर गीत गोविन्द ही की रचना विशेष उपयुक्त थी राम-रावण या कर्णार्जुन के युद्ध का वर्णन कभी उनसे न बन पड़ता। यावत् मिथ्या और दरोग़ की क़िबलेगाह इस कल्पना पिशाचिनी का कहीं ओर छोर किसी ने पाया है! अनुमान करते-करते हैरान गौतम से मुनि 'गौतम' हो गये। कणाद किनका खा-खा कर तिनका बीनने लगे पर मन की मनभावनी कन्या, कल्पना, का पार न पाया। कपिल बेचारे पचीस तत्वों की कल्पना करते-करते 'कपिल' अर्थात् पीले पड़ गये। व्यास ने इन तीनों महादार्शनिकों की दुर्गति देख मन में सोचा कौन इस भूतनी के पीछे दौड़ता फिरै, यह सम्पूर्ण विश्व जिसे हम प्रत्यक्ष देख सुन सकते हैं सब कल्पना ही कल्पना, मिथ्या, नाशवान और क्षणभंगुर है; अतएव हेय है। इन्हीं की देखादेखी बुद्धदेव ने भी अपने बुद्धत्व का यही निष्कर्ष निकालां कि जो कुछ कल्पनाजन्य है सब क्षणिक और नश्वर है। ईश्वर तक को उन्होंने इस कल्पना के अन्तर्गत ठहरा कर शून्य अथवा निर्वाण ही को मुख्य माना। रेखागणित के प्रवर्त्तक उक्लैदिस (यूक्लिड) ज्यामिति की हर एक शकलों में विन्दु और रेखा की कल्पना करते-करते हमारे सुकुमारमनि इन दिनों के छात्रों का दिमाग़ ही चाट गये। कहाँ तक गिनावें सम्पूर्ण भारत का भारत इसी कल्पना के पीछे गारत हो गया, जहाँ कल्पना (Theory) के अतिरिक्त (Practical) करके दिखाने योग्य कुछ रहा ही नहीं। यूरोप के

अनेक वैज्ञानिकों की कल्पना की शुष्क कल्पना से कर्तव्यता (Practice) में परिणत होते देख यहाँ बालों को हाथ मल-मल पछताना और 'कलपना' पड़ा।

प्रिय पाठक! यह कल्पना बुरी बला है। चौकस रहो इसके पेंच में कभी न पड़ना नहीं तो पछताओगे। आज हमने भी इस कल्पना की कल्पना में पड़ बहुत सी झूंठी-झूंठी जल्पना कर आपका थोड़ा सा समय नष्ट किया क्षमा करियेगा।

■

प्रतिभा

प्रतिभा बुद्धि का वह गुण और मनुष्य में वह शक्ति है जो स्वाभाविक होती है और अभ्यास से अधिक से अधिक बढ़ाई जा सकती है। काव्य रचना इसकी कसौटी है। यह कहना कि बिना प्रतिभा के कवि होगा ही नहीं सर्वथा सुसंगत है। प्रतिभाहीन मनुष्य अभ्यास के बल से दो चार पद गढ़ ले तो गढ़ ले, किन्तु प्रतिभा न होने से वह निरी गढ़न्त रहेगी, रस उस उसमें कहीं से न टपकेगा। साहित्य दर्पण में—

काव्यं रसात्मकं वाक्यम्।

यह काव्य का लक्षण उस गढ़न्त में सुघटित न होगा। प्रतिभा में भी तारतम्य है। कालिदास में जैसी प्रतिभा थी वैसी भवभूति, भारवि और श्रीहर्ष में न थी। सूर, तुलसी, बिहारी में जो प्रतिभा थी वह केशव, मतिराम, भूषण और पद्माकर में न थी। शेक्सपीयर और मिल्टन के समान अंगरेज़ी के और कवियों में प्रतिभा कहाँ है? आधुनिक कवि टेनिसन की रचना चाहे अधिक गम्भीर और शिक्षाप्रद (Instructive) हो पर वह रस इनके काव्य में नहीं टपकता जैसा शेक्सपीयर की रचना में है। अस्तु, प्रत्येक कवि की प्रतिभा का तारतम्य एक जुदा विषय है, जिसे हम कभी अलग दिखायेंगे, आज केवल प्रतिभा का स्वरूपमात्र दिखलाने का हमारा प्रयत्न है। फिर भी इतना यहाँ सूचित किये देते हैं कि प्रतिभा का प्रसाद-गुण के साथ बड़ा घनिष्ठ सम्बन्ध है। कालिदास की प्रतिभा जो सब से अधिक मानी गई सो इसी लिये कि उनकी रचना प्रसाद-गुण-पूर्ण है। कविता में प्रसाद-गुण दाखरस के तुल्य है, जो स्वाद में मिस्त्री से अधिक मीठा होता है पर मुख के किसी अवयव को ज़रा भी उससे क्लेश नहीं होता। जीभ पर रखा नहीं कि घूँट गये। और कवियों की रचना में चाहे रस हो भी तो पद और भाव इतने क्लिष्ट होते हैं कि बिना थोड़ी देर सोचे रस नहीं मिलता।

प्रतिभा केवल कविता ही में नहीं वरन् और कितनी बातों में भी अपना दखल जमाये हुए है। यहाँ के प्रसिद्ध चित्रकार रविवर्मा में चित्रकारी की अद्‌भुत शक्ति प्रतिभा ही का परिणाम है। योरप तथा एशिया के कई एक प्रसिद्ध विजयी सीज़र, हानिबाल, सिकन्दर, नेपोलियन बोनापार्ट, समुद्रगुप्त, रणजीत सिंह आदि सब प्रतिभाशाली थे और उनकी प्रतिभा युद्ध-कौशल की थी। बुद्धदेव, शंकर, रामानुज, गुरु नानक, स्वामी दयानन्द, ईसा और मुहम्मद आदि सब प्रतिभावाले महापुरुष थे और इनकी प्रतिभा नया धर्म चलाने में थी। बहुधा ऐसा भी देखा जाता है कि यह प्रतिभा बराबर वंश-परम्परा तक आती गई है। हमारे यहाँ जो एक-एक पेशेवालों की अलग-अलग एक-एक जाति कायम कर दी गई है। उसका यही हेतु है कि उस जाति के मनुष्य में उस पेशे की

प्रतिभा बराबर दौड़ती आती है। किसी-किसी में यह पूर्ण रीति से झलक उठती है। और उतने अंश में यत्किंचित् विच्छित्ति-विशेष प्रतिभा ही कही जायेगी। मनुष्य में प्रतिभा का होना पुनर्जन्म का बड़ा पक्का सबूत है। क्या कारण है कि एक ही शिक्षक दो बालकों को पढ़ाता है, एक में प्रतिभा विशेष रहने से वह बात जो गुरु बतलाता है उसे जल्द आ जाती है और उस विद्या में वह विशेष चमकता है। दूसरे को गुरु की बतलाई हुई बात आती ही नहीं, आयी भी तो देर में और अधिक परिश्रम के उपरान्त। तो निश्चय हुआ कि एक का पूर्व संस्कार जो अब प्रतिभा के नाम से बदल गया है स्वच्छ और विमल था और दूसरे का मलिन था, इसी से प्रतिभा उसमें न आई। 'अल्पायासं महत्फलम्''अर्थात् 'परिश्रम थोड़ा फल बहुत अधिक' यह बात प्रतिभा ही में पायी जाती है। छात्र मण्डली में बहुत से ऐसे पाये जाते हैं जो थोड़े परिश्रम में बड़े-बड़े दार्शनिक पण्डित और कवि हो जाते हैं पर बहुत से ऐसे भी होते हैं जो धोख-धोख कर थक जाते हैं, पर अन्त:पात या बोध उन्हें यथावत् नहीं होता। गीता में भगवद्विभूति को गिनाते गिनाते भगवान् ने कहा—

> ''हे अर्जुन, अब हम कहाँ तक तुमसे अपनी विभूति गिनाते रहें। जिस मनुष्य में कोई बात असाधारण और लोकोत्तर पाओ उसे भगवद्विभूति ही मानो।'' यह लोकोत्तर चमत्कार प्रतिभा ही है जिसे कृष्ण भगवान् ने अपनी विभूति कहा है। धन्य हैं वे जिनमें किसी तरह की प्रतिभा है। सफल जन्म उन्हीं का है।

■

माधुर्य

'माधुर्य' उस प्रकार के स्वादु को कहते हैं जो मिठाई या मिठास के नाम से ग्रहण किया जाता है। यद्यपि और भी रस हैं पर मिठास का जो कुछ अनोखा असर मनुष्य के चित्त पर होता है वह और दूसरे रसों में नहीं होता। इसी से चित्त को प्रसन्न करनेवाले दूसरे रस भी मधुर या मीठे कहे जाते हैं। देहाती लोग अपनी बोली में कहते हैं 'ज्वार कै रोटी भल मिठात है।' तो निश्चय हुआ कि जो मन को भावै या रुचै वह मिठास है। तब माधुर्य से तात्पर्य यह हुआ कि जो चित्त को कड़ुआ न मालूम हो—चाहे उसका ज्ञान हमको पाँच इन्द्रियों में से किसी भी इन्द्रिय के द्वारा हुआ हो—वह मीठा कहावैगा। कोई अच्छी सूरत जो नेत्र को सुहावनी मालूम हुई तो कहते हैं इसकी रूप-माधुरी चित्त को खींचे लेती है। जो बात कान को भली लगी, जैसा बालकों की तोतली बोली या किसी का प्यारा वचन, तो उसे मीठा वचन कहते हैं। जैसा कहा भी है—

कागा काको धन हरै कोयल काको देय।
मीठो बचन सुनाय के जग अपनो कर लेय॥

इसी तरह मन्दार, मालती, चमेली, जूही आदि की सुगन्ध को मीठी सुगन्ध कहते हैं। चंपा, केवड़ा, बेला आदि कई फूलों की महक को कर्कश या कड़ी महक कहते हैं, इसीलिये कि थोड़ी देर में उससे जी ऊब जाता है और फिर उसे अधिक सूँघने को जी नहीं चाहता। मिठास के जहाँ और सब गुण या सिफ़तें हैं वहाँ एक यह भी है कि इसके चिरकाल और निरन्तर सेवन से भी जी नहीं ऊबता बल्कि यही मन होता है कि यह और भी अधिक मिलती जाये तो अच्छा हो। इसी तरह जो वस्तु छूने में कोमल, चिक्कण और सुखद है उसे मधुरस्पर्श कहते हैं। महाकवि भवभूति ने स्पर्श सुख की मिठास को "उत्तर चरित" के कई श्लोकों में बहुत अच्छी तरह पर दिखाया है—तद्यथा—

विनिश्चेतुं शक्यो न सुखमिति वा दुःखमिति वा।
प्रमीहो निद्रा वा किमु विषसिविसर्पः किमु मदः॥
तब स्पर्शे स्पर्शे मम हि परिमूढेन्द्रियगणो।
विकारश्चैतन्यं भ्रमयति च संमीलयति च॥

जिह्वा के द्वारा जिस मधुरता का अनुभव हम करते हैं वह प्रत्यक्ष ही है। किसी भाँग छनन्ते ब्राह्मण या मथुरा के चौबे से इस मधुरता के बारे में पूछ लो जिनका सिद्धान्त है कि 'जिसे मीठा न रुचता हो उसकी ब्राह्मणता में कुछ कसर समझना चाहिये।' प्रसाद, ओज, माधुर्य, कविता के इन तीन गुणों में माधुर्य भी एक है। कोकिल-कण्ठ

जयदेव की कविता गीत गोविन्द, आदि से अन्त तक, माधुर्य-गुण-विशिष्ट है। माधुर्य का गुण दण्डी ने काव्यादर्श में इस तरह पर दिया है—

मधुरं रसवद्वाचि वस्तुन्यपि रसस्थितिः।
येनमाद्यन्ति धीमन्तो मधुनेव मधुव्रता॥

अर्थात जिस वाक्य में रस टपकता हो वह मधुर है। कभी को वाक्य से जो अर्थ प्रतिपादित होता है उसमें भी रस रहता है। शृंगार, करुणा और शान्त रस में माधुर्य, समास का न होना है, या समास हों भी तो बहुत थोड़े और छोटे-छोटे दो या तीन पद के हों, पर अक्षर सब कोमल हों, टवर्ग आदि मूर्द्धन्य वर्ण न हों। जयदेव के काव्य में ये सब गुण हैं। इसलिए गीत गोविन्द माधुर्य का पूर्ण उदाहरण है। हास्य, अद्‌भुत तथा भयानक रस में माधुर्य तभी आता है जब ग, ज, द, व आदि अक्षर बहुत हों और समास भी न बहुत कम और न बहुत अधिक हों। वीर, वीभत्स तथा रौद्र रसों में जब अक्षर बड़े विकट और कड़े हो और लम्बे-लम्बे समास हो तभी माधुर्य पैदा होता है। जैस भौंरा फूल का रस चूस मतवाला हो जाता है वैसा ही नागरिक जन (ग्रामीण हल जोतने वाले नहीं) जिसे सुन मतवाले से हो उठें वह रस है। बस माधुर्य का मुख्य लक्षण यही है। किसी का मत है—

"पृथक्पदत्वं माधुर्यम्॥"

अर्थात अलग पदों का होना माधुर्य है जैसा—

"श्वासान्मुंचति भूतले विलुठति त्वन्मार्गमालोकते।"

अथवा—"अपसारय घनसारं, कुरूहारं दूर एव किं कमलैः।
अलमलमालि मृडालैरिति वदति दिवानिशं बाला।"

साहित्यदर्पणकार माधुर्य का लक्षण यह देते हैं—

"चित्तद्रवी भावमयो ह्लादो माधुर्यमुच्यते।"

अर्थात् चित्त के पिघलाने वाले मानसिक भावों से जो एक प्रकार का आनन्द चित्त में हो वह 'माधुर्य' है यथा—

लताकुंजं गुंजन्मदवदलिपुंजं चपलयन्।
समालिंगन्नंगं द्रुततरमनंगं प्रबलयन्॥
मरुन्मदं मन्दं दलितमरविन्दं तरलयन्।
रजोवृन्दं विन्दन किरति मकरन्दं दिशिदिशि॥

उत्तम नायक या नायिका का एक अलंकार भी माधुर्य है जैसा—

"संक्षोभेष्वप्यनुद्वेगो माधुर्यं परिकीर्तिकम्।"

अर्थात् क्षोभ या घबड़ाहट पैदा करने वाली बात के होने पर भी चित्त में उद्वेग न होना माधुर्य है। और भी—

"सर्वावस्थाविशेषेपि माधुर्यं रमणीयता॥"

अर्थात् कैसी ही अवस्था में होकर भी जो मन को रमावे वह माधुर्य है—जैसा शकुन्तला के रूप-वर्णन में कालिदास ने लिखा है—

सरसिजमनुबिद्धं शैवलेनापि रम्यं।
मलिनमपि हिमांशोलक्ष्म लक्ष्मीं तनोति॥
इयमधिकमनोज्ञा वल्कलेनापि तन्वी।
किमिवहि मधुराणां मण्डनं नाकृतीनाम्॥

माधुर्य का यह विवरण तो वह है जो कवियों ने निश्चय कर रखा है। अब लौकिक बातचीत में जो बात मृदुतापूर्वक की जाती है उसमें भी मिठास का शब्द लगाया जाता है जैसा मीठा वैर, मीठी छुरी, मीठी नींद। नींद में भला क्या मीठापन होगा? किन्तु बड़ी देर तक मेहनत के उपरान्त लेट गये एक झाँप सी आ गई, सब थकावट दूर हो गई, शरीर स्वस्थ और फिर परिश्रम करने को तरोताज़ा हो गया वह 'मीठी नींद' कहलाई। इससे तात्पर्य यह निकला कि जो सन्तोष के बोधक या सुखद पदार्थ हैं उन सबों में मधुर या मिठास का प्रयोग किया जाता है। तो निश्चय हुआ माधुर्य जगत्कर्त्ता की अद्‌भुत शक्ति है, जिसके द्वारा सात्विक भावों का उद्‌गार मनुष्य के चित्त पर हुआ करता है। बल्कि यों कहा जाये तो ठीक हो कि न केवल सात्विक ही बल्कि राजसिक और तामसिक का भी जो उत्तमोत्तम भाग या सारांश है वह मिठास का माधुर्य के नाम से कहलायेगा, क्योंकि कड़ुए और तीते में भी जो रुचे और अत्यन्त स्वादिष्ट हो वह भी तो 'मिठाता है' ऐसा कहा जाता है—इत्यादि ऊहापोह से निश्चय हुआ कि इस दृश्य जगत् में जो इन्द्रियों को प्रलोभनकारी और मन का आकर्षक हो वह माधुर्य है।

■

आशा

हमारे यहाँ के ग्रन्थकारों ने काम को मनसिज कहा है। यदि मनसिज शब्द का अर्थ केवल इतना ही लिया जाय कि 'मन में उत्पन्न हुए भाव' तो हमारी समझ में आशा से बढ़ कर मीठा फल देनेवाली हृदय की विविध दशाओं में से दूसरी कोई दशा नहीं हो सकती। यद्यपि हमारे यहाँ कवियों ने स्मर की दश दशा माना है, किन्तु उस रास्ते को छोड़ मोटे ढंग पर ध्यान दें और मान लें कि, 'काम' या तो उस पशु-बुद्धिरूपी मोहान्धकार का नाम है जो मनुष्य के लज्जा, नम्रता आदि गुणों की मीठी रोशनी का नाश कर देता है और जो इस दशा में मनुष्य जाति का कलंक है अथवा वह संसार के सब सम्भव और असम्भव प्यार मात्र का नमूना है, तब भी हम यह नहीं कह सकते कि इन ऊपर लिखे हुए काम के दो रूपों के पाश में उतने लोग फँसे हों जितने स्वेच्छया आनन्दपूर्वक अपने को आशा के पाश में बाँधे हुए हैं। 'काम' एक रोग है जिससे चाहो थोड़ा सा सुख भी मिलता हो पर उस रोग के रोगी इसकी दवा अन्यत्र ही ढूँढ़ते हैं; पर आशा को देखिये तो वह स्वयं एक ऐसे बड़े भारी रोग की दवा है जिसकी दूसरी दवा सोचना असम्भव है। वह रोग नैराश्य है जिससे दारुणतर क्लेश की दशा मनुष्य के चित्त के लिए हो ही नहीं सकती। इस वास्ते यह जो हमारे यहाँ की कहावत है कि—

"आशा हि परमं दुःखं नैराश्यं परमं सुखम्॥"

हमारी समझ में नहीं आती। यदि वर्ष के भिन्न-भिन्न मौसमों की तरह मनुष्य के हृदय में भी तरह-तरह की दशाओं का दौरा हुआ करता है और उसमें भी ग्रीष्म, वर्षा, शिशिर इत्यादि ऋतु एक-दूसरे के बाद आते हैं तो यही कहना पड़ेगा कि नैराश्य के विकट शीतकाल की रात्रि के बाद ही आशा रूपी ऋतुराज के सूर्य का उदय होता है। हृदय यदि प्रमोद-उद्यान है तो उसका पूर्ण सुख ही आशा रूपी बसन्त ऋतु में होता है।

क्या ईश्वर की महिमा इसमें नहीं देखी जाती कि दुःखी से दुःखी जनों का सर्वस्व चला जाने पर भी आशा से उनका साथ नहीं छूटता। यदि मान और प्रतिष्ठा बहुत बड़ी चीज है जिसको उसके भक्त, धन के चले जाने पर भी अपने गाँठ में बाँधे रहते हैं तो सोचना चाहिए कि वह कितनी प्रिय वस्तु होगी जो दैवात् प्रतिष्ठाभंग होने पर भी मनुष्य के हृदय को ढाढ़स और आराम देती है। आशा को यदि मनुष्य के जीवन रूपी नौका का लंगर कहें तो ठीक होगा। क्योंकि जैसा बड़े से बड़े तूफान में जहाज़ लंगर के सहारे स्थिर और सुरक्षित रहता है वैसा ही मनुष्य भी अपने जीवन में घोर विपदाओं को झेलता हुआ आशा के सहारे स्थिर और निश्चलमना बना रहता है। मनुष्य के जीवन में कितना ही बड़ा से बड़ा काम क्यों न हो उसके करने की शक्ति का उद्भव या

प्रसव-भूमि यदि इस आशा ही को कहें तो कुछ अनुचित न होगा। क्योंकि किसी बड़े काम में आशा से बढ़कर बुद्धिमत्ता की अनुमति देनेवाला और कौन मंत्री होगा? मनुष्य के सम्पूर्ण जीवन को बुद्धिमानों ने विविध भावनाओं के अभिनय की केवल रंगभूमि माना है। परदे के पीछे से धीरे-धीरे वह शब्द बतला देनेवाला, जिससे हम चाहे जो पात्र बने हों और चाहे जिस रस के नाटक का अभिनय अपने चरित्र द्वारा करते हों उसमें दृढ़तापूर्वक लगे रहते हैं, इस आशा के अतिरिक्त दूसरा और कौन प्राम्प्टर (Prompter) है? और भी यदि संसार को भिन्न-भिन्न कलह की रण-भूमि मानें तो उस अपरिहार्य रणभूमि में घायलों के घाव पर मरहम रखने वाला जर्राह आशा ही को कहना चाहिये।

जिस किसी ने संसार में आकर किसी बात का यत्न न किया हो और किसी वस्तु की खोज में अपने को न डाल दिया हो उससे बढ़कर व्यर्थ और नीरस जीवन किसका होगा? जब यह बात है तो बतलाइये किसी प्रकार के प्रयत्नमात्र की जान आशा को छोड़ किसी दूसरे को कह सकते हैं? क्योंकि कैसे सम्भव है कि मनुष्य किसी प्रिय वस्तु की प्राप्ति के प्रयत्न में लगा हो और आशा से उसका हृदय शून्य हो? किसी काम के अभिलषित परिणाम में अमृत का गुण भर देना यह शक्ति सिवाय आशा के और किसमें है। संसार में जो कुछ भलाई हुई है या होगी उस सब का मूल सदा प्रयत्न है और इस प्रयत्न की जान आशा है।

क्या झूठी आशा से भी किसी को कुछ दु:ख हो सकता है? क्या झूठी आशा से नैराश्य अच्छा है? नहीं, नहीं, सच पूछिये तो ऐसी कोई वस्तु संसार में हई नहीं जिससे नैराश्य अच्छा हो, बल्कि नैराश्य से बढ़कर बुरी दशा मन के वास्ते कोई हई नहीं है। यदि आशा केवल मृगतृष्णा ही है तब भी वह नाउम्मीदी से अच्छी है। इस आशारूपी प्रबल वायु से हृदय रूपी सागर में जो दूर तक की तरंगें उठती हैं उन तरंगों की अवधि नज़र में नहीं आ सकती। संसारमात्र इस आशा की रस्सी से कसा हुआ है। इसे हम कई तरह पर सिद्ध कर चुके हैं। अब आगे चलिये स्वर्ग या बैकुंठ क्या है? मनुष्य के हृदय में भाँति-भाँति की लालसा और आकांक्षा का केवल साक्षीमात्र। वास्तव में स्वर्ग है या नहीं इसका तर्क वितर्क इस समय यहाँ हम नहीं करते। कहने का तात्पर्य केवल इतना ही है कि स्वर्ग शब्द की सत्ता ही मनुष्य के लिए प्रबल आशा का सबूत है, क्योंकि जब इस बात को सोच कर चित्त दु:खी होता है कि अपनी बुद्धि के अनुसार जैसा ठीक न्याय चाहिये वैसा इस संसार में हम नहीं देखते तो उसी बुद्धि को स्वर्ग के सुखों के द्वारा समझाने वाला आशा को छोड़ और दूसरा कौन गुरु है? आशा ही एक हमारा ऐसा सच्चा सुहृद है जो लड़कपन से अन्तकाल तक साथ देता है और आशा ही के द्वारा उत्पन्न वे भाव हैं जो हमको मरने के बाद की दशा के बारे में भी सोचने को रुजू करते हैं।

हमको कुछ ऐसा मालूम होता है कि अपने में आशा की दृढ़ता चाहना ही मनुष्य के हृदय की प्राकृतिक दशा है। ध्यान देकर सोचिये तो नैराश्य की अवस्था मनुष्य के जीवन में केवल क्षणिक है। नैराश्य के भाव मन में उदय होते ही चट्ट आशा का

अवलम्बन मिल जाता है। ''कितने थोड़े समय के लिए आदमी नैराश्य को जी में जगह देता है और कितनी जल्द फिर उसको निकाल कर बाहर फेंक देता है।'' सिर्फ यही बात इसका पक्का सबूत है कि प्राकृतिक हित मनुष्य का आशा ही में है। आशा ही वह पुष्टई है जिसे खाकर आप जो चाहें वह काम करिये शिथिलता और आलस्य आपके पास न फटकने पायेगा। क्योंकि यह असम्भव है कि आशा मन में हो फिर भी मनुष्य सिर नीचा किए हुए रंज में बैठा रहे। आशा की उत्तेजना यदि मन में भरी है तो ऐसी कातर दशा आने ही न पायेगी। इससे यदि आशा ही को आदमी की ज़िन्दगी का बड़ा भारी फर्ज़ मानें तो कुछ अनुचित नहीं है। क्योंकि हम देखते हैं कि आशा ही के विद्यमान रहने पर हम अपने सब फ़र्ज़ों को पूरी-पूरी तरह पर अदा कर सकते हैं। पर इसी के साथ ही एक बात और ध्यान देने योग्य है। वह यह कि सामान्य आशा को अपने जीवन की दृढ़ता के लिए अपना साथी रखना और बात है, पर किसी एक बात की प्राप्ति की आशा पर अपने जीवन मात्र के सुख को निर्भर मानना दूसरी बात है। पहले रास्ते पर चलने से चाहे जीवन में हमें सुख का सामना हो या दुःख का हम दोनों में एक सा दृढ़ हैं। किन्तु दूसरे रास्ते पर चलने में यह चूक होगी कि हमने जिस आशा पर अपना बिलकुल सुख छोड़ रखा है वह आशा यदि टूट गई तो हमारी हानि ही हानि है।

कहने का तात्पर्य यह कि जहाँ ईश्वर ने अनन्त ऐसे रास्ते मनुष्य की प्रकृति को दृढ़, सहनशील और विमल करने के खोले हैं उन रास्तों में आशा ही पर चलकर मनुष्य शनैः-शनैः अपना कार्य सिद्ध कर सकता है। इस कारण मनुष्य को अपनी भलाई के लिए आशा से बढ़कर और क्या हो सकता है और मित्रगणों को भी, यदि उनको आवश्यकता हो, तो आशा से बढ़कर और कौन भेंट दी जा सकती है। यदि अन्त काल में चिकित्सक आशा ही के द्वारा रोगी को प्राणदान तक कर सकता है तो इससे बढ़ कर गुण आप किस चीज़ में पाइयेगा। सारांश यह कि इस संसार में अपनी और दूसरे की भलाई का परम आधार आशा ही है और परलोक तो हमने जैसा ऊपर कहा आशा का रूप ही है। अस्तु, हम भी यही आशा करते हैं कि यह लेख आप लोगों को कुछ न कुछ रोचक हुआ होगा।

आँसू

मनुष्य क़े शरीर में आँसू भी गड़े हुए खज़ाने के माफ़िक है। जैसा कभी को कोई नाजुक वक्त आ पड़ने पर संचित पूँजी ही काम देती है उसी तरह हर्ष, शोक, भय, प्रेम इत्यादि भावों को प्रकट करने में जब सब इन्द्रियाँ स्थगित होकर हार मान बैठती हैं तब आँसू ही उन-उन भावों को प्रकट करने में सहायक होता है। चिरकाल के वियोग के उपरान्त जब किसी दिली-दोस्त से मुलाकात होती है तो उस समय हर्ष और प्रमोद के उफ़ान में अंग-अंग ढीले पड़ जाते हैं, वाष्प गद्‌गद कण्ठ रुँध जाता है, जिह्वा इतनी शिथिल पड़ जाती है कि उससे मिलने की खुशी को प्रकट करने के लिये एक-एक शब्द मानों मनों बोझ सा मालूम पड़ता है। पहले इसके कि शब्दों से वह अपना असीम आनन्द प्रकट करे सहसा आँसू की नदी उसकी आँख में उमड़ आती है और नेत्र के पवित्र जल से वह अपने प्राण-प्रिय को नहलाता हुआ उसे बग़लगीर करने को हाथ फैलाता है। सच्चे भक्त और उपासक की कसौटी भी इसी से हो सकती है। अपने उपास्यदेव के नाम संकीर्त्तन में जिसे अश्रुपात न हुआ, मूर्त्ति का दर्शन कर प्रेमाश्रुपात से जिसने उसके चरण कमलों का अभिषेक न किया, उस दाम्भिक को भक्ति को आभासमात्र से क्या फल? सरस कोमल चित्त वाले अपने मनोगत सुख-दुःख के भाव को छिपाने की हज़ार-हज़ार चेष्टा करते हैं कि दूसरा कोई उनके चित्त की गहराई को न थहा सके पर अश्रुपात भाव-गोपन की सब चेष्टा को व्यर्थ कर देता है। मोती सी आँसू की बूँदें जिस समय सहसा नेत्र से झरने लगती हैं उस समय उसे रोक लेना बड़े-बड़े गम्भीर प्रकृति वालों की भी शक्ति के बाहर होता है। भवभूति ने, जिनको प्रकृति का चित्र अपनी कविता में खींच देना खूब मालूम था, कई ठौर अश्रुपात का बहुत उत्तम वर्णन किया है, जिसमें यही आशय निकलता है यथा—

''अयन्ते वाष्पौघस्त्रुटित इव मुक्तामणिसरो।
विसर्पन् धाराभिर्लुठति धरणीं जर्जरकणः॥
निरुद्धोप्यावेगः स्फुरदधरनासापुटतया।
परेषामुन्नयो भवति च भराध्यातहृदयः॥''

''विलुलितमतिपूरैर्वाष्पमानन्दशोक—
प्रभवमवसृजन्ती तृष्णयोत्तानदीर्घा॥
स्नपयति हृदयेश स्नेहनिष्यन्दिनी ते।
धवलबहलमुग्धा दुग्धकुल्येव दृष्टिः॥''

यदि सृष्टिकर्त्ता अत्यन्त शोक में अश्रुपात को प्राकृतिक न कर देता तो वज्रपातसम दारुण दुःख के वेग को कौन सम्हाल सकता। इसी भावार्थ का पोषक भवभूति का नीचे

का यह श्लोक बहुत उत्तम है—

पूरोत्पीड़े तड़ागस्य परीवाहः प्रतिक्रिया।
शोकक्षोभे च हृदयं प्रलापैरेव धार्यते॥

अर्थात बरसात में तालाब जब लबालब भर जाता है तो बाँध तोड़ उसका पानी बाहर निकाल देना ही सुगम उपाय बचाव का होता है—इसी तरह अत्यन्त शोक से क्षोभित तथा व्याकुल मनुष्य को अश्रुपात ही हृदय को विदीर्ण होने से बचा लेने का उपाय है। बल्कि ऐसे समय रोना ही राहत है। जैसा भवभूति ने लिखा है—

इदं विश्वं पाल्यं विधिवदभियुक्तेन मनसा।
प्रियाशोको जीवं कुसुममिव धर्मः क्लमयति॥
स्वयं कृत्वा त्यागं विलपनविनोदोऽप्युसुलभ-
स्तदद्याप्युच्छ्वासो भवति ननु लाभो हि रुदितम्॥

कोई शूरवीर, जिसको रणचर्चामात्र सुन जोश आ जाता है और जो लड़ाई में गोली तथा बाण की वर्षा को फूल की वर्षा मानता है, वीरता के उमंग में भरा हुआ युद्धयात्रा के लिये प्रस्थान करने को तैयार है। विदाई के समय विलाप करते हुए अपने कुनबा वालों के आँसू की एक-एक बूँद की क्या कीमत है यह वही जान सकता है। वह शसपंज में पड़ आगे को पाँव रख फिर हटा लेता है। वीर और करुणा दो विरोधी रस अपनी-अपनी ओर से उमड़-उमड़ देर तक उसे किंकर्तव्यतामूढ़ किये रहते हैं। आँख में आँसू उन्हीं अकुटिल सीधे सत्पुरुषों के आता है जिनके सच्चे सरल चित्त में कपट और कुटिलाई ने स्थान नहीं पाया है। निठुर, निर्दयी, मक्कार की आँखें, जिसके कट्टर कलेजे ने कभी पिघलना जाना नहीं, दुनियाँ के दुःख पर क्यों पसीजेंगी। प्रकृति ने चित्त का आँख के साथ कुछ ऐसा सीधा सम्बन्ध रख दिया है कि आँख चित्त की वृत्तियों को चट्ट पहचान लेती है और तत्काल तदाकार अपने को प्रकट करने में देर नहीं करती। तो निश्चय हुआ कि जो बेकलेजे हैं उनकी बैल सी बड़ी-बड़ी आँखें केवल देखने ही को हैं, चित्त की वृत्तियों का उन पर कभी असर होता ही नहीं। चित्त के साथ आँख के सीधे सम्बन्ध को बिहारी कवि ने कई दोहों में प्रकट किया है यथा—

कोटि यतन कीजै तऊ, नागरि नेह दुरै न।
कहे देत चित चीकनो, नई रुखाई नैन॥
दहैं निगोड़े नैन ये, गहैं न चेत अचेत।
हौं कसि कै रिस को करौं, ये निरखत हंसि देत॥

मृतक के लिये लोग हज़ारों लाखों ख़र्च कर आलीशान रोज़े, मक़बरे, क़ब्रें संगमरमर या संगमूसा की बनवा देते हैं; कीमती पत्थर, मानिक, ज़मुर्रद से आरास्ता उन्हें करते हैं; पर वे मक़बरे क्या उसकी रूह को उतनी राहत पहुँचा सकते हैं जितनी उसके दोस्त आँसू के क़तरे टपका कर पहुँचाते हैं?

इस आँसू में भी भेद है। कितनों का पनीला कपार होता है, बात कहते रो देते हैं। अक्षर उनके मुख से पीछे निकलेगा, आँसुओं की झड़ी पहले ही शुरू हो जायेगी।

स्त्रियों को जो बहुत आँसू निकलता है, मानो रोना उनके पास गिरों रहता है, इसका कारण यही है कि वे नाम ही की अबला और अधीर हैं। दु:ख के वेग में आँसू को रोकने वाला केवल धीरज है उसका टोटा यहाँ हरदम रहता है, तब इनके आँसू का क्या ठिकाना! सत्वशाली धीरज वालों को आँसू कभी आता ही नहीं। कड़ी से कड़ी मुसीबत में दो चार क़तरे आँसू के मानो बड़ी बरकत हैं। बहुत मौक़ों पर आँसू ने ग़ज़ब कर दिया है। सिकन्दर का क़ौल था कि मेरी माँ की आँख के एक कतरा आँसू की कीमत मैं बादशाहत से भी बढ़कर मानता हूँ। रेणुका के अश्रुपात ही ने परशुराम से २१ बार क्षत्रियों का संहार कराया। कितने ऐसे लोग भी हैं जिन्हें आँसू नहीं आता। इसलिये जहाँ पर बड़ी ज़रूरत आँसू गिराने की हो तो उनके लिये प्याज़ का गट्ठा पास रखना बड़ी सहज तरकीब निकाली गई है। प्याज़ ज़रा सा आँख में छू जाने से आँसू गिरने लगता है।

''किसी को बैगन बावले किसी को बैगन पत्थ॥''

बहुधा आँसू का गिरना भलाई और तारीफ़ में दाख़िल है। हमारे लिये आँसू बड़ी बला है। नज़ले का ज़ोर है, दिन रात आँखें से आँसू टपकता रहता है, ज्यों-ज्यों आँसू गिरता है त्यों-त्यों बीनाई कम होती जाती है; सैकड़ों तदबीरें कर चुके, आँसू का टपकना बन्द न हुआ। क्या जाने बंगाल की खाड़ी वाला समुद्र हमारे ही कपार में आकर भर रहा है। आँख से तो आँसू चला ही करता है आज हमने लेख में भी आँसू ही पर कलम चला दी, पढ़ने वाले इसे निरी नहूसत की अलामत न मान हमें क्षमा करेंगे।

लक्ष्मी

पुराणों में लिखा है कि लक्ष्मी का स्वरूप चतुर्भुज है तथा वे कमलासन पर सुशोभित उल्लू पक्षी को अपना वाहन किये हुए हैं। इनके बल और शक्ति का वारापार नहीं है। यद्यपि कई एक महात्माओं ने लिखा है कि लक्ष्मी और सरस्वती का बिरला साथ होता है अर्थात् जो सरस्वती के कृपापात्र होते हैं वे बहुत कम लक्ष्मी के भी कृपापात्र होते हैं, पर बहुधा सरस्वती के पूर्ण कृपापात्र लक्ष्मी की परवाह नहीं करते। उनकी इच्छा तो इसके आने की अवश्य होती है पर कठिनाई यह है कि हर तरह की लक्ष्मी को वे स्वीकार नहीं करना चाहते और शुद्ध रीत पर जैसा वे चाहते हें वैसा इसका आगमन होना दुष्कर सा रहता है। यदि लक्ष्मी महाराणी ने कृपा भी की तो वे लोग उसको वैसा प्यार नहीं करते जैसा उसके मुख्य कृपापात्र एकमात्र भक्त उसका आदर करते हैं। उनका कथन यह है ''माता! तुम्हारे रहने ही मात्र से कुछ उपकार और फ़ायदा नहीं है वरन्—

मेरे कर पैंड़ा करो जित चाहो तित जाव।

अर्थात् मेरे हाथ में पहले आओ जिससे मैं जो चाहूँ सो मुझे मिल जाय। मेरे हाथ से गुज़र कर तब तुम जहाँ चाहे वहाँ जाओ, मैं तुम्हें क़ैद कर नहीं रखा चाहता, संसार के कौन से पदार्थ हैं जो तुम्हारे द्वारा नहीं मिल सकते, तब तुम्हें क़ैद कर रखने में कौन सा बड़ा लाभ है, हाँ उन मनहूसों की तो बात ही निराली है जिन्हें तुमको क़ैद कर रखने में ही मज़ा मिलता है।

संसार में जितनी बातों से कष्ट मिलता है तथा भय होता है वे सब लक्ष्मी के आने से ऐसा दूर हो जाते हैं जैसा वर्षा काल में आकाश से मेघ उड़ जाते हैं। सच पूछो तो ऐसा कोई न होगा। जिसको इसकी आकांक्षा न हो। जितना उद्यम मनुष्य करता है सब इसी के लिये! जब यह महाराणी आती हैं तो इतनी जल्दी और इतने प्रकार से तथा इतने भिन्न-भिन्न द्वार से आती हैं कि इनके कृपापात्र को इनके रखने का ठौर नहीं मिलता। ऐसा ही जब ये रूठ कर जाने लगती हैं तो इतनी जल्द चली जाती हैं कि कितना ही थामों और गह के पकड़ो फिर उस भाग्यहीन के पास ये किसी तरह पर नहीं रहतीं। 'गजभुक्त कपित्थ' की भाँति वह ऊपर का आडम्बरमात्र रह जाता है और भीतर-भीतर सब ओर से पोला पड़ जाता है। किसी ने अच्छा कहा है—

समायाति यदा लक्ष्मीर्नारिकेलाफलाम्बुवत्।
विनिर्याति यदा लक्ष्मीर्गजभुक्तकपित्थवत्॥

अर्थात्—लक्ष्मी जब आती हैं तो ऊपर से कुछ नहीं मालूम होता पर भीतर-भीतर मनुष्य अन्त:सारवान् होता जाता है, नारियल के फल में डाब; ऊपर से कुछ नहीं मालूम होता पर भीतर उसके दूध सा पानी भरा रहता है—पर जब ये जाती हैं तब हाथी के निगले हुए कैथे की भाँति खुक्ख हो जाता है—हाथी को कैथा दो तो वह सहिगे का सहिगा निगल जाता है और वैसा ही समूचा लीद कर देता है पर भीतर उसके गूदा बिलकुल नहीं रहता। लक्ष्मी की कृपा होते ही यावत् काम सब आरंभ हो जाते हैं—मकान भी छेड़ दिया जाता है—ज़मींदारी भी खरीदी जाने लगती है—लड़की-लड़कों के ब्याह में भी ऊँची सी ऊँची करतूत होने लगती है। पर धन जाते ही उसके सब काम ऐसा ही अधकचड़े पड़े रह जाते हैं जैसा गरमी के दिनों में क्षुद्र नदियाँ सूख के रह जाती हैं। बहुधा देखा गया है कि लक्ष्मी के आने के साथ ख़ूबसूरती, तरहदारी और कुलीनता भी बढ़ती जाती है और लक्ष्मी के जाने के साथ ही ये तीनों घट जाती हैं।

बहुधा देखने में आया है कि लक्ष्मी का एकान्त भक्त चित्त का उदार नहीं होता। उसको इनसे ऐसा प्रेम हो जाता है कि वह इनको किसी तरह पर अपने पास से नहीं हटने देता। मसल है 'मरजैहौं तोहि न भुजैहौं।' वह लक्ष्मी को यहाँ तक आँखों के ओट नहीं किया चाहता कि चाहे सब कुछ चला जाय तथा जीवन से भी वियोग हो जाय किन्तु धन का वियोग उसे न होने पाये। सूम के पास लक्ष्मी क्यों जाती है इस पर किसी कवि ने कहा है—

शूरं त्यजामि वैधव्यादुदारं लज्जया पुनः।
सापत्न्यात्पण्डितमपि तस्मात्कृपणमाश्रये॥

अर्थात् शूरवीर के पास मैं इसलिये नहीं जाना चाहती कि वह जब अपनी जान पत्ते पर रखे हुए लड़ाई में प्राण खोने को उद्यत है तो उसके जीने का कौन ठिकाना, तब मुझे वैधव्य का दु:ख सहना होगा। उदार के पास भी जाते लज्जा होती है कि उदार मुझे सब के सामने फेंका करता है। पण्डित के पास इसलिये नहीं जाती कि वहाँ मेरी सौत सरस्वती गाज रही है। इसी से मैं कृपण का सहारा लेती हूँ कि यह मुझे आदर से रखेगा।

दूसरी बात यह भी देखी जाती है कि धनी बहुधा मूर्ख होते हैं, सो क्यों—इसको भी किसी कवि ने बड़ी उत्तम रीति पर दर्शाया है—

पद्मे! मूढ़जने ददासि द्रविणं विद्वत्सु किं मत्सरो
नाहं मत्सरिणी न चापि चपला नैवास्मि मूर्खे रता।
मूर्खेभ्यो द्रविणं ददामि नितरां तत्कारणं श्रूयतां
विद्वान्सर्वजनेषु पूजिततनुर्मूर्खस्य नान्या गतिः॥

कवि कहता है—"लक्ष्मी तुम मूर्ख के पास जाती हो, पढ़े-लिखे विद्वानों से तुम्हें क्या ईर्ष्या है जो वहाँ नहीं जाती?" तब लक्ष्मी जवाब देती हैं—"हमें विद्वानों से कोई

ईर्ष्या नहीं है, न हम चंचला हैं—मूर्खों को जो हम धन देती हैं उसका कारण यह है कि विद्वानों का तो सब लोग मान और प्रतिष्ठा करते हैं, मूर्खों को कौन पूछता यदि हम भी उनके पास न जातीं।''

ऐसा ही लक्ष्मी और सरस्वती के सम्वाद में अनेक कल्पनाएँ कवियों ने की हैं उनमें यह एक बड़ी उत्तम है—

विद्वांसः कृतबुद्धयः सखि! मम द्वारि स्थिता नित्यशः
श्रीमन्तोपि मया विना पशुसपास्तस्मादहं श्रेयसी।
श्रीवागृदेवतयोरमूनि वचनान्याकर्ण्य वेधाश्चिरा-
दूचे श्रेयतरे उभे यदि भवेदेको विवेको गुणः॥

लक्ष्मी सरस्वती से कहती हैं—''सखि! विद्वान पढ़े-लिखे मेरे कृपापात्रों के द्वार पर नित्य हाथ पसारे खड़े रहते हैं।'' तब सरस्वती ने कहा—''हाँ ठीक है, पर श्रीमन्त भी मेरे न रहने से पशुतुल्य देखे जाते हैं, तब हमीं न अच्छी हुईं।'' इस तरह पर विवाद के उपरान्त दोनों ने ब्रह्मा को पंच बदा। ब्रह्मा दोनों की बातें सुन देर तक सोचने के उपरान्त बोले—''तुम दोनों ही अच्छी हो यदि एक विवेक गुण रहे तो—अर्थात् विवेकशून्य न तो लक्ष्मी का कृपापात्र अच्छा न सरस्वती ही का''।

बुरा से बुरा काम—जिसका करने वाला राजा के यहाँ से दण्ड पाने योग्य होता है और जो समाज में अत्यन्त घृणित है—उसे भी धन के लिए करते लोग ज़रा नहीं सकुचाते। इसी से उर्दू के नामी शायर सौदा का क़ौल है—

''मादर पिदर बिरादर जो जो कहो सो ज़र है।''

फ़ारसी के एक दूसरे शायर का भी ऐसा ही क़ौल है—''धन! तू ईश्वर नहीं है, पर जितने दोष हैं सबों का ढाँपने वाला है और मनुष्य के जीवन में जितनी आवश्यकतायें हैं सबों का पूरा करने वाला है।''

■

श्री शंकराचार्य और गुरु नानकदेव

ये दोनों हिन्दुस्तान के प्रसिद्ध पुरुषों में अग्रगण्य और बड़े महात्मा हो गये हैं। पंजाब में जैसा गुरु नानकदेव माननीय हैं वैसा ही दक्षिण तथा महाराष्ट्र देश में भी शंकराचार्य माने जाते हैं। प्रतिमा पूजन के सिद्धान्तों को काटने वाले और ईश्वर की निर्गुण उपासना के पोषक दोनों थे। किन्तु शंकराचार्य जाति के ब्राह्मण थे, इसलिए ब्राह्मणों के उकसाने से, जिसमें ब्राह्मणों की जीविका में बाधा न पहुँचे, पंचायतन-पूजा अर्थात् विष्णु, शिव, गणेश, सूर्य और शक्ति की पूजा और आराधना फिर से स्थापित की और बौद्धों को इस देश से निकलवा दिया। इसके विरुद्ध नानकशाह ने ब्राह्मणों का ज़ोर बहुत ही बहुत तोड़ा और नाम के माहात्म्य को अधिकाधिक बढ़ाया। सच भी है, नाम संकीर्तन में लगा हुआ, चित्त का शुद्ध, सीधा सादा मनुष्य कुटिलचित्त, त्रिवेदज्ञ ब्राह्मण से श्रेष्ठ है। शंकर पूर्ण विद्वान् तथा वेदान्त दर्शन के प्रवर्तक थे। ये उस समय हुए जब मुसलमानों का ज़ोर न बढ़ने से संस्कृत का पठन-पाठन देश में पूरी तरह जारी था और देश के हर एक प्रान्त में मंडन मिश्र के से नामी पण्डित विद्यमान् थे। उस समय शंकर ही का सा विद्वान् प्रतिष्ठा पा सकता और सर्वग्राह्य हो सकता था। दूसरे यह कि बौद्ध लोग, जिनके मुकाबले शंकराचार्य उठ खड़े हुए, बड़े दार्शनिक थे। शंकर ही का सा सुयोग्य पण्डित उनसे पार पा सकता था। इधर नानक जिस समय और जिस देश में हुए उस समय और उस देश में मुसलमानों का बड़ा अत्याचार था; चाल चलन, रीति बर्ताव, रहन-सहन लोगों का यावनिक हो गया था; बोली और पहनावे तक में मुसलमानी छा गई थी। उस समय संस्कृत के पढ़ने-पढ़ाने से कहीं सरोकार न रह गया था। संस्कृत की जगह लोग अरबी-फारसी के बड़े मुल्ला और आलिम होने लगे। ऐसे समय नानक ही ऐसे अल्पविद्य किन्तु कुशाग्रबुद्धि का काम था कि वे खान-पान के अनेक आचार-विचार पर ध्यान न दे एक निर्गुण की उपासना के द्वारा हिन्दू और मुसलमान दोनों को एक करें। आपस की सहानुभूति और हमदर्दी लागों में आ जाने की बहुत कुछ उन्होंने चेष्टा की। उसी समय के लगभग जैसा बंगाल में कृष्णचैतन्य महाप्रभु भक्ति और परस्पर के प्रेम के पोषक हो रहे थे और जाति-पाँति के झगड़े को तोड़ रहे थे वैसा ही पंजाब में गुरुनानक ने जाति-पाँति को फूट की बुनियाद समझ वर्ण-विवेक को यहाँ तक घटाया कि हिन्दू मुसलमान दोनों को एक कर दिया। हिन्दुस्तान के दो प्रान्त बंगाल और पंजाब जो कुछ-कुछ आगे को बढ़ रहे हैं यह महाप्रभु कृष्णचैतन्य और गुरुनानक इन्हीं दो महात्माओं के उपदेश का फल है। सारांश यह है कि नानक यद्यपि शंकर के से विद्वान् न थे किन्तु चरित्र की पवित्रता, सौजन्य, आस्तिक्य बुद्धि में शंकर से किसी अंश में कम न थे।

अब देखना चाहिये कि राजनैतिक विषयों में और मुल्की मामलों में इन दोनों के उपदेश और शिक्षा का क्या फल हुआ। शंकर ने बौद्धों को यहाँ से निकाल शासन की स्थिर शैली में बड़ी खलबली मचा दी और बहुत चाहा कि भारत फिर वैसा ही हो जाय जैसा वैदिक ऋषियों के समय में था, किन्तु भारत सो न होकर आधा तीतर, आधा बटेर हो गया। अब इस समय हम लोगों में कर्मकाण्ड-कलाप और यज्ञोपवीत, विवाह आदि की जो पद्धतियाँ प्रचलित हैं वे सब उस समय की बनी हैं जब शंकर ने हिन्दुस्तान को बौद्धों के हाथ से छुटा कर इसका पुनः संस्कार किया और ब्राह्मणों को फिर पूरी ताक़त मिली। बौद्धों के उच्छिन्न हो जाने से अपनी मनमानी करने में उनकी रोक-टोक करने वाला अब कोई न रहा। दूसरे शैव और वैष्णवों का ऐसा विरोध बढ़ा कि फूट को फैलने के लिये पूरा मौका और स्थान मिल गया। इसका फल यही हुआ कि मुल्क में अब तक इतनी कमज़ोरी छाई हुई है कि अंगरेज़ी शासन की शान्ति और अंगरेज़ी शिक्षा के प्रचार से भी लोगों के कुसंस्कार बदलते ही नहीं। संशोधन का बीज जमने में वही बात याद आती है कि 'जनम का कोढ़ कहीं एक एतवार से दूर हुआ है।'

शंकर तथा रामानुज न हुए होते तो मुसलमानों को यहाँ कदम ज़माने में इतनी सुगमता न होती और न मुल्क में इतनी कमज़ोरी फैल जाती। सब से बड़ी हानि शंकर से वेदान्त दर्शन को हुई जिसके सिद्धान्त बदल कर और के और हो गये। वेदान्त के प्रवर्तक व्यासदेव का प्रयोजन वेदान्त सूत्रों के बनाने का कुछ और ही था। शंकर उन्हें और ही मतलब पर झुका लाये। व्यासदेव का यह कभी तात्पर्य वेदान्त के प्रचलित करने से न था कि इस प्रकार अकर्मण्यता देश में छा जाय और संसार को मिथ्या मान हम स्वयं ब्रह्म बन बैठे। वरंच उनका तात्पर्य यह था कि हम सुख-दुःख को एकसा समझ अपना काम करने में न चूकें तथा स्थिर अध्यवसाय, दृढ़ निश्चय, व्यवसायात्मिका बुद्धि को चित्त में हर समय अवकाश देते रहें, दुःख में घबड़ा न उठें और सुख में मारे घमण्ड के फूल न जायें, संसार को स्थिर अनश्वर मान कर्मयोग में सदा लगे रहें इत्यादि। गुरुनानक से बुद्धिमान् ने इन सब बातों को सोच विचार कबीर के सिद्धान्तों को विशेष आदर दिया। किसी एक खास मज़हब या धर्म में जकड़े रहना राजनैतिक तरक्की का बड़ा बाधक है। जब तक किसी ख़ास धर्म की पाबन्दी हम में लगी रहेगी तब तक मनुष्य जाति में साधारण प्रेम, जाति-वात्सल्य, मुल्की तरक्की के उद्योग में सबों के साथ सहमति कभी हो ही नहीं सकती। इसलिये नानक ने हर एक धर्म के Forms and ceremonies (बाहरी बनावट) को तुच्छ समझ तथा नाम संकीर्तन आदि के द्वारा ईश्वर की ओर भक्तिभाव और आस्तिक्य-बुद्धि को मुख्य समझ, उसी के अनुसार अपने अनुयायियों को चलने के लिए कहा और अपने शिष्यों को वैसी ही शिक्षा दी। अन्त को इसका परिणाम यह हुआ कि गुरु गोविन्द सिंह और रणजीत सिंह ऐसे नररत्न पंजाब में पैदा हुए, और अब तक भी सिक्खों में जैसा कौमी जोश है वैसा तमाम हिन्दुस्तान के किसी प्रान्त के लोगों में नहीं है।

शंकराचार्य ने पक्षपात और अपने मत की खींच यहाँ तक रखी कि वे सर्वसम्मत न हो सके। गुरुनानक के उदार चित्त में न पक्षपात था और न किसी से विरोध या अपने मत की खींच थी। इसलिये न केवल पंजाब भर में वरन् और प्रान्त के लोगों में भी वे सर्वसम्मत हुए। अस्तु, ये दोनों महात्मा जैसे रहे हों सर्वथा माननीय हैं, किन्तु इन दोनों के मत के फ़कीर संन्यासी और उदासी देश के अकल्याण के बड़े भारी द्वार हैं। अब भी कहीं-कहीं दो एक संन्यासी ऐसे देखे जाते हैं जो विरक्ति, त्याग तथा पाण्डित्य में संन्यास आश्रम की शोभा हैं। किन्तु उदासी तो बहुधा ऐसे ही पाये जाते हैं, जो विषयाशक्ति में गृहस्थी के भी कान काटते हैं। उदासी बहुत बिगड़े हुए हैं, संन्यासी आवारगी में कुछ ही उनसे कम हैं। अब तो संन्यासी बनने के लिए केवल गीता की एक पुस्तक पास रहना आवश्यक है; और गुरुमुखी अक्षरों से परिचय रखना, जिससे ग्रन्थ साहब का पाठ वह कर ले, उदासी के लिए योग्यता की कसौटी है। ग्रन्थ साहब का पाठ करना आता हो मानो वह गुरुनानक का प्रतिनिधि हो गया। गुरुनानक का हेडक्वार्टर रणजीतसिंह का बनवाया अमृतसर का स्वर्ण मन्दिर है। शंकराचारियों के प्रधान मठ चार हैं। उनमें से एक 'श्रृंगेरी मठ' है जिसके प्रधान हस्तामलकाचार्य थे। शंकर के दस शिष्यों में पुरी, भारती, सरस्वती नाम के इन तीन संप्रदाय वालों के अधिकार में यह मठ है। यह मठ श्रृंगगिरि पर्वत पर है जो रामेश्वर के रास्ते में मद्रास प्रान्त में है। दूसरा 'शारदा मठ' है जो द्वारिका में है। शंकर के सब से मुख्य शिष्य पद्मपादाचार्य के अधिकार में.यह मठ रखा गया है। तीर्थ और आश्रम दो संप्रदाय के संन्यासियों के अधिकार में यह मठ है। 'जोशी मठ' नाम का तीसरा मठ हिमालय में बदरी और केदार के रास्ते पर है। तोटकाचार्य इसके प्रधान किये गये। गिरि, पर्वत, सागर तीन संप्रदाय के संन्यासी इसके अधिकारी हैं। चौथा 'गोवर्धन मठ' है जो जगन्नाथपुरी में है। सुरेश्वराचार्य जो पहले मण्डन मिश्र के नाम से प्रसिद्ध थे इस मठ के प्रधान किये गये। वन और अरण्य दो संप्रदाय के संन्यासी इसके अधिकारी हैं। इन-इन गद्दियों पर अब जो रहते हैं वे शंकराचार्य कहलाते हैं और जगद्गुरु की उपाधि उन्हें दी जाती है। मुख्य शंकराचार्य महराज की यह कभी इच्छा न हुई कि हम जगद्गुरु कहलायें, किन्तु जो अब उस गद्दी पर बैठते हैं अपने को जगद्गुरु कहते और मानते हैं। मद्रास और बम्बई प्रान्त में जगद्गुरु शंकराचार्य का बड़ा जोर है। सामाजिक और धर्म सम्बन्धी मामलों में बिना जगद्गुरु की व्यवस्था के कोई काम पंचद्रविड़ों में नहीं हो सकता।

'सौन्दर्य-लहरी' आदि अनेक स्तोत्र शंकर के नाम से प्रचलित हैं पर वे मुख्य शंकर के बनाये नहीं हैं। इससे सिद्ध है कि ये जगद्गुरु शंकराचार्य उत्कृष्ट पण्डित होते आए और हैं भी। 'तत्वमसि', 'अहंब्रह्मास्मि', 'प्रज्ञानमानन्दं ब्रह्म', 'अयमात्मा ब्रह्म' ये चार महा वाक्य इन चार मठों के अलग-अलग माने गये हैं। शंकराचार्य के प्रधान शिष्य पद्मपाद, हस्तामलक, सुरेश्वराचार्य, तोटकाचार्य, समित्पाणि, चिद्विलास, ज्ञानकन्द, विष्णुगुप्त, शुद्धकीर्ति, भानुमरीचि, कृष्णदर्शन, बुद्धिवृद्धि, विरंचिपाद, शुद्धानन्त,

आनन्दगिरि, सुधन्वाराजा, कविराज राजशेखर इत्यादि थे। इसमें सन्देह नहीं बौद्धों के उपरान्त शंकराचार्य वर्तमान् हिन्दू धर्म के बड़े पोषक हुए। यह न हुए होते तो देश का देश या तो बौद्ध मतावलम्बी बना रहता या सब के सब यवन या मुसलमान हो जाते। गुरुनानक की भी तेरह गद्दियाँ हैं। उनके जुदे-जुदे पन्थ हैं। दस इनके अवतार माने गये हैं। चेलों में सबसे मुख्य सुथरा था।

■

देशत्व रक्षा का उपाय

जिस जाति में देशानुराग का असर बना है वहाँ देशत्व गुण की कमी नहीं है और जिस देश के निवासियों में देशत्व गुण विद्यमान है वही देश वहाँ के रहने वालों के लिये सुख की सब सामग्रियों से भरा-पुरा मानो स्वर्गभूमि है। भारत के पुराने इतिहासों के पढ़ने से मालूम होता है कि यहाँ के लोगों में भी किसी समय देशत्व गुण विद्यमान था जिस गुण के रहते वे स्वतंत्रता देवी के कृपापात्र हो सुख से जीवन बिताते थे। प्राचीन समय यद्यपि इन दिनों की भाँति बाह्य विज्ञान की उन्नति यहाँ नहीं भई थी तो भी इस समय के लोगों में आध्यात्मिक योग्यता इतनी चढ़ी-बढ़ी थी जिससे देशानुराग की कमी उनमें नहीं थी जिसके प्रेम में वे 'दुर्लभं भारते जन्म' की गीत सदा गाते रहे। आज उसी गुण के प्रभाव से परम पवित्र यह भारत भूमि इस वर्तमान् दशा में यहाँ के उन्नतिशील थोड़े से लोगों को नेत्रशूल सी खटका करती है। देशानुराग शून्य यहाँ की वर्तमान् जनता की जो शोचनीय दशा हो रही है उसका उद्‌घाटन मानो पीसे हुए को फिर पीसना है किन्तु इस लेख से इस समय हमारा प्रयोजना देशत्व रक्षा का सरल तथा सुख साध्य उपाय का बतलाना या ढूँढ़ना है।

हमको सन्देह है कि भारत के इस अस्त-व्यस्त उच्छृंखल ज़माने में नक्कारखाने में तूती की आवाज़ की भाँति हमारा कहना लोगों को कब रुचेगा वरन् उनके कान तक पहुँचाना दुर्घट है। जब हम इस बात पर ध्यान देते हैं कि यहाँ के लोगों में देशत्व की मात्रा क्यों घट गई तब हमको इस देशानुराग की कुंजी यथार्थ विद्या का अभाव का होना मालूम पड़ता है। या तो ये लोग नई रोशनी से ऐसा चौंधियाय गये कि इनके आँख की बीनाई ही जाती रही अथवा नई सभ्यता से इनको इतना कष्ट पहुँचा है कि जिस कष्ट से पीड़ित हो रातों-दिन सिवाय अपनी चिन्ता के और कुछ इनके ध्यान ही में नहीं आता। जिस देश में सभ्यता ने लोगों को केवल नौकरी करना सिखाया है वहाँ हम देशत्व की क्या आशा कर सकते हैं। धन हीन गरीबों को जाने दीजिये धन संपन्न भी नौकरी करना फैशन समझने लगे हैं। जिस देश में धर्म में कुछ गड़बड़ होने से महा कोलाहल मचता था आज वही देश वासियों की नौकरी में कुछ भी गड़बड़ होने से हलचल मच जाती है। रेलवे कांफ्रेंस में देशियों को ३०/- से अधिक की नौकरी की जगह देने की बात गवर्नर जनरल की कौंसिल तक पहुँच गई २००/- मासिक से अधिक की नौकरी मिलने पर गवर्नमेंट आफ इंडिया की मंजूरी की बात सुन देशवाले हाय नौकरी हाय नौकरी कह उछलने-कूदने लगे। हा! प्रिय पाठको क्या यह वही आप का देश नहीं है जहाँ के निवासी। 'सेवा न किंचिदस्तीति' कह कर एक समय सेवावृत्ति को गर्हित समझ इसकी उपेक्षा किया करते थे। अवश्य यह सब भुगतमान जो हम भुगत रहे हैं शिक्षा की

प्रणाली के बिगड़ जाने ही से है। यह आप का वही भारतवर्ष है जहाँ अध्यापक अपने विद्यार्थियों को विद्या पढ़ाने के साथ ही साथ आत्म गौरव, कुलाचार, कुल धर्म, उद्योग, उत्साह, सुखपूर्वक निर्वाह आदि की नित्य शिक्षा देते थे अब इस समय क्या कोई बता सकता है कि वर्तमान किसी विद्या मन्दिर में इन बातों की शिक्षा पढ़ने वाले को दी जाती है। स्कूल और कालेजों से ताज़े निकले नव युवकों से जिन्होंने भारत की हिस्ट्री को घोट कर पी डाला है। पूछिये, कि क्या हिन्दुओं में भी कभी कोई ऐसा धर्मनिष्ठ उत्साही देशानुरागी हुआ है जिसने देश की रक्षा में अपने थोड़े से सहकारियों के साथ अपने प्राण-समर्पण किये हैं तो दाँत बाय के रह जायेंगे और इस प्रश्न का उत्तर देते न बनेगा। मिशन स्कूल तथा आर्य समाज के पाठशालाओं में तो देव पितर तीर्थ आदि में श्रद्धा उपजाने वाली शिक्षा दी ही नहीं जाती किन्तु हमारे लोगों में ऐसा कोई भी पाठशाला नहीं देखा जाता जिसमें हिन्दुओं की धर्म नीति के अनुसार देशत्व संरक्षण की यथार्थ शिक्षा बालकों को दी जाती हो। इन दिनों की वर्तमान शिक्षा का फल यह होता है कि देशत्व का अभाव दिन-दिन बढ़ता जाता है और क्यों ऐसा न हो जब बालकों को बाल्य अवस्था ही से उनके मन में बैठाया जाता है कि आर्य लोग वास्तव में यहाँ के असली पुराने बाशिन्दे न थे वरन् कहीं बाहर से आय यहाँ बस गये थे। स्वदेशाभिमान को नष्ट कर देने की कैसी अच्छी युक्ति है पर यह युक्ति सर्वथा निर्मूल और भ्रान्त है। जिस जाति ने अपनी पूर्ण उन्नति के समय अपने किसी ग्रन्थ में अपने पूर्व निवासस्थान का नाम तक न दिया वरन् 'दुर्लभं भारते जन्म' का राग गाते ही रहे उस आर्य जाति को बाहर से आई मान क्योंकर जीती मक्खी निगल बैठें। पर हमारी इस बात को समझेगा ही कौन? आर्य जाति के संस्कार द्वारा जो कुछ उनमें देश की सहानुभूति आई थी वह सब बाल्य अवस्था ही से सी-ए-टी कैट-कैट माने बिल्ली। जी-ओ-डि-डाग-डाग माने कुत्ता रटते-रटते थोथी पड़ गई। अब तो सिवाय कुत्ता बिल्ली के दूसरी बात उनके मस्तिष्क में धँसती ही नहीं क्या किया जाय। अंगरेज़ी की भाँति हमको फारसी उर्दू पढ़नेवाले की भी दुर्दशा देख पड़ती है; फारसी पढ़े लिखों में तहज़ीब और तकल्लुफ इतना समा जाता है कि अन्त को सर्व शून्यं शून्यं रह जाता है। मखतब में पढ़े हुए बालकों को यह नहीं मालूम कि रेखागणित, बीजगणित, इतिहास किसका नाम है आदि से अन्त तक उन्हें गुल-वुल बुल तेग, अब्रू, माशूक की नज़ाकत और उसके हुस्न का बयान पढ़ते-पढ़ते उनकी इतिश्री हो जाती है देशत्व की महक तक पास नहीं फटकने पाती। अस्तु अब मातृभाषा संस्कृत पढ़नेवालों को लीजिये तो अंगरेज़ी, फारसी पढ़नेवालों को सांसारिक सुखों का कुछ आभास भी मिल जाता है और सभ्य समाज में दाखिल हुए माने जाते हैं। टोल में पढ़े संस्कृत वालों की मिट्टी सब से ज़्यादह पलीत है कौमुदी की फक्किका और सूत्रों पर न्यास और खण्डन मण्डन घोखते-घोखते विद्यार्थी को तीन जन्म चाहिये। हाँ इतना अभिमान इन विद्यार्थियों को अलबत्ता हो जाता है कि हिन्दी पढ़ने में वे अपनी बेइज़्ज़ती मानते हैं। श्लोक कहो एक घड़ी में कोड़ियों बना डालें पर हिन्दी में एक मामूली चिट्ठी लिखने को कम से कम दिन भर

तो चाहिये उसमें भी मुहावरेदार शुद्ध हिन्दी न लिख सकेंगे। इस विद्वत्ता पर अभिमान और क्रोध इतना कि १० या १५ पण्डित इकट्ठे हो जायें तो शान्ति रक्षा के लिये पुलिस की आवश्यकता पड़े। देश क्या है? देशत्व क्या है? इन बातों से उन्हें प्रयोजन ही क्या? जिस संस्कृत की स्तुति सबों ने एक स्वर से की है। उन संस्कृत पाठियों की यह दशा और हिन्दुओं को संस्कृत की ओर इतनी उपेक्षा देख किस परिणामदर्शी का हृदय नहीं विदीर्ण होता होगा। देशत्व की कुंजी शिक्षा की जब यह दशा है तो देशत्व रक्षा की आशा तो निरी दुराशा और खपुष्प के समान है।

रोग होने से उसके शमन के लिये लोग औषधियाँ ढूँढ़ते हैं। इस देश में इस महा व्याधि की औषधि खोज के निकालना परिणाम दर्शियों का कर्तव्य नहीं बल्कि धर्म है तो एक ऐसे संस्कृत के विश्वविद्यालय की आवश्यकता है जिससे पूर्व और पश्चिम को बहने वाली दोनों नदियों का संगम हो और दोनों नदियाँ अपने अमोघ जल से यहाँ के लोगों को आप्लावित करती रहें। ईश्वर की कृपा से अब यहाँ बहुत से ऐसे लोग हो गये हैं जो दोनों के अमृत रस को भरपूर अनुभव कर चुके हैं। उनको उचित है कि दोनों के बीच कोई ऐसा रास्ता निकालें जिसमें न पूर्व की अधिक सीमा दबे न पश्चिम ही को कोई शिकायत का मौका रहे। पं० माधो प्रसाद मिश्र का स्वतंत्र देशोद्धारक उद्देश्य वास्तव में उत्साहवर्द्धक है उक्त पण्डितजी ज़बानी ज़मा खर्च करने वालों का अनुकरण न कर बंगालियों के पड़ोसी कलकत्ते के धनी मारवाड़ियों से इतने थोड़े समय में एक लाख रुपये का चन्दा विशुद्धानन्द विद्यालय के निमित्त करा लेना सहज नहीं है; इसको देशत्व गुण कहते हैं, उक्त पण्डितजी जिस गुण की मूर्ति हैं। काम करनेवालों को ऐसों का उदाहरण लेना चाहिये जो तभी हो सकता है जब निस्स्वार्थ भलाई के काम में तत्पर हो। जब तक किंचित् भी निज स्वार्थ की दुर्गन्धि लगी है ऐसे बड़े काम का पूरा होना असंभव है।

सच तो यों है कि आत्मसमर्पण Self Sacrifice और देशत्व का बड़ा घनिष्ठ सम्बन्ध है वरन यों कहना चाहिये कि देशानुराग महारत्न की आत्मत्याग खानि है। उत्तम शिक्षा, धन-संपत्ति, वीरता, उत्साह आदि की कमी हम लोगों में इस गिरी दशा पर भी नहीं है अभाव केवल इसी का है कि अणुमात्र भी अपनी हानि सहना गँवारा नहीं करते। बहुधा देखने में आता है कि अपने थोड़े से फायदे के लिये मुल्क का बहुत बड़ा नुकसान करा देना कोई ऐब या बुराई नहीं है जहाँ ऐसी समझ है वहाँ देशत्व रक्षा की चर्चा चलना भी मूर्खता है। ईश्वर कुछ ऐसी प्रेरणा करें कि हम लोगों में ऐसे पुरुष रत्न पैदा हो जायें जिनमें देश का अनुराग परस्पर की सहानुभूति आत्मसमर्पण का अंकुर भली भाँति प्रस्फुटित हो तब देशत्व की रक्षा भी सब तरह पर संभव है किन्तु भारत के ऐसे दिन कहाँ जो ईश्वर की कृपा दृष्टि का पात्र हो और उन्नतिशाली देशों की गणना में अगुआ बनें।

■

वर्षारंभ

जीने की आशा भी क्या ही प्रलोभन है विशेषत: ऐसे समय जब प्लेग ने भारत में अपनी प्रभुता जमाये हुए निज दूत काल कराल को गेहे-गेहें जने-जने जासूसी के लिये नियत कर रखा है जो चुन-चुन कर उन्हीं को बटोरे लिये जाता है जो इस संसार में जीते रहते तो क्या-क्या न कर गुज़रते। नव विकसित कलिका सदृश इस जीव लोक वाटिका को अपनी सुमधुर सुगंधि से सुगंधित करते निज कुल और जाति का बहुत कुछ गौरव बढ़ाते परन्तु भारत के दुर्दैव की महिमा के विस्तार की गीत कहाँ तक गायें मानुषी तथा दैवी विपत्ति सब ओर में इसे घेरे हुए है। कितने प्रिय बन्धु सहृदय मित्रवर्ग जिनके साथ आज हम खेल-कूद रहे हैं आमोद-प्रमोद में लगे हैं कल वे केवल नाम मात्र को शेष रहे। ऐसे नाजुक समय में सब भाँति सही सलामत रह निर्विघ्न अपना जीवन सुख से बिताना सर्व नियन्ता कर्तुमकर्तुमन्यथा कर्तुं समर्थ की क्या थोड़ी कृपा है। उसी कृपा का उद्‌गार यह भी है कि आज हम छब्बीसवाँ वर्ष समाप्त कर सत्ताईसवें में प्रवेश कर रहे हैं। अब यहाँ पर हमें कहना केवल इतना ही है कि अपनी और-और बहिनों के समान हमारी हिन्दी के अभी वे दिन नहीं आये कि बंग भाषा और मराठी गुज़राती की भाँति इसके प्रौढ़ पाठकों की संख्या उतनी हो कि जो हमारा उद्देश्य है और जैसा हमारा प्रौढ़ लेख होता है सब हिन्दी पढ़नेवाले उसे समझ सकें और उसका यथोचित आदर करें। नहीं तो थोड़ी और अधिक सहायता मिलने से या पढ़नेवालों की कुछ और संख्या बढ़ जाने से हम इसे प्रतिमास समय से प्रकाशित कर उन्हें अपने लेख से विनोदित करते। इसलिये कि हम इधर-उधर की केवल गप्पमात्र से तो पत्र पूरा नहीं किया चाहते, अपिच हमारा उद्देश्य उन्हें प्रसन्न करने का है जो न साक्षर मात्र हैं वरन सरस और सहृदय हैं जैसा किसी का कथन है—

सरसा विपरीताश्चेत्सरसत्वं न मुंचति।
साक्षरा विपरीताश्चेद्राक्षसा एव केवलम्॥

सरस को उलट दो तो भी वह सरस का सरस बना रहता है पर साक्षर उलटो तो केवल राक्षस हो जाता है। किसी अच्छे लेखक का वह लेख ही क्या कि जो तीर सा हृदय में न जा चुभे और हर्ष गद्‌गद हो पढ़ने वाले ने प्रशंसा में मस्तिष्क न हिलाया जैसा महाकवि दण्डी ने कहा है—

किं कवितस्तरय काव्येन किं काण्डेन धनुष्मताम्-परस्य हृदये लग्नं न घूर्णयति यच्छिरः।

इंगलैण्ड इत्यादि देशों में जिनके नमूने पर हम यहाँ पत्र आदि अनेक सभ्यता की बातों को चला रहे हैं वहाँ एक-एक पत्रसंपादक संपादकता की बदौलत इतने अमीर

बन बैठे हैं कि वहाँ के नामी डयूक और बेरोग का मुकाबला अपनी सब बातों में कर रहे हैं और गवर्नमेंट 'राष्ट्र' का समाचार पत्र एक अंग माना जाता है। पत्र संपादक अपनी अनुमति से सल्तनत के इन्तज़ाम में राजा को समय-समय पर बाधित किया करते हैं यहाँ भी कितने ऐसे भाग्यवान् हैं कि पत्र के द्वारा उनकी इज्जत है और धनी हो गये हैं। अंगरेज़ी राज्य की प्रथा के अनुसार यह एक उत्तम व्यवसाय या रोज़गार समझा जाता है उसी के अनुसार वे वैसा लेख लिखते हैं और एडवरटाईज़मेंट आदि के द्वारा खूब धन कमाते हैं। हम यहाँ अपने पास का कुछ गँवाते हैं तथापि निज भाषा की उन्नति समझ नहीं निरस्त होते और सबके ऊपर तो लिखने का दुर्व्यसन हमें नहीं रहने देता। कई बार हमने चाहा कि इस पिशाची कृत्य का समापन कर बैठें और इससे पिण्ड छुड़ायें पर कोई न कोई बात आ जाती है जिससे यावज्जीव के लिये यह गले का हार हो गया है अस्तु-वर्षारंभ के विनोद में पहले अपने पढ़ने-वालों को आज हम नई-नई उक्ति युक्ति के कुछ थोड़े से श्लोक उपहार की भाँति सुनाया चाहते हैं।

सन्तः क्वापि नसन्ति सन्ति यदिवा जीवन्ति दुखेन ते। विद्वान्सोपि नसन्ति सन्ति यदिवा मात्सर्ययुक्ताश्रये राजानो पिनसन्ति सन्ति यदिवा तृष्णा धन ग्राहिणो। दातारोपिन सन्ति सन्ति यदिवा सेवानुकूलाः कलौ।

इस कराल कलिकाल में ढूँढ़ो तो सच्चे भक्त जिनके आचरण वास्तव में सज्जनता के हैं कहीं नहीं हैं यदि वे हैं तो अनेक दुःख सह कर ज्यों-त्यों अपना दिन काटते होंगे। सच है चरित्र पालन करते भले लोगों की सरणी का अनुसरण सहज नहीं है लोहे के चनों का चबाना है किसे पड़ी है कि संसार के अनेक सुखों से वंचित हो सन्त बनने का हौसला रखे। ऐसा ही सच्चे विद्वान् भी इस समय नहीं हैं जो हैं वे मात्सर्य पूरित ईर्ष्या द्रोह से भरे हैं अपनी विद्या के प्रकाश से दूसरे को दबाना यही उनका उद्देश्य है तत्व निरूपण जो विद्या का मुख्य फल है कहीं छू नहीं गया। एवं राजा भी नहीं हैं जो हैं भी वो तिल से तेल निकालने की भाँति केवल प्रजा को चूसा चाहते हैं तो भी तृष्णा उनकी नहीं बुझती। दाता भी इस समय न रहे जो हैं भी वो सेवा के अनुकूल फल देनेवाले हैं उनकी बड़ी खुशामद करो तो 'अतिप्रसन्नो दमड़ीं ददाति' देंगे थोड़ा पर नाम इतना चाहेंगे कि उनके नाम की पटह ध्वनि हो जिसमें कमिश्नर और लाट साहब के कानों तक यह शब्द पहुँचे और उनके लिये कोई उपाधि का वितरण किया जाये। चुपचाप दे किसी मुहताज की ज़रूरत रफा कर देने की तो अब प्रथा ही न रही सच है 'तं धिगस्तु कलयन्नपि वांच्छामर्थिवागसवसरं सहते यः' उस दानी को धिक्कार है जो जान गया है कि इसे कुछ ज़रूरत है फिर भी अवसर देख रहा है कि मुँह खोल कर माँगे तो हम दें। दूर क्यों जाइये दानी होते तो हमारे पत्र की यह दशा क्यों रहती अस्तु।

विभीषयति शीतलं जलमहिर्वपुष्मानिव प्रलोभयति कामिनीस्तन इवास्तधूमानलः।
सुतासय इवत्विषो दिनमणेः सुखं कुर्वते कुटुम्ब कटु वागिवब्यथयते तुषारानिलः।

शीतलता के वर्णन का यह श्लोक बहुत ही सामयिक और अच्छी उक्ति युक्ति का है। ठंडा पानी जाड़े के दिनों में फुफकारता हुआ देह धारी सर्प की भाँति डर दिखाता

है। दूसरा चरण किंचित अश्लील है इससे उस का अर्थ छोड़ देते हैं। आगे कहता है कि दिन मणि सूर्य का प्रकाश वैसा ही सुख देता है जैसा पुत्र के जन्म में सुख मिलता है। अन्त का चरण बहुत ही प्राकृतिक है तुषार के कणों से मिली हुई ठंडी हवा वैसा ही दुःख देती है जैसा कुनबे के लोगों की कड़ुई बोल।

नोपदेशं न नियमं न दाक्षिण्यं न साधुताम्।
स्मरन्ति जन्तबः कामं कामस्य बश भागताः॥

जन्तु मात्र काम से पीड़ित हो न किसी के उपदेश पर कान देते हैं; न कोई नियम उनको नियमबद्ध कर सकता है; न चतुराई चलती है; बड़े-बड़े चतुर चूक जाते हैं; न साधुता निभ सकती है।

अप्यस्ति कश्चिल्लोकेस्मिन्येन चित्तमदद्विपः
नीतः प्रशम शीलेन संयमालान लीनताम।

कवि कहता है ऐसा मनुष्य संसार में कहीं कोई है जिसने मन मतवाले हाथी को अत्यन्त शान्ति शील हो संयम Controle के दृढ़ खूँटे में बाँध रखा हो। सच है 'मनो नियस शिक्षायां मुनयोपिन पण्डिताः' मन को नियम के बाहर न होने की शिक्षा देने में साधारण मनुष्यों की कौन कहे मुनियों की अकल भी गुम हो जाती है।

दुखिताः पर दुःखेषु निर्लोभा दुर्लभेषुच।
विपक्षेषु क्षमावन्तः सन्तः सुकृत हेतवः।

ऊपर के इस श्लोक में शिष्टता शराफत या भलमनसाहत का अन्त है सन्त जो सुकृत के सेतु हैं पराये के दुःख में दुःखी दुर्लभ पदार्थ के सुलभ होने में भी निर्लोभ और शत्रु पर भी क्षमाशील होते हैं।

धनोदय सममुत्सिक्ता सौजन्य तटपातिनी।
लोलं कलुषयत्येव मानसं श्री तरंगिणी।

ऊपर के श्लोक में लक्ष्मी के साथ नदी का रूपक श्लेष गर्भित अच्छा निभाहा गया है।

प्रज्ञां विनाशयत्यादौ प्रविष्टौ हृदि मन्मथः।
दक्षो गेहं समायाति दीपं निर्बाप्य तस्करः॥
इश्क चुं दर सीन आयद अक्लरा औवल रबूद
दुज्द दाना रकुनद औवल चिराग़े खानेरा।
नासौजयी जितो येन नक्रव्यालमृगाधिपाः।
जितं तेनैब येनेह दान्तो मारस्त्रिलोक जित॥
महंगो अज़दहाओ शेर नर मारा तो क्या मारा।
बड़े मूँजी का मारा नफ्स अम्मारा को गर मारा॥
बर्द्धते मुखसादृश्यमवाप्य हरणीदृशः
क्षीयते तत्तुला मेतुमुभयोरक्षमो विधुः॥

मह शुद तमाम ताचो रुखे ऊशवद न शुद। काहीद बाज़ ताख में थब्रू शवद न शुद।

लोको मद्युगजन्मा कृत कृत कर्मा नमूत धर्मा इतिहेतो
रिव कलिना वलिनासंपीड्यते साधुः।

लोग मेरे युग में जन्म ले बहुधा सतयुग का काम कर रहे है मेरा। कलियुगी धर्म उनमें नहीं आया इसीलिये मानो बलवान् कलि से साधु जन पीड़ा पाते हैं।

भूतिर्नीच गृहेषु बिप्रसदने दारिद्रयं कोलाहले,
स्वल्पायुः सुकृती च पातक कृतामायु समानां शतम्।
दुर्नीतिं तव वीक्ष्य कोपदहनज्वालाजटालोपिसनॅं।
किं कुर्मो जगदीशं यत्पुन रहं दीनो भवानीश्वरः।

नीचों के घर में संपत्ति कर्मनिष्ठ ब्राह्मण के घर में दरिद्रता के कारण काँव-काँव; भला काम करनेवाले अल्पायु पाप कर्म करने वाले सौ वर्ष तक जीते रहें यह तुम्हारी दुर्नीति देख क्रोध की अग्नि में जलते हुए हे जगदीश हम क्या कर सकते हैं इसलिये हम दीन अकिंचित्कर हैं और आप सब भाँति समर्थ ईश्वर हो।

प्रभवार्थाय लोकस्य धर्म प्रबचनं कृतम्।
यस्यात् प्रभव संयुक्तः सधर्म इति निश्चयः॥

लोगों के प्रभाव अर्थात् वृद्धि के निमित्त धर्म का प्रवंचन किया गया है। तात्पर्य यह कि जिससे जन-समूह का उद्‌भव और उनकी उत्तरोत्तर सब तरह बढ़ती और तरक्की होती रहे वही धर्म है तो निश्चय हुआ कि जिसके आचरण या अनुष्ठान से हम सब लोगों के उद्‌भव या उत्तरोत्तर भलाई में बाधा हो वह धर्म नहीं कहा जायेगा हमारे यहाँ के धर्म धुरीण जो धर्म को छीले डालते हैं पंक्ति में बैठ सह भोजन में महा अधर्म मानते हैं और इस अपनी बात के पोषण में अनेक धर्म शास्त्र के वचन पढ़ते हैं और सिद्ध कर देते हैं कि इससे बढ़ के अध:पात और सदेह नरक जाने के लिये और कोई दूसरा पाप ही नहीं है। हाँ हम भी यह मानेंगे कि किसी पतित शूद्र अथवा आधार भ्रष्ट के साथ सह भोजन क्या बल्कि ऐसों से संभाषण और संसर्ग में भी महापाप है किन्तु जो अपने सजाति हैं बन्धु हैं एक ही सभा या कमेटी के मेम्बर या सभासद हैं जिनके हम एक-एक रगो रेशे से वाकिफ़ हैं उनके साथ सह भोजन में हिचक कितना समाज को जर्जरितं और छिन्न-भिन्न करने वाला है। बताइये यह उस कोटि का धर्म है जिससे हमारा प्रभव या उत्कर्ष हो सकता है। आठ या नौ वर्ष की लड़की ब्याहना समाज में कितना धर्म माना गया है कि जिसके पुण्य की सीमा नहीं है किन्तु यह प्रत्यक्ष है कहाँ तक हम गला फाड़-फाड़ चिल्लाते रहें कि हमारी हिन्दू जाति जो इस भाँति तेजोहत और सब तरह पर हीन-दीन हो गई उसका मुख्य कारण यही महा अधर्म है। जिसे हमारी अन्ध परम्परा का बड़ा धर्म और कल्याणकारी मान रही है छुआ-छूत स्पर्शास्पर्श का विचार हिन्दू धर्म का मूल और स्वतंत्र स्वरूप है और जिस बुनियाद पर यह विचार कायम किया गया है कि हेय या दूषित तथा अपवित्र पदार्थ या मनुष्य की विद्युत शक्ति उसमें से निकल अपने में फैलती है सो बात विलायत की बनी चीज़ों में कितनी

अधिक पाई जाती है। हम लोग विलायती चीज़ों की सुन्दरता बारीकी और चटकीलापन पर प्रलोभित हो देश का धन फेंकते हुए उनके संग्रह में तन, मन से तत्पर रहते हैं। विलायत की बनी तंजेब आबरवां साटन आदि कपड़ों को बड़े शौक से जब पहनते हैं उस समय नवाबज़ादों को भी अपने आगे तुच्छ मानते हैं। ऐ चीजों उन्हीं की बनाई हैं जिन्हें हम शास्त्र के अनुसार अपवित्रता का आलय मानते हैं और गो-भक्षक मान जिनसे हम घिनाते हैं। सोचने की बात है कि क्या ये विलायती चीज़ें उनसे अधिक पवित्र हैं जिनका संपर्क हम अपने खान-पान आदि में बरकाते हैं और उनके साथ एक पंक्ति में बैठ भोजन में हिचकते हैं। यों तो एक अन्न को छोड़ जो इसी देश की पैदावरी है। बाकी यावत् वस्तु अपने रोज़मर्रे के बर्ताव की सब देश की बनी हम कोई नहीं बर्तते। उसमें कई एक चीजें विशेष लक्ष्य के योग्य हैं। जैसा केरोसनतेल, मोमबत्ती, साबुन, दियासलाई इत्यादि। इन चीज़ों के बर्तने में हमारे धर्मधुरीणों को तनिक भी आगा-पीक्षा नहीं होता यहाँ तक कि मन्दिरों में जो परम पवित्र स्थान है वहाँ भी चर्बी की बत्ती स्थान को पवित्र कर रही है। दियासलाई जो हमारे धर्मनिष्ठों की पूजा की झोलियों में बँधी रहती है फास्फोरस की बनती है; जो हड्डी का सत्त है; और कभी किसी को इसकी अपवित्रता का ख्याल नहीं होता। पवित्र साबुन का पोतना तो फैशन में दाखिल हो गया है। केरोसीन तेल दुर्गन्धपूरित और महाव्याधि जनक होने पर भी कोई घर न बचा जहाँ यह काम में न लाया जाता हो। बड़े-बड़े श्रोत्रिय आचारवानों के रसोईघर और देवस्थानों में जलाया जाता है पर विचार कर देखो तो यह कैसी अपवित्र और रोग पैदा क़रनेवाली वस्तु है। हम लोग जो अपने को आर्य कहते हैं उनके लिये ऐसी निकृष्ट वस्तु का स्पर्श भी सर्वथा हेय है। अस्तु हम ऊपर लिख आये हैं जिससे हमारे प्रभाव या उन्नति में बाधा पहुँचे वह धर्म नहीं है। इन विलायती चीज़ों के बर्तने से हमारे देश का वाणिज्य बिलकुल मिट गया। तिजारत के द्वारा देश का धन इंगलैण्ड, जर्मनी, अमेरिका, जापान आदि देशों में ढोया चला जा रहा है। हम लोग यहाँ तक निर्धन हो गये कि बहुधा लोग केवल एक जून खाते हैं तो दूसरी जून के लिए उन्हें बड़ी चिन्ता और फिक्र करनी पड़ती है तो सिद्ध हुआ कि विदेश की बनी चीज़ों को काम में लाय हम कितना और कैसा भारी अधर्म कर रहे हैं पर हमारे धार्मिकों की समझ में किसी हीन जाति के लोटे में पानी पी लेना तो बड़ा अधर्म है पर इसमें कोई अधर्म नहीं है वरन् विलायती चीज़ों की नफासत मोहित हो। जब उसे अपने काम में लाते हैं उस समय अपने सौभाग्य की सीमा मानते हैं। कणाद का सूत्र है 'यतो अभ्युदय नि: श्रेयस् सिद्धि: सएव धर्म:' जिससे अपना अभ्युदय और कल्याण हो वही धर्म है। विदेश की बनी चीज़ों को काम में लाने से अभ्युदय कैसा बल्कि कहाँ तक हमारा अकल्याण और हानि है इसे बार-बार कहना केवल पिष्टपेषण मात्र है। बहुधा ऐसे काम जो धर्म के आभास में प्रत्यक्ष अधर्म हैं उन पर हमें बड़ी श्रद्धा है पर कितने काम जो वास्तव में धर्म है जिनके न करने से हमारी तरक्की और अभ्युदय में बाधा है उसे अपेक्षित किये हैं। प्रिय पाठक महोदय आप हमारे इस लेख को विक्षिप्तप्रलाप न समझ

विचार के देखिये तो एक-एक पद एक-एक अक्षर ठीक और उचित कह सकते हो पर यह इस समय ऐसा असाध्य रोग हो गया है कि इस रोग के हटाने की कोई उपाय हई नहीं जब हम सोते-जागते प्रतिक्षण विदेशी वस्तुओं को काम में लाते निमेष मात्र भी बिना उनके नहीं रह सकते तब कौन आशा है कि इससे हम बच सकते हैं। नीतिज्ञ लोगों का सिद्धान्त है 'व्यापारे बसते लक्ष्मी' सो विदेशी वस्तुओं के बर्ताव से हमारे देश का व्यापार ही न रह गया तब लक्ष्मी कहां रहीं समुद्र पार के देशों में इस समय व्यापार है इसलिये लक्ष्मी भी हमसे विदा हो सात समुद्र पार जा मनमाना विहार कर रही है। वहाँ के निवासियों को देवदूत और फरिश्ते बना रखा है। वे प्रतिदिन हमारे लिये नये-नये प्रकार का अनुशासन स्वर्गीय आज्ञा के समान हमें सुनाया करते हैं। जिस आज्ञा के एक-एक अक्षर में लक्ष्मी महारानी का वैभव और उनके अखण्ड प्रताप का उद्‌गार भरा हुआ है। लक्ष्मी देवी का अपमान रूप महापाप कलुषित हम लोग इस अधर्मानुष्ठान के प्रायश्चित में हज़ारों बार गंगा स्नान करते हैं। अनेक जप तप व्रत संयम से तन सुखाये डालते हैं पर यह घोर पाप किसी तरह दूर नहीं होता और इस पातक का फल दरिद्रता हमारा दामन नहीं छोड़ती। किसी ने कहा तुम पेड़े छील-छील और लड्डू उबाल-उबाल कर खाया करो तो यह पाप दूर हो जाये; किसी ने कहा तुमने ऋषियों की प्रणाली छोड़ दिया है केवल वेद को इलहाम मान आर्ष ग्रन्थों को पढ़ा करो और पोप लीला में मत फँसो तो इस अधर्म का बोझ हलका हो जाय; किसी ने कहा जगत् त्राणकर्ता प्रभु ईसा की शरण गहो; किसी ने कहा सेरों साबुन देह में मलते चुटिया कटाय तुम साहब लोगों में दाखिल हो अपने नाम के आगे मिस्टर लिखा करो; किसी ने कहा जात-पाँत का झगड़ा छोड़ अलाय-बलाय जो कुछ मिला करे सब कुछ खा पी लिया करो; किसी ने कहा विलायत जाय गौरांग ललना को अपनी अर्द्धांगिनी बनाओ। My sweet heart; my better half कहते हुए सदा अपनी श्रीमती का मुँह जोहते रहो; किसी ने कहा विधवाओं को पकड़-पकड़ ब्याह डालो; किसी ने कहा ब्याह करते जाओ और औलाद पैदा करते रहो पिल्लों की सृष्टि से भारत को भर दो; किसी ने कहा सोशल कांफ्रेंस के मेम्बर हो 'गायकवाड़ के धेला बन पुरानी रीति नीति को तहस-नहस कर डालो। इत्यादि-इत्यादि। सारांश यह कि मरता क्या न करता जिसने जो कहा हमने वही किया पर बूँद के चूके को घड़ा ढरकाने की भाँति किसी से कुछ न हुआ और न वह पाप हमसे दूर हटा। तो निश्चय है कि अब आगे को हमारा प्रसभ काहे को कभी होगा। हम हमेशा ऐसे ही गुलाम और दास बने रहने को ईश्वर के यहाँ से चुन लिये गये हैं।

१९०४ ई०

■

कृष्ण की ईश्वरता निदर्शन

यों तो गीता.के अनुसार जिसमें कोई अद्भुत शक्ति हो वहाँ ईश्वर का कुछ अंश अवश्य मानना पड़ेगा किन्तु भगवान् कृष्ण चन्द्र में त्रिकालज्ञता और ग़ायबगोई इत्यादि बहुत से ऐसे उत्कृष्ट गुण थे कि जिससे उनको विवश हो ईश्वर मानना ही पड़ता है। श्री रामचन्द्र, कृष्ण, भगवान् बुद्ध और ईसा संसार में ये चार व्यक्ति महापुरुष और महा माननीय हो गये हैं जिनके महत्व को स्वीकार न करने में कट्टर से कट्टर मस्तिष्क की जिह्वा भी स्तब्ध हो जाती है जो किसी धर्म का कायल नहीं सब भाँति ला मज़हब है वह भी इन चारों महापुरुषों में किसी एक का नाम कर्ण गोचर होने पर अपनी कुटिल दूषित उक्ति को आज़ादगी के साथ काम में लाने की हिम्मत नहीं करता। इनमें परमोत्कृष्ट सौजन्य शिष्टता और सुचरित्र के आदर्श स्वरूप महाराज श्री रामचन्द्र ने जो कुछ हमें कर्तव्य है अपने चारुचरित्रों में करके दिखलाया इसलिये कि कहने से करके दिखलाने में बड़ा अक्षर होता है। एक पत्नीव्रत, पितृभक्ति, पिता की आज्ञा का पालन, भ्रातृस्नेह:, आश्रितजन वत्सलता, मृदुभाषिता, सत्य पर दृढ़ता, आदि उत्तम से उत्तम आचरण जो योगीश्वरों को भी अनेक संयम और चिरकाल के अभ्यास के उपरान्त प्राप्त होते हैं सो श्री रामचन्द्र में स्वभाव ही से थे। न कविकुल मुकुटमाणिक्य वाल्मीकि ही ने अपनी फुटही जीभ से एक बार मुक्तकण्ठ हो यह कहा कि रामचन्द्र साक्षात् ईश्वर थे किन्तु रुक-रुक यथा 'विष्णुना सदृशीवीर्ये:' जैसा व्यासदेव ने 'कृष्णस्तु भगवान स्वयम' रटने की धुन बाँध दिया। जो हो पर भगवान् कृष्णचन्द्र की ईश्वरता के निदर्शन में सारा भारत विष्णु पुराण और श्रीमद्‌भागवत गवाही दे रहे हैं प्रतिवाद करनेवाला पद्मपुराण ब्रह्मवैवर्त और भागवत को गप्प मान ले तो भी विष्णु पुराण और भारत उनको ईश्वर सिद्ध करने में क्या कम हैं। जब भगवान् श्री कृष्णचन्द्र जी ऐसे उपदेष्टा महातार्किक शिष्य अर्जुन की शंकाओं को हटाते-हटाते बहुत आगे बढ़ गये अथवा तर्क की अन्तिम सीमा तक पहुँचे तब भगवान् ने पास बैठे अर्जुन से कहा, 'मत्त: परतरं नान्यत् किंचिदस्ति धनंजय' हे धनंजय तुम इस बात को निश्चय जान लो कि इस संसार में ही नहीं वरन् अखिल ब्रह्माण्ड में मुझ से ऊपर कुछ नहीं है। जो लोग कृष्ण को ईश्वरांश न मान उन्हें केवल योगीश्वर कहते हैं वे टुक इस बात पर ध्यान दें कि योगी जो सदा सत्य की खोज में रहते हैं वे कभी असत्य व्यवहार नहीं कर सकते और करें तो दाम्भिक समझे जायेंगे। यदि श्रीकृष्ण भगवान् ईश्वर का अवतार न हो केवल योगीश्वर रहे तो उनका यह कहना कि मुझे से परे कुछ नहीं है सरासर असत्य व्यवहार हुआ किन्तु गीता में कृष्ण भगवान् ने अपना परात्पर होना केवल इस ऊपर के ही वाक्य में नहीं प्रकट किया किन्तु स्थान-स्थान पर बार-बार अर्जुन को बोधन कराते

गये हैं कि 'मन्मनाभव', 'योगक्षेमं वहाम्यहम्', 'न श्रोष्यति विनश्यति', 'मोक्षयिष्यामि माशुच' इत्यादि, इत्यादि अर्थात् हे अर्जुन तुम एकाग्र मन से हमीं को भजो। जो मुझे भजते हैं मैं उनका योगक्षेम करता रहता हूँ। मेरी बात न सुनोगे तो नाश को प्राप्त होगे। तुम कुछ सोच न करो हम तुम्हारा मोक्ष कर देंगे। ये सब वाक्य बड़े दावे और जोश के साथ कहे गये हैं जिनमें उनकी त्रिकालज्ञता बराबर झलक रही है। बिना कुछ पूँजी पास रहे ऐसे दावे के साथ कौन बोल सकता है। द्रौपदी के चीर हरण समय स्मरण करते ही तत्क्षण द्वारिका से आय द्रौपदी की लाज रखना आदि कितने उदाहरण भगवान् कृष्णचन्द्र की ग़ायबगोई के हैं पर यह सब उनके लिये हैं जे सरल चित्त हो विश्वास की भूमि पर चल रहे हैं। कुटिल कठोर अविश्वासी को तो एक बार ईश्वर स्वयं प्रकट हो अपनी लोकातीत महिमा की कोई करामात दिखलावें तब भी वह न मानेगा। बुद्ध और ईसा के सम्बन्ध में हम फिर कभी लिखेंगे।

१९०४ ई०

प्राचीन ग्रन्थकार

धनंजय

भोजराज के पितृव्य चारों नरेश मुंज की सभा के रत्नों में से धनंजय भी एक हैं। इनका रचित दश रूपक नाम ग्रन्थ प्रसिद्ध है। ग्रन्थ की समाप्ति में धनंजय लिखते हैं—

विष्णोः सुतेनापि धनंजयेन। विद्वन्मनो राग निबद्ध हेतुः

आविष्कृतं मुंज महीश गोष्ठी वैदग्ध्य भाजा दश रूपमेतत्॥

जिससे विदित होता है कि इनके पिता का नाम विष्णु था और ये मुंज के समकालीन तथा उनके सभासद थे। भोजराज का समय लोगों के निर्णयानुसार सन् ९९७ ई० से १०५१ ई० तक पूर्व में उल्लिखित हो चुका है। उनके पितृव्य होने के कारण मुंज का समय उनसे पूर्व ठहरा अर्थात् ख्रीष्टीय १०वीं शताब्दी का अन्तिम भाग मुंज तथा उनके समसामयिक धनंजय कवि का भी होवेगा। धनंजय के समकालीन और कवियों के नाम पद्मगुप्त, धनिक, हलायुध आदि हैं। जिनमें से पद्मगुप्त तो नव सहसांकचरित काव्य के रचयिता हैं। धनिक धनंजय के भाई हैं उनने भी अपने पिता का नाम विष्णु लिखा है। हलायुध तो एक प्रसिद्ध कोषकार हैं जिनका उल्लेख जहाँ-कहाँ मल्लिनाथ करते हुए, देखने में आते हैं। पर ये हलायुध वे हैं या नहीं इसमें सन्देह है।

धन्वन्तरि

महाराज विक्रम की सभा के नवरत्नों में से इनका नाम पहले लिखा मिलता है जिससे इनकी विशेष विद्वत्ता और योग्यता के विषय में सन्देह नहीं रह जाता। मन्दराचल से मथे जाने पर समुद्र से जो १४ रत्न निकले उनमें अमृत का कलश हाथ में लिये धन्वन्तरि का भी उल्लेख मिलता है। पुराणों तथा हरिवंश में धन्वन्तरि काशीराज प्रसिद्ध हैं। धन्वन्तरि काशी में रहते थे और वृद्ध काल का कूप आज तक काशी में उनका स्मारक बना हुआ है। यह कूप मुइया दारानगर में मृत्युंजयजी महादेव के मन्दिर के पास है। लोग ऐसा भी कहते हैं कि धन्वन्तरि वैद्य परलोक सिधारते समय अपनी गुणकारी औषधियों को वृद्ध काल के कुएँ में छोड़ गये जिसके प्रभाव से अब तक उस कुएँ का पानी बड़ा आरोग्यवर्द्धक है। निदान धन्वन्तरि वैद्य काशी के निवासी और एक अति प्राचीन व्यक्ति सिद्ध होते हैं। कुछ लोगों का मत है कि ये ही धन्वन्तरि वैद्य विक्रमादित्य के सभा रत्न और प्रसिद्ध कवि थे। पर इसमें कुछ प्रमाण नहीं मिलता है।

मेरी समझ में तो धन्वन्तरि वैद्य और धन्वन्तरि कवि भिन्न-भिन्न जन हैं। उसमें से वैद्यराज तो पौराणिक समय के प्रसिद्ध व्यक्ति हैं। जिनका कि समय ख्रीष्ट के पीछे

किसी भाँति हो ही नहीं सकता और न कवियों के बीच उनके उल्लेख करने का मेरा अभिप्राय है। पर जो धन्वन्तरि कवि हैं वे विक्रम के सभा रत्न उज्जयिनी के निवासी और ख्रीष्टीय छठवीं शताब्दी के व्यक्ति हैं। ये कालिदास घटकर्पर आदि के समकालीन हैं। इनका रचित कोई ग्रन्थ देखने या सुनने में नहीं आया। नवरत्न के श्लोकों में इनका रचित श्लोक भी मिलता है जिससे अनुमान होता है कि यह अद्भुत कवि थे।

धनिक

ये विष्णु कवि के पुत्र और धनंजय के भाई हैं। धनंजय रचित दशरूपक पर दशरूपकावलोक नामक तिलक इन्हीं ने लिखा है। इनने निज रचित ग्रन्थ में विद्ध शालभंजिका के श्लोक उदाहरण में उठाये हैं जिससे सिद्ध होता है कि राजशेखर इनसे पहले हो चुके हैं। दशरूपकावलोक में इनने स्वरचित पद्य भी लिखे हैं तथा पद्मगुप्त और रुद्र इन कवियों का भी नाम लिखा पर इनमें से पद्मगुप्त तो राजा मुंज के सभा रत्न हैं और धनंजय के साथ इनका उल्लेख किया जा चुका है। और रुद्र कदाचित् काव्यालंकारकर्त्ता रुद्र ही होंगे उनका समय लोगों ने सन् ८५० ई० अनुमान किया है। शृंगार तिलक के रचयिता रुद्र भट्ट कदाचित् ये ही काव्यालंकारकर्त्ता रहे हों पर इसका पक्का प्रमाण मिलना दुर्घट है।

धर्मदास

काव्यसंग्रह में इनका रचित विदग्ध मुख मण्डन नामक ग्रन्थ छपा है जिसके मंगलाचरण में बुद्ध देव की स्तुति की गई है।

सिद्धौषधानि भय दुःख महापदानां।
पुण्यात्मनां परम कर्ण रसायनानि।
प्रक्षालनैक सलिलानि मनोमलानां।
शोद्धोदनेः प्रवचनानि चिरंजयन्ति॥

जिससे अनुमान होता है कि ये बुद्ध के मानने वालों में से होंगे। पर इनका निवास स्थान या समय इनके रचित ग्रन्थों से विदित नहीं हो सकता। विदग्ध मुख मण्डन तो एक प्राचीन ग्रन्थ जान पड़ता है। और संभव है कि ये कवि उस समय के होंगे जब कि भारत में बौद्ध धर्म का प्राबल्य सातवीं–आठवीं शताब्दी में भारत में रहा होगा। ऐसा इतिहास से सिद्ध होता है और जब तक भगवत्पाद शंकराचार्य ने बौद्धों को शास्त्रार्थ में परास्त न किया तब तक वे भारत में बढ़ते गये। यदि धर्मदास बौद्धों के प्राबल्य काल में सब से पिछले माने जायें तो उनका समय शंकराचार्य के तनिक पूर्व हो सकता है और हरिमोहन प्रामाणिक के कथनानुसार उस समय मगध देश में बौद्ध मत का विशेष प्रचार ठीक मान लिया जाये तो संभव है कि ये कवि मगध के निवासी रहे होंगे। इनका समय अनुमान से ख्रीष्टीय आठवीं शताब्दी के पूर्व मान लिया जा सकता है।

धावक

श्रीयुत महाशय पण्डित ईश्वरचन्द्र विद्यासागर लिखते हैं—"ऐसी किंवदन्ती प्रचलित है कि धावक नाम किसी कवि ने रत्नावली और नागानन्द नाम नाटक बनाये। राजा श्रीहर्ष ने धन दे कर धावक को अपनी ओर झुका के उन्हें परितुष्ट किया और इन दोनों नाटकों को अपने नाम से प्रचलित करवाया। प्रसिद्ध और मुख्य अलंकार शास्त्र जाननेवाले पण्डित मम्मट भट्ट के लेख से भी यही बात पक्की होती है पर धावक और राजा श्री हर्ष इन दोनों के समय में सहस्त्र से भी अधिक वर्षों का अन्तर पड़ता है। दोनों एक ही समय के जन नहीं हो सकते। कालिदास विरचित मालविकाग्निमित्र नाटक की प्रस्तावना में प्राचीन नाटक लिखने हारों के बीच धावक का भी नाम लिखा मिलता है इसके अनुसार धावक विक्रमादित्य के भी बहुत पूर्व प्रकट हुए जान पड़ते हैं। अतएव यह किंवदन्ती और उसका मूल स्वरूप मम्मट का भी सिद्धान्त ठीक नहीं जँचता। और फिर भी श्री हर्ष का एक अच्छे कवि होना और सब देश की भाषा का जानना प्रामाणिक इतिहास ग्रन्थ से सिद्ध होता है तो विर्मूलक किंवदन्ती तथा मम्मट का लेख सँभालने के लिये किसी दूसरे धावक कवि की कल्पना करके श्री हर्ष की कवि विषयक कीर्ति का उड़ा देना किसी रीति से भी न्याय नहीं जान पड़ता।"

उपरोक्त मत से प्रकट होता है कि धावक का समय विक्रम से भी बहुत पूर्व रहा होगा पर ध्यान रखना चाहिये कि मालविकाग्नि की केवल दो एक प्रतियों में धावक नाम मिलता है। भास का धावक का नामान्तर होना संभव नहीं है। भास के स्थान में भूल से लेखक धावक लिख गया हो तो कदाचित् संभव है। ऐसे लेखकों के प्रमाण से मम्मट की उक्ति की भूल निकालना श्लाघ्य नहीं है। मेरी तरफ में मम्मट का कथन ठीक जान पड़ता है क्योंकि काव्य प्रकाश के टीकाकारों ने यही किंवदन्ती उठाई है जिसे विद्यासागर महाशय झूठी ठहराते हैं। प्रत्युत जिस श्री हर्ष ने धावक से ग्रन्थ बनवाया वह कश्मीर का राजा नहीं है किन्तु कान्यकुब्ज का वह हर्षवर्द्धन है जिसके यश का वर्णन बाणभट्ट ने हर्ष चरित में किया है। यदि यह बात ठीक हो तो धावक कवि बाणभट्ट के समकालीन सिद्ध होते हैं और विद्यासागर की बात कट जाती है।

निदान धावक का समय ख्रीष्टीय सातवीं सदी के आरम्भ का भाग अनुमित होता है।

धोयी

जयदेव गीत गोविन्द में 'धोयी कविक्ष्मापतिः' ऐसा लिख के धोयी की प्रशंसा की है इसमें संशय नहीं कि ये एक अच्छे कवि थे। इनका रचित ग्रन्थ पवनदूत नामक है जिसका विषय बिलकुल कालिदास के मेघदूत सा है। इस ग्रन्थ में कुवलयवती नाम नायिका ने पवन द्वारा अपने प्राण प्रिय राजा लक्ष्मण के पास अपने विरह का सन्देश भेजा है। इसमें सन्देह नहीं कि यह राजा लक्ष्मण बंगाल का सेनवंशी राजा लक्ष्मण सेन हैं जिसके सभासद जयदेव, धोयी, गोवर्द्धन, शरण, उमापतिधर आदि थे। अतएव उन सब कवियों की नाईं धोयी भी बंगाल देश के निवासी होंगे। लक्ष्मण सेन के पिता का

नाम बल्लालसेन था जिसने सन् १९०१ ई० में दान सागर नाम ग्रन्थ रचा। जयदेव आदि का समय ख्रीष्टीय १२ सदी का पूर्व भाग पहले निर्णीत हो चुका है और उसी के अनुसार धोयी कवि का समय निश्चय किया जा सकता है। अर्थात् धोयी का समय भी सन् ११०० ई० से ११५० ई० तक माना जा सकता है।

धोयी का यह श्लोक प्रसिद्ध है—

इक्षुदण्डं कलानाथं भारतं चापि वर्णय।
इति धोयी कविर्ब्रूते प्रतिपर्वरसायनम्॥

नागो जी भट्ट

ये महाशय महाराष्ट्र ब्राह्मण काशी के निवासी एक प्रसिद्ध वैयाकरण हैं। इनके पिता का नाम शिव भट्ट और माता का नाम सती था। ये महाशय शृंगवेरपुर (सिंगरौर), के राजा राम सिंह के आश्रित थे और सिद्धान्त कौमुदीकार भट्टो जी दीक्षित के पौत्र हरि दीक्षित के शिष्य थे। परिभाषेन्दु शेखर आदि व्याकरण ग्रन्थों के टीकाकार वैद्यनाथ बाल भट्ट इन्हीं नागो जी भट्ट के शिष्य हैं। इनके बनाये बहुतेरे ग्रन्थ जिनमें से वृहन्मंजूषा, लघुमंजूषा, लघुशब्देन्दुशेखर, परिभाषेन्दु शेखर, लघुशब्दरत्न आदि व्याकरण ग्रन्थ, प्रायश्चित्तेन्दु शेखर, आचारेन्दु शेखर, तीर्थेन्दु शेखर, आद्धेन्दु शेखर, आदि वाराह शेखर ग्रन्थ और अनेक ग्रन्थों की टीका आदि हैं। इन टीकाओं में से वाल्मीकीय रामायण पर रामाभिरामा टीका और काव्य प्रदीप पर उद्योत नामक टीका लोगों को सुपरिचित हैं। सुनने में आता है कि सोलह वर्ष की वय तक इनने कुछ विद्याभ्यास न किया। पीछे किसी के उपदेश से बागीश्वरी का जप करके बड़ी विद्या प्राप्त की। इनका समय ख्रीष्टीय १७वीं शताब्दी लोगों ने स्थिर किया है।

नारायण

मुहूर्त्त मार्त्तण्ड नामक जो संस्कृत में ज्योतिष का एक प्रसिद्ध ग्रन्थ है उसके रचयिता नारायण हैं। इन्हीं महाशय ने इस निज रचित ग्रन्थ पर मार्त्तण्ड बल्लभा नाम की एक टीका भी की है। पं० सुधाकर जी द्विवेदी के मत से इन ग्रन्थों का निर्माण काल शाके १४९३ (या सन् १५७१) और शाके १४९४ (सन् १५७२ ई०) है। यही समय स्वयं नारायण ने अपने ग्रन्थ में लिखा है। ग्रन्थ में अपना कुछ विशेष परिचय भी इनने दिया है यथा—मुहूर्त्त मार्त्तण्ड के अन्त में—

श्रीमत्कौशिक पावनो हरिपद द्वन्द्वार्पितात्मा हरि स्तज्जोऽनन्त इलासु
रोचित गुणो नारायणस्तत्सुतः। ख्यातं देव गिरेः शिवालायमुदक्
तस्मादुदक् टापरे ग्रामस्तद्वसतिर्मुहूर्त्त भवनं मार्त्तण्ड मत्राकरोत्॥

जिससे विदित होता है कि इनके पिता का नाम अनन्त और निवास स्थान देव गिरि से कुछ दूर पर टापर नाम का एक गाँव था। सन् १५७१ ई० और सन् १५७२ ई० में ग्रन्थ बनाने से इनका समय ख्रीष्टीय १६वीं सदी का पिछला भाग मान लेने में कुछ भी बाधा नहीं हो सकती।

निम्बादित्य

वैष्णवों के चार प्रसिद्ध सम्प्रदायों का नाम पद्मपुराण में लिखा मिलता है। उनमें से पहला रामानुज संप्रदाय है जो विशिष्टाद्वैत वाद (अर्थात ब्रह्म का परिणाम जगत् उसी प्रकार से है जैसे दूध का दही) के अनुयायी हैं। दूसरा मध्व सम्प्रदाय है जिसके मत में ब्रह्म और जीव भिन्न-भिन्न हैं। तीसरा विष्णु स्वामी का संप्रदाय मध्व से मिलता हुआ है दोनों भेद वादी हैं। चौथा वैष्णवों का सम्प्रदाय इन्हीं निम्बादित्य का प्रवर्तित है जिसे लोग भेदाभेद वाद कहते हैं। इनके मतानुसार जैसे डाल पत्ते आदि वृक्ष से भिन्न हैं और अभिन्न भी वैसे ही जीव और ब्रह्म भिन्न भी हैं और अभिन्न भी।

इनका नाम निम्बादित्य पड़ने का यह कारण सुनने में आता है कि कोई जैन संन्यासी इनसे शास्त्रार्थ करने आया और वादा-विवाद करते-करते सांझ हो गई। जब जैन संन्यासी ने सांझ हो जाने पर भोजन न करने का विचार बाँधी तब इन्हीं आचार्य ने नीम के पेड़ पर सूर्य को रोक रखा जब तक कि संन्यासी ने अपना भोजन प्रस्तुत करके खा न लिया। कुछ लोग वर्णन करते हैं कि जब संन्यासी ने सांझ होने पर उपवास करने का प्रस्ताव किया तब निम्बादित्य ने नीम के पेड़ पर चढ़ के उन्हें सूर्य दिखला कर कहा कि अभी साँझ नहीं हुई है। नीम के पेड़ पर सूर्य को दिखला देने या वहाँ पर सूर्य को रोकन रखने से इन आचार्य का नाम निम्बादित्य या निम्बार्क पड़ा।

निम्बादित्य के रचित ग्रन्थ का नाम धर्माब्धिबोध है। मथुरा के पास ध्रुव तीर्थ नाम का स्थान है वहीं पर निम्बादित्य की गद्दी है। लोग कहते हैं कि उनके गद्दी पर उनकी शिष्य हरिव्यास की सन्तान आज तक विराजमान हैं। ये लोग निम्बार्क स्वामी का समय १४२० वर्ष से भी पूर्व बताते हैं पर ऐसा तो हो ही नहीं सकता कि तीसरे वैष्णव सम्प्रदाय के प्रवर्त्तक विष्णु स्वामी सन् १५७८ ई० में वर्त्तमान थे तो निम्बादित्य अवश्य उनके पीछे हुए होंगे। अतएव इनका समय १६वीं सदी का पिछला या १४वीं सदी का प्रारम्भ भाग मान लिया जा सकता है। इनके शिष्यों के नाम केशव भट्ट और हरि व्यास है।

नीलकण्ठ

ये महाशय एक प्रसिद्ध ज्योतिषी थे। इनकी बनाई ताजिक नीलकण्ठी नाम पुस्तक का पृथिवी में विशेष आदर है। इनके पिता का नाम अनन्त और पितामह का नाम चिन्तामणि था। प्रसिद्ध दैवज्ञ राम जिनने मुहूर्त्त चिन्तामणि ग्रन्थ बनाया इन्हीं के कनिष्ठ भाई हैं। नीलकण्ठ के पुत्र गोविन्द भी एक प्रसिद्ध ज्योतिषी हैं। जिनने मुहूर्त्त चिन्तामणि की पीयूषधारा नाम टीका लिखी है। ग्रन्थारम्भ में ये अपने पिता का वर्णन इस प्रकार से करते हैं।

> **सीमामीमांसकानां कृतसुकृतचयः कर्कशस्तर्कशास्त्रे ज्योतिः। शास्त्रेच गर्गः फणिपति भणिति व्याकृतौ शेषनागः। पृथिवी शाकब्बरस्य स्फुरदतुल सभा मण्डनं पण्डितेन्द्रः। साक्षात् श्री नीलकण्ठः समजनि जगती मण्डले नील कण्ठः।**

जिससे स्पष्ट है कि ये मीमांसक नैयायिक ज्योतिषी और वैयाकरण थे तथा अकबर बादशाह के सभासद भी थे। इनका निवास स्थान विदर्भ देश और उनकी स्त्री का नाम पद्मा था।

अकबर बादशाह के समकालीन होने के कारण इनका समय १६वीं शताब्दी ख्रीष्टीय का पिछला भाग अनुमित होता है।

१९०४ ई०

■

नाक

नाक निगोड़ी भी क्या ही बुरी बला है जिसके नहीं तो उसका फिर जीना ही क्या? कहावत है—'नकटा जिया बुरे हवाल' है तो न जानिये क्या-क्या फसाद बरपा करती है, ज़रा-ज़रा सी बात में इसके कट जाने का डर लगा रहता है। नित्य के भोजनाच्छान में बड़े संकुचित भाव से रहते हैं निहायत तंग दस्त, फटेहाल से ज़िन्दगी पार कर रहे हैं, यहाँ लो कि पेट भर खाते तक नहीं, मोटा-झोटा पहन रूखा-सूखा खा-पी किसी तरह गुज़ारा करते हैं पर नाक की जगह राजा करन से उदार हो जी खोल शाह खर्च बन बैठते हैं। पास न हुआ तो कर्ज़ अपने ऊपर लाद लेते हैं, वर्षों तक वरन ज़िन्दगी भर ऋण से उद्धार नहीं पाते पर बिरादरी और पंच के बीच नाक नहीं कटने देते। गरदन कट जाए बला से पर नाक न कटने पाये। चोखे लोग आन वाले नाक पर रख देते हैं पर हेठी नहीं सहते। भगवान् ऐसों के नाक की लाज रख भी देता है। भटक कर इधर-उधर न मुड़ें, बराबर नाक के सौहें सीधे चले जायें, दूर से दूर मंज़िल को तय कर ठिकाने पर अन्त को पहुँचेंगे ही तब हमारे और आप में केवल नाक मुँह का बल रहा इसलिये कि उसी अपने जीवन की मंज़िल तक आप भी अन्त को पहुँचे सही पर ज़िद में आप किसी बुजुर्ग का कहना न मान अपने मन की कर बहुत भटकने के उपरान्त। हम अपनी मंतिक और तकरीर के दखल को बालाय ताक कर सरल सीधे भाव से किसी आप्त महानुभाव को अपने लिये रहनुमा करनेवाला मान विश्वास की लैन-डोरी पर सीधे चले गये कोई कठिनाई रास्ता में हमें न झेलना पड़ा।

बड़ा कुनबा है, पोते और नातियों की गिनती दरजन और कोड़ियों में की जाती है, बुढ़ऊ जो भागवानी का तगमा बाँधे हुए हैं, गृहस्थी के इन्तज़ाम और बहू-बेटियों की देख-भाल में ज़िन्दगी का ओर होता जाता है, चादर के चार खूंट हैं, इत्तिफाक से एक कोना मैला हो गया, जात बिरादरी के लोगों ने छोड़ दिया, हुक्का पानी पंच की भाजीबन्द हो गई। बुढ़ऊ बड़े चपकुलिश में पड़े हुए हैं, बिरादरी के एक-एक आदमी की खुशामद में लगे हैं। नाक घिसते-पिसते और नकघिर्री करते-करते नाक की नोक खिआय गई पर किसी का मुँह सीधा नहीं होता। बड़ा भारी डाड़ देने पर लोगों ने उन्हें बिरादरी में लेना मंजूर भी कर लिया तो भाजी जो बाँटी गई उसमें लड्डू कुछ छोटे थे लोगों ने नका-सा छिड़क उसे लौटा दिया और नाक-भौं सिकोड़ने लगे, बूढ़े का किया धरा सब नष्ट हो गया, हाथ मल पछताता रह गया। इत्यादि, इस नाक की लाज निबहने में न जानिये कितने झगड़े रहते हैं जिससे बड़े कुनबे वाले गृहस्थ का यावज्जीव पिण्ड नहीं छूटता। ईश्वर की बड़ी कृपा है, जिसकी अन्त तक प्रतिष्ठापूर्वक निभ जाय और नाक की नोक न झरने पाये। समाज को छिन्न-भिन्न करने में जहाँ और बहुत सी बातें हैं उनमें नाक निगोड़ी भी एक है।

१९०४ ई०

राजा और प्रजा

सेव्य सेवक मालिक और नौकर तथा पति और पत्नी का सा सम्बन्ध राजा और प्रजा का है। प्रगाढ़ भक्ति के साथ सेवक जो अपने सेव्य की सेवा मन बच कर्म से करता है तो सेव्य उससे सन्तुष्ट हो, उसकी सकल कामना पुरे देता है। ऐसा ही उदार कद्रदाँ मालिक खैरख्वाह चाकर की चाकरी से राज़ी हो कृपा दृष्टि की वृष्टि करते उसकी ओर एक बार चितै देते ही समस्त संपत्ति का भंडार उसे बना देता है। इसी के विरुद्ध चालाक चालबाज खुदगर्ज़ मालिक शुद्ध भाव चाकर की चाकरी का मन से कायल होकर भी अपनी चालाकी से नहीं चूकता। सेवक की सिधाई और उसके अनेक उत्तम गुणों की सराहना अपने फुटहे मुख से न कर उसमें दोष ही दोष देखने को सदा दिव्य दृष्टि रहता है। इसलिये कि खुदगरज़ी का पुतला स्वार्थान्ध वह स्वामी जो अपने सेवक की सिफ़तों को क़बूल कर लेता है तो उसे कायल हो जाना पड़ता है और अपने बराबर वालों में उसकी नौकरी होती है। ऐसा ही शुद्ध भाव से पति की सेवा करने वाली पति प्राणा पत्नी पति चाहे कैसा अवगुणी, कुरूप और कड़ाई करने वाला हो पर वह साध्वी मन, बच, कर्म से उसकी सेवा टहल से मुख नहीं मोड़ती। जहाँ राजा और प्रजा दोनों अपना-अपना काम भरपूर समझते हैं और अपना-अपना काम कर रहे हैं वहाँ का भला क्या कहना 'रमन्ते सर्व संपद:' विचार तो इस समय वहाँ का किया जाता है जहाँ प्रजा सिधाई के साथ अपना काम कर रही है पर बद्ध मुष्टि मालिक के समान राजा अपनी चालाकी की चाल से नहीं चूकता। सब तरह अपना स्वार्थ साधता है और प्रजा का प्राण सम धन बटोरे लेता है। 'एकस्य क्षणिका प्रीति रन्य: प्राणैर्विपुज्यते' प्रजा तो यहाँ तक क्षीण धन हो गई है कि अकाल की कौन कहे सस्ती में भी अधिकांश लोग एक जून खा कर रहते हैं पर राजा के वर्ग वाले प्रजा के धन से गुलछर्रे उड़ा रहे हैं और प्रजा वर्ग को अशिष्ट, असभ्य, अर्द्धशिक्षित और मूर्ख बना रहे हैं। उनकी आगे बढ़ने की चेष्टा पर हँस रहे हैं। करावलम्ब देना तो एक ओर रहा उन्हें हतोत्साह किया चाहते हैं। जब कभी किसी बात में बहुत कहने सुनने से करावलम्ब भी देते हैं तो वह चाल के साथ चतुराई से खाली नहीं रहता। उस करावलम्ब में भी निज का कुछ न कुछ फ़ायदा रहता ही है। बद्ध मुष्टि तो यहाँ तक कि सरकारी कोई महक़मा नहीं है जिसमें उस महक़मे के ख़र्च अदा कर फायदा न रहे। पहले के बादशाह लोग ऐसी बात करते थे जिसमें उनके खज़ाने का रुपया प्रजा में फैले अब शासन के काम में यहाँ तक बनियई देखी जाती है कि बहुत ही छोटे फ़ायदे पर सरकार की नज़र रहती है। जैसा पहले चिट्ठी का टिकट बेचने वाले को आध आना या एक पैसा रुपया कमीशन दिया जाता था दो चार जगह बड़े शहरों में टिकट लिफ़ाफ़ा और कार्ड मिलते थे अब उठा दिया गया

केवल शहर के डाकख़ानों में टिकट मिल सकता है। मान लो साल में दो चार हज़ार रुपये का फ़ायदा सरकार को इससे हुआ होगा पर लोगों को तकलीफ़ और तरद्दुद कितना इसमें हुआ कि एक पैसे का कार्ड लेना हो तो आध मील चल कर पोस्टआफ़िस में आओ तब टिकट मिले। फिर बहुधा हर जून वहाँ इतनी भीड़ रहती है कि रेलवे स्टेशन का टिकट घर इसके सामने मात है। जब राजा को यहाँ तक निज लाभ पर दृष्टि है तब प्रजा निष्किंचन न होने से कहाँ तक बच सकती है। स्वदेशी की तरक्की देख सरकार को यहाँ के मज़दूरों और कुलियों पर दया आई है। फ़ैक्टरी कमीशन निकाला गया है जहाँ-जहाँ कपड़े आदि की मिलें हैं वहाँ-वहाँ यह कमीशन जाये कुलियों का हाल दरियाफ़्त करेगी और कोई ऐसा एक्ट पास कर देगी कि यहाँ के माल से विलायत का माल सस्ता पड़े और इस कमीशन में जो ख़र्च होगा वह इण्डिया गवर्नमेंट के माथे अवश्य ही पथेगा। सरकार हम लोगों में 'प्राइमरी' और 'टेक्नीकल एजुकेशन' प्राथमिक तथा शिल्प-शिक्षा का प्रचार किया चाहती है गवर्नमेंट का यह प्रस्ताव सर्वथा सराहने लायक़ है किन्तु तब जब कि इससे हमारी उत्तम शिक्षा में बाधा न आये। यदि बढ़ई, लुहार का काम सीख हमारी उत्तम शिक्षा में हानि आई और उच्च शिक्षा की ओर गवर्नमेंट मन्दादर हो गई तो इस प्राथमिक और शिल्प शिक्षा को नमस्कार है। गवर्नमेंट की हर एक बातों में ऐसा ही देखा गया है कि जिस रास्ते पर हम नहीं गये उस ओर हमें ले जाती है पर जब हम अपनी दिमाग़ी कूबत से उसमें पारंगत हो पैरने लगते हैं तब उसमें हमें रोकने की फ़िक्र में लगती है। कोई समय था जब हम सर्वथा पश्चिमी शिक्षा से अनभिज्ञ थे तब हमारे में शिक्षा का प्रचार किया गया अब हम जब उसमें निपुण हो उनकी नीति का मर्म जानने लगे तो अब उत्तम शिक्षा देने में संकोच होने लगा। सरकार की गूढ़ नीति का जो कुछ भीतरी मतलब हो पर इतना अवश्य कहा जायेगा कि प्रजा को राजा की ओर से छनक अवश्य हो गई और वह छनक रोज़-रोज़ बढ़ती जाती है। इसी से हम कहते हैं राजा और प्रजा में प्रेम भाव उठता जाता है। प्रजा का प्रेम तो है पर राजा में चाल और स्वार्थ उस प्रेम को घटाने को घुन सा लगता जाता है। राज चिरस्थायी होने के लिए इस घुन को हटाने में ही कल्याण हैं।

रशियन्, फ्रेंच, ज़र्मन आदि यूरोप की और-और जातियों के सामने इण्डिया गवर्नमेंट बड़े अभिमान के साथ कहती है कि हिन्दुस्तान में हमारा शासन बड़ा उदार शासन है। किन्तु अन्य जाति वाले इस उदारता का मर्म क्या जानें। राजा का तो क्या प्रजा का भाव राजा की ओर निस्सन्देह उदार है। यहाँ के थोड़े से पढ़े-लिखों को छोड़ साधारण लोग राजशासन Palitics में इतना अनभिज्ञ हैं कि राजनैतिक एंच पेंच कुछ समझते ही नहीं। धर्मशास्त्रों में जैसा राजा का मान लिखा है वैसा ही वर्तते हैं। विदेशी राजा है या स्वदेशी इसकी बिल्कुल निर्ख न कर सरल अकुटिल भाव से राजा की आज्ञा मानने में उद्यत हैं। कितने तो ऐसे भी हैं कि गुलामी में पड़े-पड़े मुल्की जोश उनमें इतना बुझ गया है कि सर्वथा निराश हो कह रहे हैं। 'कोउ नृप होहिं हमैं का हानी। चेरी छोड़ न होउब रानी।' इस दशा में गवर्नमेंट अपने उदार शासन का जितना घमण्ड

करे सुन लेना पड़ता है। इस उदार शासन ही की पोल खोलने के बदौलत आज दिन कई एक सम्पादक जेल का क्लेश झेल रहे हैं। हमारी गवर्नमेंट पर ईश्वर सानुकूल है सब भाँत उसका सितारा चमक रहा है। भाग्यवश ऐसे लोग शासन के लिए मिल गये हैं कि इस हालत में जो कुछ ये कहें सब सोहता है। पुराने क्रम के लोगों में राजनैतिक जोश का आना एक ओर रहे डरपोक इतने हैं कि उनका कथन है, ''राजसेवा मनुष्याणां मसि धारावलेहनम्। पंचानन परिष्वं गोव्यालोवदन चुम्बनम्'' मनुष्यों के लिए राजसेवा तलवार की धार को चाटना है। शेर के साथ कुश्ती लड़ना है और नागिन के मुख को चूमना है। ऐसे ही ऐसे ख्यालों ने देश को इस दशा में ढकेल दिया अब जो उनको चिताने की फ़िक्र की जाती है तो वह विद्रोह में दाखिल किया जाता है। क्या कहना उदार भाव का अन्त है एक ओर चालाकी और चतुराई का छोर है। दूसरी तरफ़ सिधाई और गावदीपन का खातिमा है। इस दशा में भारत दलित हो दिन दीन-दीन होता गया तो कौन सा ताज्जुब है।

■

हमारा दास्य भाव

इतिहासों से पता लगता है कि असभ्य से असभ्य जाति भी गुलामी के बन्धन से छुट तरक्की और सभ्यता की चरम सीमा को पहुँच गई है। हमने अपने पहले के वैदिक ऋषियों के क्रम को छोड़ने के साथ ही दास्य भाव को ऐसा गहके पकड़ रखा है कि उससे अपना छुटकारा करना चाहते ही नहीं—जहाँ का धर्म दास्य भाव सिखाता है उस जाति की गुलामी का भला क्या कहना? कोई भक्त प्रगाढ़ भक्ति के उद्गार में भर अपने सेव्य प्रभु से कहता है, "त्वद् भृत्यभृत्यपरिचारकभृत्य भृत्यभृत्यस्य भृत्य इति मां स्मर लोकनाथ" हे प्रभो लोकनाथ! आप अपने दास का दास का दास का दास समझ मुझे याद रखिये। नीचे ही ताक रहा है ऊपर को शिर उठाने का मन ही नहीं करता। इसमें सन्देह नहीं ऐसे भक्त जनों का चित्त बड़ा ही विमल कोमल सरल और उदार रहा। उन्हें महात्मा और सत्पुरुष मान समाज उनके पीछे दौड़ी और उनका अनुसरण करने लगी। पर चित्त-वृत्ति उन भक्त जनों की कैसी कोमल सरल और अकुटिल थी सो तो ला न सके दास बनने की बाहरी बात अपने में आरोपित कर दासोस्मि दासोस्मि कहने लगे। कहने क्या लगे जन्म-जन्म के दास और गुलाम दर गुलाम हो ही गये। तब इनके यावत् क्रम जितनी बात सब गुलामों की सी हो गई। जिनमें गुलामी की दुर्गन्धि की दूर ही से ऐसी भभक उड़ती है कि सैकड़ों वर्ष तक सभ्यता के गुलाब और केवड़े का इत्र भी अपना असर वहाँ पहुँचा उसे सुगन्धित नहीं कर सकता। न उस बदबू को दूर कर सकता है। काम तो हमारे दास्य भाव के ही हैं नाम से तो गुलाम न बनते सो हम लोगों में अधिकांश नाम रामदास, भगवानदास ऐसे करीह और कटु लगते हैं कि सुनते ही घिन पैदा हो जाती है। मनु नें शर्मा, वर्मा और गुप्त ये तीन उपाधियाँ द्विज अर्थात् ब्राह्मण, क्षत्रिय और वैश्य के लिये रखी है। शर्म माने सुख के हैं ब्राह्मण अपने ब्राह्मणत्व के उज्ज्वल संस्कार अनुसार उज्ज्वल कर्म करता हुआ सबों को सुख पहुँचाता रहे। इसी तरह वर्मा के अर्थ रखा के हैं क्षत्रिय अपने बल वीर्य से सबों की रक्षा करे। ऐसा ही गुप्त के अर्थ भी रक्षा या छिपाना है। वैश्य हर तरह बनिज व्यापार कर प्रजा का धन बचाता और बढ़ाता रहे। उसी के अनुसार नाम भी इन तीनों के ऐसे होने चाहिये जिनसे उन-उन अर्थों का बोध हो न कि सब के सब दास बन बैठे। कहने मात्र को द्विज रहे वास्तव में काम और नाम दोनों से सब के सब शूद्र क्या बल्कि उससे भी बदतर हैं।

बुद्धिमानों ने उपाय और अपाय दो बात निश्चय किया है। 'उपायांश्चिन्तयेत्प्राज्ञस्तथापायांश्च चिन्तयेत्' किसी वस्तु की प्राप्ति के लिए उपाय करे और उपाय में कृत कार्य होने पर जो अपाय विघ्न रूप दूसरी बात उठ खड़ी हो उसके

हटाने की भी तदबीर सोच रखें। भक्ति मार्ग वालों ने चित्त को विमल और कोमल रखने की सुगम उपाय नवधा भक्ति बहुत अच्छा सोचा पर उसके साथ ही हमारी अज्ञानता कितना बढ़ेगी सो बिलकुल न सोचा। उसी अज्ञानता का परिणाम हमारे कौमी जोश पर जा टूटेगा इसका कहीं शानगुमान भी उन्हें न रहा। अस्तु जाय बहै कौमी जोश और देशानुराग चित्त का विमल और शुद्ध होना ही क्या कम बरकत है सो इस समय के कोरे मूर्ख कुन्दे नातराश भक्तों में वह भी नहीं पाया जाता। जड़ प्रतिमा में तो बड़ा ही भाव भक्ति और प्रेम प्रकट करेंगे पर सजीव अपने किसी दुखी भाई को देख पिघल उठना एक ओर रहा निठुराई के साथ उसको हानि पहुँचाने से न चूकेंगे। क्या यही उनके भक्ति मार्ग का तत्व है? इस भक्ति ने जैसा दास्य भाव को पुष्ट कर रखा है वैसा और ने नहीं। भक्ति के साथ वीररस मिला रहता तो कभी इससे हानि न पहुँचती किन्तु भक्तिमार्ग का प्रादुर्भाव तब हुआ जब देश में सब ओर मुसलमानों की हुकूमत अच्छी तरह जम गई थी और आर्य जाति अपनी वीरता में च्युत हो चुकी थी। मुसलमानों का संपर्क पाय उनकी सी भोग-लिप्सा इनके मन में स्थान पा चुकी थी। परिणाम में भक्ति के साथ शृंगार रस मिल गया। शृंगार में सनी इसी भक्ति ने योगिराज हमारे श्रीकृष्ण भगवान् को अत्यन्त विलासी और रहस्य प्रिय बना दिया। नहीं तो कैसे सम्भव था कि जिन्होंने गीता का ज्ञान कहा था जिनकी राजनैतिक काटव्योंत ने महाभारत का युद्ध कराय बड़े-बड़े महारथी वीर बांकुरे राजाओं को युद्ध में कटवाय भारत-भूमि निर्वीर्य करवा डाला वह ऐसे भोग-विलासी होते। शृंगार और वीर दोनों विरोधी रस हैं एक ही ठौर दोनों नहीं ठहर सकते। महाभारत के युद्ध के उपरान्त बुद्धदेव ने अहिंसा परमोधर्मः की शिक्षा से दया विस्तार कर वीरता की जड़ पर कुल्हाड़ा चलाया पीछे भक्ति के साथ शृंगार रस मिल प्रजा को आशिकतन भोग लिप्सू कर डाला। बड़े-बड़े राजा भी भक्त बन बैठे। महाभारत के समय का युद्धोत्साह और रण भूमि का प्यार न रहा तो बाहरी शत्रुओं से लड़ता कौन? परस्पर की स्पर्द्धा और फूट का अंकुर महाभारत ही के समय से जम चुका था जयचन्द्र और पृथ्वीराज के समय वही फूट का बीज वृक्ष के रूप में परिणत हो फलों से लद गया। उधर क्षत्रियों के बीच से वीरता डेरा डंडा उठाये बिदा हुई इधर ब्राह्मण तपः स्वाध्याय सन्तोष संपत्ति का विसर्जन कर लालची बन वैदिक ऋषियों की आसता और ज्ञान खो बैठे। निर्बल और पौरुष विहीन हो जाने से जैसा ईश्वर का सहारा लेना सूझता है। वैसा तब नहीं जब हममें बल और सामर्थ्य मौजूद है। भक्ति और प्रतिमा से एक बड़ा लाभ अवश्य हुआ कि जब अत्याचारी मुसलमान देश भर को दीन इसलाम का पैरोकार किया चाहते थे और हमारे धर्म ग्रन्थों को जला कर उच्छिन्न कर रहे थे उस समय इसी भक्ति और प्रतिमा ने हिन्दुआनी की जड़ कायम रखा। जड़ बनी रह गई तो अब इस समय सभी रिफ़ार्मर बनते हैं और गाल फुलाय-फुलाय हमें सत्य धर्म सिखा रहे हैं।

१९०८ ई०

महाभारत के समय का भारत

महाराज रामचन्द्र के समय से जब हम धर्मराज युधिष्ठिर के समय को मिलाते हैं तो देश की हर एक बातों में बड़ा अन्तर पाते हैं। यद्यपि युधिष्ठिर धर्म के अवतार माने गये हैं सत्य और साधुता आदि सद्‌गुणों का चित्र उनके चरित्र में व्यासदेव ने भरपूर उतारा है पर महाराज रामचन्द्र के अकृत्रिम सौहार्द आदि गुणों का लेश भी उस चित्र में न आ सका। श्रीरामचन्द्र का समय आर्यों की पुरानी सभ्यता और उनके समस्त सद्‌गुणों का सूर्योदय था किन्तु पाण्डवों का समय उस सभ्यता का मध्याह्न था। श्रीरामचन्द्र के समय आर्यों का उदय देश में पंजाब, अवध या ब्रह्मावर्त और कुछ प्रान्त बिहार या तिरहुत तक हुआ था। पाण्डवों के समय संपूर्ण भारतवर्ष में आर्य लोग फैल गये थे। अनार्य दस्यु या राक्षस रामचन्द्र के समय समस्त विन्ध्य के दक्षिण के देशों में बसे हुए थे। तथा बहुत बड़ा हिस्सा विन्ध्याचल के उत्तर का उन्हीं राक्षस और असुरों के अधिकार में था। मथुरा जो पाण्डवों के समय यादव वंशी क्षत्रियों की राजधानी थी जिसका वर्णन कवियों ने बड़े धूमधाम के साथ किया है। लवण असुर के अधिकार में थी और मथुरा के आस-पास का भू भाग सब उजाड़ पड़ा था। लवण भी विराध और रावण आदि राक्षसों की भाँति आदमख़ोर था। आदमियों को मार कर खा जाता था और जंगली मनुष्य था। शत्रुघ्न ने उसे मार कर मथुरा बसाया था। बक और हिडंब आदि राक्षस भी जिन्हें भीमसेन ने मारा है। उनके आख्यानों से मालूम होता है कि बहुत से ऐसे मनुष्य मांस भक्षक पाण्डवों के समय तक कहीं-कहीं बच रहे थे। वाल्मीकि के लेख से प्रकट है कि भरत जब चित्रकूट में श्रीरामचन्द्र से मिलने को चले हैं तब रास्ता साफ़ करने वाले बहुत से लोग कुदारी और फरुसा साथ लिए रास्ता साफ करने को उनके आगे चले हैं। पाण्डवों के समय श्रीकृष्ण रथ पर हस्तिनापुर से द्वारिका को गये हैं। जिन-जिन देशों से गुज़रे हैं उनके नाम दिये गये हैं। इससे सिद्ध है कि महाभारत के समय में इतनी सभ्यता लोगों में आ गई थी कि सड़क आदि का प्रबन्ध और टिकने की सराय इत्यादि के क्रम पर कुछ बनावें। रामचन्द्र चित्रकूट से रामेश्वर तक सीता को खोजते हुए गये हैं। सम्पूर्ण देश का देश सिंह बाघ आदि भयंकर शिकारी जानवरों से भरा था। सैकड़ों कोस की दूरी पर अगस्त और सुतीक्ष्ण ऐसे दो एक ऋषियों का स्थान उन्हें मिला है। पाण्डवों के समय दक्षिण के ये सब देश आबाद हो गये थे अच्छे-अच्छे नगर और राजधानियाँ उनमें बन गई थी। भोजकट ऐसे दक्षिण के कई नगरों के नाम भारत में पाये जाते हैं और दक्षिण के कई राजे महाभारत के युद्ध में कौरव और पाण्डवों की कुमक को आये हैं। युद्ध शिक्षा भी पहले पूर्णता को नहीं पहुँची थी रामायण में अधिकतर पर्वत की शिला और पेड़ों की डालियों से युद्ध कहा है महाभारत के युद्ध में

कैसी-कैसी व्यूह रचना व्यासजी ने लिखा है। रामचन्द्र के समय देश का देश उजाड़ पड़ा था केवल अयोध्या, मिथिला आदि दो एक नगर थे महाभारत के समय सौ-सौ पचास-पचास कोस की दूरी पर एक-एक स्वच्छन्द राज्य और राजधानियाँ हो गई थीं। जिनमें बड़े-बड़े प्रबल शक्तिशाली अस्त्र-शस्त्र विद्या कुशल राजा राज करते थे। कृषि और वाणिज्य की भरपूर तरक्की थी। लोग सब भाँति मुदित प्रसन्न हृष्ट और पुष्ट थे। धन संपत्ति से देश खचाखच भरा था। बौद्धों का ज़ोर भी उस समय तक नहीं होने पाया था। ऋषियों का चलाया हुआ शुद्ध वैदिक धर्म पर लोग चल रहे थे। चारों वेद और धनुर्वेद आदि उपवेद तथा आर्य ग्रन्थ का पठन-पाठन तीनों वर्ण के लोग करते थे, अब के समान तब कोई विदेशी भाषा देश में प्रचलित नहीं हुई थी। सब लोग बड़े ही पवित्र चरित्र के थे इससे Litigation क़ानूनों में इस कदर हिन्दी की चिन्दी नहीं होने पाई। रामचन्द्र का समय सभ्यता का सूर्योदय अर्थात् आदिम काल था। इससे मालूम होता है कि सभ्यता के बढ़ने से बहुत तरह की बुराइयों का अंकुर भी उस समय तक नहीं जमा था। सभ्यता के बढ़ने से सब भलाई ही हो सो नहीं बहुत सी बुराइयाँ भी फैल जाती हैं। लोगों में दमन तब विशेष था। लोभ, मोह, मद, मात्सर्य को प्रजा में फैलने का अवकाश ही तब न था। इसी से रामचन्द्र भरत को राज देते थे पर भरत ने उसे स्वीकार न किया। युधिष्ठिर के समय सभ्यता का मध्य दिन था और सभ्यता अपनी अन्तिम सीमा तक पहुँच चुकी थी इसीसे लोभ आत्म सुख अभिलाषा और आपस की स्पर्द्धा इतनी बढ़ गई कि राज के लिये भाई-भाई कट मरे। पर उद्यम, साहस, धैर्य, बल, वीर्य, स्थिर अध्यवसाय आदि पौरुषेय गुणों में अन्तर नहीं पड़ा था। बल्कि वे गुण बराबर बढ़ाते ही गये। बहुत तरह की नई-नई विद्या और कितने तरह के नये-नये अस्त्र-शस्त्र तथा शिल्प विज्ञान भी इस समय सभ्यता के बढ़ने के साथ ही साथ बढ़ते गये और बराबर बढ़ते जाते। पर होनहार अमिट है। महाभारत का युद्ध ऐसा सर्वनाशकारी हुआ कि भारत के पुनरुत्थान का सितारा क्रमशः डूबता ही गया। आस-पास के देश जो यहाँ चक्रवर्ती राजाओं के बाहुबल से सदा दबे रहते थे और कभी उभड़ने का मन भी न करते थे पीछे वे ही प्रान्त वर्ती देश के लोग और वहाँ के सम्राट् राजा जैसा सिकन्दर इत्यादि प्रबल पड़ हिन्दुस्तान पर चढ़ाई करने लगे और उलटा भारत ही को दबाने तथा यहाँ के लोगों को अपन वंशवद करने में कृतकार्य हुए।

महाभारत के युद्ध का धक्का यद्यपि आस-पास के देशों को भी कुछ न कुछ लगा पर वे प्रबलता में सब भाँति हम से आगे बढ़ते ही गये। टर्की, ईरान, फरशिया, तुर्किस्तान, तातार आदि देश महाभारत के युद्ध के उपरान्त बौद्धों के समय तक भारत के अधीन थे। क्योंकि क्षेमेन्द्र ने अवदान कल्पलता में बहुत से ऐसे नाम दिये हैं, जहाँ बुद्धदेव ने जाकर अपना मत फैलाया और बुद्ध धर्म की दीक्षा लोगों को दी बहुधा वे नाम उन्हीं देश के नगरों से मिलते हैं। ऐसा मालूम होता है कि इरान से सिन्धु नदी के तट तक आर्यों के निवास की मुख्य भूमि थी। आतश परस्त पारसियों में जैसा आर्यों का रक्त संचालित देख पड़ता है वैसा हम हिन्दुओं में नहीं है। या, यों समझिये एक ही

बाप के जैसे दो पुत्र अलग-अलग दो ठौर का बसें वैसा ही ये पारसी अपनी धर्म पुस्तक ज़िन्दावस्ता ले सर्वथा अलग हो गये यहाँ तक कि वैदिक धर्मावलम्बी आर्यों ने उनसे कोई सरोकार न रखा। वेद के अनुसार चलने वाले आर्यों का दस्यु और असुरों के साथ घिस्ट-पिस्ट होने से उनके चेहरे का रंग और देह के प्रत्यंगों के संगठन में कुछ थोड़ा अन्तर पड़ गया। पर मस्तिष्क की लोकोत्तर शक्ति उनमें जैसी की तैसी बनी रही। पीछे इन्हीं वैदिक आर्यों ने इन दस्यु असुरों को भी आर्य बना लिया अब इस समस्त हिन्दू जाति अपने को आर्य वंशी कहती है। अस्तु इन अप्रासंगिक बातों का ज़िक्र यहाँ इस समय छेड़ना व्यर्थ है अतः प्रकृतमनुसराम—

इन आर्यों में मस्तिष्क की शक्ति प्रबल है सो इससे सिद्ध है कि ये जहाँ कहीं एक दो भी होंगे वहाँ समस्त जन समूह के शिक्षक नेता या प्रधान बन बैठेंगे। दण्डक का बड़ा हिस्सा जनस्थान जो किसी समय इन्हीं दस्यु असुर और राक्षसों की वास भूमि थी वहाँ आर्यों में एक अगस्त जा बसे थे पर अगस्त सम्पूंर्ण दाक्षिणात्य दस्यु और राक्षसों के पूज्य हुए रामचन्द्र को भी रावण को जीतने में अगस्त से बहुत सहायता मिली। ऐसा ही सुग्रीव, जामवन्त और हनुमान आदि जिन को वाल्मीकि ने रीछ और बन्दर लिखा है सब के सब उन्हीं दस्युओं के फिरके के रहे होंगे रावण से और इनसे फर्क केवल इतना ही था कि ये आदमखोर न थे। दक्षिण के देशों में धरती पहाड़ी होने से अन्न कम पैदा होता था फल और कन्दमूल विशेष। सुग्रीव और जामवन्त आदि कन्दमूल तथा फल खाकर अपनी ज़िन्दगी काटते थे इसी से ये रीछ और बन्दरों की कोटि में शामिल कर लिये गये। रामचन्द्र महाराज शुद्ध आर्यवंशी थे उन्होंने इन रीछ और बन्दरों को अपना अनुयायी बनाय उनसे अपना काम निकाला। रावण को जीतने में और सीता को रावण के क़ैद से निकाल लाने में श्रीरामचन्द्र को इन्हीं रीछ और बन्दरों से बड़ी सहायता मिली। ऐसा ही पाण्डवों ने भी घटोत्कच आदि कई राक्षसों को अपने में मिलाय उन्हें आर्य बना लिया। विराट राजा के यहाँ कीचक जिसे भीमसेन ने मारा था उन्हीं दस्युओं में था। इतिहासों को ख़ूब टटोलो तो पता लग जायगा कि अभी हाल के ज़माने तक यह बात प्रचलित रही कि आर्य जातिवाले इन दस्यु वंशियों को बराबर अपने में मिलाते उन्हें दस्यु और किरात के आर्य करते गये। मुसलमानों के हमलों के उपरान्त जित जाति Conquered Nation हो जाने से वह जोश और गरमी इनमें से निकल गई। दूसरी जातिवालों को अपने में क्या मिलायेंगे। ये खुद दूसरों का मज़हब कबूल कर अन्य जातिवाले होते जाते हैं। हज़ारों, लाखों हिन्दू मुसलमान हो गये और अब क्रिस्तान होते जाते हैं। इसी से बराबर हम इस बात को कह रहे हैं कि जब तक Life पौरुषेय गुण विशिष्ट जीवन और जोश तथा Nationality जातीयता का भाव किसी कौम में क़ायम है उस समय जो कुछ उसके मस्तिष्क से निकलेगा या जो कुछ काम वह करेगा सबों में उत्तेजना रहेगी दास हो जाने पर जो बात कोसों दूर हट जाती है। मुसलमानों के राजत्व काल में जो ग्रन्थ बने अथवा जो रीति या क्रम अपने लोगों में प्रचलित किया गया सब त्याज्य हैं। उन ग्रन्थों को मानने या उन रीति या क्रम के अनुसार चलने से हम स्वराज्य

के योग्य कभी नहीं होंगे।

अस्तु तो निश्चय हो गया कि महाभारत के युद्ध का समय भारत तथा आर्यों के बल और वीर्य्र; समृद्धि और वैभव; बुद्धितत्व; या सद्विचार प्रणाली; तथा स्थिर अध्यवसाय आदि की प्रौढ़ता का था। यदि वही हालत हिन्दुस्तान की अब तक क़ायम रहती तो तमाम दुनियाँ का एकाधिपत्य इस समय इसे प्राप्त हो जाता किन्तु अफ़सोस देश में संपत्ति और वैभव बढ़ने के साथ ही साथ परस्पर की स्पर्द्धा द्वेष और आत्म सुखाभिलाष उस समय इतना अधिक बढ़ गया कि जिससे हमारे अध:पतन के बीज का बोना बहुत सहज हो गया। जिस समय यह युद्ध हुआ है उस समय हिन्दुस्तान का कोई कोना या प्रदेश नहीं बचा था जहाँ सब तरह की पूर्ण जागृति न रही हो। इस युद्ध की हेतु भूत या प्रधान कारण कृष्ण महाराज की कुटिल पालिसी थी। भारत का कोई भाग न बच रहा था जहाँ इनकी पालिसी दुरभिसन्धि का असर न पड़ा हो। कौरव और पांडव दो इस युद्ध के प्रधान नेता तो थे ही किन्तु उस समय के समस्त छोटे-बड़े राजे-महाराजे इस युद्ध के किसी न किसी दल में आ शरीक हुए थे। न केवल हिन्दुस्तान ही तिब्बत तातार बलख बुखारा और चीन तक के नरपाल युद्ध में कट मरे। जो भूपाल स्वयं न आये उन्होंने अपनी बहुत सी सेना और युद्धोत्साही वीरों को लड़ने के लिए भेजा। कुछ ऐसा भी मालूम होता है कि इस समय वीरता का दर्प इतना लोगों में आ समाया था कि वे अपने भुजा का बल दिखाने का मौका ढूँढ़ रहे थे।

यद्यपि कंस काशिराज चेदी का राजा शिशुपाल और शाल्व आदि बहुत से राजाओं का संहार कर उस समय के युद्धोत्साही वीर क्षत्रियों में कृष्ण महाराज महा मान्य हो चुके थे। इनके लिये सबसे बड़ी बात यह हो चुकी थी कि जरासन्ध जो उस समय एक तिहाई हिन्दुस्तान अपने अधिकार में किये था और जो कई बार इन्हें हरा चुका था उसका राजनीति के द्वारा भीम से वध कराय मगध की बड़ी भारी सल्तनत तोड़ चुके थे फिर भी महाभारत के युद्ध में वीरता और युद्धोत्साह का समुद्र उमड़ रहा था। ऐसा मालूम होता है उस समय के राजा लोग और क्षत्रियों का दो दल था। एक वे थे जो स्वयं कुलीन होकर कृष्ण महाराज को सर्वश्रेष्ठ मान बैठे थे। दूसरे दलों के वे थे जो सब भाँत इनके विपक्षी थे। इनको अपने से किसी बात में उत्कृष्ट नहीं मानते थे। उन्हीं को असुर और दैत्य की पदवी दी गई। कृष्ण को क्षत्रियों के संक्षय के कलंक से बचाने को पृथ्वी का भार उतारने का प्रतिष्ठा पत्र उन्हें दिया जाता था। किन्तु ऐसे भार उतारने को कौन सराहेगा जिससे ऐसा भारी धक्का लगा कि देश फिर आज तक न पनपा। वे ही अलबत्ता सराहेंगे जिनको उसके दुर्गति की चोट का असर बिलकुल नहीं पहुँचा जो स्वार्थी और आत्म-सुख रत हैं। इसमें सन्देह नहीं श्रीकृष्ण भगवान् अपनी धारणा लोकोत्तर बुद्धि से इस घोर संग्राम का जो कुछ परिणाम हुआ उसे समझे हुए थे। चाहते तो कौरव और पाण्डवों में मेल कराय भारत को इस महान संक्षय से बचा देते पर न जानिये क्यों उनकी यह त्रिकालदर्शिता हमारे लिये सर्व नाशकारी हुई। यदि यह कहा जाय कि कृष्णचन्द्र ने यह सब निज वंश यदुकुल की प्रतिष्ठा बढ़ाने को किया सो भी

नहीं हुआ। अन्त में सब के सब यादवकुल वाले आपस में लड़ कट मरे। इससे सिद्ध होता है कि त्रिकालज्ञ भगवान् श्रीकृष्ण ने यह सब स्वार्थ बुद्धि से नहीं किया अपिच यह दर्शाया कि प्रत्येक देश और जाति के ह्रास और वृद्धि में Law of Compensation क्षति या हानिपूरक एक प्राकृतिक नियम सब ओर संसार भर में व्याप रहा है। जो कभी इस धरातल के एक ही भूभाग या एक ही जातिवालों को चाहे वे कैसे ही गोरे से गोरे या काले से काले क्यों न हों बराबर उन्नति या अवनति की दशा में नहीं रहने देता वरन चक्र नेमिक्रम अर्थात् रथ की पहिया सा ऊँचा नीचा हुआ करता है।

''नीचैर्गच्छत्युपरिच दशा चक्रनेमिक्रमेण''। औ भी ''संयोगा विप्रयोगान्ता: पतनान्ता: समुच्छ्रया:।''

संयोग के साथ वियोग लगा रहता है। मनुष्य ऊँचा तभी तक होता जाता है जब तक गिरता नहीं। तो किसी को अपनी तरक्की का घमण्ड नितान्त व्यर्थ है। महाभारत का युद्ध मानो इस तरह के दर्पान्धों को शिक्षा दे रहा है कि तुम चार दिन की चाँदनी के समान अपनी वर्तमान बढ़ती का घमण्ड न करो तुम भी एक दिन गिरोगे।

फरवरी, १९०८ ई०

■

दल का अगुआ कैसा हो?

दल या जमात का अगुआ सदा एक होता है दो चार नहीं जहाँ दो-चार अगुआ बनते हैं और वे अपनी प्रतिष्ठा और अपनी राय सब के ऊपर रखा चाहते हैं वह जमात छिन्न-भिन्न हो जाती है। सब लोग तितर-बितर हो उस दल को क़ायम नहीं रखा चाहते। इसी बुनियाद पर कहा गया है—

> **''सर्वे यत्र विनेतारः सर्वे पण्डित मानिनः।**
> **सर्वे महत्व मिच्छन्ति तद्वृन्द मवसीदति।''**

जहाँ सभी अगुआ बनते हैं, सब लोग अपने को बुद्धिमान मानते हैं, एक ही आदमी की अक़्ल पर रहनुमा नहीं हुआ चाहते, सभी अपना-अपना बड़प्पन चाहते हैं वह जमात मुसीबत में पड़ी जाती है। कदाचित इसी बात का खयाल कर किसी ने कहा है 'न गणस्याग्रती गच्छेत्' किसी दल का अगुआ न हो अर्थात् पहले किसी बात का नमूना आप न दिखलाये इसलिये कि उस काम के बन जाने पर नमूना बनने वाले को विशेष लाभ नहीं और जो उसके नमूना दिखलाने से काम बिगड़ गया तो सब लोग उसी की फज़ीहत करने लगते हैं। पर यह तो क्लीवता और नामर्दी है। सैकड़ों बुराइयाँ हमारे समाज में इसी से नहीं मिटाये मिटतीं किसी को इतना साहस नहीं है कि पहले खुद कर दिखाये। अच्छे पढ़े-लिखे लोगों में इतनी हिम्मत नहीं है तब अपढ़ बेचारों का क्या कहना? जैसा बाल्य विवाह के संबंध में किसी को साहस नहीं होता कि रजोदर्शन के उपरान्त कन्या का विवाह करने में नमूना बने। कांफ्रेंस और कमेटियों में बहस और विवाद बहुत करेंगे पर करके कुछ न दिखायेंगे। सच मानिये बाल्य विवाह की जड़ कभी नहीं कट सकती जब तक कन्या में रजोदर्शन की क़ैद क़ायम है। अस्तु अब यहाँ पर विचार यह है कि अगुआ कैसा होना चाहिये। अगुआ में सबसे बड़ी बात यह है कि वह अपने मन से कोई काम न कर गुज़रे जब तक सब की राय न ले ले और सबों का मन न टटोल ले। दूसरे उसमें शान्ति और गमखोरी की बड़ी ज़रूरत है। जिस काम के बनने पर उसका लक्ष्य है उस पर नज़र भिड़ाये रहें दल में कुछ लोग ऐसे हैं उसके लक्ष्य के बड़े विरोधी हैं और वे हर तरह पर उस काम को बिगाड़ा चाहते हैं। अगुआ को ऐसी-ऐसी बात कहेंगे और खार दिलायेंगे कि वह उधर से मुँह मोड़ बैठे और क्रोध में आप सर्वथा निरस्त हो जाय। ऐसी दशा में यदि उसमें और गमखोरी न हुई तो बस हो चुका काहे को वह उस काम के साधने में कभी कृतकार्य होगा। फिर अगुआ अपने सिद्धान्त का दृढ़ और मुनसिफ़ मिज़ाज हो। कहावत है 'सुनै सब की करै अपनै मन की' क्षुद्र से क्षुद्र का भी निरादर न करे अपने मन्तव्य के विरुद्ध राय देने वालों को ऐसे ढंग से उतार लाये कि 'न साँप मरै न लाठी टूटै' सिवा इसके

अगुआ को सर्व प्रिय हर दिल अज़ीज़ होना चाहिये जब तक सब लोग उसे प्यार न करेंगे और चित्त से उसका आदर न करेंगे तब तक उसके कहने को स्वीकार कैसे कर सकते हैं। किसी का आदर तभी होता है जब मन में उसको रहने की जगह हो।

अगुआ के लिए चरित्र का शुद्ध होना बड़ी भारी बात है। जो चरित्र के शुद्ध नहीं हैं जिनका चाल-चलन दगीला है वे कैसे दूसरों के चित्त पर असर पैदा कर सकते हैं। विशेष कर सामाजिक मामलों में जो समाज का अग्रणी हो उसे चरित्र का पवित्र होना ही चाहिये। जैसा धर्म सम्बन्ध में हमारा अगुआ गुरु होता है बहुधा गुरु वही किया जाता और माना जाता है जिसका चरित्र कहीं से किसी अंश में दूषित न हो 'वर्णानां ब्राह्मण: गुरु:' चारों वर्ण में ब्राह्मण गुरु या अगुआ है तो निश्चय हुआ कि ब्राह्मण निर्दूषित चरित्र हों। इस समय ब्राह्मण जो दूषित चरित्र हो गये तो और लोगों को उन पर आक्षेप करने का मौका मिल गया है। और-और प्रान्तों की हम नहीं कहते हमारे यू०पी० में इस समय सबों की रुचि के समान अच्छे राजनैतिक अगुआ की बड़ी ज़रूरत हैं। हमारे नई उमंग वाले बिना किसी अगुआ के बिलबिला रहे हैं कोई हाथ पकड़ उन्हें चलाने वाला नहीं मिलता। शान्ति प्रिय छोटे लाट श्रीमान् हुयेट साहेब अपने प्रान्त में शान्ति बहुत चाहते हैं उन्हें इस प्रान्त के अगुआओं को धन्यवाद देना चाहिये यह इन अगुआओं की करतूत है कि देश में अशांति नहीं फैलने पाती और अगुआ लोग ऐसी हिकमत से काम कर रहे हैं कि पंजाब और बंगाल की तरह यहाँ अब तक अशांति ने कदम नहीं रखा। पर हमारे अगुआ दोनों ओर से च्युत हैं। 'दोनों दीन से गये पांड़े, न रहे भात न रहे माड़े' समय पर जहाँ उचित समझते हैं गवर्नमेंट की ओर से अनीति समझ सरकार को टोंक देते हैं और उस अन्याय के दूर करने को चिताते और न्याय माँगते हैं इससे गवर्नमेंट में कदर नहीं पाते। इधर गरम दल वाले उन्हें सरकार का खुशामदी और खैरख्वाह कह बदनाम किये हुए हैं। उन्हें उचित रहा दोनों को खुश रखते और दोनों से सुर्खरूई पाते। नहीं तो प्रजा की ओर से सुर्खरूई तो बहुत आवश्यक थी। नि:सन्देह अगुआ होने का काम बड़ा टेढ़ा और बिना सिंहासन का राज्य है। राजा का अटल और सुस्थिर राज्य तभी होता है जब सबों को प्रसन्न करता हुआ प्रजा को मनोरंजन हो। वैसा ही अगुआ का रोब और दबदबा तभी रहेगा जब वह सबों के मन की करेगा नहीं तो वह एक से मीठा दूसरे से खट्टा बना रहेगा और जिस काम को करना चाहता है कृतकार्य उसमें कभी न होगा।

फरवरी, १९०८ ई०

■

मनुष्य के जीवन की सार्थकता

हमारे जीवन की सार्थकता क्या है और कैसे होती है इस पर जुदे-जुदे लोगों के जुदे-जुदे विचार और उद्देश्य हैं, अधिकतर इसका उद्देश्य समाज पर निर्भर है अर्थात् हम जिस समाज में जैसे लोगों के बीच रहते हैं उनके साथ जैसा बर्ताव रखते हैं उसी के अनुसार हमारे जीवन की सार्थकता समझी जाती है। यद्यपि कवियों ने मनुष्य जन्म की सार्थकता को अपनी-अपनी उक्ति के अनुसार कुछ और ढंग से ढुलका लाये हैं जैसे भारवि ने कहा है—

स पुमानर्थवज्जन्मा यस्य नाम्नि पुरस्थिते।
नान्याङ्गुलि समभ्येति संख्याया मुद्यताङ्गुलिः॥

पुमान् पुरुष वह है जिसमें पुरुषार्थ का अंकुर हो; सार्थक जन्म वही पुरुष है कि जिसके पौरुषेय गुणों की गणना में जो अँगुली उसके नाम पर उठे वही फिर दूसरे के नाम पर नहीं—अर्थात् जो किसी प्रकार के गुण में एकता प्राप्त किये हैं संसार में उसके बराबरी का दूसरा मनुष्य न हो। इस तरह की बहुतेरी कवियों की कल्पनायें पाई जाती हैं किन्तु यहाँ इन कल्पनाओं से हमारा प्रयोजन नहीं है जिसे हम जीवन की सार्थकता कहेंगे वह बात ही निराली है। समाज के बर्ताव के अनुसार सफल जीवन इसे अलबत्ता कहेंगे जैसा—

यस्य दानजितं मित्रं शत्रवो युधि निर्जिताः।
अन्नपानंजिता दारा सफलं तस्य जीवितम्॥

जिसने समय-समय धन दे मित्रों को अपने काबू में कर लिया; जिसने शत्रुओं को संग्राम में जीता; भाँति-भाँति के गहने और कपड़ों से जिसने अपनी स्त्री का सन्तोष किया उसी का जीवन सफल है। बस यही सफल जीवन की इयत्ता या ओर-छोर है, तात्पर्य यह कि जिसने स्वार्थ-साधन को भरपूर समझा वही यहाँ सफल जन्मा है। विलायत में जब तक अपने देश या जाति के लिये कोई ऐसी बात न कर गुजरा जिसमें सर्व साधारण का कुछ उपकार है तब तक जीवन की सफलता नहीं कही जा सकती क्योंकि इतना तो जानवर भी कर लेते हैं—अपने बच्चों को पालना-पोसना वे भी भरपूर जानते हैं; जो उनके शत्रु हैं उनसे लड़ना; जो उसके साथ भलाई करते हैं उन्हें उपकार पहुँचाने का ज्ञान उन्हें भी रहता है, वरन कुत्ते और घोड़े आदि कई एक पशुओं में कृतज्ञता और स्वामि-भक्ति मनुष्यों से भी अधिक पाई जाती है तब मनुष्य और जानवर में क्या अन्तर रहा।

इससे निश्चय होता है कि जन्म की सफलता का ज्ञान केवल समाज पर निर्भर है जिस काम को या जिस बात को समाज के लोग पसन्द करते हों और भला समझते हों उस ओर हमारी प्रवृत्ति का होना ही जीवन की सफलता है। जैसा इस गुलामी की हालत में पढ़-लिख सौ-पचास की नौकरी पाय अपनी जिन्दगी दूसरे के अधीन कर देना ही जन्म की सफलता है। सच है—

''सेवाविक्रीतकायानां स्वेच्छाविहरणं कुतः''

जिन्होंने दूसरे की सेवा में अपने को दूसरे के हाथ बेच डाला है उनकी फिर आजादगी कहाँ? सैकड़ों वर्ष से गुलामी में रहते पुश्तहा-पुश्त बीत गये स्वच्छन्दता या आज़ादगी की कदर हमारे मन से उठी गई। इस हीरे की परख के जौहरी इंग्लैण्ड तथा यूरोप और अमेरिका के देशों में पैदा होने लगे या अब इस समय जापान को इसकी कदर का ज्ञान होने लगा है हमारे यहाँ तो न जानिये वह कौन सा ज़माना था जब मनु महाराज लिख गये कि—

''सर्वं परवशं दुःखं सर्वमात्मवशं सुखम्॥''

सब कुछ जो अपने वश का है सुख है जो दूसरे के अधीन है वही दुःख है। सुख-दुःख का सर्वोत्तम लक्षण यही निश्चय किया गया है। सो अब इस समय दस-बीस की नौकरी भी ऐसी सोने की खेती हो रही है कि हमारे नव-युवक इसके लिये तरस रहे हैं। बड़े से बड़ा इम्तिहान पास कर अर्जी हाथ में लिये बगलें मारे फिरते हैं और दुरदुराये जाते हैं। उसमें भी वर्तमान समय के कर्मचारियों की कुछ ऐसी पालिसी हो रही है कि सौ रुपये से जियादह की नौकरी नेटिवों को न दी जाय—सेना-विक्रीत काया इस नौकरी में भी वह समय अब दूर गया जब दो एक जुमले अंगरेजी के लिखने और बोल लेने ही मात्र से सैकड़ों रुपये महीने की नौकरी सुलभ थी। सच है—

गतः स कालो वत्रास्ते मुक्तानां जन्म शुक्तिषु।
उदुम्बरफलेनापि स्पृहयामोऽधुना वयम्॥

आजादगी के अनन्य भक्त कोई-कोई नव-युवक स्वच्छन्द जीवन (इंडिपेंडेंट) की धुन बाँधे हुए कोई आजाद पेशा किया चाहते हैं तो पास पूँजी नहीं कि हौसले के माफिक कुछ कर दिखायें। कंपनी अथवा प्रणबन्धगोष्ठी की चाल अपने यहाँ न ठहरी कि उन्हें कहीं से सहारा मिलता। हमारा ऐसा सर्वस्व-हरण होता जाता है कि न तो धन रहा न कोई जीविका बच रही है कि ये लोग अपना हौसला पूरा करते। जिनके पास रुपया है वे रुपयों के सूद के घाटे का परता पहले फैला लेंगे तो टेंटा ढीला करेंगे। यों चाहे रुपया रखा रह जाय एक पैसा ब्याज न आवे पर रुपया कहीं लगाने के समय ब्याज का परता जरूर फैला लेंगे। जिन बेचारों ने हिम्मत बाँध कुछ रुपया कहने सुनने से लगाया भी तो पीछे उन्होंने ऐसा गच्चा खाया कि चित्त हो गये। उन्हें कोई ऐसा दियानतदार आदमी न मिला कि उनका उत्साह बढ़ता और मिल कर हम कोई काम करना नहीं जानते यह कलंक हमसे दूर हटता। माँ होती तो मौसी को कौन झींखता, हम मिलना जानते होते तो वर्तमान दास्यभाव की दशा को क्यों पहुँचते। अस्तु,—

इस जीवन के सफलता के अनेक और दूसरे-दूसरे उदाहरण हैं। संसार को मिथ्या मानने वाले अहंब्रह्मास्मि की धुन बाँधे हुए स्वभाववादी जीवन की सफलता इसी में मानते हैं कि हमें बोध हो जाय कि हमीं ब्रह्म हैं और जगत् के सब काम आपसे आप होते जाते हैं कोई इसका प्रेरक नहीं है। पाप और पुण्य भला और बुरा दोनों एक-से हैं—चित में ऐसा पूरा-पूरा भास हो जाय तो बस हम जीवन मुक्त हो गये। अब हमें कुछ करना-धरना न रहा। सब ओर से अकर्मण्य हो बैठे और आगे बढ़ो तो मन को नाश कर डालो, क्योंकि सब उत्साह और आगे को तरक्की करने का मूल कारण मन में न रहेगा तो बुराई का काम चाहे न भी रुके पर भलाई तो तुम से कभी होगी ही नहीं और यह सब भी तभी तक जब तक अपनी जरा भी किसी तरह की हानि नहीं है बस केवल जवानी जमाखर्च मात्र रहे आत्म-त्याग के उसूल कहीं छू भी न जाये कसौटी के समय चट्ट फिसल कर चारों खाने चित्त गिर पड़ा करो—ऐसा ही सेवक भक्त अपने प्रभु की सेवा में लीन होना ही जीवन की सफलता मानता है। स्मरण, कीर्तन, वन्दन, पादसेवन, सख्य, आत्मनिवेदन आदि नवधा भक्ति के द्वारा जो अपने सेव्य प्रभु में लीन हो गया वास्तव में उसका जीवन सफल है। इस उत्तम कोटि के महात्मा अब इस समय बहुत कम जन्मते हैं। अहं ब्रह्मास्मि कहने वाले धूर्त वंचकों से तो यही भले। यद्यपि जिस बात की पुकार हमें है सो तो दासोस्मि में भी नहीं पाई जाती फिर भी प्रेम और दृश्य जगत् सर्वथा निस्सार नहीं है सर्वनाशंकारी अकर्मण्यता ही का दखल इनमें है इससे ये बहुत अंशों में सर्वथा सराहनीय हैं। चतुर सयाने चलते-पुरजे चालाक कहीं पर हों अपनी चालाकी से न चूकने ही को जन्म का साफल्य मानते हैं। किसी कवि ने ऐसों ही का चित्र नीचे के श्लोक में बहुत अच्छा उतारा है—

आदौ भागः पंचधार्ष्टस्य देयाः द्वौ विद्यायाः द्वौ मृषाभषाणस्य।
एकं भागं भण्डिमायाः प्रदेयं पृथ्वी वश्यामेषयोगः करोति॥

पहला ५ हिस्सा धृष्टता का हो तब दो विद्या का दो झूठ बोलने का और एक हिस्सा भड़ौआ का भी होना ही चाहिये जिनमें ये सब मिला के दस हिस्से हुनर के हैं वे इन सबों के योग से पृथ्वी भर को अपने काबू में ला सकते हैं। संसार में इन्हीं का नाम चलता पुरजा है हम ऐसे गोबर गनेश बोदे लोगों का किया क्या हो सकता है जो निरे अपटु दस-पाँच आदमियों को भी अपनी मूठी में नहीं ला सकते। इसी से हम पहले अंक में लिख आये हैं कि हाँ हम ऐसे हताश क्यों जन्मे? प्रयोजन यह कि जिसने झूठ-सच बोल दूसरों को धोखा दे रुपया कमाना अच्छी तरह सीखा है, वही सफल-जन्मा है।

सभ्य समाज के मुखिया हमारे बाबू लोगों में सफल जीवन का सूत्र साहब बनना है जब तक कहीं पर किसी अंश में भी हम हिन्दुस्तानी हैं इसकी याद बनी रहेगी, तब तक उनके सफल जीवन की त्रुटि दूर होने वाली नहीं। इससे वे सब-सब स्वांग लाते हैं क्या करें लाचार हैं अपना चमड़ा गोरा नहीं कर सकते। अस्तु, ये कई एक नमूने सफल जीवन के दिखाये इन सबों में सफल जीवन किसी का भी नहीं है वरन् सफल

जीवन उसी पुरुष श्रेष्ठ का कहा जायेगा जिसने अपने देश तथा अपने देश बान्धव के लिये कुछ कर दिखाया है जो आत्म-सुखरत न हो खुदगरजी से दूर हटा है; इस तरह के उदार भाव का उन्मूलन हुए यहाँ बहुत दिन हुए। नई शिक्षा प्रणाली नये सिरे से हम लोगों में पुनः उसका बीजारोपण सामयिक शासकों के नमूने पर किया चाहती है। कदाचित् कभी को यह बीज उगै फबकै और उसमें देशानुराग का अमृत फल फलै और कोई ऐसे सुकृती भाग्यवान् पुरुष देश में पैदा हो जो सुधास्यन्दी उसके पीयूष रस का स्वाद चखने का सौभाग्य प्राप्त करें पर हम तो अपने हतक जीवन में उसके स्वाद से वंचित ही रहेंगे।

मार्च, १९०५ ई०

■

संसार में भलाई अधिक है कि बुराई

एक हमारे मित्र का यह सिद्धान्त किं सर्वथा न कुछ भला है न सर्वथा बुरा है; किन्तु ९ और ७ भलाई और बुराई की कसौटी है। अर्थात् जिसमें और जहाँ ९ आना भलाई का अंश है ७ आना बुराई का वह भला है और जिसमें भलाई केवल ७ आने है बुराई ९ आने वह बुरा है। तो अब देखना चाहिये संसार में भलाई का अंश विशेष है कि बुराई का? पाप अधिक है या पुण्य? स्वास्थ्य अधिक है या व्याधि? आनन्द और आमोद-प्रमोद अधिक है अथवा शोक और विषाद? धर्म रुचि अधिक है या पाप रुचि? चोर और बेईमान अधिक हैं या ईमानदार और पर धन को मिट्टी का ढेला समझने वाले? हिंसक और निठुर अधिक हैं या दयावान् और पर दुखी दुखी? यद्यपि प्रत्येक मत और संप्रदाय के नेता जैसा हिन्दुओं में ब्राह्मण मुसलमानों में मौलवी इसाइयों में पादरी साहब यही पुकार-पुकार कह रहे हैं और सिद्ध करते हैं कि पाप संसार में अधिक है। इस पाप के लिये यह दान करो तो पाप से छुट जाओगे नहीं तो नरक में जा गिरोगे। मौलवी लोग कहते हैं मुहम्मद साहब कों अपना पेशवा मानोगे तो गुनह से छुटकारा पाओगे नहीं तो दोज़ख की आग में तुम्हारी रूह सदा के लिये पड़ी-पड़ी झुलसा करेगी। ऐसा ही पादरी साहब कहते हैं कि खुदाबन्द प्रभु ईसा पर विश्वास लाओगे तो कयामत के दिन रिहाई पाओगे इत्यादि-इत्यादि। विविध संप्रदाय प्रवर्तक अलग-अलग अपनी-अपनी तान अलाप डेढ़ चावल की खिचड़ी जुदा-जुदा पका रहे हैं कि संसार में निरा पाप ही पाप है। इस कलियुग में पुण्य और धर्म कहीं-कहीं केवल नाम को बच रहा है। ये सब ऐसा कहा चाहे न कहें तो उनका भोजन कैसे चले और उन्हें पूछे कौन? जो अपने भाई तथा पड़ोसी को ठगते हैं, अनेक जाल और फरेब रचने में प्रवीण हैं, कानूनों के पेच समझने में चतुर अदालत में एक न एक नये तरह का मुकदमा दायर किया करते हैं उनकी संख्या संसार में अधिक है या उनकी जो निज परिश्रम से उपार्जन कर अपने घर गृहस्थी का काम चला रहे हैं? ईसा ने अपने शिष्यों को शिक्षा देने में एक ठौर कहा है वह रास्ता जो नरक को गई है बड़ी चौड़ी है और करोड़ों मनुष्य उस पर चलते हैं। हम कहेंगे सो नहीं जो मार्ग स्वर्ग जाने का है बड़ा चौड़ा सीधा और सरल है असंख्य मनुष्य उस पर चल स्वर्ग के साम्राज्य के अधिकारी हैं। जो पन्था नरक की है अत्यन्त सकेती संकुचित टेढ़ी और अन्धकार पूर्ण है। ऐसा ही कोई साहसी उस पर चल अपने को नरक का पाहुना बनाता है। युग धर्म इतना प्रभावशाली नहीं है जैसा भीरु हृदय हमारे पुराने लोग कलियुग है ऐसा बार-बार कह निश्चय किये बैठे हैं कि हम लोग नित्य-नित्य बिगड़ते ही जायेंगे, येन केन हम अपनी ज़िन्दगी का दिन काट पूरा करें बस हो गया। हम उनसे केवल इतना ही पूछते

हैं कि क्या अमेरिका और यूरोप के देशों में तथा हमारे पड़ोस ही में जापानीज़ हैं क्या वहाँ यह युग धर्म नहीं व्यापता? युग धर्म निगोड़ा भी क्या वही हते को हतता है? अकल घुन गई तो क्या हुआ पलित केश वयोवृद्ध होने से माननीय हैं; जो कहें चुप चाप सुन लेना ही पड़ता है। संसार में साधुभाव और भलाई स्वभावत: यदि अधिक न होती तो समाज एक दिन न चलती और यह जगत् जीर्णारण्य हो गया होता। सौ मनुष्यों में ९९ दुराचारी और पापी हैं केवल एक आदमी धर्मशील और सुकृती है तो उस एक के कारण सौ मनुष्यों की रक्षा रहती है। तात्पर्य यह कि जब तक अणु मात्र भी भलाई का अंश किसी वस्तु या किसी व्यक्ति में रहता है तब तक सर्वांश उसका सत्यानाश ईश्वर नहीं करता। जब सोलहों आने बुराई देख लेता है तब उसे जड़ पेड़ से उच्छेद कर देता है। ब्रह्मास्मि कहने वाले अद्वैतवादियों का सिद्धान्त है कि बुरा और भला दोनों एक सा है; न कुछ बुरा है न भला; अपने को जो अनुकूल वह भला अपने को प्रतिकूल वह बुरा; पर यह उनका कथन बेबुनियाद सा मालूम होता है, जिस समय कोई रोग प्रजा में फैलता है तो वह मोसिम किसी को अनुकूल नहीं होता किन्तु वैद्य और डाक्टरों को वही अनुकूल और लाभदायक है। डाक्टर यही चाहते होंगे कि रोग की वृद्धि सदा ऐसा ही होती रहे तो हमारी जेब भरी रहा करे। एक किसी खास आदमी या किसी खास फिरके वाले को अनुकूल वेदनीय तथा प्रतिकूल वेदनीय भला या बुरा होने का हेतु नहीं है वरन् इसमें भी यही ९ और ७ का क्रम उचित मालूम होता है। तस्मात् यह सिद्ध हुआ कि भलाई का पलरा बुराई की अपेक्षा सदैव अधिक भारी रहता है। जब तक भलाई का पलरा भारी है तभी तक इस विश्व की अद्‌भुत रचना कायम है।

१९०६ ई०

■

दिल बहलाव

एक पण्डित जी अपने लड़के को पढ़ा रहे थे 'मातृवत् परदारेषु' पर स्त्री को अपनी माँ के बराबर समझे। लड़का मूर्ख था कहने लगा। तो क्या पिता जी आप मेरी स्त्री को माता के तुल्य समझते हैं? पिता रुष्ट हो बोला मूर्ख आगे सुन 'परद्रव्येषु लोष्ठवत्' पराये धन को मिट्टी के ढेले के सदृश समझे। लड़का झट बोल उठा। चलो कचालूवाले का पैसा ही बचा। पण्डित जी ने कहा। श्लोक का अर्थ यह नहीं है पहले सुन तो लें। लड़के ने कहा यहाँ तक तो मतलब की बात थी अच्छा आगे चलिये। पण्डितजी ने फिर कहा, 'आत्मवत सर्वभूतेषु य: पश्यति सपण्डित:' अपने सदृश जो औरों को देखता है वही पण्डित है। लड़का कुछ देर सोच के बोला। पिता जी तब आप कलुआ मेहतर के लड़के के साथ खेलने को हमें क्यों रोकते हैं। इस पर पण्डितजी ने उसे हज़ार समझाया पर वह अपनी ही बात बकता गया।

●

एक शख्स ने एक बड़े आदमी को उर्दू में दरखास्त लिखी ''खुदा हुजूर की उम्र दराज़ करे हुजूर की नज़र गुरबा परवरी पर ज्यादा है इससे उम्मीद है कि हुजूर मुझ पर भी नज़रें इनायत रखें'' उसने अपने मुन्शी को हुकुम दिया इस दरखास्त को पढ़ो मुन्शी ने दरखास्त इस तौर से पढ़ी ''खुदा हुजूर की उमर दराज़ करे हुजूर की नज़र गुर पापर बरी पर ज्यादा है इससे उम्मीद है हुजूर मुझ पर भी नज़र इनायत रखें।

●

एक स्कूल मास्टर हाथ में बेंत लिये हुए लड़के पढ़ा रहे थे बेंत सीधा कर बोले। हमारे बेंत के कोने के रूबरू एक गधा बैठा है। वह लड़का जो बेंत के रूबरू बैठा हुआ था बड़ा ढीठ था फ़ौरन कह उठा—मास्टर साहब बेंत के दो कोने होते हैं आप किस कोने का ज़िकर करते हैं। मास्टर बेचारे शर्मिन्दा हो चुप हो गये।

१९०६ ई०

■

हमारी मृगतृष्णा

अनन्त असीम मरुस्थली में भटक कर गया हुआ बटोही जैसा दूर से चमकती मरु-मरीचिका देख जलाशय के भ्रम से दौड़ता हुआ व्याकुल हो गिर पड़ता है। वैसा ही हम दु:ख, दारिद्र्य, प्रपीड़ित हो आशा मरीचिका के पीछे दौड़ रहे हैं। एक दिन, दो दिन नहीं एक मास, दो मास नहीं, अपितु डेढ़ सौ वर्ष के ऊपर हो गये पर उस अनन्त असीम आशा मृगतृष्णा का अन्त न मिला। मन में यही भावना रही कि कर्तुमकर्तुमन्यथा कर्तुं समर्थ जगत्तारक ने हम लोग समस्त भारतीय प्रजा के उद्धारार्थ श्वेतद्वीप निवासियों को देव दूत बना कर भेजा है और ३० करोड़ प्रजा का धन, प्रान, जीवन उनके हस्तगत कर दिया है। स्वाधीनता प्रिय ये श्वेत द्वीप निवासी यहाँ की अशिक्षित जनता को दासत्व की शृंखला से मुक्त कर देंगे और भारत को उन्नति के उच्च शिखर पर स्थापित कर देंगे। महामति मेकाले अपने एक लेख में इस तरह का विकत्थन कर भी गये हैं कि ब्रिटेन निवासियों का यहाँ पदार्पण करना यहाँ वालों का सौभाग्य है। हम मेकाले के विकत्थन की प्रतीक्षा करते बराबर दिन गिन रहे हैं। किन्तु भारत के दिष्टाकाश में उस सौभाग्य सहस्रांशु का अब तक उदय न हुआ वरन वह सौभाग्य सूर्य निविड़ अन्धकार पूर्ण तिमिर राशि में ऐसा तिरोहित हो रहा है कि कहीं टटोलने से भी उसका पता नहीं मिलता। भारत के प्राचीन नृपति गण प्रजा को पुत्र निर्विशेष पालन करते थे और प्रजा रंजन अपना श्रेष्ठ धर्म मानते थे। अब के समान राजा का स्वार्थ प्रजा के स्वार्थ का प्रतिद्वन्द्वी न था; प्रजा में अमंगल और अशान्ति फैलने से राजा नरकपात के डर से अधीर हो जाता था। प्रजा भी इसीलिये परम राज भक्त होती थी। यह वही भूमि है जहाँ राजा प्रजा के सन्तुष्ट करने को अपना सर्वस्व सुख त्याग देते थे—

स्नेहंदयां च मैत्रींच यदिवा जानकीमपि।
आराधनाय लोकस्य मुंचतो नास्तिमे व्यथा॥

चिर काल से परंपरागत अभ्यास वश वर्तमान् शासकों की इतनी स्वार्थ निष्ठा और इतने **विषम** भाव पर भी प्रजा की भक्ति राजा की ओर नहीं कम होती। राजकुमार प्रिन्स आफ वेल्स ने विलायत पहुँच अपनी स्पीच में यहाँ के लोगों में राजभक्ति की बड़ी प्रशंसा की है। जिस पर पयोनियर को हृदय के शूल सदृश पीड़ा पैदा हुई और जो मन में आया हम लोगों को कह सुनाया। हमारी थोथी तारीफ भी जिसे न सुहाई तो उससे बढ़ कर बुरा चाहने वाला शत्रु हमारा दूसरा कौन होगा। राजकुमार के उस कथन पर पायोनियर ज़रा भी न सनका जहाँ पर उन्होंने अंगरेज़ों की बड़ी तारीफ के साथ यह कहा कि "ये हिन्दुस्तान के शासन में बड़ा परिश्रम करते हैं" राजकुमार चार दिन के

लिये यहाँ आये थे भीतरी बातें उन्हें क्या मालूम, यह उक्त श्रीमान् क्या जाने कि उनके देशवासी यहाँ मनमाना गुलछर्रे उड़ाते रहते हैं। एक-एक कर्मचारी जब यहाँ से लौट विलायत जाते हैं तो नवाब बन यहाँ से विदा होते हैं। विलायत में चाहे कुली कबारी भी रहे हों पर यहाँ आय हुजूर बन जाते हैं। अस्तु, प्रथम जब ब्रिटिश राज कर्मचारी यहाँ आये तब यहाँ के लोग बिना किसी छल-छिद्र शासन की डोर इनके हाथ पकड़ाय सुख से अपने कालयापन की आशा करने लगे। निर्विघ्न जीवन यात्रा तथा सार्वजनीन सामाजिक उन्नति के लिये राजपुरुषों का मुँह जोहते रहे। उस समय यह कभी नहीं सोचा गया था कि राज कर्मचारी निज स्वार्थ के लिये हमारे स्वार्थ के प्रतिद्वन्द्वी होंगे। किन्तु यह आशा मरु मरीचिका सी दुराशाही हुई। फिर भी ईश्वर का धन्यवाद है कि भ्रान्त और मायामुग्ध यहाँ के लोगों को उसने सुसमय से चैतन्यता का संचार करा दिया। चतुर लोगों की चातुरी का भेद खुलने लगा, नहीं तो हम उस मरु मरीचिका के पीछे कब तक धावमान रहते सो कौन जान सकता है। आघात पर आघात सहती हुई सुषुप्ति अवस्था में निद्रित इस जाति की अब भी जो कुछ-कुछ निद्रा भंग होने लगी इसे कल्याण ही समझना चाहिये।

हम पहले कह आये हैं कि निर्बल का किया कुछ नहीं होता, अब भी हम लोग अपने स्वरूप को पहचान लें और पूर्व पुरुषों के दिखाये पथ से मुँह न मोड़ आत्मगौरव और आत्मोत्कर्ष विधान में तन, मन से तत्पर हो जायें तो इस मृगतृष्णा के पार हो जा सकते हैं। नहीं तो मरुस्थली में भ्रमण सदृश केवल कर्मचारियों पर अपनी भावी उन्नति के लिये निर्भर रहना नितान्त भूल है। लार्ड कर्ज़न का धन्यवाद है जो हमारे नेत्रों में न जानिये कौन-सा तीव्र अंजन लगाये यहाँ से विदा हुए और हमें अच्छी तरह देख पड़ने लगा कि हम सर्वथा मरु मरीचिका में भ्रमण कर रहे हैं। लगातार ऐसा ही दो-तीन वाइसराय इन्हीं के सदृश आते रहें तो हम पूरी तरह सचेत हो जायें और यह मरु मरीचिका भी अपने ओर-छोर को पहुँचे।

१९०६ ई०

■

आदि मध्य अवसान

सकल सर्जित पदार्थ जो वेदान्त दर्शन के सिद्धान्त अनुसार जीव कोटि में गिने गये हैं और जिनका जीव कोटि से किसी तरह का सम्बन्ध है उनकी आदि मध्य अवसान यह तीन अवस्था है। इन तीन अवस्थाओं में आदिम और मध्यम अवस्था सदा स्पृहणीय और मन को हरने वाली है। अवसान अर्थात् अन्तिम अवस्था ऐसी ही किसी की सोहावनी होती है वरन अन्त की अवस्था बड़ी घिनौनी रूखी और किसी के उपकार की नहीं होती। आरंभ या आदि हर एक का बहुत कुछ आशा जनक और मम भावना होता है, मध्यम या प्रौढ़ अवस्था उसी आशा को फलवती करने वाली होती है। पौधा जब लगाया जाता है या बीज जब प्रस्फुटित हो प्ररोह के रूप में रहता है उस समय कटीले वृक्ष भी सुहावने लगते हैं। प्रौढ़ अवस्था कुसुमोद्गम के उपरान्त फलों से लद जाने की है। पुराना पड़ने पर वही पेड़ जब कम फलने लगता है बाग के माली को उसके बढ़ाने या सींचने की वैसी मुस्तैदी नहीं रहती जैसी नये पौधों के लिये। जीवधारियों में देखो तो दुधमुहा शिशु मनुष्य का हो या किसी जानवर तथा चौपायों का हो ऐसा प्यारा लगता है कि यही जी चाहता है कि नेत्र उसकी मुग्ध मुखच्छवि को अनिमेष दृष्टि से देखता ही रहे। वही तरुणाई की प्रौढ़ अवस्था आते ही जवानी की नई उमंग में भरा हुआ दर्पान्ध कोई कैसा ही कठिन काम हो उसमें भिड़ जाता है और जब तक कृत कार्य न हो उससे मुँह नहीं मोड़ता। नस-नस में जब कन्दर्प अपना चक्रवर्तित्य स्थापित कर देता है तब कुरूप भी सुरूप, निर्जीव भी सजीव बोध होता है। सुषमा की यावत् सामग्री सब सोलहों कला पूर्ण हो जाती है, लवनाई और सलोनापन अपनी सीमा को पहुँच जाता है। कहा भी है, 'प्रासे च षोडसे वर्षे शूकरीप्यप्सरायते' यही समय ऐसे अल्हड़पने का होता है कि इसमें यावत् प्रलोभन सब उभड़-उभड़ उधर ही आ टूटते हैं। इस तरुणाई की कसौटी में कस जाने पर जो कहीं से किसी अंश में न डिगा चरित्र की विजय बैजयन्ती उसी के गले का हार होती है। अवसान में जब यह प्रौढ़त्व बिदा हुआ तब वह सलोनापन न जानिये कहाँ जा छिपता है। गाल चुचक जाते हैं बगुला की चोंच सी लम्बी नासिका; खोड़हा मुँह; सूप से लम्बे-लम्बे कान; गंजा सिर कैसा बिलखावना मालूम होता है कि प्रेत के आकार सदृश देखते भय गपजता है। शुष्क चर्म पिनद्ध अस्थि शेष कंकाल वीभत्स का साक्षात्कार सा किसे न विभीषिका और घृणा पैदा करता होगा। ऐसा ही हमारे प्राचीन आर्यों की सभ्यता का जब उदय था उस समय उसकी बाल्य अवस्था थी, उस समय जो-जो प्राकृतिक घटनायें Natural phenamena उनके दृष्टिपथ की पहुनाई में आईं उन्हें दैवी गुण विशिष्ट, मनुष्य शक्ति बाह्य और इन्द्रियातीत समझ ईश्वर मान उनकी स्तुति करने लगे। जैसा ऋग्वेद में Dawn उषा को

देवी कह उसकी कमनीय कोमल मूर्ति के वर्णन में कवित्व प्रतिभा को छोर तक पहुँचा दिया। इसी तरह सूर्य में गरमी और उसका विशाल बिम्ब Horizen क्षितिज से ऊपर को उठते देख, सूर्य की गरमी और प्रकाश से पौधों को उगते और बढ़ते हुए पाय चिरकाल तक तमारि सूर्य ही का सविता अर्यमा आदि विशेषण पदों से गुण गान करते रहें। 'उद्वयं तमसस्परिस्व:' इत्यादि कितनी ऋचायें हैं जिन्हें सन्ध्योपासन के समय हम नित्य पढ़ा करते हैं। इसी तरह मेघमाला में क्षण सौहृदा विद्युत की चमक-दमक देख ऐरावत् और इन्द्र इत्यादि की कल्पनाओं से उनमें दैवी शक्ति का आरोप कर उन-उन घटनाओं का अनेक गुण गान करते रहे। पीछे जब उनकी सभ्यता अपनी प्रौढ़ दशा में आई तो आत्मा तथा सृष्टि के आदि कारण का जैसा उन्होंने पता लगाया वैसा अब तक न किसी प्राचीन जाति को सूझा, न ऐसी आध्यात्मिक उन्नति के शिखर पर कोई आधुनिक सभ्य जाति पहुँची। दर्शन शास्त्रों की जुदी-जुदी प्रक्रिया; संस्कृत सी लोकोत्तर परिष्कृत भाषा; संगीत; कविता; आदि अनेक कौशल का आविष्कार और उनकी परमोन्नति की गई। Simple Living and high thoughts साधारण जीवन और उत्कृष्ट विचार इन्हीं आर्यों में पाया गया। अब उस सभ्यता का अवसान है। पहले यावनिक सभ्यता ने इसका दलन किया सब तरह पर इसे चूर-चूर कर डाला अब विदेशी सभ्यता इसे पराभव देते हुए देश में सब ओर अपना प्रकाश कर रही है। वैदिक सभ्यता का अवसान होने से उनके मूल आधार ब्राह्मण ब्राह्मत्व से च्युत हो गये, चातुर वर्ण तथा चार आश्रम की प्रथा छिन्न-भिन्न हो गई, संस्कृत का पठन पाठन लुप्त प्राय हो कहीं-कहीं थोड़े से ब्राह्मणों ही में रह गया। आधुनिक नूतन सभ्यता और शिक्षा जो इस समय अपनी प्रौढ़ अवस्था में है उसका पहला उद्देश्य यही है कि जहाँ तक जल्द हो सके ऊपर कहे मूल आधारों का कहीं नाम निशान भी न रहने पाये। जिस घराने में दस पुश्त से अविच्छिन्न पठन-पाठन संस्कृत का रहा आया और एक से एक दिग्गज पण्डित और ग्रंथकार होते आये वहाँ अब अंगरेज़ी जा घुसी। उस कुल के विद्यमान वंशधर अब ब्राह्मण बनने में शरमाते हैं। अपने को पण्डित कहते या लिखते रुकते हैं। मिस्टर या बाबू कहने में अपनी प्रतिष्ठा समझते हैं। कहीं-कहीं तो यहाँ तक संस्कृत का लोप देखा जाता है कि उनके घर की पुरानी पुस्तकें दीमक चाट गये। लड़कों में एक भी इस लायक न हुआ कि साल में एक बार पुस्तकों के बस्तों को खोलता और उन्हें उलट-पुलट सौंत के रखता। नूतन सभ्यता यहाँ तज पाँव फैलाये हुए है कि वे जो पुराने क्रम पर है बेअकल समझे जाते हैं, सभ्य समाज में उनकी हँसी होती है।

हम ऊपर कह आये हैं अवसान भी किसी-किसी का सोहावना होता है। जैसा शीत काल का अवसान पूस माघ के जाड़ों में ठिठरे हुओं को फागुन के सुहावने दिन कैसे भले मालूम होते हैं। ऐसा ही जेठ मास की तपन के उपरान्त जब बरसात आती है और वर्षा के उपरान्त शरद। जाड़ा गरमी बरसात इन तीनों की मध्य अवस्था या प्रौढ़त्व किसी को नहीं रुचता आदि और अवसान सभी चाहते हैं। किसी उत्सव या त्योहार का आगमन या मध्य भाग बड़े खुशी का होता है अन्त नहीं। अँगरेज़ी राज्य का आदि बड़े

सुख का रहा प्रौढ़ता सब तरह दुखदायी हो रही है। सुहृद सरल चित्त मित्र के समागम का आदि और मध्य बड़ा सुखदायी है अन्त का बिछोह शोक बढ़ाता है। गीता में भगवान् ने उत्तम उसी को ठहराया है जो आदि मध्य अवसान तीनों में सुखद हो जिसका आदि और मध्य तो अच्छा हो पर परिणाम में दुख मिले वह राजसी और तामसी है। आदि मध्य अवसान तीनों में जो एक से रहते हैं विमल ज्ञानियों में वही हैं। आदि और मध्य चाहे जैसा रहा अन्त बना तो सब बना कहा जाता है।

१९०६ ई०

■

आय-व्यय

आय और व्यय को अलग-अलग विभाग करने में आय हम उसे कहेंगे जो पास न हो वरन दूसरे से अपने को मिले। व्यय वह है जो अपने पास से दूसरे के पास चला जाय। खेती तिजारत और नौकरी साधारण रीति पर आय के ये तीन बड़े द्वार हैं। सिवाय इसके मुल्क की दौलत के बढ़ाने के द्वार और भी कई एक हैं। जैसा हर एक तरह की खानों का अधिक होना, धरती की पैदावार, वाणिज्य, दस्तकारी, ऊँचे-ऊँचे पदों पर देश के लोगों का नियत होना; 'एक्सपोर्ट' अर्थात् अपने देश की पैदावार या दस्तकारी का दूसरे देशों में जाना और उसके बदले नगदी रुपया का अपने यहाँ आना इत्यादि। इंगलैण्ड, जर्मनी, जापान, फ्रांस आदि देशों में आय के ये जितने द्वार हैं सब बे रोक-टोक खुले हैं। जिस देश में आय के द्वार इतने एक हैं वहाँ दौलत और भागवानी के प्रतिदिन बढ़ते जाने में कौन-सा सन्देह है। जहाँ आय के द्वार कम हैं जो हैं भी उनमें हद बाँध दी गई है और व्यय के द्वार सौ छेद वाले घड़े के समान अनेक और अनगिनत हैं वहाँ सौभाग्य और संपत्ति की छाया का भी पड़ना कैसा वरन लक्ष्मी की जेठी बहन दरिद्रा का चिर निवास अवश्यमेव निश्चित है। अब हम अपने देश के आय तथा व्यय का हिसाब लगाते हैं। देश का सब से बड़ा आय धरती की उपज़ है। इस में सन्देह नहीं उपज में वह सब देशों की आय से आगे बढ़ा है; जुदे-जुदे मुल्क या जुदी-जुदी आबो-हवा की ऐसी ही कोई पैदावार बची है जो यहाँ नहीं उपज सकती केवल उपज ही नहीं वरन् बहुतायत भी उसकी यहाँ हो जा सकती है। किन्तु सरकारी लगान इतना अधिक है कि देश के लिये उसका आय का द्वार कहते मन सकुचाता है। इसलिये कि इस आय का जो कुछ सारांश या हीर है वह विलायत ढो जाता है केवल मेहनत का हक्क मात्र हमें बच रहता है। फिर भी इस समय जब आय के और-और द्वार बन्द हैं केवल उपज अकेली बच रही जिससे इतना भी धन देश में देख पड़ता है। दूसरा आय वाणिज्य है सो उसमें पहले तो पूँजी इतनी न रह गई कि यूरोप और जापान की तिजारत के साथ हम Compete उतरा चढ़ी कर सकें किया भी चाहें तो धर्म आड़े आता है। यहाँ महाजन काल मनाने रहते हैं कि पंजाब का गल्ला दक्खिन पहुँचायें दक्खिन का बंगाल। ब्याज का परता फैलाते इतनी हिम्मत कहाँ कि बाहर कदम निकाल यहाँ की उपज दूसरे-दूसरे देशों में पहुँचायें और वहाँ का माल अपने यहाँ लाय जो फायदा विलायत के एजेंट उठा रहे हैं उसे हम खुद हासिल करें। रुई सन पेटुआ आदि कच्चा बाना हमसे खरीद विलायत के लोग उसका अठगुना हमसे भर लेते हैं। उस कच्चे बाने में भी डूटी और जहाज आदि का महसूल दे दिवाय रुपये में एक आना अधिक से अधिक दोअन्नी रुपये से ज्यादा हमें नहीं मिलता। दस्तकारी में कल की बनी चीज़ों के

मुकाबले परता नहीं बैठता दूसरे अंगरेज़ी माल की चमक-दमक और सुथरापन के मुकाबले हाथ की बनी चीज़ें खुरदुरी और भद्दी जचती हैं। देश की पुरानी कारीगरी बिलकुल रद्दी हो गई, जितने पेशेवाले कारीगर थे सब अपना काम छोड़.बैठे उन्हें कोई पूछता नहीं, भूखों मरने लगे। दस्तकारी का भी जो कुछ आय था वह सब विलायत ने छीन लिया। बंगाल के टुकड़ा होने पर जो कुछ जोश फैला था वह चन्दरोज़ा हो कर्मचारियों के दबाने से टांय-टांय फिस हो गया। खानिक द्रव्यों की आमदनी का भी यही हाल है ऐसी कोई वस्तु नहीं जिसकी खान यहाँ न हो, सोने और हीरे तक की खान यहाँ है पर उसका फायदा भी विदेशी उठा रहे हैं। मैसूर में सोने की खान है पर हमें क्या उसका भी सार विदेशी खींचे लेते हैं। लोहे की खान इतनी अधिक हमारे यहाँ है कि कदाचित् और देशों में न हों पर रेल इत्यादि में जितना लोहा लगता है सब विलायत से आता है। महाराणी का स्मारक चिन्ह जो हाल में यहाँ बना उसके लिये पत्थर भी इटली से मँगाया गया। अब रहा एक आय सरकारी नौकरी का उसमें दो सौ के ऊपर वाली नौकरी प्राय: विलायत के लोगों को मिलती है १५ या २० की नौकरी जो पिसौनी है हमें दी जाती हैं। यह तो हमारे आय का हिसाब भया अब व्यय की ओर चलिये। आय के द्वार तो सब ओर से बन्द हैं व्यय के द्वार चारों ओर से खुले हैं।

हमारे व्यय का क्या पूछना तैमूर महमूद गजनवी और नादिर के ज़माने से अब तक यहाँ सिवाय व्यय के और होता क्या आया। संग्रह तथा आय तो हमने कभी जाना नहीं संचित पूँजी गा गवाना अलबत्ता जानते हैं। सबके पहले धरती की मालगुज़ारी जो ५५ या ६० सरकारी खज़ाने में जाता है १०० में ४० या ४५ किसान तथा ज़मींदार के हाथ लगता है। मसल है 'बह बह मरैं बयलवा बैठे खांय तुरंग' उसी ४० खाने पहनने में खर्चे; नाक लाज में खर्च न करें तो समाज में मुँह दिखाने लायक न रहें; लड़की-लड़कों के ब्याह का खर्च; एक साल भी खेती न लगे तो मुँह बाय बैठे रहें। भाँति-भाँति के टैक्स का खर्च; सरकारी चन्दे का खर्च; जो किसी न किसी बात के लिये साल में बहुधा कई बार उगाहा जाता है, कलक्टर साहब ने कहा कैसे इनकार किया जाय। सिवा इसके तोहफे नज़र हर साल एक न एक कोई दरबार। अदालत में स्टाम्प और सरकारी रसूमों का खर्च; अदला-बदला; अभी हाल में कर्ज़न साहब चलती बार महाराजा बनारस को गन दे हाथी दाँत का 'फर्नीचर' मेज़ कुर्सी आदि बदले में ले गये। लड़कों के पढ़ाने में फीस का खर्च। चार आना लागत की किताब का एक रुपया दाम। सिवा इसके त्योहारों का खर्च। कोई महीना खाली नहीं जाता जिसमें कोई न कोई त्योहार न आ पड़ते हों जिसमें गृहस्थ का चूर ढीला हो जाता है। सोचने की बात है कि जहाँ आय का द्वार इतना संकुचित और व्यय का कोई हिसाब नहीं है उस देश का कल्याण और वहाँ के रहने वालों की बेहया ज़िन्दगी का इतने पर भी ओर न हो यही अचरज है।

■

परचित्तानुरंजन

ऐसे पुरुष जो परचित्तानुरंजन में कुशल हैं अर्थात जिनकी सदा चेष्टा रहती है कि हम से किसी को दु:ख न मिले और कैसे हम दूसरे के मन को अपनी मूठी में कर लें। ऐसे पुरुष के चोला में भी साक्षात् देवता हैं, यह लोक और पर लोक दोनों को उन्होंने जीत लिया। परचित्तानुरंजन या परच्छन्दानुवर्तन से हमारा प्रयोजन चापलूसी करने का नहीं है कि तुम अपनी चालाकी से 'मूर्ख छन्दानुवृत्तेन' के क्रम पर भीतर तो न जानिये कितनी मैल और कूड़ा जमा है अपना मतलब गाँठने को उसके मन की कह रहे हो, वरन अपना मतलब चाहै बिगड़ता हो पर उसका चित्त प्राजुर्दा न हो इसलिये जो वह कहे उसे कबूल कर लेना ही परचित्तानुरंजन है। दिल्ली का बादशाह नसीरुद्दीन महमूद ने एक किताब अपने हाथ से नकल की थी। एक दिन अपने किसी अमीर को दिखला रहा था उस अमीर ने कई जगह गलती बतलाई बादशाह ने उन गलतियों को दुरुस्त कर दिया। जब वह अमीर चला गया तो फिर वैसा ही बना दिया जैसा पहले था। लोगों ने पूछा ऐसा आपने क्यों किया? बादशाह ने कहा मुझको मालूम था कि मैं ने गलती नहीं किया लेकिन खैरखाह और नेक सलाह देने वाले का दिल दुखाने से क्या फायदा इससे उसके सामने वैसा ही बनाय यह मेहनत अपने ऊपर लेनी मैंने उचित समझा। व्यर्थ का शुष्कवाद और दाँत किट्टन करने की बहुधा लोगों की आदत होती है अन्त को इस दाँत किट्टन से लाभ कुछ नहीं होता। चित्त में दोनों के कशाकशी और मैल अलबत्ता पैदा हो जाती है। बहुधा ऐसा भी होता है कि हमारी हार होगी इस भय से प्रतिवादी का जो तत्व और मर्म है उसे न स्वीकार कर अपने ही कहने को पुष्ट करता जाता हैं और प्रति पक्षी की बात काटता जाता है। हम कहते हैं इससे लाभ क्या? प्रतिवादी जो कहता है उसे हम क्यों न मान लें उसका जी दुखाने से उपकार क्या। 'फलं न किंचित् अशुभा समाप्ति:।' सिद्धान्त है 'मुण्डे मुण्डे मतिर्भिन्ना तुण्डे तुण्डे सरस्वती:' बहुत लोग इस सिद्धान्त को न मान जो हम समझे बैठे हैं उसे क्यों न दूसरे को समझायें इसलिये न जानिये कितना तर्क कुतर्क शुष्कवाद करते हुए बाँय-बाँय बका करते हैं फल अन्त में इसका यही होता है कि जी कितनों का दुखी होता है, मानता उसके कहने को वही है जिसे उसके कथन में श्रद्धा है। हमारे चित्त में ऐसा आता है कि जो हमने तत्व समझ रक्खा है उसे उसी में कहैं जिसे हमारी बात पर श्रद्धा हो। मोती की लरियों को कुत्ते के गले में पहना देने से फायदा क्या? अस्तु हमारे प्राचीन आर्यों ने जो बहुत सी विद्या और ज्ञान छिपाया है उसका यही प्रयोजन है। जिसे इन दिनों के लोग ब्राह्मणों पर दोषारोपण करते हैं कि ब्राह्मणों ने विद्या छिपाया सबों को न पढ़ने दिया।

विद्या ब्राह्मणमेत्याह शेवधिस्तेभवाम्यहम्।

असूयकाय मां मादास्तथास्यां वीर्यवत्तमा॥

विद्या ब्राह्मण से यों कहती है मैं तुम्हारा खज़ाना हूँ, मुझे जुगै के रखो निन्दक तथा गुण में दोष निकालने वाले मत्सरी को मत बतलाओ ऐसा करोगे तो मैं तुमको अत्यन्त वीर्यवती हूँगी। छान्दोग्य ब्राह्मण में भी ऐसा ही कहा है—

विद्याह वै ब्राह्मणमाजगाम तवाहमस्मि त्वं मां पालय।

अनर्हते मानिनेनैवमादा गोपाय मां श्रेयसी तथाहमस्मि।

विद्या सार्द्धं म्रियेत नविद्यामूषरे वपेत्॥

कितने लोग ऐसे हैं जिन के मधुर कोमल शब्दों में मानो फूल झरते हों; श्रुति मनोहर उनके बदनाब्जनि: सतपदावलियों के एक-एक शब्द पर जी लुभाता है किन्तु कितने कटुवादी खल ऐसा असन्तुद बोलने वाले हैं कि वे जब तक दिन में दो चार बार मर्म ताड़न कर किसी का चित्त न दुखा लें तब तक उन्हें खाना नहीं हज़म होता। ऐसे दुष्टों का जन्म ही इस लिये संसार में है कि वे अपने वाग् बज्र से दूसरों का हृदय विदीर्ण किया करें। 'अतीव रोषा कटुका च वाणी नरस्य चिन्हानि नरकागतानाम्' वाक् संयम इसीलिये का गया है कि कहीं ऐसा न हो कि कोई शब्द हमारे मुख से ऐसा निकल जाय कि उससे दूसरे के चित्त को खेद पहुँचे। शील के सागर कितने पुरुष रत्न चारुदत्त से चारु चरित्र ऐसे हैं जो अपना बहुत सा नुकसान सह लेते हैं पर लेन देन में कड़ाई के साथ नहीं पेश आया चाहते और न वे दूसरे का जी दुखाते हैं। निश्चय ऐसे लोग महापुरुष हैं, स्वर्ग भूमि से आये हैं और स्वर्ग में लायेंगे। जो परचित्तानुरंजन में लौलीन हैं उनके समकक्ष मनुष्यकोटि में ऐसे ही कहीं कोई होंगे। यह परच्छन्दानुवर्तन दैवी गुण वहीं अवकाश पाता है जहाँ दर्प थाह ज्वर की ऊष्मा का अभाव है। अहंकारी को कभी यह बुद्धि होती ही नहीं कि हम किसी के चित्त कोने दुखायें वरन परछिद्रान्वेषण ही में उसे सुख मिलता है। दूसरे की ऐब जोई को वह अपने लिये दिल बहलाव मानता है। अभिमान से देवदूत और फरिश्ते भी स्वर्ग से च्युत किये गये तब जिस में यह शैतानी खसलत है उसकी तुलना परचित्तानुरंजक के साथ क्योंकर हो सकती है। यह दर्पदाहज्वर धनवानों को बहुतायत के साथ सवार रहता है हमारा यह लेख उन्हीं के लिये विशेष रसांजन है। निष्किंचन जो सामान्य मनुष्य के सामने भी गिड़गिड़ाया करता है उसको इस रसांजन की क्या अपेक्षा है।

बहुत से ऐसे भी लोग हैं जिनकी चाल और ढंग से कुछ ऐसा होता है कि उसे देख चित्त में विषाद और कुढ़न पैदा होती है।

यद्यपि कानो हानि: परकीयां रासभो चरति द्राक्षाम।

असमंजसमिति मत्वा तथापि नो खिद्यते चेत:॥

किसी दूसरे के दाख के खेत को गदहा चरे लेता है हमारी यद्यपि इसमें कोई हानि नहीं है किन्तु यह असमंजस सा मालूम होता है कि दाख के खेत को गदहा चरे डालता

है यह समझ चित्त को खेद होता ही है। गर्वापहारी परमेश्वर की कुछ ऐसी महिमा है कि इस तरह के तुच्छ मनुष्यों को कोई ऐसा धक्का लग जाता है कि उनकी सब ऐंठन बिदा हो जाती है और तब वे राह पर आ जाते हैं। और तब भी जो सीधे रास्ते पर न आये उन्हें या तो बेहया कहना चाहिये या समझना चाहिये कि उनका कुछ और अमंगल होनहार है। सोने की नाई चरित्र की परख भी कंसे जाने पर होती है। कसने से जो खरा और शुद्ध चरित्र का निकला वह लोक में प्रतिष्ठा और कदर के लायक होता है और जो दगीला और खोटा निकल गया वह फिर किसी काम का नहीं रहता। समाज में सब लोग उससे घिन करने लगते हैं जो घिन के लायक हैं उनके जीवन से फल क्या।

कुसुमस्तवकस्येव द्वयी वृत्तिर्मनस्विनः।
मूर्ध्निहि सर्व लोकानां विशीर्येत बनेथवा॥

चरित्रवान् मनस्वी फूलों के गुच्छा के समान हैं फूल या तो सबों के सिर पर चढ़ेगा नहीं तो जहाँ फूला है वही कुम्हला के पेड़ के नीच गिर पड़ेगा। कविवर भवभूति ने भी ऐसा ही कहा है—

नैसर्गिकी सुरभिणः कुसुमस्य सिद्धा मूर्ध्नि
स्थितिर्नचरणैरवताडनानि॥

परचित्तानुरंजन के प्रकरण में इतना सब हम अप्रासंगिक गा गये पढ़ने वाले कहेंगे व्यर्थ की अलापचारी से यह पत्र की जगह छेक रहा है। सो नहीं परचित्तानुरंजन चरित्र पालन का प्रधान अंग है जो दूसरे के चित्त को अपनी मूठी में कर लेना सीखे हैं और इस हुनर में प्रवीण हैं वे चरित्रवानों के सिरमौर होते हैं। 'स्माइल्स आन् क्यारेक्टर' में यही बात कई जगह कई तरह पर दर्शाई गई है। पाठक आप भी यदि चरित्रवान् हुआ चाहो तो परचित्तानुरंजन में ध्यान लगाओ सो भी कदाचित् नापसन्द हो तो एक बार हमारे इस लेख को तो पढ़ लो। देव वाणी अंगरेज़ी के लेख पढ़ने की आदत पड़ रही है। पिशाच भाषा हिन्दी का लेख पढ़ने में अपनी हतक समझते हो तो लाचारी है। हमारे भाग में करतार ने इसी पिशाचिनी की सेवा करना लिख दिया है तब क्या किया जाय।

१९०६ ई०

■

दौड़-धूप

दौड़-धूप का दरजा कहाँ तक बढ़ा हुआ है। इसका अन्त पाना सहज नहीं है। सच पूछो तो संसार में हमारा जीवन सब का सब या कुछ हिस्सा इसका केवल दौड़-धूप है और अब इस अँग्रेजी राज में तो इस दौड़-धूप का अन्त है। दौड़-धूप अपनी हद को पहुँची हुई है। घर में जितने प्राणी होंगे सब मिल कर यथोचित दौड़-धूप (स्ट्रगल) करते रहेंगे तभी चलेगा नहीं तो पहिया रुक जायगी। वर्तमान शासन की प्रणाली ने हमारे नेत्र खोल दिये। भारत का अब वह समय दूर गया जब एक आदमी कमाता और दस प्राणियों का पूरा-पूरा भरण-पोषण करता रहा। अब उन दस प्राणियों में नौ कमाते हों एक किसी कारण अपाहिज या निकम्मा निकल गया तो उसका कहीं ठिकाना नहीं। दूसरा कारण एक यह भी मालूम होता है कि देश में धन रह न गया और अल्यूमेंट्स— मन को लुभाने या फुसलानेवाले चित्ताकर्षक पदार्थ इतने अधिक हो गये हैं कि उन्हें देख जी लुभा उठता है। बिना उन्हें खरीदे जी नहीं मानता, न खरीदो तो अपने आराम और आसाइश में फर्क पड़ता है। जिस गृहस्थी का पालन-पोषण साथ-आराम के दस रुपये महीने की आमदनी में होता था वहाँ अब हर एक जिन्स के महँगे हो जाने से पच्चीस रुपये महीने की आमदनी पर भी नहीं चलता। इस दौड़-धूप में एक दूसरे के मुकाबले आगे बढ़ जाने की चेष्टा जिसे अँगरेजी में 'कम्पटीशन' और हमारी बोलचाल में हिसका या उतरा-चढ़ी कहेंगे कोढ़ में खाज के समान है।

इस उतरा-चढ़ी में बहुत से गुण हैं पर कई एक दोष भी इसमें ऐसे प्रबल हैं जिससे हमारी बड़ी हानि हो रही है। एक ही बात के लिये दो प्रतिद्वन्द्वियों के होते आपस में दोनों की उतरा-चढ़ी (कम्पटीशन) होने पर दोनों जी खोल कोशिश करते हैं जो कृतकार्य होता है उसके हर्ष की सीमा नहीं रहती। हमारे अपढ़ रुपये वाले जिन्हें न इतनी अकल न हिम्मत न शऊर कि बाहर निकल कदम बढ़ावें घर के भीतर ही रहा चाहें इस उतरा-चढ़ी में आय आपस में कट मरते हैं। अफीम,भाँग इत्यादि के ठीकों में ऐसा बहुधा देखा जाता है। इन अहमकों की उतरा-चढ़ी में प्रजा का धन खूब लुटता है। विदेशी राजा ठहरा, कर्मचारी ऐसी हिकमत काम में लाते हैं कि उतरा-चढ़ी में इन महाजनों का टेण्डर हर साल बढ़ता ही जाये। ऐसा ही दो धनियों में आपस की स्पर्द्धा हो गई तो दोनों छोर में मिल जाते हैं। दो विद्यार्थियों में स्पर्द्धा का होना दोनों के लिये बहुत उपकारी है। एक दूसरे में स्पर्द्धा ही से यह संसार चल रहा है। संसार या संसृति के माने ही दौड़-धूप है और दौड़-धूप की अन्तिम सीमा प्रतिस्पर्द्धा या उतरा-चढ़ी है। कुलीनता का घमण्ड दूसरे प्रतिस्पर्द्धा इन दोनों से हमारा समाज जर्जरित होता जाता है।

ब्याह-शादियों में करतूत का बढ़ जाना जिससे बहुधा लोग कर्जदार हो बिगड़ जाते हैं यह सब इसी उतरा-चढ़ी का प्रतिफल है। उतरा-चढ़ी 'कम्पटीशन' न हो तो केवल दौड़-धूप (स्ट्रगल) को बुरी न कहेंगे।

इधर हिन्दुस्तान का अधःपात आलस्य और सुस्ती ही से हुआ जब तक देश रंजा-पुजा था लोग हाथ पर हाथ रखे पागुर करते बैठे रहे। विलायती पंप के द्वारा जब सब रस खिंच गया तो अब चेत आई। भाँति-भाँति की दौड़-धूप में लोग अब इस समय लग रहे हैं पर वह पम्प ऐसा तले तक गड़ गया है कि हमारी दौड़-धूप का भी सारांश उसी पम्प में खिंच जाता है। हाँ इस कदर दौड़-धूप करने से पेट अलबत्ता पाल लेते हैं। इतना परिश्रम न करें तो कदाचित् भूखों मर जायें। धन्य भारत के वे दिन जब शान्ति-देवी के उपासक हमारे ऋषि-मुनि अपने पुण्याश्रम में आध्यात्मिक चिन्तन में अपना काल बिताते हुए दौड़-धूप और फिक्र चिन्ता का नाम भी नहीं जानते थे। भारत की परम उन्नति का समय यही था।

जुलाई, १९०६ ई०

■

दृढ़ और पवित्र मन

मन की तुलना मुकुर के साथ दी जाती है जो बहुत ही उपयुक्त है। मुकुर में तुम्हारा मुख साफ तभी देख पड़ेगा जब दर्पण निर्मल है। वैसा ही मन भी जब किसी तरह के विकार से रहित और निर्मल है तभी मनन जो उसका व्यापार है भलीभाँति बन पड़ता है। तनिक भी बाहर की चिन्ता का कपट तथा कुटिलाई की मैल मन पर संक्रामित रहे तो उसके दो चित्त हो जाने से सूक्ष्म बिचारों की स्फूर्ति चली जाती है। इसी से पहले के लोग मन पवित्र रखने को वन में जा बसते थे; प्रातःकाल और साँझ को कहीं एकान्त स्थल में स्वच्छ जलाशय के समीप बैठ मन को एकाग्र करने का अभ्यास डालते थे। मन की तारीफ में यजुर्वेद संहिता की ३४ अध्याय में ५ ऋचायें हैं जो ऐसे ही मन के सम्बन्ध में हैं जो अकलुषित, स्वच्छ और पवित्र हैं। जल की स्वच्छता के बारे में एक जगह कहा भी है 'स्वच्छं सज्जनचित्तवत्' यह पानी ऐसा स्वच्छ है जैसा सज्जन का मन। अस्तु, उन ५ ऋचाओं में दो एक को हम यहाँ अनुवाद सहित उद्धृत कर अपने पढ़ने वालों को यह दिखाया चाहते हैं कि वैदिक समय के ऋषि-मुनि मन की फिलॉसफी को कहाँ तक परिष्कृत किये थे।

> **''यस्मिन्नृचः सामयजूंषि यस्मिन्प्रतिष्ठिता रथनाभाविचाराः।**
> **यस्मिंश्चित्तं सर्वमोतं प्रजानां तन्मे मनः शिवसंकल्पमस्तु॥**
> **सुषारथिरश्वानिव यन्मनुष्यान्नेनीयतेऽभीषुभिर्वाजिन।**
> **इवहृत्प्रतिष्ठं यदजिरं जविष्ठं तन्मे मनःशिसंकल्पमस्तु॥''**

रथ की पहिया में जैसे आरा सन्निविष्ट रहते हैं वैसे ही ऋग् यजु साम के शब्द-समूह मन में सन्निविष्ट हैं। पट में तन्तु समूह जैसे ओत-प्रोत रहते हैं। वैसे ही सब पदार्थों का ज्ञान मन में ओत-प्रोत है। अर्थात् मन जब अकलुषित और स्वस्थ है तभी विविध ज्ञान उसमें उत्पन्न होते हैं; व्यग्र हो जाने पर नहीं। जैसे चतुर सारथी घोड़ों को अपने अधीन रखता है और लगाम के द्वारा उनको अच्छे रास्ते पर ले चलता है वैसे ही मन हमें चलाता है। तात्पर्य यह है कि मन देह-रथ का सारथी है और इन्द्रियाँ घोड़े हैं—चतुर सारथी हुआ तो घोड़े जब कुपन्थ पर जाने लगते हैं तब लगाम कड़ी कर उन्हें रोक लेता है। जब देखता है रास्ता साफ है तो बागडोर ढीली कर देता है, वैसा ही मन करता है। जिन मन की स्थिति अन्तःकरण में है जो कभी बुढ़ाता नहीं जो अत्यन्त वेग गामी है वह मेरा मन शान्त व्यापार वाला हो—

> **यज्जाग्रतो दूरमुदैति दैवं तदु, सुप्तस्य तथैवैति।**
> **दूरं गमं ज्योतिषां ज्योतिरेकं तन्मे मनः शिवसंकल्पमस्तु॥**

चक्षु आदि इन्द्रियाँ इतनी दूर नहीं जाती जितना जागते हुए का मन दूर से दूर जाता है और लौट भी आता है, जो दैव अर्थात् दिव्य-ज्ञान वाला है, आध्यात्मिक सम्बन्धी सूक्ष्म विचार जिस मन में आसानी से आ सकते हैं, प्रगाढ़ निद्रा का सुषुप्ति अवस्था में जिसका सर्वथा नाश हो जाता है, जागते ही जो तत्क्षण फिर जी उठता है; वह मेरा मन शिव संकल्प वाला हो अर्थात् सदा उसमें धर्म ही स्थान पाये, पाप मन से दूर रहे।

मन के बराबर चंचल संसार में कुछ नहीं है। पतंजलि महामुनि ने उसी चंचलता को रोक मन के एकाग्र रखने को योग दर्शन निकाला। यूरोप वाले हमारी और-और विद्याओं को तो खींच ले गये पर इस योग-दर्शन और फलित ज्योतिष पर उनकी दृष्टि नहीं गई सो कदाचित् इसीलिये कि ये दोनों आधुनिक सभ्यता के साथ जोड़ नहीं खाते। इस तरह के निर्मल मन वाले सदा पूजनीय हैं। जिनके मन में किसी तरह का कल्मष नहीं है; द्रोह, ईर्ष्या, मत्सर, लालच तथा काम-वासना से मुक्त जिनका मन है उन्हीं को जीवन्मुक्त कहेंगे।

बुद्ध और ईसा आदि महात्मा दत्तात्रेय और याज्ञवल्क्य आदि योगी जो यहाँ तक पूजनीय हुए कि अवतार मान लिये गये उनमें जो कुछ महत्त्व था सो इसी का कि वे मन को अपने वश में किये थे। जो मन के पवित्र और दृढ़ हैं वे क्या नहीं कर सकते। संकल्प सिद्धि इसी मन की दृढ़ता का फल है। शत्रु ने चारों ओर से आके घेर लिया; लड़ने वाले फौज के सिपाहियों के हाथ-पाँव फूल गये, भाग के भी नहीं बच सकते, सबों की हिम्मत छूट गयी, सब एक स्वर से चिल्ला रहे हैं, हार मन अब 'ईल्ड' शत्रु के सुपर्द अपने को कर देने ही से कल्याण है; कैदी हो जायेंगे बला से, जान तो बची रहेगी। पर सेनाध्यक्ष 'कमाण्डर' अपने संकल्प का दृढ़ है सिपाहियों के रोने-गाने और कहने-सुनने से विचलित नहीं होता; कायरों को सूरमा बनाता हुआ रण-भूमि में आ उतरा; तोप के गोलों का आघात सहता हुआ शत्रु की सेना पर जा टूटा; द्वन्द्व-युद्ध कर अन्त को विजयी होता है। ऐसा ही योगी को जब उसका योग सिद्ध होने पर आता है तो विघ्नरूप, जिन्हें अभियोग कहते हैं, होने लगते हैं इन्द्रियों को चलायमान करने वाले यावत् प्रलोभन सब उसे आ घेरते हैं। उन प्रलोभनों में फँस गया तो योग से भ्रष्ट हो गया। अनेक प्रलोभन पर भी चलायमान न हुआ दृढ़ बना रहा तो अणिमा आदि आठों सिद्धियाँ उसकी गुलाम बन जाती हैं, योगी सिद्ध हो जाता है। ऐसा ही विद्यार्थी जो मन और चरित्र का पवित्र है दृढ़ता के साथ पढ़ने में लगा रहता है पर बुद्धि का तीक्ष्ण नहीं है; बार-बार फेल होता है तो भी ऊब कर अध्ययन से मुँह नहीं मोड़ता; अन्त को कृतकार्य हो संसार में नाम पाता है। बड़ी से बड़ी कठिनाई में पड़ा हुआ मन का पवित्र और दृढ़ है तो उसकी मुश्किल आसान होते देर नहीं लगती। आदमी में मन की पवित्रता छिपाये नहीं छिपती न कुटिल और कलुषित मन वाला छिप सकता है। ऐसा मनुष्य जितना ही ऊपरी दाँव-पेंच अपनी कुटिलाई छिपाने को करता है उतना ही बुद्धिमान् लोग जो ताड़बाज़ हैं ताड़ लेते हैं। कहावत है 'मन से मन को राहत है' 'मन, मन को पहचान लेता है।' पहली कहावत के यह माने समझे जाते हैं कि जो तुम्हारे

मन में मैल नहीं है वरन् तुम बड़े सीधे और सरल चित्त हो तो दूसरा कैसा ही कुटिल और कपटी है तुम्हारा और उसका किसी एक खास बात में संयोग-वश साथ हो गया तो तुम्हारे मन को राहत न पहुँचेगी। जब तक तुम्हारा ही-सा एक दूसरा पड़ तुम्हें निश्चय न करा दे कि इसका विश्वास करो हम इसके बिचवई होते हैं। दूसरी कहावत के मतलब हुए कि हमसे कुटिल चालबाज का हमारे ही समान कपटी चालाक का साथ होने से पूरा जोड़ बैठ जाता है।

मस्तिष्क, मन, चित्त, हृदय, अन्तःकरण, बुद्धि ये सब मन के पर्याय शब्द हैं। दार्शनिकों ने बहुत ही थोड़ा अन्तर इनके जुदे-जुदे 'फंक्शन्स' कामों में माना है—अस्तु हमारे जन्म की सफलता इसी में है कि हमारा मन सब वक्रता और कुटिलाई छोड़ सरल-वृत्ति धारण कर; भगवद्‌चरणारविन्द के रसपान का लोलुप मधुप बन; अपने असार जीवन को इस संसार में सारवान् बनाये; तत्सेवानुरक्त महजनों की चरण-रज को सदा अपने माथे पर चढ़ाता हुआ ऐहिक तथा आमुष्मिक अनन्त सुख का भोक्ता हो; जो निश्चितमेव नाल्पस्य तपसः फलम् है। अन्त को फिर भी हम एक बार अपने वाचक वृन्दों को चिताते हैं कि जो तभी होगा जब चित्त मतवाला हाथी-सा संयम के खूँटे में जकड़ कर बाँधा जाय। अच्छा कहा है—

अप्यस्ति कश्चिल्लोकेस्मिन्येनचित्त मदद्विपः।
नीतः प्रशमशीलेन संयमालानलीनताम्॥

मई, १९०६ ई०

चित्त और चक्षु का घनिष्ठ संबंध

चित्त जिसके द्वारा चैतन्य-मात्र को बाह्य वस्तु का ज्ञान होता है उसका चक्षु के साथ जैसा घनिष्ठ सम्बन्ध है वैसा दूसरी ज्ञानेन्द्रियों के साथ नहीं। दार्शनिक, जो 'दृश' धातु से बना है, दृष्टि और मन दोनों के सम्बन्ध का मानों निचोड़ है; अर्थात् वह मनुष्य जो किसी वस्तु को देख उस पर अपनी मानसिक शक्ति का जोर दे। इसी से किसी बहुदर्शी विद्वान का सिद्धान्त है कि बुद्धिमान् का चित्त चक्षु है। हम लोग प्रतिक्षण संसार के सब पदार्थों को देखा करते हैं, पर उन देखी हुई वस्तुओं पर मन को जैसा चाहिए वैसा नहीं लगाते। एक तत्व-दर्शी विद्वान का देखना यही है कि उसके नेत्र उस देखे हुए पदार्थ की नस-नस में पैठ मन का काम में लाकर सोचते-सोचते उसके तत्त्व तक पहुँच जाते हैं। लटकती हुई चीजों को इधर-उधर झूलते सब लोग देखते हैं, पर लटकते लैम्प को हवा में झोंका खाते देख गेलिलियो के मन में एक अनोखी बात आयी। उन्होंने देर तक सोचने के उपरान्त निश्चय किया कि इस तरकीब से हम समय को अच्छी तरह नाप सकते हैं और वही घड़ी के पेंडुलम की ईजाद का मूल कारण हुआ। क्षुद्र पदार्थों को देख मन का उन पर एकाग्र होना बड़े से बड़े विज्ञान और अनेक कलाओं के प्रचार का हेतु हुआ। न्यूटन ने भी तो सेब के फल को नीचे गिरते देखा ही था, कि जिस पर चित्त को एकाग्र कर सोचते-सोचते आकर्षक-शक्ति का सिद्धान्त दृढ़ किया, जिस शक्ति के बल से ब्रह्माण्ड, सूर्य, चन्द्रमा, पृथ्वी, तारागण, ग्रह, नक्षत्र, सब अपनी-अपनी कक्षा में नियत समय में घूमा करते हैं। नितान्त अज्ञ दुधमुहे बालक को जिसकी मानसिक शक्ति अत्यन्त अल्प रहती है उस समय नेत्र ही ज्ञान का द्वार रहता है। यही कारण है कि बालक साधारण से साधारण वस्तु को बड़े चाव से देखता है। तात्पर्य यह है कि बालक की मानसिक शक्तियों का विकास 'मेंटल डेवेलपमेंट' जैसा नेत्र के द्वारा होता है वैसा कान आदि के द्वारा नहीं। किसी चटकीली चमत्कृत बात को सुनकर जो मन में उत्सुकता पैदा होती है वह नेत्र ही के द्वारा शान्त होती है। सुनने और देखने के भाव को किस ने नीचे के श्लोक में बड़ी चातुरी के साथ प्रकट किया है—

श्रुत्वापि दूरे भवदीय वार्ता नेत्रौ च तृप्तौ नहि चक्षुषीमे।
तयोर्विवादं परिहर्तुकामः समागतोहं तव दर्शनाय॥

अर्थात् आपके उत्तम गुणों की चर्चा सुन कर कान तो तृप्त हो गये पर आँखें नहीं। अब आपकी बात चल पड़े तब कान जिन्होंने सुन रखा था, प्रशंसा करने लगे और आँखें जिन्होंने देख नहीं रखा था लड़ा करे। उन दोनों का झगड़ा मिटाने को हम आपके दर्शन को आये हैं। नल के गुण-स्तुति का नैषध काव्य में भी ऐसा ही एक श्लोक है—

अदस्तकार्ण्य फलाट्यजीवितं द्वशोर्द्वयोर्नस्तवीक्ष्य चाफलम्।

इतिस्मचक्षुश्श्रवसां प्रिया नले स्तुवन्ति निन्दन्ति हृदा तदात्मनः॥

सर्प चक्षुश्रुवा होते हैं, अर्थात् आँख ही से देखते और सुनते भी हैं। नाग-पत्नियाँ नल का यश सुन कर प्रसन्न होती हैं और अपना जन्म सफल मानती हैं; पर देखा नहीं इससे अपने को विफल-जन्मा मान अपनी निन्दा भी करती हैं।

आग में घी छोड़ने की भाँति कभी-कभी देखने से मन और अधिक उत्सुक होता जाता है। जैसे प्रेमी को अपने प्रेम-पात्र के देखने में, सच्चे भक्त को अपने इष्टदेव के दर्शन में, एक बार, दो बार, दस बार, सौ बार, सहस्र बार जितना ही देखता जाये उतनी ही चाहें बढ़ती जायेगी। फिर मन का तो आँख से ऐसा घना सम्बन्ध है कि मन को लोग हिए की आँख कहते हैं। सूरदास ने एक विनय में कहा भी है—

''सूर कहा कहै दुविध आंधरो बिना मोल को चेरो।

भरोसो दृढ़ इन चरणन केरो''।

भगवान् न करे किसी की हिए की फूटे, जिसके फूटने से फिर किसी तरह निस्तार नहीं है। बाल्य-विवाह के शौकीनों की हिए की फूटी हैं, दुधमुहों को ब्याहने से सरासर नुकसान है, देश का देश धूर में मिल गया, फिर भी ज्ञान नहीं होता। हमारा मन यदि किसी एक बात पर एकाग्र रहे तो हजारों चीजें देखकर भी उनका कुछ स्मरण नहीं रखते; अतः निश्चय हुआ कि हृदय की आँख इस चर्म चक्षु से कितनी अधिक प्रबल है। इससे हिए की आँख से देखना ही देखना है। और इस तरह का देखना जो जानते हैं उन्हीं का ठीक-ठीक देखना है। चतुर सयाने, जिन्हें यह हुनर याद है, बाहरी आकार, चेष्टा और बोल-चाल से तुम्हारे मन में क्या है, उसे चट जान लेते हैं।

''अकारैरिंगितैर्गत्या चेष्टया भाषणेनच।

नेत्रवक्त्रविकारैश्च लक्ष्यतेऽन्तर्गतं मनः।''

ऐसों को हम मन-माणिक की कदर करने वाले और पहचान रखने वाले जौहरी कहेंगे। मन को पवित्र या अपवित्र करने का द्वार नेत्र है। किसी पुण्याश्रम, तपोभूमि, गिरि, नदी, निर्झर आदि तीर्थ विशेष में जाकर वहाँ के प्राकृतिक पवित्र दृश्यों को देखते ही या किसी जीवन्मुक्त महापुरुष के दर्शन से मन एकबारगी बदल जाता है। पापी से पापी ठगों और डकैतों का हाल देखा और सुना गया है कि ऐसे लोग महात्माओं के पवित्र स्थानों में जाते ही या किसी महात्मा का दर्शन कर अपने पाप-कर्म से छुट ऋषि-तुल्य शान्त स्वभाव के हो गये हैं। लोग मन को व्यर्थ ही चंचल प्रसिद्ध किये हैं। चंचलता नेत्र करते हैं, फँसता है बेचारा निरपराधी चित्त—

''क्यों बसिए निरवारिए, नीति नेह पुर माहि।

लगा लगी लोचन करैं नाहक चित्त बँधि जाहि॥

नैना नेक न मानहीं कितेउ कह्यो समझाय।

तन मन हारे हू हसैं तिनसों कहा बसाय॥

दृग उरझत टूटत कुटुम्ब जुरत चतुर चित प्रीति।
परत गाँठ दुरजन हिये दई नई यह रीति॥"

किसी शायर का कौल है—

"दीदार दिलरुबा का दीवार कहकहा है।
जो उस तरफ को झाँका वह इस तरफ कहाँ है॥"

प्रेमी के वियोग में जब ये नेत्र निरास हो बैठते हैं तब अपने सहयोगी मन को उस ओर भेजते हैं, जो दिन-रात उसकी खोज में प्रवृत्त हो जाता है। दैवयोग से प्रेमी मिल गया तो नेत्रों को ठंडक पहुँचती है; नहीं तो सन्ताप में झुलसा करते हैं।

"प्रेम बनिज कीन्हो हुतो मेह नफा जिय जानि।
अब प्यारे जिय की परी प्राण पुंजी मैं हानि॥"

अन्त में अपनी दशा का देखना यावत् सुधार और मन के शान्ति का हेतु है। जो अपनी दशा देख कर काम करते हैं वे सदा सुखी रहते और संकट में नहीं पड़ते हैं।

दिसम्बर, १९०९ ई०

■

सोना

मैं समझता हूँ कि सोने के समान दूसरा सुख कदाचित न होगा। भाँति-भाँति के व्याधि-ग्रसित मनुष्य-जन्म में यदि कोई सच्चा सुख संसार में है तो सोने में है। किन्तु वह सुख तभी मिलता है जब सोने का ठीक-ठीक बर्ताव किया जाये। इस सोने को आप चाहे जिस अर्थ में लीजिंये निद्रा या धन बात वही है फर्क सिर्फ इतना ही है कि रात का सोना मन को मनमाना मिल सकता है धातु वाला सोना सब के पास उतने ही अन्दाजे से नहीं आता। दूसरे इतने परिश्रम से मिलता है कि दाँतों पसीने आते हैं। हम अपने विचार-शील पढ़ने वालों से पूछते हैं सोने के इन दो अर्थों में आप किसे अच्छा समझते हैं? क्यों साहब रात वाला सोना तो अच्छा है न? इसलिए कि यह कंगाल या धनी को सब को एक-सा मयस्सर है। धनी को मखमली कोच पर जो निद्रा आयेगी कंगाल को वही कंकड़ों पर। कहा भी है—

''निद्रातुराणां नच भूमिशैया''

जिससे सिद्ध होता है कि जो प्रकृति-जन्य पदार्थ हैं उसके मुकाबले कृत्रिम बनावटी की कोई कदर नहीं है; जैसा मलयाचल की त्रिविध समीरण के आगे खस की टट्टियों से आती हुई थरमेंटीडोट की हवा को कभी आप अच्छा न कहियेगा। किन्तु फिर भी जैसा हम ऊपर कह आए हैं कि सोने के ठीक-ठीक बर्ताव ही से सब सुख मिल सकते हैं; इसके ठीक-ठीक बर्ताव में गड़बड़ हुआ कि यही सोना आपका जानी दुश्मन हो जायगा और सकार के स्थान में आपको रकार देख तब सूझने लगेगा; पर किफायत और उचित बर्ताव इसका रखिये तो सोना और सुगन्ध वाली कहावत सुगठित होगी। एक सोने वाला जुआरी एक बार बहुत-सा रुपया हार गया तो बोला क्या परवाह दूसरे दाँव में इसका दूना जीत लूँगा पर दूसरी बार जुआ में जो कुछ पल्ले का था सो भी निकल गया। ऐसा ही एक सोने वाला विद्यार्थी बड़ा होने पर बहुधा अपने मित्रों से कहा करता है मैं जवानी में सो कर इतनी देर तक उठता था कि आज हिसाब लगाता हूँ तो ३० वर्ष में २२ हजार के लगभग घंटे मैंने बेफायदे खोये। याद रहे अगर आप रात वाले सोने का वाजिबी बर्ताव करते रहोगे तो धातु वाला सोना आप से आप आ मिलेगा। निश्चय जानिये मनुष्य के लिये कोई वस्तु अप्राप्य नहीं है यदि चित्त दे हम उसे लिया चाहे। सोना वह वस्तु है कि इससे रोगियों का रोग, दुखियों का दु:ख थके हुओं की थकावट जाती रहती है। वैद्यक वाले लिख भी गये हैं—

''अर्द्धरोग हरी निद्रा सर्वरोग हरी क्षुधा''

घोर सन्निपात हो गया, दिन रात तलफ रहा है, एक क्षण भी कल नहीं पड़ती, दस मिनट की एक झाँप आ गई रोग आधा हो जाता है जीने की आशा बँध जाती है। अस्तु,

यहाँ तक तो हमने मिला के कहा अब अलग-अलग लीजिये। रात को बिना सोये बादशाह को भी आराम नहीं पहुँचता। सारी दुनिया का सोना चाहे घर में भरा हो जब तक न सोइये चैन न पाइयेगा। सब दौलत और माल असबाब को ताक पर रख दीजिये और इस आरामदेह फरिश्ते के जरूर कैदी बनिये। अगर आपका दिल सैकड़ों झंझट और फिक्रों के बोझ से लदा हुआ है यहाँ तक कि उस बोझ को अलग फेंक घड़ी-आध-घड़ी कहीं किसी पेड़ की ठंडी छाया में बैठ सीरी बयार का सेवन कर थोड़ा विश्राम करने का भी समय नहीं मिलता; ऐसे अभागे को इस फरिश्ते की हवालात में भी जहाँ जीव मात्र को आराम और स्वास्थ्य मिलता है उसी तरह की बेचैनी और बेकरारी रहेगी। तात्पर्य यह कि सच्ची गाढ़ी नींद उन्हीं को आती है जिनके दिलों में कोई गैर मामूली शिकायत नहीं रहती। बहुधा देखने में आता है ऐयाश शराबखोर देर से सोते हैं और देर तक उठते हैं। इसी के विरुद्ध विद्याभ्यासी १२ या १ बजे तक किताबों के साथ आँख फोड़ा करते हैं और चार ही बजे उठ खड़े होते हैं। कितने ऐसे सुखिया जन हैं जिनको नींद जल्द आती है; कितने दरिद्र भी हैं जो दिन-रात सोया करते हैं फिर भी नींद के बोझ से हरदम लदे ही रहते हैं। बहुतेरे ऐसे भी सौभाग्यशाली हैं जिनको स्वभाव ही से बहुत कम नींद आती है और ऐसों को इस तरह का जागना स्वास्थ्य में कोई हानि नहीं पहुँचाता। परन्तु अधिकांश ऐसे हैं जिनको यह गैर मामूली जागना बहुत ही बिगाड़ करता है। कम सोना जैसा नुकसान पैदा करता है वैसा ही अधिक सोना भी। और फिर रात में देर से सोने का जैसा बुरा असर तन्दुरुस्ती पर है उससे अधिक भोर को देर से उठने का होता है; विद्यार्थी को देर से उठने का परिणाम अत्यन्त हानिकारक है। मनु ने तो सूर्योदय में सोने को यहाँ तक निषिद्ध कहा है कि जिसे सोते हुए सूर्य निकल आयें उसे चाहिए दिन भर उपवास करे और गायत्री का जप करता रहे। जो लोग पहले सबेरे उठते रहे पर पीछे देर तक सोने की आदत में पड़ गये उन्हें याद रहे कि सूर्योदय के पहले उठ जरा बाहर की तरफ टहल आने से कैसा सुख मिलता था; आहा! उस समय प्रातः परिभ्रमण से चित्त को कैसी शान्ति और प्रसन्नता प्राप्त होती है; उषा देवी के प्रसाद का अनुशीलन करने वाला स्वच्छ शीतल वायु; वनस्पतियों पर मोती सदृश्य ओस के बिन्दु; पखेरुओं का कलरव; अरुण-किरण के मिस मानो लाल झालर टकी हुई आकाश वितान की अनूठी छवि दिशाओं की मनोहरता मन को प्रमोद प्रत्येक अंग में रोम-रोम को कैसी फुर्ती और सन्तोष देती है। वही छः घड़ी दिन चढ़े तक ऐंड़ाय-ऐंड़ाय खाट तोड़ने वाले के मन और शरीर में कैसा आलस्य शाठ्य और शैथिल्य तथा सुस्ती छाई रहती है कि संपूर्ण दिन-का-दिन नष्ट बीतता है। इसी से हमारे पुराने आर्य ऋषियों ने लिखा है—

''अरुणकिरणग्रस्तां प्राचीं विलोक्यस्नायात''

माघ कवि ने शिशुपाल के ग्यारहवें सर्ग में प्रातःकाल का बड़ा ही अनूठा वर्णन किया है जिसके पढ़ने वाले को प्रातः परिभ्रमण का पूर्ण अनुभव घर बैठे ही प्राप्त हो सकता है।

अब धातु वाले सोने को लीजिये जिस से हमारा प्रयोजन धन से है। संसार के बहुत कम व्यवहार ऐसे हैं जिनमें इसका काम न पड़ता हो; क्या फकीर क्या अमीर राजा से रंक तक सब इसकी चाह में दिन रात व्यग्र रहते हैं। कहावत है—

''इक कंचन इक कुचन पर किन न पसारो हत्थ''

''सर्वे गुणाः कांचनमाश्रयन्ति''

इस सोने की लालच में पड़ मनुष्य कभी को वह काम कर गुजरता है जिससे उसकी मनुष्यता में धब्बा लग जाता है इस कारण सब लोग सोने ही को दोष देते हैं। अर्थात् पाप-कर्म करने वाले को तो सब बचाते हैं और उस पाप के कारण सोने को जो एक जड़ पदार्थ है सम्पूर्ण अधर्म और अन्याय का मूल समझते हैं। सोने के बल आदमी राई को पर्वत और पर्वत को राई कर दिखाता है किन्तु संसार की और सब वस्तुओं के समान यह भी क्षण भंगुर है। बराबर सुनते चले आये हैं कि लक्ष्मी चंचला है और एक पति से सन्तुष्ट नहीं रहती। जिस राह में इसे डालिये सोना एक बार अपना पूर्ण वैभव प्रकाश कर देगा पर अफसोस नेक राह में यह बहुत ही कम डाला जाता है। कोई विरले विरक्तों की तो बात ही न्यारी है नहीं तो संसार के असार प्रपंचों में आसक्त जन इसके लिए कोई ऐसा घिनौने से घिनौना काम नहीं बच रहा जिसे वे न कर गुजरे हों; कहाँ तक कहें इसके लिए भाई-भाई कट मरते हैं, बाप बेटे की जान ले डालता है। तवारीखों में कई एक राजा और बादशाह इसके उदाहरण हैं। किसी अंगरेज़ी कवि का कथन है—

For gold his sword the hireling ruffian draws,
For gold the hireling Judge distorts the Laws,
Wealth heaped on wealth nor truth nor safety buys,
The danger gathers as the treasure rise.

यद्यपि कलह के तीन कारण कहे गये हैं जर, जमीन, जन; पर सच पूछो तो सब बिगाड़ का असल सबब सिर्फ जर है। हमारा हिन्दुस्तान इस सोने ही के कारण छार में मिल गया। हमारे बेफिक्र होकर सोने से हमारे अपरिमित सोने पर इतर देशीय म्लेच्छ गण बाज और चील की तरह आ टूटे, लाखों मनुष्यों की जान गई; अन्त को आखीरी बाज अंगरेज अपने मजबूत पंजे से उस पर जमी तो गये अब रूस इसके लिए मतवाला हो रहा है और ताक लगाये हुए है पर उसका ताक लगाना व्यर्थ है अब तो यहाँ आय सोने की जगह धूर फांकना है।

''सिद्धि रही सो गोरख ले गये, खाक उड़ावे चेले''

अस्तु, इन सब बातों से हमें क्या? सोना निस्सन्देह संसार में सार पदार्थ है यदि सोने वाला स्वयं सारग्राही हो और उसे नेकी में लगावे। इसमें एक यह अद्‌भुत बात देखने में आई कि पर्वत के सैकड़ों स्रोत से नदी के झरने की भाँति जब यह आने लगता है तो सैकड़ों द्वार से आता है और जितने काम सब एक साथ आरंभ हो जाते हैं। इधर जेवर पर जेवर पिटने लगे, उधर पक्का संगीन मकान छिड़ गया, सवारी-शिकारी अमीरी

ठाठ सब उठने लगे।

''अर्थेभ्यो हि विवृद्धेभ्यः संभृतेभ्यस्ततस्ततः।
क्रिया सर्वाः प्रवर्तन्ते पर्वतेभ्य इवापगाः॥''

जब यह आने को होता है तो सब चीज ऊपर से देखने को यथास्थित बनी रहती है पर गजमुक्त कपित्थ सदृश भीतर ही भीतर पोले पड़ टाट उलट मुँह बाय रह जाते हैं।

''समायाति यदा लक्ष्मीर्नारिकेलफलाम्बुवत्।
विनिर्याति यदा लक्ष्मीर्गजमुक्तकपित्थवत्॥''

सितम्बर, १९११ ई०

■

वायु

जगदीश जगदाधार पाँच तत्वों में वायु जो सबों में प्रधान है हमारे शरीर में सन्निवेशित कर हमें प्राणवान् किये हैं। वायु पाँचों तत्त्वों में प्रधान है। इसके प्रमाण में तैत्तरीय उपनिषद् की यह श्रुति है—

''तस्मादेतस्मादात्मनः आकाशः सम्भूत आकाशाद्

वायुर्वायोरग्निरग्नेरापः अदम्य पृथिवी।''

''उस परमात्मा की सत्ता से पहले आकाश हुआ, आकाश से वायु, वायु से अग्नि, अग्नि से जल और जल से पृथिवी हुई। अग्नि, वायु, जल इन तीनों में वायु सबों में प्रधान है। शरीर के एक-एक अवयव हाथ, पाँव, नाक, कान, आँख इत्यादि में किसी एक के न रहने से भी हम जी सकते हैं। पर शरीर में वायु न रहे तो न जियेंगे। हमारे हाथ-पाँव रस और मांस तथा मेदा के बने हैं। विशेष कर जल और पृथ्वी इन्हीं दो तत्त्वों से इनका निर्माण है, ये न भी हों तो मनुष्य लूला और लँगड़ा ही जी सकता है। ऐसा ही हमारे दोनों नेत्र तैजस पदार्थ हैं न भी हों तो हम अन्धे हो जीते रहेंगे किन्तु एक मिनट भी मुँह और नाक बन्द कर वायु का गमनागमन बन्द कर दिया जाय तो तत्क्षण हम मूर्छित हो जायेंगे। प्राणी-मात्र के लिये वायु तो जीवन हई है वरन् उद्भिज पेड़-पालव भी हवा न लगने से हरे-भरे नहीं रह सकते।

वायु क्या पदार्थ है उसे हम नेत्र से नहीं देख सकते किन्तु विचित्र शक्ति अद्भुत कल्पनाशाली सर्वेश्वर उसके ज्ञान के लिए त्वगिन्द्रिय हमें दी है और किसी दूसरी इन्द्रिय से वायु को हम प्रत्यक्ष नहीं कर सकते। नैयायिकों के मत के अनुसार शब्द और स्पर्श यह दो इसके विषय हैं। दार्शनिकों ने शब्द गुण आकाश माना है। मछली आदि जल-चर जन्तु जिस तरह अनन्त अगाध समुद्र में रहते हैं वैसे ही हम विपुल वसुन्धरा के ऊपर इसी विशाल वायु सागर में रहते हैं। मृदु-मन्द-गामी समीरन वृक्षों के पत्तों को कँपाता थके-माँदे मनुष्य की शीतल और पुलकित-गात्र करता हुआ चलता है तब हम उसकी गति का अनुमान करते हैं किन्तु प्रत्यक्ष नहीं कर सकते कि वायु क्या पदार्थ है? जब यह घोर गम्भीर गर्जन से दिग्मण्डल को पूरित करता अपने प्रबल आघात से ऊँचे-ऊँचे पेड़ों को उखाड़ डालता है उस समय हम वायु के केवल अस्तित्व मात्र से नहीं वरन् इसकी असाधारण शक्ति से परिचित होते हैं। संस्कृत दर्शनकार शब्द, गुण, आकाश माने गये हैं। किन्तु यूरोप के विज्ञान-वेत्ताओं ने परीक्षा द्वारा प्रमाणित कर दिया है कि शब्द आकाश का गुण नहीं है किन्तु शब्द भी वायु का गुण है। एक बोतल जिसकी हवा वायु-निष्कासन-यन्त्र द्वारा निकाल ली गई है उसमें कंकड़ भर हिलाओ तो शब्द न

होगा। इससे यह बात स्पष्ट है कि बोतल के भीतर आकाश के होते भी जो शब्द नहीं होता तो शब्द वायु का गुण है।

केवल इतना ही नहीं कि वायु जगत् का प्राण प्रद है; अमर में 'जगत्प्राण समीरणः' ऐसा वायु का नाम लिखा है अपिच इसमें और अनेक गुण हैं। यह ओदे को सूखा कर देता है, उत्तम गन्ध वहन कर घ्राण-इन्द्रिय को तृप्त करता है 'सुरभिर्घ्राणतर्पणः' वह सुगन्धि का नाम वायु ही के कारण पड़ा है। इस भू-पृष्ठ पर ऐसा कोई स्थान नहीं है जहाँ वायु न हो, अतल स्पर्श सागर, अन्धकार पूरित शून्य गुफा अत्युच्च पर्वत श्रृंग सब ठौर इसका अस्तित्व है। भू-पृष्ठ से चालीस मील ऊपर तक वायु का संचार अच्छी तरह अनुभव किया गया। ज्यों-ज्यों ऊँचे स्थान में जाइये त्यों-त्यों वायु पतला होता जायगा यहाँ तक कि बहुत ऊँचे स्थान में जैसे हिमालय के अत्युच्च शिखर पर इतनी कम हवा है कि हम वहाँ श्वास नहीं ले सकते। सूर्य-सिद्धान्त में लिखा है समस्त राशि-चक्र प्रवह वायु द्वारा आकृष्ट हो अपनी-अपनी कक्षा में निरन्तर भ्रमण करता है। उसी राशि-चक्र में बँधे हुए सूर्यादिग्रह अपनी-अपनी नियमित कक्षा पर नियमित चाल से चला करते हैं।

''भूचक्रं ध्रुवयोर्नद्ध माक्षिप्तं प्रवहानिलैः।

पर्यात्यजस्त्रं तन्नद्धाग्रहकक्षा यथा क्रमः॥''

सिद्धान्त शिरोमणि में लिखा है पृथ्वी के बारह-बारह योजन तक जो वायु है उसी में मेघ और विद्युत रहते हैं। उपरान्त प्रवह नाम का वायु है और उसकी गति सदा पश्चिमाभिमुख रहती है उसी में ग्रह और नक्षत्र सब हैं। वामन पुराण में सात प्रकार का वायु लिखा है वही मरुत् के गण हैं। जिनके नाम ये हैं प्रवह, निवह, उद्वह, संवह, विवह, सुवह, परिवह। इन्द्र ने इन सातों वायु का आकाश में पथ-विभाग निश्चित कर दिया है। पुराण में वे ही मरुत् के गण कहे गये हैं। ये मरुत्-गण क्या हैं सो फिर कभी लिखेंगे।

द

वर्णमाला में यह अक्षर इतना बहुव्यापक हो रहा है कि शब्द के भण्डार में खोजो तो कम से कम छठवाँ हिस्सा सम्पूर्ण शब्दावली का ऐसा पाओगे जिसमें आदि मध्य या अवसान में कहीं पर कहीं यह अवश्य आया है। फिर हम हिन्दुओं का अस्तित्व तो इसी के द्वारा है क्योंकि हिन्द शब्द में से द को निकाल डालो तो हित और अ से कोई वाक्यार्थ को बोध न होगा। ऐसा ही दास या दास्य भाव जिसके हम बड़े प्रेमी हैं उसमें भी यह द है। एवम् दीनता दु:ख दरिद्रता दर्द जिसका कुल दार मदार इस दुनिया के इर्द-गिर्द केवल हिन्दू जाति पर आ लगा है सबों में यह द अपनी व्यापक शक्ति दिखला रहा है। फिर हम लोग इस द की इतनी शागिर्दी सी कर रहे हैं कि जिसमें यह आ गया है उसे बड़े चाह से पकड़े हुए हैं—जैसा देने में यह है तो देने में हम इसके कान काटे लेते हैं। लेने में द नहीं है तो लेने को विलायत के सुपुर्द कर दिया। हमारे बराबर देनदार भी कोई नहीं है सो इसीलिये कि उसमें भी यह द झलक मार रहा है ऐसा ही गर्द खोरी में द है उसमें भी हम सबके सरदार हैं। हाँ मर्दानगी दिमाग दाक्षिण्य में द देख उदास हो खयाल करने लगे कहीं और भी द मिल सकता है; सोचते-सोचते सोचा तो परदे में उसे पाय परदा उन पर छोड़ उसी की आड़ में मर्दानगी आदि को दबा दिया। पीछे दंभ दीवानापन दबने में द को दामिनी की द्युति सा दमकते देख देह में फिर मानो दम आया और आगे खयाल दौड़ाने लगे तो दिवाले में उसे पाय द कर प्रेमी हिन्दुस्तान खुद दिवालिया बन बैठा। धातुपाठ में द का प्रयोग देने के अर्थ में किया गया है। जिसमें दयावान् उदार दाखरस के पान का सा आनन्द अनुभव करता है पर कट्टर सूम गीदड़ देने की चर्चा मात्र में मुर्दा या हो दाहिने बाँये ताकने लगता है—देर से इस द के फेर में पड़े दिमाग खराशी करते बीता सिवा दोष के कोई एक भी गुण इसमें न पाये गये। पढ़ने वाले कहेंगे यह बड़ा दोषदृक् अदूर दर्शी है तो इसके गुण सुनिये—शब्दालंकार अनुप्रास का तो यह मानो प्राण है; कोमलता में यह लकार से किसी अंश में कम नहीं है; माधुर्य इसमें टपक रहा है; जिसके उच्चारण में जीभ को अणुमात्र भी आयास नहीं करना पड़ता वरन एक प्रकार का स्वाद मिलता है। एक तो वर्णमाला में दन्त्य अक्षर सबों में कोमल निश्चय किये गये हैं उसमें भी यह मध्यम वर्ण होने से प्रसाद गुण की मूर्ति है। भाषाओं में फारसी जो बड़ी मधुर है उसका यही कारण है कि उसमें द की अधिक भरती की गई है जिसके कम से कम तिहाई शब्द ऐसे हैं जिसमें द अवश्य आया है। हमारी हिन्दी में जो बाहर के शब्द राइज हो गये उनमें जो फ़ारसी के शब्द हैं उनमें बहुधा द आया है जैसा दिल, दिमाग, दीन, दुनिया, दीदार, दीनार,

दरकार, दरबार इत्यादि। दीपक, द्वार, देहली, दीठ इत्यादि काम काजी शब्दों के यह आदि में आया है। मेदुर, मन्दर, मदन, मेदनी, मदिरा आदि जिनमें कोई क्रिया या कारकत्व का उपादान नहीं है द मध्य में आया है—प्रमोद, विनोद, पयोद, मोद के अन्त में द है दिग्दर्शन मात्र हमने करा दिया है सोचते जाइये शब्दों में द की व्यापकता मिलती जायेगी।

■

जी

साधारण बात चीत में यह जी भी जी का जंजाल सा हो रहा है। अजी बात ही चीत क्या जहाँ और जिसमें देखो उसी में इस जी से जीते जी छुटकारा नहीं देख पड़ता। साहब यह आप क्या कहते हैं जी से जी को राहत है; जी मत चुराओ हम जो कहें उसे सुनते चलो और इस जी की उलझी गाँठ सुलझाते जाओ। बहुतों के नाम में यह जी गोट जी लगी है जैसा जीयाजी, जीवरामजी जीवनदासजी, जीतूजी, बाजी रावजी, धरमजीतजी, अजीत सिंहजी, परसूजी इत्यादि अब काम में जी को लीजिये, रसोई जीवना, बाजी बद कर लड़ना, जीवनदान देना, जीमार, जीविका न मार एवं जी लगाना, जी पर खेल जाना, जी में उतार देना, जी दुखाना, जी कुढ़ाना, जी चुभाना, जी चुराना, जी लेना, जी देना, जी उचाटना, जी बिगाड़ना, जी फटना, जी बहलाना, जी हटाना, जी मारना इत्यादि जंग में गाज़ी, दो फरीकों में राजी, मियाँ बीबी राजी तो क्या करे काजी, कुत्तों में ताजी, आदमियों शाह जी लाला जी, हिन्दुस्तान का हित चाहने वालों में दादा भाई नैरोजी, नीच निकृष्टों में पाजी, साग में भाजी, मुसलमानों में हाजी, मेवाओं में चिरौंजी, मसालें में जीरा, फलों में अंजीर, स्त्रियों के आभूषण में जंजीर, पुकारने में हाँ जी, जी हाँ, हाँ के आदि में जी अन्त में भी वही जी। कितने कहते हैं फलाने पधार गये, गुजर गये, अमुक जी नाम कायम रखने को ये-ये काम कर गये, बहुतेरे जी बहलाने को हवा खाने जाते हैं; जी की लगन हर घड़ी प्यारे के ध्यान में मगन। कितने शब्दों में इस जी के कारण जानो जान सी पिरोह दी गई है जैसा अरजी, गरजी, मरजी, दरजी, करजी, इनमें से जी को अलग कर डालिये नामों उन शब्दों की जान निकाल ली गई तब आर, गर, मर, दर, कर, सब बेकार हैं। नाते, रिश्ते में जीजी, भौजी, भावजी, भतीजी, माँजी इस जी में सजीव हैं। अन्त में अब इस जी के गोरख धन्धे को कहाँ तक सुलझावें जी की खोज करने जी घबराय गया तो अब इस जी के जंजाल को समाप्त करते हैं।

■

लोक एषणा

यह लोक एषणा या लोक रंजन ऐसी बला है कि कैसे ही आप चोखे से चोखे सच कहने वाले या सच्चा बर्ताव रखने वाले हो कुछ न कुछ बनावट किये बिना चल ही नहीं सकता। हाँ विरक्त बन केवल फल फूल कन्दमूल शाकाहार से निबाह कर जन समाज को दूर रह कहीं निर्जन बन में जा बसिये तो अलबत्ता संभव है कि इस घृणित लोक रंजना या दुनिया साज़ी से कदाचित् बचे रह सकते हो। किन्तु आदमियों के दंगल में बस आपका शुद्ध अलौकिक चोखा होना शहनाई का बजाना और चने का चबाना है। बुद्धिमानों ने जिसे शुद्ध पारमार्थिक और निरा अलौकिक निश्चय कर रखा है लौकिक या लोक रंजन उसमें भी जा घुसा और यहाँ तक उसे बिगाड़ डाला कि शुद्ध परमार्थ की उसमें कहीं महक भी न बच रही। दंभ देव की व्यापक शक्ति को साष्टांग प्रणाम है जिसके जाल में बड़े-बड़े विरक्त और मुक्त भी फँसे हुए काठ की पुतली से नाच रहे हैं। कभी को ऐसा भी होता है मौन रहना, जटा रखना, तिलक और मुद्रा से देह भर चीत डालना आदि ढकोसले जो अलग-अलग दंभ के एक-एक प्रकार हैं ईश्वर सानुकूल हुआ तो जीविका और पेट पालने के द्वार हो जाते हैं कभी को अजितेन्द्रिय को नहीं भी होते—

> ''मौनव्रतश्रुततपोऽध्ययनस्वधर्म व्याख्या रहो जपसमाधय आपवर्ग्याः। प्रायः
> परम पुरुष तेत्वजितेन्द्रियाणां वार्ता भवन्त्युत नत्राऽत्रतु दांभिकानम्॥''

हम तो यही कहेंगे कि जो इस दुनिया साज़ी के जाल में नहीं फँसा वही बड़ा ज्ञानी, बड़ा तपस्वी, बड़ा संयमी, श्रद्धालु, भक्त, और जीवन्मुक्त है। इससे छुटकारा पाना ही योगीश्वरों की सिद्धियाँ हैं। पागल, जनूनी सौदाई दीवाना, महाघिनौना, असभ्य, बेवकूफ, गाउदी कहलाता हुआ इस घृणित लोक रंजना से छुटकारा रहे वह अच्छा किन्तु साक्षात् दंभ के पूर्णावतार बनकर महामहोपाध्याय, षट्शास्त्री, सिद्धेश्वर योगी, होना अच्छा नहीं। बहुधा ऐसा भी देखा गया है कि लौकिक से अपने को छुटते न देख लोग दीवाने सौदाई महा मैले और घिनौने बन गये हैं। राजा सगर के पुत्र असमंजस, ऋषभ देव, दत्तात्रेय आदि महात्माओं की पुरातन कथाओं का वास्तविक भावार्थ इस लोक रंजना से छुटकारा पाने ही का है। सच तो यों है कि हम इस लोक एषणा के लिये ही इतनी चेष्टा करते हैं सो इसका यही प्रयोजन है कि समाज में हमारी सुर्खरुई रहे, कुल की कान निभती जाय, कोई नाम न धरे; जो इस लोक लाज को न हरा जिसने बेशर्मी का जामा पहन लिया उसे इस लौकिक से सरोकार ही न रहा। खोजते-खोजते ऐसे दोही पाये गये एक तो वे जो तर्क दुनिया सिद्ध और महात्माओं में शामिल हैं दूसरे दिवालदारिये। इन दिवालियों को भी हम इन सिद्धों से कुछ कम

नहीं समझते क्योंकि इज़्ज़त आबरू या मीती कीसी आय उतर जाने का खयाल जिन पर लोक एषणा का सतखण्डामहल बना हुआ है दिवाले के साथ ही साथ निकल भागता है।

हम ऊपर कह आये हैं कि शुद्ध पारलौकिक कामों को भी लोक रंजना ने अपने जाल में फँसा रखा है। आप इस समय राजा बलि से महा दानी कलियुग के कर्ण बन पुश्तहा पुश्त का संचित धन बहाये देते हो और मैं बड़ा उदार दानी हूँ इस दिमाग में फूले नहीं समाते पर सोचिये तो सही शुद्ध परमार्थ के खयाल से किसी काम में किसी को आपने कभी एक पैसा भी दिया है। जिन्हें भारी भरकम चेहरे मुहरे से दुरुस्त मोटे ताज़े हट्टे-कट्टे देखा उन्हें आपने भी उलचना आरम्भ कर दिया इसलिये कि यहाँ तो यह लौ लगी है कि इसे देंगे तो यह चार भले मानुसों के बीच जो रियासत की नाक थामे हुए हैं बैठता है वहाँ जा कर हमारा नाम करेगा। अब बतलाइये दान की वह बात कहाँ रही कि जिसे तुम्हारा दाहिना हाथ दे उसे बायाँ हाथ न जाने। अब और दूसरे विषय को लीजिये आप बड़े नैष्ठिक और श्रोत्री हैं त्रिकाल सन्ध्या, गंगा स्नान, बलिवैश्वरदेव, अग्निहोत्र, सब भरपूर निबाहते हैं पर जी से यह सब इसीलिये है कि बड़े रईस राजा महाराजा आ फंसे और हम उन्हें अपना चेला, मूड़, गुरु बन खूब पुजावें। हम काशी, प्रयाग, कुरुक्षेत्र, अयोध्या आदि स्थानों को बार-बार असीसते हैं कि भला इस नई सभ्यता के ज़माने में दंभ देव को करावलम्ब तो दिये हैं। दंभ का रूप विस्तार पूर्वक जानना चाहते हो तो प्रबोध चन्द्रोदय नाटक निकाल के पढ़ो। अब रही भक्ति और श्रद्धा की बात सो उन दोनों की निवास भूमि ८४ कोस ब्रज में जाके देखिये चित्त प्रसन्न हो जायगा और यही जी चाहेगा कि हम भी ब्रज भूमि में क्यों न पैदा हुए कि कृष्ण भगवान् की लीला का अनुभव करते हुए अहर्निश आमोद-प्रमोद किया करते।

> ''परस्परं भोज्यमहार्निशंरतिः स्त्रीभिः समं पानमनन्तसौहृदम्।
> श्रीगोकुलेशार्पितचेतसां नृणां रीतिः परा सुन्दरि सारवेदिनाम्॥''

हमारे पढ़ने वाले समझते होंगे यह तो बड़ाही आज़ाद झूरी सुनाने वाला मुहफट है बड़ा देश का हित चाहने वाला है—यह कोई क्या जाने यहाँ देश को भार में झोंके बैठे हैं लोक रंजना तो हमारा सिद्धान्त हो रहा है मन में यही भावना लगी है कि हमारे लेख से लोग रीझें ग्राहक बढ़ें टेट गरम हो। पर किसमत की कम नसीबी, हिन्दी के दुर्दिन और हिन्दू समाज को विद्वता को कहाँ तक भरा हैं; २३ वर्ष बीत गये ललाते ही रहे हत्तेरी लोक रंजना चण्डालिनी की इसी से उसे घिनाय आज उसने उसी को धर दाबा; हमारे पढ़ने वालों में से जिन्हें इसमें कुछ प्रतिकूल हुआ हो माफ करें—क्योंकि हम पहलेही लिख आये हैं कि लोक में रह लोक रंजना से बचे रहना असंभव है; जल में रह नगर से विरोध कहाँ का न्याय है।

वेद क्या है?

आर्य सन्तान हिन्दूमात्र में कौन ऐसा होगा जो वेद का आदर न करे और इस बात का अभिमान न करता हो कि हमारे धर्म का मूल वेद है। पुराण और तंत्रों ने वैष्णव, शैव, शाक्त आदि भिन्न-भिन्न संप्रदाय चला कर देश में यद्यपि बहुत अधिक भेद और अनैक्य फैला दिया पर वेद के मानने में सब एक हो जाते हैं। और सब लोग अपने-अपने सम्प्रदाय का मूल वेद ही को मानते और कहते हैं। राष्ट्रीयता (Nationalism) का तो वेद आधार है। जब तक हम वैदिक पथ का अनुसरण करते रहे हिन्दू जाति बराबर प्रबल रही। उधर बौद्ध और जैनियों का उभड़ना इधर पुराण और तंत्रों के प्रचार ने देश में ऐसी भेद बुद्धि पैदा कर दी कि हम बराबर क्षीणसत्व और क्षीणबल होते गये।

वेद के संबंध में अब यहाँ तीन प्रश्न एक साथ उठते हैं। वेद शब्द की व्युत्पत्ति क्या है? वेद का लक्षण क्या है? और स्वरूप उसका क्या है?

''विद्यन्ते ज्ञायन्ते लभ्यन्ते वा एभिर्धर्मादिपुरुषार्थाः असौवेदः''

अर्थात् धर्म, अर्थ, काम और मोक्ष ये चारों पदार्थ जिससे जाने जायें या जिसमें पाये जायें वह वेद है। प्रत्यक्ष अनुमान उपमान और आगम इन चार प्रमाणों में आगम वेद ही हैं। ऋग्वेद भाष्य की भूमिका में सायनाचार्य ने वेद को अपौरुषेय अर्थात् किसी का बनाया नहीं सिद्ध किया हैं। अनिष्टनिवारण पूर्वक इष्ट प्राप्ति के अलौकिक उपाय को जाने वह वेद है। प्रत्यक्ष और अनुमान दोनों जहाँ गिर जाते हैं और उनसे काम नहीं चलता वहाँ उस वस्तु को हम वेद ही से जान सकते हैं। इसी से वेद की वेदता है और उस वस्तु के जानने की इच्छा रखने वाला वेद का अधिकारी है।

अब वेद का स्वरूप क्या है। इसे बौधायन आदि ऋषियों ने यों लिखा है—

''मंत्राब्राह्मणयोर्वेदनामधेयम्''

मीमांसा दर्शन के प्रवर्तक महामुनि जैमिनी ने भी ऐसा ही लिखा है—

''मंत्रब्राह्मणात्मकः शब्दराशिर्वेदः''

मंत्र और ब्राह्मण के शब्दों का समूह वेद है। जिसका विनियोग किया जाय अर्थात् यज्ञ आदि कर्मों में जो लगाया जाय या जिससे काम लिया जाय वह मंत्र है और जो काम उन मंत्रों से लिया गया उसके विधि की प्रशंसा जिसमें हो वह ब्राह्मण है। उन मंत्रों के इस भाँति विभाग किये हैं ऋग् सोम और यजु जो मंत्र पाद अर्थात् श्लोक की तरह है वह ऋग् है, जो गान के रूप में है वह साम है और जो गद्य रूप में है वह यजु है।

अब दूसरा प्रश्न यहाँ यह उठता है वेद की उत्पत्ति का समय हम लोग निश्चय कर सकते हैं या नहीं? निश्चय नहीं कर सकते सो क्यों या निश्चय कर सकते हैं सो

किस भाँति? कालिदास आदि ग्रन्थकारों का समय लोगों ने निर्णय कर लिया है और उससे भी प्राचीन लोगों का समय ताम्रपत्र तथा भूगर्भ विद्या के द्वारा बुद्धिमानों ने निश्चय कर लिया है तो सिद्ध हुआ कि बुद्धिसंपन्न मनुष्यों ने वेद के समय के निरूपण में भी यत्न अवश्य किया होगा। किन्तु जब हमें यह स्मरण होता है कि मीमांसकों ने वेद को अपौरुषेय माना है और यह वाक्य स्मृति का याद आता है—

''अग्निवायुरविभ्यस्तु त्रयं ब्रह्मसनातनम।
दुदोह यज्ञसिध्यर्थ ऋग्यजुःसामलक्षणम्॥''

यज्ञ की सिद्धि के लिये ऋग्, यजु और साम को अग्नि, वायु और सूर्य से दुहा। वेद में जो शब्द मिले उन्हीं से हर एक गिनती अलग-अलग आदि में बनाई गई।

''वेदशब्देभ्यं एवादौ पृथक् संख्याश्च निर्ममे।''

अर्थात् जैसा अग्नि, वायु, सूर्य प्राकृतिक हैं, तद्वत्, वेद भी प्राकृतिक हैं किसी के बनाये नहीं हैं। मान लो मनुष्यकृत भी हैं तो किस युग में ये बने इसका बतलाना अति कठिन है इससे यही कहना युक्तिसंगत है कि कब वेदों की उत्पत्ति की गई यह नहीं जान सकते।

यह आर्यों का धर्मग्रन्थ है और धर्मग्रन्थ जितने हैं उन्हें अवश्यमेव किसी ने बनाया है। तब वेदों को भी किसी ने बनाया ही होगा। हाँ, यह ठीक है किन्तु वेद हिन्दुओं ही का धर्म ग्रन्थ नहीं है किन्तु यह तो तब का है जब आर्य, अनार्य, हिन्दू तथा म्लेच्छ आदि संज्ञा रही ही नहीं और यह सार्वभौमिक अर्थात् संसार भर के लिये है। केवल धर्म ही का विषय इसमें प्रतिपादित हो सो भी नहीं। अपिच कौन सी ऐसी बात है जिसकी संज्ञा का ज्ञान या पहले-पहल जिसका नाम हमें वेद से नहीं मालूम हुआ। वादी यहाँ पर अब यह कहेगा कि वेद में यज्ञादि के विधान हैं तब यह केवल धर्म ग्रन्थ नहीं तो और क्या है? उत्तर में कहा जाता है कि वादी को पहले तो यही भ्रम है जो वह यज्ञ के अर्थ अग्नि में होम या पूजा पाठ समझ रहा है किन्तु यज्ञ के वास्तव में तात्पर्य किसी बड़े काम (Enterprise) के हैं। बहुत से मनुष्य एक मन हो किसी बड़े काम को कर गुजरे, वह यज्ञ है जैसा इस समय कांग्रेस इत्यादि किये जाते हैं। 'यज्' के जिससे यज्ञ शब्द बना है, देवपूजा, संगतिकरण, दान आदि बहुत से अर्थ लिखे हैं। इसी से वेद मनुष्यमात्र के लिये कहा जा सकता है न केवल आर्य या हिन्दू ही मात्र के लिये। आर्य संज्ञा तो तब से हुई जब संसार में बहुत से मनुष्य सब ओर फैल गये तब जिनका उत्तम आचरण रहा वे आर्य हुए और जो निकृष्ट काम में लगे वे म्लेच्छ, असुर, दस्यु आदि नाम से कहलाये (Philologist) बहु-भाषा-विद् जब शब्दों के (Root) जड़ का पता लगाने लगते हैं और उसमें हिन्दी की चिन्दी निकालते हैं, जब लेटिन ग्रीक आदि में (Root) जड़ का पता नहीं लगता तब लाचार हो संस्कृत में उसे ढूँढ़ते हैं। जैसा Ivory हाथी दाँत जिसके माने हैं। जब कहीं पता न लगा तब संस्कृत 'इभ' की ओर झुके। जितने प्राकृतिक शब्द हैं जिनसे प्राकृतिक पदार्थों का ज्ञान होता है सब वेद की भाषा में पाये जाते हैं। शब्द ज्ञान का विषय इतना गहन और दुर्गम है कि यास्क आदि

निरुक्तिकारों ने बहुत कुछ छानबीन किया उपरान्त पाणिनि, पतंजलि और कात्यायन आदि कितने वैयाकरण व्याडि, शाकटायन, शाकल्य आदि न जानिये कितनों ने शब्द वारिधि में गाते मार-मार शब्द मौक्तिकों को निकाला जिनसे इस समय को यावत् सभ्य जाति भाषा के ज्ञान में लाभ उठा रही है।

ईसाई जो बाइबिल को धर्म पुस्तक कहते हैं और दावा करते हैं कि समग्र संसार के लिये ईसाई धर्म है और बाइबिल ही सच्ची पुस्तक है उसमें भी वेद की चोरी का पता लगता है। यहुन्ना की इंजील के प्रारम्भ में आयत है— Words were in the beginning and word was God. प्रारम्भ में शब्दसमूह ही थे और शब्द ही ईश्वर था। पहले हम लिख आये हैं कि "मंत्र और ब्राह्मण के शब्दसमूह का नाम वेद है।" अब यहाँ पर यह कहना अप्रासंगिक न होगा कि पुराणों से वेद को क्या धक्का पहुँचा। इसमें सन्देह नहीं पुराणों में वे प्रतिपादित अर्थ बहुत ही बहुत बढ़ाये गये बल्कि भक्तिमार्ग जिसकी वेदों में कहीं-कहीं केवल झलक मात्र पाई जाती है उसका विस्तार पुराणों में इतना अधिक किया गया कि एक शास्त्र बन गया। सैकड़ों ग्रन्थ भक्तिमार्ग के पोषण में बन गये। इसका एक विशेष कारण यह भी ध्यान में आता है कि ईश्वर में भक्ति खुदापरस्ती तथा परकाल के बनाने की चिन्ता भी कौम की कमज़ोरी की निशानी है। जब तक क़ौम उरूज़ पर और देश उन्नत दशा में रहता है तब तक ईश्वरनिष्ठा और भक्ति भाव नहीं सूझता। यह तो प्रत्यक्ष है कि भक्तिमार्ग के अनेक उत्तमोत्तम ग्रन्थ तथा भक्तिमार्ग प्रवर्तक आचार्य महाप्रभु कृष्ण चैतन्य, महाप्रभु बल्लभाचार्य, मध्व और रामानुज स्वामी निम्बार्क आदि मुसलमानी राज्य में हुए। जब देश स्वाधीन और लोग स्वतंत्र न थे भगवद्गीता के अतिरिक्त कोई ग्रन्थ निरी भक्ति के न थे। दूसरे एक यह भी मालूम होता है कि संसार के लोगों की झुकावट दो ओर मालूम होती है Material and Immaterial—पंच भौतिक और अपंच भौतिक। यूरोप के देशों की प्रवृत्ति पंच भौतिक पदार्थ की ओर है। अनेक तरह के नये-नये विज्ञान निकालते जाते हैं। तरह-तरह की कल, भाप, और बिजली के द्वारा जो काम कर रहे हैं उसे देख लोग अचम्भे में आ जाते हैं। हमारे वेद का भी समय पहले-पहल निरा Materialism पंचभौतिक विज्ञान का था उस समय के हमारे आदिम ऋषि लोग कोई विज्ञान या विद्या नहीं बची जिनका सूत्रपात वे नहीं कर गये। उपरान्त Immaterialism आध्यात्मिक या अपंचभौतिक तत्वों की गवेषणा आरम्भ हुई उसमें भी वैदिक ऋषि सम्यक् पारगामी हुए। मुसलमानों के विजयी होने पर जब से हिन्दू जाति अपनी स्वतंत्रता खो बैठी तब से इनकी असाधारण मानसिक शक्ति तथा शौर्य, वीर्य आदि उदार गुणों के स्रोत पर डाट सी लगा दी गई। बहुधा लोग भकुआ मालाधारी भक्त बन गये। स्वार्थ लम्पट और भीरु प्रकृति के हो अपनापन सर्वथा खो बैठे। भक्तमाल के भक्त सब इसी समय हुए। अब समय सुशिक्षा का नवजीवन पाय हम बहुत दिनों का भूला हुआ अपनापन फ़िर लाना चाहते हैं तथा अपने पैरों खड़े होने की कोशिशें कर रहे हैं वही राजविद्रोह समझा जाता है। अस्तु, जिससे वेद को अधिक धक्का पहुँचा और उसका तत्वार्थ ढँप गया वह पुराणों का

अलंकारिक वर्णन हैं। जैसा वृत्रासुर का इतिहास, इन्द्र और अहल्या की कथा। इन्द्र एक नाम परमैश्वर्य युक्त परमेश्वर का है, अहल्या का अर्थ यास्क ने निरुक्त में रात्रि का लिखा है, जार के अर्थ क्षय के हैं। समस्त तेजयुक्त सूर्य ही इन्द्रपद वाच्य यहाँ है। सूर्य के उदय होने पर रात्रि का क्षय होता है यही वास्तविक अर्थ इन्द्र के अहल्या जार का हुआ। इसी को रोचक और भयानक के क्रम पर पुराणों में इन्द्र को अहल्या का जार बनने के लिये एक रूपक खड़ा कर दिया गया। ऐसा ही प्रजापति का स्वकन्यानुगमन वाली कल्पना भी कल्पित की गई है। ऐतरेय ब्राह्मण ३-३-९ प्रपाठक हैं।

"प्रजापतिर्वै स्वदुहितरमभ्यध्यायत्"

प्रजा के पालन का अधिकार सूर्य का है इसलिये कि सूर्य गरमी से अन्न उपजाता है फल सब पकते हैं। सूर्य उदय होते ही ऊषा (Dawn) पौफट होने लगता है। ऊषा का जन्म तभी होता है जब अरुणोदय होने लगता है। तो सिद्ध हुआ ऊषा मानो सूर्य की दुहिता 'कन्या' रूप हुई स्त्री और पुरुष के संयोग सदृश अरुण रूप किरण बीज के समान सूर्य उसमें निक्षेप करते हैं। इस कथा को अत्यन्त अनर्गल और भ्रष्ट कर पुराणकारों ने वर्णन किया है। 'काम' कितना भयानक है कि प्रजापति को भी अपने वश कर लिया इससे काम को दबाना ही कल्याण का मार्ग है यह इससे उपदेश निकाला। इत्यादि, जितने रूपक इतिहास के क्रम पर पुराणों में गढ़ दिये हैं सबों का ऐसा ही एक-एक तात्पर्य निकलता है। वृत्रासुर की कथा, समुद्रमंथन आदि इतिहास सब रूपक में विस्तार के साथ रोचक कर ऐसा दिखाये गये हैं कि वास्तविक अंश उनका बिलकुल छिप गया। इन ऐतिहासिक रूपकों में ऐसे कोई भी न निकलेंगे जिनमें कोई न कोई अच्छा उपदेश न निकलता हो।

अस्तु, वेद क्या है इस बात की टटोल हमारे पढ़ने वालों को कुछ न कुछ अवश्य हो गई होगी। एक विशेष बात वैदिक साहित्य (Vedic Literature) की ओर भी ध्यान देने के लायक है कि वेद के जिस भाग को विचारो चाहे वह आध्यात्मिक विषय का हो चाहे आमुष्मिक राष्ट्रीयता का भाव सब ओर चुआ पड़ता है। जिसमें अपने देश का योगक्षेम और आर्य जाति की उत्कर्षता सर्वोपरि स्थिर रहे यही वैदिक ऋषियों के सिद्धान्त का सारांश है और उसी को वे सबसे अधिक और मुख्य धर्म मान गये हैं इसी से यह कहना अनुचित न होगा कि स्वराज के लिये वेद महोपकारी है।

जनवरी, १९१० ई०

■

बड़ों का बड़प्पन

महाराज पंचम जार्ज का भारत में पदार्पण बड़ों के बड़प्पन का उदाहरण हो गया। जिससे सिद्ध हो गया कि जो बड़े हैं उनमें कोई बात अवश्य ऐसी रहती है जिससे वे बड़े कहाते हैं—कर्जन की कुटिल नीति तथा कर्ज़न-अनुगामियों के विषम शासन से सन्तापित भारत को श्रीमान् का आगमन वैसा ही सुखद हुआ जैसा ग्रीष्म के प्रचण्ड ताप से सन्तापित धरती को वर्षाकाल के नव मेघोदय से होता है। भारतीय प्रजा के नेत्रों में एक ऐसी रसांजन शलाका सी फेर दी गई कि कर्ज़नी शासन की पीड़ा से जो चकाचौंधी हो रही थी वह दूर हुई। ब्रिटिश जाति के उदार शासन का क्या तत्व है प्रत्यक्ष दिखाई देने लगा ऐंग्लो इण्डियनों के क्रूर और निठुर बर्त्ताव से हताश हो यही चित्त में जम गया था कि हम भेड़ बकरियों से गये बीते काठ की पुतली समान हैं जैसा नाच नचाना चाहें हमें वैसा ही नाचना पड़ेगा। सो बात अब न रही श्रीमान् का सबों पर समभाव और सरल बर्ताव देखकर चित्त में ढाढस बँधा कि हम इतना दीन हीन नहीं हैं न निरे जानवर हैं वरन् द्विपद के रूप में चतुस्पद न रहे ईश्वर की सृष्टि में हम भी वैसा ही पंचेन्द्रियवान् मनुष्य हैं जैसा क्षिति तल पर और सब जाति के लोग हैं। हमारे भी मस्तिष्क है दिमागी केबत हमें भी वैसी ही हासिल है जैसा इस समय के सभ्यताभिमानियों को है। उदयपुर के महाराणा के साथ श्रीमान् का मैत्री-बर्ताव बड़प्पन के उदार भाव की परख हुई। सिसोदिया कुलभूषण राणा भी इस समय क्षत्रियों की मानमर्यादा की कसौटी हुए। छोटे-बड़े बहुतेरे राजा महाराजा हैं पर अपने पूज्य पूर्वजों के प्रण का प्राणपण से निबाहने वाले प्रताप के वंशधर प्रतापी राणाही केवल देखने में आये। इतने बड़े सम्राट् का दिल्ली के एक-एक कुलियों से स्नेहपूरित बर्ताव बड़प्पन का उद्‌गार नहीं तो और क्या है? एक छोटा सा ज़मींदार अपनी ज़मींदारी के घमण्ड से चूर रह बड़ों को भी अपने से छोटा ही मानता है तब क्षुद्र कुली और मज़दूर किसान बेचारे कहाँ रहे। अनुमान होता है कि इससे श्रीमान् को विदित हो गया होगा कि यहाँ पुलिस तथा अन्य कर्मचारियों को कैसा अत्याचार पूरित निठुर बर्ताव लोगों के साथ रहता है। जिसे काँच समझ रखा था वह बड़े दाम का हीरा निकला, कर्ज़न के कोरे दरबार से चित्त में ऐसी छनक हो गई थी कि यही विचार दृढ़ हुआ कि यह सब हिन्दुस्तान के कई करोड़ के स्वाहा होने का सामान रचा जा रहा है। पर 'आफलोदय कर्मणां' वाली नीति के अनुसार वहाँ कुछ और ही बात प्रकट हुई। महाराजा युधिष्ठिर के राजसूय की एक दूसरी प्रतिकृति देखने में आई। दिल्ली के दरबार में एक-एक राजाओं से शिष्टाचार का बर्ताव, बड़ी से बड़ी उपाधि का प्रदान, वंग-विच्छेद का तोड़ देना इत्यादि बातों से यही चित्त चाहता है कि ऐसे सम्राट् युग-युग जीते रहे उन के छत्र की छाया सदैव हम पर बनी रहे और इसी को हम बड़ों का बड़प्पन कहेंगे।

१९१२ मर्यादा

■